Historische Wissensforschung

herausgegeben von

Caroline Arni, Stephan Gregory, Bernhard Kleeberg, Andreas Langenohl, Marcus Sandl und Robert Suter †

11

Epistemische Tugenden

Zur Geschichte und Gegenwart eines Konzepts

Herausgegeben von

Andreas Gelhard, Ruben Hackler und Sandro Zanetti

Mohr Siebeck

Andreas Gelhard, geboren 1969; Professor für Allgemeine und Systematische Pädagogik an der Universität Bonn

Ruben Hackler, geboren 1978; Mitglied im Doktoratsprogramm des Zentrums Geschichte des Wissens (ETH Zürich | Universität Zürich)

Sandro Zanetti, geboren 1974; Professor für Allgemeine und Vergleichende Literaturwissenschaft an der Universität Zürich

Publiziert mit freundlicher Unterstützung des Zentrums Geschichte des Wissens (ZGW) der ETH Zürich und der Universität Zürich, der Forschungsstelle für Sozial- und Wirtschaftsgeschichte (FSW) der Universität Zürich, der Abteilung für Allgemeine und Vergleichende Literaturwissenschaft (AVL) am Romanischen Seminar der Universität Zürich und des Forums interdisziplinäre Forschung (FiF) der Technischen Universität Darmstadt.

ISBN 978-3-16-154072-1 / eISBN 978-3-16-155463-6
DOI 10.1628/978-3-16-155463-6

ISSN 2199-3645 / eISSN 2568-8383 (Historische Wissensforschung)

Die Deutsche Nationalbibliothek verzeichnet diese Publikation in der Deutschen Nationalbibliographie; detaillierte bibliographische Daten sind über *http://dnb.dnb.de* abrufbar.

Das Buch wurde von Computersatz Staiger in Rottenburg/N. aus der Minion gesetzt und von Hubert & Co. in Göttingen auf alterungsbeständiges Werkdruckpapier gedruckt und gebunden.

Der Umschlag wurde von Uli Gleis in Tübingen gestaltet. Umschlagabbildung aus: Karl Krall, „Tafel I: Prüfung des Klugen Hans im Jahre 1907", in: ders., *Denkende Tiere. Beiträge zur Tierseelenkunde auf Grund eigener Versuche. Der Kluge Hans und meine Pferde Muhamed und Zarif*, Leipzig 1912 (Fotografie im Einleitungskapitel ohne Seitenangabe).

Printed in Germany.

Inhaltsverzeichnis

Andreas Gelhard, Ruben Hackler, Sandro Zanetti
Einleitung ... 1

Begriffliche Fragen

Oliver Nievergelt
Zum integrativen Potenzial epistemischer Tugenden in der Epistemologie ... 11

Jens Kertscher
Aristoteles – ein Tugendepistemologe? ... 29

Andreas Gelhard
Pluralismus und Unparteilichkeit
Kants epistemische Asketik ... 43

Raymond Geuss
Vix intellegitur: Unklarheit als Tugend ... 59

Michael Hagner
Aufmerksamkeit als Ausnahmezustand ... 81

Disziplinäre und historische Analysen

Martin Mulsow
Das numismatische Selbst
Epistemische Tugenden eines Münzzeichners ... 101

Tanja Paulitz
Objektive Distanz – subjektives Gefühl
Wissenschaftskultur, Geschlecht und die Praxis des Erkennens und Erfindens in den Technikwissenschaften ... 121

Katja Sabisch
„Die Menschlichkeit nicht vergessen“
Zum Wandel der epistemischen Tugenden im 18. und 19. Jahrhundert am Beispiel des medizinischen Menschenversuchs 135

Ruben Hackler
„daß er sich nicht anlügen lasse“
Über einige sozioepistemische Tugenden des Richters 145

Cornelia Zumbusch
Entsagung und Apathie
Goethes epistemische (Un-)Tugenden 165

Marcel Lepper
Philologische Redlichkeit: Tugend und Tugendpolitik 179

Perspektiven der Wissenschaftsforschung

Lorraine Daston
Objektivität und Unparteilichkeit
Epistemische Tugenden in den Geisteswissenschaften 201

Markus Krajewski
Geisteswissenschaftliche Genauigkeit
Zwischen epistemischer Tugend und medialer Praktik 217

Sandro Zanetti
„Die Quellen haben ein Vetorecht“
Implikationen, Chancen, Probleme eines Topos 239

Martin Doll
Epistemische Untugenden
Über wissenschaftliches Fälschen im moralischen Sinne 253

Robert N. Proctor
Agnotologie
Ein fehlender Ausdruck zur Beschreibung der kulturellen Produktion von Unwissen (und dessen Erforschung) 271

Zu den Autorinnen und Autoren 295

Personenregister 299

Sachregister 307

Einleitung

Andreas Gelhard, Ruben Hackler, Sandro Zanetti

1904 wurde in der Berliner Öffentlichkeit die Geschichte eines Pferdes verhandelt, das sich durch außergewöhnliche Verstandesleistungen ausgezeichnet haben soll: Der „kluge Hans", wie das Pferd genannt wurde, konnte offenbar Rechenaufgaben lösen, indem er das Ergebnis mit seinen Hufen klopfte. Seinem Besitzer, dem Lehrer Wilhelm von Osten, wurde unterstellt, er manipuliere das Pferd auf geschickte Weise. Um dem Rätsel auf den Grund zu gehen, bildete sich unter der Leitung des Experimentalpsychologen Carl Stumpf die dreizehnköpfige „September-Kommission", die mit dem „klugen Hans" zahlreiche Versuche anstellte und zum Schluss kam, er könne tatsächlich rechnen und sei sogar noch zu anderen kognitiven Leistungen in der Lage, die sonst nur Menschen beherrschen. Ein Student von Stumpf, Oskar Pfungst, ließ sich hingegen nicht überzeugen: Mittels aufwendiger Experimente fand er schließlich heraus, dass das Pferd bestimmte Körperregungen bei seinem Besitzer sowie den Experimentatoren registrierte, die ihm in bis zu 90 Prozent der Fälle die richtigen Ergebnisse verrieten. Pfungst veröffentliche 1907 einen Untersuchungsbericht, in dem er sein Vorgehen äußerst detailliert beschrieb.[1] Der Bericht dokumentiert, mit welcher Ausdauer, Genauigkeit und Umsicht er den „klugen Hans" ‚überführte'. Beeindruckend ist vor allem, wie präzis und ausgewogen er die Ergebnisse der einzelnen Versuche zu interpretieren wusste. Ohne diese Fähigkeit wäre er dem Pferd sicher nicht auf die Schliche gekommen.

Die Geschichte vom „klugen Hans" ist nicht nur eine Anekdote, sie enthält auch einige Elemente dessen, worum es in diesem Buch gehen soll. Wusste der „kluge Hans" wirklich, was er tat? Waren die kognitiven Fähigkeiten, die ihm sein Besitzer zuschrieb, tatsächlich „seine"? Legte er gar eine Haltung an den Tag, die man als Streben nach Wissen bezeichnen könnte? Die Vorstellung, dass man einem Tier komplexere kognitive Fähigkeiten zuschreiben kann, war im Jahr 1907 offensichtlich nicht mehr abwegig. Pfungst stellte die epistemisch-ontologische Ordnung, die den Menschen privilegierte, wieder her, musste dabei

[1] Oskar Pfungst, *Das Pferd des Herrn von Osten (Der kluge Hans). Ein Beitrag zur experimentellen Tier- und Menschen-Psychologie*, Leipzig 1907. Siehe auch Fabio De Sio/Chantal Marazia, „Clever Hans and his effects: Karl Krall and the origins of experimental parapsychology in Germany", *Studies in History and Philosophy of Science Part C: Studies in History and Philosophy of Biological and Biomedical Sciences* 48 (2014), 94–102.

aber eben sehr akribisch vorgehen. Ausdauer, Genauigkeit und Umsicht sind Eigenschaften eines Forschers, ohne die sich in diesem Fall kein valides Wissen über die Fähigkeiten des Pferdes hätte herausbilden können. Generell gilt: Was gewusst werden kann, muss als möglicher Gegenstand oder Gehalt des Wissens erst hervorgebracht oder zugänglich gemacht werden. Die Prozesse der Wissensproduktion, der Wissensvermittlung und des Wissenserwerbs sind auf konkrete Praktiken zurückverwiesen. Ohne diese gäbe es kein Wissen von oder über etwas. Praktiken der Wissensproduktion finden dabei nie in einem wertfreien Raum statt. Das gilt nicht nur für die Gegenstände möglichen Wissens: Was soll oder darf man wissen, was nicht? Es gilt bereits für die Praktiken selbst: Wie soll man sich verhalten, wenn man etwas in Erfahrung bringen möchte, wenn man etwas wissen und dieses Wissen gegebenenfalls auch teilen, darstellen, in Umlauf bringen will? Was sind die geforderten Einstellungen und Fähigkeiten, die es den Teilnehmerinnen und Teilnehmern epistemischer Praktiken ermöglichen, Wissen – und nicht bloß subjektive Überzeugungen – hervorzubringen?

In den letzten Jahrzehnten sind diese Fragen besonders prominent unter dem Titel der ‚epistemischen Tugenden' diskutiert worden. Dabei haben sich zwei sehr unterschiedliche Zugangsweisen zu diesem theoretischen Feld herausgebildet, die sich grob als erkenntnistheoretische und als wissensgeschichtliche Linie unterscheiden lassen. Die erkenntnistheoretische Linie fragt nicht vorrangig nach der Verfasstheit von wissenschaftlichem Wissen, sondern nach den Konstitutionsbedingungen von Wissen im Allgemeinen. Dazu bindet sie den erkenntnistheoretischen Status epistemischer Akte der Wissensgewinnung an die spezifischen Eigenschaften der Akteure zurück, die diese Akte vollziehen.[2] Im Unterschied dazu orientiert sich die wissensgeschichtliche Linie der Theoriebildung weniger an normativen Annahmen über Personen und Handlungen als an empirisch beschreibbaren Praktiken. Sie analysiert konkrete Prozesse der Wissensgewinnung, die neben wissenschaftlichen Methoden auch verbindliche Verhaltensmuster für die Teilnehmerinnen und Teilnehmer wissenschaftlicher Praktiken ausbilden,[3] diskutiert in diesem Zusammenhang aber oft auch Konzepte,

---

[2] Maßgebliche Autoren dieses Feldes sind Ernest Sosa und Linda Zagzebski. Siehe den Literaturüberblick von Jörg Hardy, „Intellektuelle Tugenden und Epistemische Motivation: Grundzüge der Tugenderkenntnistheorie (II)", *Zeitschrift für philosophische Forschung* 59 (2005), 284–302. Programmatisch zu dem tugendtheoretischen Übergang von *acts* zu *agents*: Michael Brady/Duncan Pritchard (Hgg.), *Moral and Epistemic Virtues*, Malden/Oxford/Carlton 2003. Zu einer möglichen Kritik des Tugendbegriffs und einer Tugendethik aus der Perspektive einer „Ontologie der Tugend", die als Projekt allerdings ihrerseits Kritik verdient, siehe Christoph Halbig, *Der Begriff der Tugend und die Grenzen der Tugendethik*, Berlin 2013, 29–107.

[3] Prominentestes Beispiel ist der Vorschlag, Objektivität als epistemische Tugend zu verstehen. Siehe Lorraine Daston, Peter Galison, *Objectivity*, New York 2007; dt.: *Objektivität*, Frankfurt am Main 2007. Daran anknüpfend: Ralf Klausnitzer/Carlos Spoerhase/Dirk Werle (Hgg.), *Ethos und Pathos der Geisteswissenschaften. Konfigurationen der wissenschaftlichen Persona seit 1750* (*Historia Hermeneutica. Series Studia*, Bd. 12), Berlin/Boston

deren verhaltensorientierende Wirkung weit über den Kreis wissenschaftlicher Erkenntnis hinausreicht.[4]

Der vorliegende Band orientiert sich am wissensgeschichtlichen Diskurs über epistemische Tugenden. Die Mehrzahl der Beiträge behandelt historische Konstellationen, in denen sich Praktiken der Wissensproduktion durch die spezifischen Verhaltensanforderungen an die beteiligten Personen erkennen lassen. Wir als Herausgeber gehen allerdings nicht davon aus, dass sich der historische Zugang zum Problem der epistemischen Tugenden völlig vom philosophischen trennen lässt.[5] Der Band enthält daher auch eine Reihe von Beiträgen, die einen philosophischen Zugang zu den hier verhandelten Fragen vorschlagen.

Um einleitend einen sehr allgemeinen Begriff von epistemischen Tugenden anzugeben, der für die Beiträge in diesem Buch leitend ist, kann man sagen: *Mit epistemischen Tugenden sind die Fähigkeiten und Einstellungen gemeint, die bestimmte Diskursgemeinschaften für die Produktion, die Vermittlung oder den Erwerb von Wissen als vorbildlich, wenn nicht als verbindlich erachten.* Die entsprechenden Forderungen, dass Wissen auf diese oder jene Weise hervorgebracht, zugänglich gemacht, dargestellt oder rezipiert werden soll, werden gelegentlich explizit formuliert, so etwa in Anleitungen zum Verfassen von wissenschaftlichen Arbeiten. Mehrheitlich sind sie allerdings *implizit*[6] im Spiel, ohne dass ihre Wirksamkeit dadurch abnimmt.

2015; Jeroen van Dongen/Herman Paul (Hgg.), *Epistemic Virtues in the Sciences and the Humanities* (*Boston Studies in the Philosophy and History of Science*, Bd. 321), Cham 2017.

[4] Siehe dazu den klassischen Aufsatz von Carlo Ginzburg, „Spurensicherung. Der Jäger entziffert die Fährte, Sherlock Holmes nimmt die Lupe, Freud liest Morelli – Die Wissenschaft auf der Suche nach sich selbst", in: ders., *Spurensicherung. Die Wissenschaft auf der Suche nach sich selbst*, aus dem Italienischen von Gisela Bonz, Karl F. Hauber, Berlin 2002, 7–57.

[5] Wichtig geworden sind in diesem Zusammenhang die Arbeiten von Miranda Fricker und Herman Paul, die im nachfolgenden Beitrag von Oliver Nievergelt vorgestellt und diskutiert werden. Siehe Miranda Fricker, *Epistemic Injustice. Power & the Ethics of Knowing*, Oxford 2007, Herman Paul, „Performing History. How Historical Scholarship is Shaped by Epistemic Virtues", *History and Theory* 50 (2011), 1–19, Herman Paul, „The Scholarly Self. Ideals of Intellectual Virtue in Nineteenth-Century Leiden", in: Rens Bod/Jaap Maat/Thijs Weststeijn (Hgg.), *The Making of the Humanities*, Amsterdam 2012, 397–411, Herman Paul, „Weak Historicism. On Hierarchies of Intellectual Virtues and Goods", *Journal of the Philosophy of History* 6 (2012), 369–388.

[6] Grundlegend für die Diskussion sind in diesem Zusammenhang die Arbeiten von Michael Polanyi zum ‚impliziten Wissen' (*tacit knowing*). Michael Polanyi, *Implizites Wissen*, aus dem Amerikanischen von Horst Brühmann, Frankfurt am Main 1985. Richard Sennett greift das Konzept auf und erprobt dessen Tragfähigkeit im Bereich des *Handwerks* und der in konkreten handwerklichen Prozessen und Praktiken implizierten Wissensformen: Richard Sennett, *Handwerk*, aus dem Amerikanischen von Michael Bischoff, Berlin 2008. Inwiefern epistemische Tugenden auf ein implizites Wissen rekurrieren oder umgekehrt implizites Wissen durch epistemische Tugenden reguliert wird, bleibt im Einzelfall zu klären (kann also als mögliche Forschungsfrage festgehalten werden). Verhältnismäßig selten ist es, dass epistemische Tugenden dort, wo sie der Sache nach gefordert werden, *ex-*

Das gilt auch für die Wissenschaften: Was in einer Wissenschaft als richtig oder falsch, als seriös oder unseriös, als redlich oder verwerflich gilt, wird maßgeblich durch habitualisierte Verhaltensweisen, praktisch erprobte und allmählich in Routinen stabilisierte Arbeitsabläufe sowie durch gruppenspezifische Wertvorstellungen und damit verbundene informelle Präferenzbildungen reguliert. Das unterscheidet die Wissenschaften in ihrer Praxis nicht grundsätzlich von anderen Berufs- oder Tätigkeitsfeldern. Das professionelle Ethos der Wissenserzeugung ist stets ein Konglomerat aus sehr heterogenen Faktoren. Nicht alle dieser Faktoren erweisen sich in der Analyse als gleichermaßen gut zugänglich. Ansetzen lässt sich jedoch überall dort, wo diese Faktoren in konkreten Anweisungen, in formulierten Urteilen oder Verfahrensgrundsätzen, in Selbst- und Fremdeinschätzungen, in dokumentierten Streitfällen – wie der Kontroverse über die Intelligenz von Pferden oder anderen Tieren – oder schlicht in Arbeitsmaterialien ihre Spuren hinterlassen haben.

Ausgangspunkt der folgenden Beiträge ist die Annahme, dass die methodische Hervorbringung sowie die Darstellung und Vermittlung von Wissen kaum möglich wären, wenn es nicht erkenntnisfördernde Tugenden wie Geduld, Aufmerksamkeit,[7] Genauigkeit, Intuition,[8] Skepsis, Wahrhaftigkeit,[9] Neugierde, Strenge oder Zuverlässigkeit gäbe. Ihre Funktion ist dabei unterschiedlich: Sie sollen die kontinuierliche Arbeit an schwer zugänglichen Erkenntnisgegenständen gewährleisten, sie verbinden oder trennen aber auch wissenschaftliche Fachkulturen und prägen die alltägliche Forschungs- und Kommunikationspraxis auf eine Weise, die den Akteuren nicht unbedingt bewusst sein muss. Die Leitfragen lauten: Welche epistemischen Tugenden sind konstitutiv für eine bestimmte Wissenskultur? Wie werden sie von den Akteuren reflektiert? Inwiefern unterscheiden sie sich von moralischen Tugenden?[10]

Ausgehend von diesen Fragen wird in den folgenden Beiträgen untersucht, welche unterschiedlichen Funktionen epistemische Tugenden in verschiedenen Wissenskulturen und historischen Konstellationen übernehmen. So erfordert

---

plizit als ‚Tugenden' bezeichnet werden. Siehe als Gegenbeispiele: Uwe Justus Wenzel (Hg.), *Der kritische Blick. Über intellektuelle Tätigkeiten und Tugenden*, Frankfurt am Main 2002; Michael Walzer, „Mut, Mitleid und ein gutes Auge. Tugenden der Sozialkritik und der Nutzen von Gesellschaftstheorie", *Deutsche Zeitschrift für Philosophie* 48 (2000), 709–718.

[7] Jonathan Crary, *Aufmerksamkeit. Wahrnehmung und moderne Kultur*, aus dem Amerikanischen von Heinz Jatho, Frankfurt am Main 2002; Bernhard Waldenfels, *Phänomenologie der Aufmerksamkeit*, Frankfurt am Main 2004; Hans-Jörg Rheinberger, „Augenmerk", in: ders., *Iterationen*, Berlin 2005, 51–73.

[8] Holger Schulze, *Gespür* (*Kleiner Stimmungs-Atlas in Einzelbänden*, Bd. 9), Hamburg 2014.

[9] Bernard Williams, *Wahrheit und Wahrhaftigkeit*, aus dem Englischen von Joachim Schulte, Frankfurt am Main 2003.

[10] Eine vergleichsweise frühe Studie zum Verhältnis von Wahrheit und Moral stammt von Steven Shapin, *A Social History of Truth, Civility and Science in Seventeenth-Century England*, Chicago 1994.

die Arbeit mit schwer entzifferbaren Archivquellen eine anders strukturierte Aufmerksamkeit als die Auswertung statistischer Datensätze in den Sozialwissenschaften, unterscheidet sich die Genauigkeit im Umgang mit Messwerten aus dem Teilchenbeschleuniger erheblich von der beim Edieren literarischer Texte. Um die möglichen Funktionen epistemischer Tugenden im Einzelfall rekonstruieren zu können, muss der Blick immer auch auf die gesellschaftlichen und politischen Kontexte gerichtet werden. Diesen gegenüber können epistemische Tugenden ein kritisches Potential entfalten.

Das hier vorgeschlagene Konzept der epistemischen Tugenden ist insofern praxeologisch angelegt, als es vom Prozess der Wissensgenerierung und dessen medial und disziplinär vermittelten Handlungszwängen und Handlungsmaximen ausgeht. Dabei lassen sich epistemische Tugenden nicht auf ein abstraktes Sollen, das etwa von Ethikkommissionen oder politischen Bewegungen an die Forschenden herangetragen wird, reduzieren;[11] sie konstituieren oder repräsentieren vielmehr die Wissenschaftspraxis in ihren tatsächlichen Vollzügen.[12] Das zeigt das Beispiel von Pfungst, dem niemand vorschreiben musste, die Versuche mit Ausdauer und Genauigkeit durchzuführen; stattdessen ließ er sich von epistemischen Tugenden leiten, die er bei seiner vorherigen Labortätigkeit verinnerlicht hatte. So und nicht anders vorzugehen, war für ihn, jedenfalls legt das der Bericht nahe, ganz selbstverständlich, auch wenn es mit Anstrengungen verbunden war.

Etwa die Hälfte der folgenden Beiträge wurde erstmals während des Workshops vorgestellt, der am 17./18. Oktober 2013 unter dem Titel *Epistemische Tugenden. Zu Geschichte und Gegenwart eines Konzepts* am Zentrum Geschichte des Wissens (ZGW) der ETH Zürich und der Universität Zürich in Verbindung mit dem Forum interdisziplinäre Forschung (FiF) der Technischen Universität Darmstadt stattfand. Daraufhin haben wir gezielt weitere Beiträge gesucht, teilweise übersetzt oder neu angeregt, die nun in drei Sektionen präsentiert werden:

---

[11] Siehe hierzu Wolf Lepenies, „Benimm und Erkenntnis. Über die notwendige Rückkehr der Werte in die Wissenschaften", in: ders.; *Benimm und Erkenntnis*, Frankfurt am Main 1997, 7–49; Gerhard Schurz/Martin Carrier (Hgg.), *Werte in den Wissenschaften. Neue Ansätze zum Werturteilsstreit*, Berlin 2013.

[12] Die oben genannte Studie von Daston und Galison orientiert sich stark an dem Begriff der Tugend, den Pierre Hadot und Michel Foucault in ihren Analysen antiker Askese-Techniken herausgearbeitet haben. Dieser Zugang zum Tugendbegriff ist – implizit oder explizit – wichtig für viele Beiträge dieses Bandes (siehe exemplarisch: Pierre Hadot, *Philosophie als Lebensform. Geistige Übungen in der Antike*, aus dem Französischen von Ilsetraut Hadot und Christiane Marsch, Berlin 1991; Michel Foucault, *Hermeneutik des Subjekts. Vorlesungen am Collège de France 1981–1982*, aus dem Französischen von Ulrike Bokelmann, Frankfurt am Main 2004). Eine einflussreiche Ausweitung dieser Analysen auf neuzeitliche Diskurse findet sich vor allem in Foucaults Überlegungen zur Tugend der Kritik (siehe Michel Foucault, *Was ist Kritik?*, aus dem Französischen von Walter Seitter, Berlin 1992; dazu: Judith Butler, *Kritik, Dissens, Disziplinarität*, Zürich/Berlin 2011).

In der ersten Sektion (*Begriffliche Fragen*) haben wir Aufsätze versammelt, die sich grundsätzlich – aus philosophischer oder wissensgeschichtlicher Perspektive – mit dem Begriff der epistemischen Tugenden oder den begrifflichen Implikationen einer bestimmten Tugend im Spektrum des Wissenserwerbs oder der Wissensproduktion auseinandersetzen. In der zweiten Sektion (*Disziplinäre und historische Analysen*) sind Einzelstudien versammelt, die sich mit den Implikationen einzelner epistemischer Tugenden in einer bestimmten Disziplin und/oder in einem historisch rekonstruierbaren Moment oder Kontext auseinandersetzen. In der dritten Sektion (*Perspektiven der Wissenschaftsforschung*) finden sich schließlich Beiträge, die über einzelne Disziplinen und historische Epochen hinaus weiterführende Perspektiven der Wissenschaftsforschung verdeutlichen sollen.

Die Grenzziehungen zwischen den einzelnen Sektionen sind selbstredend nicht absolut zu sehen, sie dienen letztlich nur dazu, das Feld zu strukturieren und gleichzeitig die vielschichtigen Dimensionen zu verdeutlichen, die bei einer Auseinandersetzung mit epistemischen Tugenden zu berücksichtigen sind. Diese Auseinandersetzung lässt sich weiterführen. Folgende Punkte, die wir in Form von vier Thesen festhalten wollen, erachten wir nach der Lektüre und Diskussion der hier versammelten Beiträge für eine weitere Auseinandersetzung als besonders wichtig:

1. Epistemische Tugenden sind Eigenschaften, die für die Produktion, die Vermittlung oder den Erwerb von Wissen in einer Diskursgemeinschaft mit Blick auf sich selbst oder für andere als vorbildlich, wenn nicht als verbindlich erachtet werden. Die Vorbildlichkeit oder Verbindlichkeit zählt dabei so viel, dass es ohne sie – innerhalb und außerhalb der Wissenschaften – gar nicht zur Formation eines intersubjektiv vermittelbaren Wissens kommen könnte. Insofern sind epistemische Tugenden konstitutiv für die Erzeugung und Übertragung von Wissen. Im Bereich der Wissenschaften ermöglichen sie es den Forscherinnen und Forschern, einen Forschungsgegenstand gemäß den jeweils gültigen Kriterien zu erfassen, ihn greif- und handhabbar zu machen. Darin erweisen sich epistemische Tugenden als *normativ* prägend und geprägt zugleich.
2. Epistemische Tugenden werden im Regelfall in der Praxis erworben und antrainiert. Sie sind daher – zumindest immer *auch* – impliziter Natur. So lassen sich etwa Messergebnisse ohne die Tugend der Genauigkeit nicht erfassen. Das heißt nicht, dass sich die epistemischen Subjekte ständig Gedanken darüber machen müssten. Anders als Werte, die häufig von außen an die Forschenden herangetragen werden (man denke nur an die Diskussion über Forschungsethik in der Pharmaindustrie) sind epistemische Tugenden fest in der wissenschaftlichen Praxis verankert. Das heißt nicht, dass epistemische Tugenden nicht expliziert werden können (etwa um sie Außenstehenden oder

Neulingen gegenüber zu vermitteln). Bei jeder Explikation stellt sich jedoch die Frage, in welchem Verhältnis diese zu den implizit oder performativ sich vollziehenden Praktiken steht.

3. Da sich die Praktiken der Wissensproduktion von Disziplin zu Disziplin ebenso unterscheiden wie innerhalb einer bestimmten Disziplin zu verschiedenen Zeiten oder in unterschiedlichen Gruppen oder Kontexten, sind auch epistemische Tugenden nur in ihrem *jeweiligen* Geltungsbereich zu bestimmen. Im Umkehrschluss eignen sich epistemische Tugenden deshalb aber auch als – zumindest temporäre – Distinktionsmittel: zum einem, indem sie epistemische Objekte oder Sachbereiche voneinander trennen helfen, zum anderen, indem sie Disziplinen qualifizieren, gelegentlich auch hierarchisieren. So zählt beispielsweise Präzision als Tugend der Naturwissenschaften[13] mehr als Kontextsensibilität, wie sie in einigen geisteswissenschaftlichen Bereichen kultiviert wird. Da epistemische Tugenden sich jedoch über die Zeit und je nach Ort und Kontext verändern, sind sie sinnvoll nur *relational* beziehungsweise *situativ* zu denken.
4. Epistemische Tugenden implizieren als ihre Kontrastfigur epistemische Laster, wobei beide zusammengenommen – Tugenden und Laster – schon von ihrer eigenen Wortherkunft her auf das Feld der Moral verweisen. Die moralischen Implikationen dürften mithin eine Erklärung dafür bieten, warum der Begriff der epistemischen Tugenden auf viele abschreckend wirkt (wir nehmen uns davon nicht aus). Etwas nüchterner betrachtet stellt sich allerdings die Frage, ob Moral überhaupt die passende Kategorie ist, um den Wirkungsbereich oder die gesellschaftliche Relevanz epistemischer Tugenden erschöpfend zu beschreiben. Mit Michel Foucault wäre zusätzlich zu fragen, wie im Feld des Wissens epistemische Tugenden das komplexe Verhältnis von Subjektivierung und Macht strukturieren. Anstatt von Moral wäre dann aber wohl besser von Politik zu sprechen. Wenn epistemische Tugenden Subjektpositionen bekräftigen oder destabilisieren und wenn in der wissenschaftlichen Diskussion darüber entsprechende Zuschreibungen vorgenommen, wiederholt, revidiert oder aufgelöst werden, dann ist damit auch die Frage berührt, welchen politischen Stellenwert epistemische Tugenden besitzen oder besitzen sollen. Gerade an diesem Punkt wäre die Diskussion in Zukunft weiterzuführen.

Der abschließende Dank geht an Laura Basso für die aufmerksame Mithilfe bei der Redaktion sowie an alle Institutionen, die das Zustandekommen dieses Bandes ermöglicht haben: das Zentrum Geschichte des Wissens (ZGW) der ETH

---

[13] Siehe den einschlägigen Sammelband von M. Norton Wise (Hg.), *The Values of Precision*, Princeton 1995, in dem epistemische Tugenden als Begriff nicht vorkommen, auch wenn sie der Sache nach verhandelt werden.

Zürich und der Universität Zürich, die Forschungsstelle für Sozial- und Wirtschaftsgeschichte (FSW) der Universität Zürich, die Abteilung für Allgemeine und Vergleichende Literaturwissenschaft (AVL) am Romanischen Seminar der Universität Zürich sowie das Forum interdisziplinäre Forschung (FiF) der Technischen Universität Darmstadt.

Wien und Zürich im Oktober 2018

Begriffliche Fragen

Zum integrativen Potenzial epistemischer Tugenden in der Epistemologie

Oliver Nievergelt

1. Zwei Epistemologien

Viele Forschende, die sich mit Wissen beschäftigen, werden die grobe Unterscheidung gelten lassen, dass es zwei Arten von Epistemologie gibt, eine normative, die mit einer engen Repräsentation des Menschen arbeitet, und eine deskriptive mit einer breiten Repräsentation.[1]

Die erste Art von Epistemologie wird traditionell in der Philosophie betrieben, wo die Frage im Vordergrund steht, was eine gute Rechtfertigung von Wissen bzw. Berechtigung zu wissen sein soll. Wissen und seine rechtfertigenden Gründe werden dabei meist als kognitive Zustände oder sprachliche Ausdrücke verstanden, die wahr sein sollen. Es handelt sich um ein normatives Unterfangen, das im Idealfall zeigen kann, welche allgemeinen Kriterien erfüllt sein müssen, damit von Wissen gesprochen werden darf. Die Kriterien sollen dabei solcherart sein, dass skeptische Einwände ausgeschlossen werden können.

Auf der anderen Seite wird Epistemologie in der Wissenschaftsforschung als Untersuchung von Strukturen, Prozessen oder Praktiken der Wissensgenerierung und -verbreitung betrieben. In dieser zweiten Art epistemischer Forschung ist der Mensch nicht nur in Form seiner kognitiven Zustände oder sprachlichen

---

[1] Bereit, so zu unterscheiden, sind beispielsweise Alvin Goldman, „Why Social Epistemology is Real Epistemology", in: Adrian Haddock/Alan Millar/Duncan Pritchard (Hgg.), *Social Epistemology*, Oxford/New York 2010, 1–28, und Matthias Steup, „Epistemology", in: Edward N. Zalta (Hg.), *The Stanford Encyclopedia of Philosophy*, 2012, http://plato.stanford.edu/archives/fall2012/entries/epistemology/ (13.11.2012). Ausschließlich im normativen und engen Sinne will Thomas Grundmann Epistemologie verstanden wissen. Er hält das, was unter das deskriptiv-breite Verständnis von Epistemologie subsumiert wird, für andere Themen und nicht andere Paradigmen desselben Themas. Vgl. Thomas Grundmann, „Die traditionelle Erkenntnistheorie und ihre Herausforderer", in: Thomas Grundmann (Hg.), *Erkenntnistheorie. Positionen zwischen Tradition und Gegenwart*, Paderborn 2001, 9–29.

Es ist wichtig, hier gleich darauf hinzuweisen, dass bei der Verwendung der Worte Epistemologie, epistemisch oder Wissen in diesem Artikel immer mehrere Sachen gleichzeitig gemeint sind. Zusammengenommen sind damit unterschiedliche Formen intellektuellen Erfolgs (bzw. Scheiterns) wie Wissen in einem engen Sinne, Verständnis, Einsicht, Klugheit oder Weisheit gemeint. Ich lege mich nicht auf einen bestimmten Wissensbegriff fest.

Ausdrücke präsent. Er kommt in all denjenigen Aktivitäten in Betracht, die in diesem Modell aus unterschiedlichen Gründen für epistemisch relevant gehalten werden, egal ob jene in erster Linie sozialer, moralischer, politischer, ökonomischer, ästhetischer, emotionaler oder sonstiger Natur sind. Wissen wird dabei für das Produkt dieser Aktivitäten gehalten. Herkömmlicherweise haben Arbeiten in diesem Feld einen dominant deskriptiven Charakter. Es wird mit empirischen Mitteln untersucht, wie und weshalb Wissen so produziert wird, wie es tatsächlich geschieht bzw. wie und weshalb sich Wissende beim Erkennen und Kommunizieren so verhalten, wie sie es tatsächlich tun.[2]

Zugespitzt besteht der Unterschied zwischen diesen beiden Epistemologien in den Erkenntnisabsichten. Philosophische Epistemologen erheben mit den Resultaten ihrer Arbeiten nur den Anspruch, unsere Bestimmungen dessen, was Wissen sein soll, zu verbessern. Wissenschaftsforscher erheben mit den Resultaten ihrer Arbeiten hingegen nur den Anspruch, die Adäquatheit unserer Beschreibungen davon zu verbessern, wie Wissen entsteht und sich verbreitet. Kurz, nach dieser Unterscheidung weisen Wissenschaftsforschung und philosophische Epistemologie keine systematischen Verbindungen bezüglich ihrer Erkenntnisansprüche auf.

Sowohl von Seiten der Philosophie[3] als auch von Seiten der Wissenschaftsforschung[4] waren in den letzten Jahren skeptische Stimmen gegen diese Unterscheidung zu vernehmen. Dennoch halte ich die zwei genannten Arten, Epistemologie zu betreiben, nicht für *passé* oder gar wertlos für die epistemische Forschung

---

[2] Diese allgemeine Beschreibung eines epistemologischen Standardprogramms scheint mir – unter Vernachlässigung einiger Besonderheiten – auf die unterschiedlichsten Vertreter der Wissenschaftsforschung zuzutreffen. Ich denke dabei ebenso an Klassiker wie Robert Merton, Thomas Kuhn oder Michel Foucault als auch an aktuellere Richtungen wie die Edinburgh School, die Berliner historische Epistemologie oder die sogenannte dritte Welle der Science and Technology Studies (STS).

[3] Vgl. die radikale Abkehr vom Standardprogramm philosophischer Epistemologie bei Jonathan Kvanvig, *The Intellectual Virtues and the Life of the Mind. On the Place of the Virtues in Epistemology* (Studies in Epistemology and Cognitive Theory), Lanham 1992, oder die mehr auf eine Differenzierung der Normativ-deskriptiv-Unterscheidung zielenden programmatischen Texte von Christopher Hookway, „How to be a Virtue Epistemologist“, in: Michael DePaul/Linda Zagzebski (Hgg.), *Intellectual Virtue. Perspectives from Ethics and Epistemology*, Oxford 2003, 183–202, David Solomon, „Virtue Ethics. Radical or Routine“, in: Michael DePaul/Linda Zagzebski (Hgg.), *Intellectual Virtue. Perspectives from Ethics and Epistemology*, Oxford 2003, 57–80, oder Markus Wild, „Kritische Überlegungen zur affektiven Epistemologie“, *e-jounal Philosophie der Psychologie* 13 (2008), 1–19.

[4] Vgl. z. B. die Bedenken gegenüber einer ausschließlich deskriptiven Wissenschaftsforschung von Bruno Latour, „Why Has Critique Run out of Steam? From Matters of Fact to Matters of Concern“, *Critical Inquiry* 30 (2004), 225–248, oder die aufschlussreichen Beobachtungen von Michael Lynch über die normativen Tendenzen in der zeitgenössischen Wissenschaftsforschung: „From Normative To Descriptive and Back. STS and the Practice Turn“, in: Lena Soler/Sjoerd Zwart/Michael Lynch/Vincent Israel-Jost (Hgg.), *Science after the Practice Turn in the Philosophy, History, and Social Studies of Science* (Routledge Studies in the Philosophy of Science), Florence, KY, USA 2014, 93–113.

insgesamt. Die skeptischen Stimmen beklagen zwar üblicherweise die unfruchtbare Einseitigkeit normativer bzw. deskriptiver Epistemologie, lösen ihre Bedenken aber nicht in Form einer integrativen Epistemologie ein. Ich möchte daher im Folgenden zeigen, dass und wie Herman Paul, ein Historiker, und Miranda Fricker, eine Philosophin, versuchen, die Ausschließlichkeit dieser Unterscheidung in einer integrativen Art von Epistemologie aufzulösen. An den Arbeiten von Paul und Fricker lässt sich zeigen, so meine These, dass die Unterscheidung zwischen einer normativen und einer deskriptiven Erforschung des Wissens sinnvoll ist und dass diese beiden Absichten nicht unabhängig voneinander verfolgt werden sollten. Zudem deutet sich in ihren Arbeiten das methodische Potenzial an, welches der Begriff epistemischer Tugenden für eine einheitliche Epistemologie haben kann. Das heißt, es soll gezeigt werden, dass integrative Tugendepistemologen wie Fricker und Paul die Überzeugung, dass normative Einsichten deskriptive Konsequenzen haben und deskriptive Einsichten normative Konsequenzen haben, mit dem Begriff epistemischer Tugenden zum Tragen bringen können.[5]

Um das zu zeigen, werde ich erstens drei normative Bestimmungen in Pauls grundsätzlich deskriptiver Erforschung geschichtswissenschaftlichen Erkennens hervorheben. Sie zeichnen seinen schwachen Historismus gegenüber einem starken Historismus aus, wie er für die oben skizzierte Standardepistemologie in der historischen Wissenschaftsforschung häufig eine wichtige Rolle spielt.[6] Zweitens werde ich an Frickers philosophischer Sozialepistemologie zeigen, dass Beschreibungen epistemisch relevanter Situationen starke normative Gründe für Wissen darstellen. Die deskriptive Beibringung von Gründen zeichnet ihre Epistemologie gegenüber dem oben dargestellten Standardprogramm philosophischer Epistemologie aus. Drittens werde ich die beiden Ansätze mit Blick auf das Verhältnis zwischen epistemischen Tugenden und epistemischer Autorität zusammenführen. Tugenden erweisen sich als wichtig dafür, dass (und wie) wir Wissensansprüchen epistemische Autorität zusprechen (sollen). Ihre forschungs-

---

[5] Es ist selbstverständlich einzuräumen, dass es bekannte Versuche gibt, Normativität in ein deskriptives Grundprogramm zu integrieren: z. B. Steve Woolgar, *Knowledge and Reflexivity. New Frontiers in the Sociology of Knowledge*, London 1988, Harry Collins/Robert Evans, „The Third Wave of Science Studies. Studies of Expertise and Experience", *Social Studies of Science* 32 (2002), 235–296, oder Harry Collins/Martin Weinel/Robert Evans, „The Politics and Policy of the Third Wave. New Technologies and Society", *Critical Policy Studies* 4 (2010), 185–201. Methodisch verfahren diese aber weitgehend erklärend (kausal und funktional) und nicht wie Paul und Fricker begründend (Grund-Folge) und dicht beschreibend (Verstehen).

[6] Mit Historismus ist hier nicht in erster Linie der klassische Historismus des 19. Jahrhunderts gemeint, sondern die daher kommende Idee, dass der Kontext des zu erfassenden Phänomens die primäre Quelle epistemischer Autorität von Aussagen über dieses Phänomen ist. Was ich hier deskriptive Epistemologie nenne, scheint mir weiterhin und weitgehend zu Recht von dieser Idee beherrscht zu sein.

praktische Realisierung trägt erheblich dazu bei, dass Wissensansprüche für berechtigt (epistemisch autoritativ) gehalten werden.

2. Die Normativität von Herman Pauls schwachem Historismus

In diesem Abschnitt wird es darum gehen, hervorzuheben, dass und inwiefern Herman Pauls schwacher Historismus als Versuch verstanden werden kann, in der deskriptiv geprägten Epistemologie der Geschichtswissenschaften der Idee epistemischer Autorität oder Gültigkeit einen Sinn zu verleihen. Zwar verfolgt er in der Mehrzahl seiner epistemologischen Arbeiten ausdrücklich ein deskriptiv-analytisches Programm, doch kommt in zwei Texten auch ein genuin normatives Erkenntnisinteresse zum Ausdruck. Ich möchte im Folgenden versuchen, die normative Grundstruktur seiner Epistemologie zu formulieren, so wie er sie in *Performing History*[7] und *Weak Historicism*[8] darstellt.

Den Ausgangspunkt von Pauls Epistemologie der Geschichtswissenschaften bilden die *Praktiken* von Historikern. Der Grund für diesen Fokus liegt darin, dass er Praktiken für diejenigen Elemente im Leben eines Forschers hält, die sein Selbst als spezifisch wissenschaftliches in erster Linie formieren. Nicht die Forschungsresultate oder die disziplinären Standards prägen sein professionelles Verhalten als Forscher, sondern die einzelnen Forschungstätigkeiten wie Lesen, Schreiben, Diskutieren, Rechnen, Experimentieren, Sortieren usw. Die tätigkeitsbezogene Prägung des wissenschaftlichen Selbst ist dadurch zu erklären, dass diese Praktiken selbstverständlich in unterschiedlicher Qualität ausgeführt werden können. Man kann genau oder ungenau lesen. Man kann sorgfältig oder nachlässig experimentieren. Man kann klar oder unklar schreiben. Diesen Umstand macht sich Paul zunutze, indem er sagt, die gebotenen Qualitäten, in denen diese Tätigkeiten zu einer bestimmten Zeit und in einem bestimmten wissenschaftlichen Kontext ausgeführt werden sollten, könnten mit dem idealtypischen Begriff der *wissenschaftlichen Persona* zum Ausdruck gebracht werden.[9] Das heißt für ihn nicht, dass diese ideale Verkörperung eines bestimmten wissenschaftlichen Ethos in Form einer konkreten Forscherin existieren würde,

[7] Herman Paul, „Performing History. How Historical Scholarship is Shaped by Epistemic Virtues“, *History and Theory* 50 (2011), 1–19.

[8] Herman Paul, „Weak Historicism. On Hierarchies of Intellectual Virtues and Goods“, *Journal of the Philosophy of History* 6 (2012), 369–388.

[9] Er führt das Primat der Praxis (gegenüber demjenigen der Disziplin) für die Analyse der idealen wissenschaftlichen Persona beispielsweise am Fall von vier kritischen Bibelforschern der Universität Leiden in der Mitte des 19. Jahrhunderts aus. Vgl. Herman Paul, „The Scholarly Self. Ideals of Intellectual Virtue in Nineteenth-Century Leiden“, in: Rens Bod/Jaap Maat/Thijs Weststeijn (Hgg.), *The Making of the Humanities*, Amsterdam 2012, 397–411.

doch es heißt, dass sie einen praktischen Effekt auf das epistemische Verhalten der Forschenden hat. Dieser Effekt ist normativ, weil sich Wissenschaftler in ihrem Forschungsverhalten am Idealbild der wissenschaftlichen Persona orientieren und damit ihr axiologisches Selbstverständnis als Wissenschaftler formieren. Die für positiv gehaltenen epistemischen Normen, welche das Idealbild verkörpert, werden so gut wie möglich internalisiert.[10]

Da realiter niemand dieses Idealbild verkörpert, bedeutet das, dass jeder Wissenschaftler einige Normen besser und andere schlechter verinnerlicht hat. Um diese graduelle Aneignung des jeweils herrschenden Ideals, die sich in den qualitativ positiven Aspekten epistemisch relevanter Praktiken äußert (z. B. *genau* lesen), systematisch erfassen zu können, greift Paul auf den Begriff *epistemischer Tugenden* zurück (z. B. die Genauigkeit). Er bezeichnet mit diesem Begriff die von Wissenschaftlern tatsächlich internalisierten Normen der wissenschaftlichen Persona.

Die epistemischen Tugenden spielen für ihn eine unabdingbare Rolle dafür, dass der Forscher wissenschaftliches Wissen erwerben kann:

> I [...] argue, [...] that character traits play important, constitutive roles in the acquisition of scholarly knowledge. There may be other, perhaps equally important, factors. But without the exercise of certain character virtues, there *can* be no knowledge acquisition.[11]

Die konstitutive Rolle, welche Paul epistemischen Tugenden hier zuspricht, ist allgemein zu verstehen. Ihre normative Rolle ist für die Realisierung epistemisch autoritativer Forschungsresultate grundlegend. Das heißt, Paul setzt den Besitz von epistemischen Tugenden für denjenigen, der mit seinen Forschungsresultaten Anspruch auf epistemische Gültigkeit erhebt, unabhängig von Ort, Zeit und Forschungsgegenstand voraus. Damit ist gemeint, dass man zwar auch ohne epistemische Tugenden intellektuelle Produkte herstellen kann, doch derartig hergestellte Produkte haben keinen anerkannten epistemischen Wert. Wir sagen dann, sie seien nicht gültig, nicht wissenschaftlich oder dergleichen. Ich will Pauls Rede von der konstitutiven Rolle epistemischer Tugenden also so verstehen, dass Forschungsresultate nur dann wissenschaftlich bzw. epistemisch gut sein können, wenn sie aufgrund von epistemischen Tugenden des Forschers zustande kamen.[12] Damit kann man die normative Struktur von Pauls Epistemologie mit einem ersten allgemeinen Satz kennzeichnen.

---

[10] Vgl. für den ganzen Absatz Paul, „Performing History" (Anm. 7), 9–11. Wie man sich derartige Internalisierungen erklären kann, lässt sich hier nicht ausführen. Einen interessanten Versuch, das zu tun, hat kürzlich Linda Zagzebski vorgelegt: Linda Zagzebski, *Exemplarist Moral Theory*, New York 2017. Sie versucht die Formierung unseres Selbst als moralische Subjekte durch Bewunderung und Nachahmung von Idealen zu erklären. Es könnte aufschlussreich sein, Zagzebskis Theorie auf Pauls Begriff der wissenschaftlichen Persona anzuwenden.

[11] Paul, „Performing History" (Anm. 7), 9 (Hervorh. O.N.).

[12] Auf das Verhältnis zwischen epistemischen Tugenden und Wissen kann hier nicht

1. Ansprüche auf epistemisch autoritatives Wissen sind nur dann ernst zu nehmen, wenn derjenige, der sie erhebt, über epistemische Tugenden verfügt, die ihm die Herstellung dieses Wissens ermöglichten.

Mit dieser formalen Forderung ist freilich noch nichts darüber gesagt, wie sich Paul die inhaltliche Bestimmung und Zusammensetzung epistemischer Tugenden vorstellt. Wie die normative Kraft in Form von epistemischen Tugenden im Einzelfall inhaltlich aussehen soll, erläutert Paul mit der Konzeption der *historiographischen Situation*. Er bestimmt sie als ein Zusammenspiel von Fragestellung, Stand der Forschung und Genre. Er vertritt die These, dass sich Forscher in Situationen mit dieser Struktur befinden, wenn sie epistemische Praktiken ausüben. Welche Qualitäten diese Praktiken aufweisen bzw. welche epistemischen Tugenden der Forscher ausüben sollte, wird nach Paul durch die Beschaffenheit der historiographischen Situation vorgegeben, die vom Forscher unabhängig ist. Die angemessene Gewichtung und Zusammensetzung bestimmter epistemischer Tugenden ist davon abhängig, wie sich die historiographische Situation in einem konkreten Fall tatsächlich darbietet – und nicht von den Vorlieben und Interessen des Historikers. Paul zeigt zum Beispiel, dass eine wissenschaftliche Biographie Leopold von Rankes und eine vergleichende ökonometrische Untersuchung von europäischen Nationalökonomien im 19. Jahrhundert eine unterschiedliche Gewichtung von epistemischen Tugenden erfordern. Für die Biographin ist Empathie wichtig, für den Ökonomen Genauigkeit. Das heißt aber weder, dass sich die Biographin nicht um Genauigkeit kümmern sollte, noch dass der Ökonom ganz ohne Empathie auskommt. Es heißt nur, dass die Biographin neben anderen epistemischen Tugenden einen hohen Grad an epistemischer Empathie besitzen sollte und der Wirtschaftshistoriker neben anderen epistemischen Tugenden einen hohen Grad an epistemischer Genauigkeit.[13]

Pauls Idee ist es also, dass die Kenntnis der epistemischen Situation die geforderten epistemischen Qualitäten nahelegt, welche die epistemischen Praktiken darin haben sollten. Somit ist mit der Konzeption der historiographischen Situation ein zweites Merkmal der normativen Struktur seines schwachen Historismus gegeben:

näher eingegangen werden. Die prominenteste Vorstellung stammt von Ernest Sosa. Er versteht die begründende Funktion von epistemischen Tugenden in Analogie zu den Fertigkeiten eines Bogenschützen als zuverlässig zielrealisierende Kompetenzen. Vgl. Ernest Sosa, *Knowing Full Well*, Princeton 2011.

[13] Für den ganzen Absatz vgl. Paul, „Weak Historicism“ (Anm. 8), 373–375.

2. Die angemessenen Maßstäbe – wozu u.a. die epistemischen Tugenden gehören –, nach denen Ansprüche auf wissenschaftliches Wissen jeweils evaluiert werden sollten, sind aufgrund der epistemischen Situation zu bestimmen, in welcher und für welche sie erhoben werden.

Mit den bisher ausgeführten Merkmalen der normativen Struktur von Pauls schwachem Historismus, so könnte man zusammenfassen, wurde ein Konzept autoritativer Forschungspraxis konstruiert. Es ermöglicht, in jeder epistemischen Situation Ansprüche auf Wissen anhand von nicht-arbiträren Kriterien zu evaluieren, indem man die Aktivitäten, die zu diesem Anspruch führten, auf die Angemessenheit ihrer epistemischen Tugendhaftigkeit hin prüft.

Diese Formulierung ist zutreffend, muss aber noch präzisiert werden. Da es *in concreto* unendlich viele historiographische Situationen gibt, gibt es auch unendlich viele praktische Standards. Aufgrund der beiden bisher formulierten normativen Merkmale von Pauls Epistemologie weiß man zwar, dass und welche Tugenden in der jeweiligen Situation wie zu gewichten sind. Doch man hat auf dem gegenwärtigen Stand der Überlegung noch kein Mittel in der Hand, um zu beurteilen, ob es sich bei der Situation und den situationsbedingten Tugenden überhaupt um epistemische und nicht etwa um politische, ästhetische, ökonomische oder pädagogische handelt. Paul scheint sich des Umstands bewusst zu sein, dass für die Konstruktion eines soliden Konzepts epistemischer Autorität der Bereich zu umreißen ist, innerhalb dessen ein Anspruch gelten soll. Denn er legt sich darauf fest, dass in den Geschichtswissenschaften Verständnis das höchste Gut sein soll.

> I argue that historians are justified in pursuing whatever intellectual goods they want, but that, as scholars, they are unjustified in prioritizing any of these goods above historical understanding – the intellectual good that I consider as constitutive of historical scholarship.[14]

Nur wenn Ansprüche auf historisches Wissen in erster Linie unser historisches Verständnis verbessern, sind sie nach Paul epistemologisch gerechtfertigt. Die Verbesserung des historischen Verständnisses muss das oberste Ziel sein, auch wenn dabei andere epistemische und nicht-epistemische Motive, die uns dazu bewegen, uns forschend der Vergangenheit zuzuwenden, freilich nicht von der historischen Forschung verbannt werden können. Sie sollten einfach nicht das

---

[14] Ebd., 374. Paul spezifiziert nicht, was er genauer unter historischem Verstehen versteht. Ich vermute, dass er an keine der theoretischen Traditionen des Verstehensbegriffs im Speziellen denkt (klassischer Historismus, philosophische Hermeneutik, *histoire totale*, ethnologische *thick description*…), sondern ganz einfach an ein allgemeines Verständnis dessen, was in der geschichtswissenschaftlichen Gemeinschaft gemeinhin als historisches Verständnis oder historische Einsicht akzeptiert wird. In Anmerkung 17 komme ich kritisch auf diese Vermutung zurück.

darstellen, wonach der Historiker in erster Linie strebt. Das dritte Merkmal der normativen Struktur von Pauls schwachem Historismus lautet also:

3. Je stärker Ansprüche auf historisches Wissen historisches Verständnis beibringen, desto besser sind sie epistemisch gerechtfertigt.

Mit dieser Bestimmung ist nun klar, wie epistemische Tugenden von anderen zu unterscheiden sind. Hilft eine Tugend in einer gegebenen Forschungssituation in erster Linie historisches Verständnis beizubringen, so handelt es sich um eine epistemische. Paul hat mit der normativen Festlegung auf die Priorität des Verstehens nun einen Begriff genuin epistemischer Autorität konstruiert. Dieser Begriff erlaubt ihm, Ansprüche, die von denjenigen erhoben werden, deren historische Forschung nicht primär auf historisches Verständnis zielt, epistemologisch zurückzustufen und dennoch als Quellen historischen Verständnisses ernst zu nehmen.[15]

In Bezug auf die deskriptive Epistemologie kann nun auf der einen Seite gesagt werden, dass die normative Struktur von Pauls Epistemologie, bestehend aus (1) epistemischen Tugenden, (2) historiographischer Situation und (3) historischem Verständnis, offen genug ist, um jene zu integrieren. Denn neben der Gewichtung der Tugenden ist freilich auch das, was in einem konkreten Fall als Verbesserung des historischen Verständnisses angesehen wird, von der historiographischen Situation abhängig. Es gibt somit auch endlos viele Möglichkeiten, historisches Verständnis zu verbessern. In dieser Hinsicht ist Paul dem historistischen Standardprogramm der Wissenschaftsforschung voll verpflichtet.

Auf der anderen Seite distanziert er sich mit seinen normativen Rahmenvorgaben aber auch deutlich davon. Denn allgemein gesehen muss nach ihm jeder Historiker, der epistemische Ansprüche erheben will, heute oder gestern, hier oder dort, mit der einen oder der anderen Fragestellung, vor diesem oder jenem Forschungsstand, in dem einen oder dem anderen Genre dadurch auf die Verbesserung historischen Verständnisses zielen, dass er die situativ angemessenen epistemischen Tugenden ausübt. Ist historisches Verständnis nicht sein vorrangiges Ziel oder sind seine epistemischen Tugenden der historiographischen Situation nicht angemessen, so sind seine intellektuellen Ansprüche epistemologisch ungenügend gerechtfertigt. Durch diese Priorisierung eines Zwecks, auf den entsprechend qualifizierte epistemische Praktiken zielen sollten, vollzieht er eine – wenn auch moderate – Abgrenzung von anderen Lebensbereichen, die in der neueren Wissenschaftsforschung üblicherweise kritisiert wird.

Am deutlichsten wird Pauls Sensibilität für ein überkontextuelles Verständnis epistemisch autoritativer geschichtswissenschaftlicher Performanz schließlich dort, wo er einräumt, dass die eben formulierten allgemeinen Forderungen

---

[15] Vgl. seine diesbezügliche Einschätzung der historischen Werke von Sima Qian und Gregor von Tours, die auf die Bestätigung eines Weltbildes zielten, ebd., 379–383.

eine Praxis vorstellen, die unabhängig von der konkreten Situation epistemisch gut oder schlecht ausgeübt werden kann. Die gute Ausübung gleiche dabei der Aristotelischen Phronesis.[16] Um sich in einer beliebigen historiographischen Situation mit den passenden, hierarchisch gewichteten epistemischen Tugenden so zu verhalten, dass daraus primär eine Verbesserung des historischen Verständnisses resultiert, ist ein hohes Maß an praktischer Klugheit erforderlich.[17]

3. Deskriptive Gründe in Miranda Frickers Tugendepistemologie

Eine ähnliche Differenzierung der Standardunterscheidung, wie sie sich in der Wissenschaftsforschung am Beispiel von Herman Paul beobachten lässt, findet auch in der philosophischen Epistemologie statt. Die Vorgeschichte dieser Differenzierung ist mit der Einführung epistemischer Tugenden in das einleitend erwähnte Standardprogramm der philosophischen Epistemologie verbunden. In den 1980er Jahren machte Ernest Sosa in *The Raft and The Pyramid* den Vorschlag, nicht mehr Meinungen (kognitive Zustände), sondern die epistemischen Qualitäten derjenigen, die Meinungen haben, zum primären Ort der Rechtfertigung von Wissensansprüchen (bzw. Ansprüchen auf wahre Meinung) zu machen. Er meinte dort, Wissen lasse sich nur dann überzeugend rechtfertigen, wenn es zuverlässig aus den epistemischen Kompetenzen des Wissenden entspringe.[18]

[16] Vgl. ebd., 379. Für eine solche universalistische Leseweise von Aristoteles' Tugendethik argumentiert seit Jahren Martha Nussbaum, vgl. z. B. Martha Nussbaum, „Non-Relative Virtues: An Aristotelian Approach“, in: Martha Nussbaum/Amartya Senn (Hgg.), *The Quality of Life*, Oxford 1993, 242–269.

[17] Den drei normativen Forderungen von Paul möchte ich zustimmen. Die dritte Forderung nach dem Primat des Verstehens scheint mir aber unter einem normativen Begründungsdefizit zu leiden. Während die Notwendigkeit, dass epistemische Tugenden die Forschungstätigkeiten qualitativ bestimmen, mit der Forderung nach epistemischem Verständnis begründet ist und ihre Gewichtung mit der non-arbiträren Gegebenheit der historiographischen Situation, so lässt Paul die normative Frage offen, weshalb wir uns für historisches Verständnis als oberstes Ziel geschichtswissenschaftlicher Forschung entscheiden sollten. Eine naheliegende Interpretation, die uns sein programmatischer Aufsatz „Weak Historicism“ in dieser Hinsicht bietet, ist die historische Kontingenz. Doch die Tatsache, dass die Mehrheit der zeitgenössischen Historiker im Unterschied zu Sima Qian und Gregor von Tours historisches Verständnis für ihr wichtigstes Erkenntnisziel hält, scheint mir nicht alles zu sein, was gesagt werden kann, um uns davon zu überzeugen, dass wir als Wissenschaftler in erster Linie nach einem genuin epistemischen Gut wie dem Verstehen streben sollten. Einen vielversprechenden Vorschlag in die Richtung einer intrinsischen Rechtfertigung epistemischer Güter, die nicht auf das anthropologisch unrealistische Standardprogramm der philosophischen Epistemologie zurückgreift, macht beispielsweise Bernard Williams, *Truth and Truthfulness. An Essay in Genealogy*, Princeton 2002.

[18] Vgl. Ernest Sosa, „The Raft and the Pyramid. Coherence versus Foundations in the Theory of Knowledge“, *Midwest Studies In Philosophy* 5 (1980), 3–26.

Seine Idee, dass wir die Struktur des Wissens besser verstehen können, wenn wir unsere Untersuchungsbemühungen auf die epistemisch relevanten Qualitäten der Person richten, machte in Form der Tugendepistemologie Schule.[19]

Doch die Einführung des Begriffs der epistemischen Tugenden hatte nicht eine automatische Abkehr vom Standardprogramm der philosophischen Epistemologie und damit eine Infragestellung der Standardunterscheidung zwischen deskriptiv-breiter und normativ-enger Epistemologie zur Folge. Obwohl damit die Möglichkeiten zur Realisierung des Standardprogrammes erweitert wurden, halten die meisten Tugendepistemologen daran fest (am prominentesten Ernest Sosa[20] und Linda Zagzebski[21]). Wie Sosa sehen sie in epistemischen Tugenden die Grundlage für eine robuste normative Wissensdefinition. Mit den epistemischen Tugenden wird die wissende Person in der philosophischen Epistemologie zwar breiter repräsentiert, dichte deskriptive Einsichten werden aber weiterhin für kontingent und insofern irrelevant für eine normative Bestimmung des Wissens gehalten.

Heather Battaly nennt diese Autoren theoretisch orientierte Tugendepistemologen und stellt ihnen antitheoretische entgegen, die epistemische Tugenden unabhängig von einem einheitlichen Wissensbegriff für epistemologisch zentral halten.[22] Diese Position hat nicht nur Konsequenzen für das philosophische Standardprogramm, sofern der Mensch als epistemisch exzellent *Handelnder* in ihm breiter repräsentiert wird (wie es auch die theoretischen Tugendepistemologen tun), sondern auch insofern, als Einsichten aus dichten Beschreibungen normativ ernst genommen werden. Die Suche nach einer allgemeingültigen antiskeptischen Rechtfertigung von Wissensansprüchen im engen Sinne von Wissen ist für Antitheoretiker nur ein Motiv unter anderen, Epistemologie zu betreiben. Sie sind an unterschiedlichen Formen epistemischer Autorität interessiert, deren Zustandekommen und Berechtigung mit einer äußerst breiten Un-

---

[19] Einen guten Überblick über die Entwicklung der Tugendepistemologie bieten Jörg Hardy, „Intellektuelle Tugenden. Grundzüge der Tugenderkenntnistheorie (I)", *Zeitschrift für philosophische Forschung* 58 (2004), 572–590, ders., „Intellektuelle Tugenden und Epistemische Motivation. Grundzüge der Tugenderkenntnistheorie (II)", *Zeitschrift für philosophische Forschung* 59 (2005), 284–302, Heather Battaly, „Virtue Epistemology", *Philosophy Compass* 3 (2008), 639–663, Jason Baehr, *The Inquiring Mind. On Intellectual Virtues and Virtue Epistemology*, Oxford 2011, oder John Greco/John Turri, „Introduction", in: dies. (Hgg.), *Virtue Epistemology. Contemporary Readings*, Cambridge MA 2012, vii–xxi.

[20] Die eingängigste Synthese seiner Tugendepistemologie bilden seine *Locke Lectures* von 2005 in Oxford. Ernest Sosa, *Apt Belief and Reflective Knowledge*, 2 Bde., Oxford 2007–2009.

[21] Linda Zagzebski, *Virtues of the Mind. An Inquiry into the Nature of Virtue and the Ethical Foundations of Knowledge*, Cambridge 1996.

[22] Battaly, „Virtue Epistemology" (Anm. 19), 642–644, nennt Lorraine Code, Robert C. Roberts und Jay Wood, Christopher Hookway sowie Miranda Fricker. Ein Antitheoretiker, der das Standardprogramm rundherum ablehnt, ist nach Battaly Jonathan Kvanvig.

tersuchung epistemisch relevanter Situationen, Zustände und Aktivitäten einer Person nachgegangen werden muss.

Miranda Frickers *Epistemic Injustice* ist eine Untersuchung in genau diesem Sinne. Sie nimmt, wie Paul, die Person in den Blick und betrachtet deren epistemisch relevanten Lebenssituationen als solche, in denen auch non-kognitive Aspekte wie Emotionen und Unbewusstes oder soziale, politische und institutionelle Zwänge eine wichtige Rolle spielen. Somit öffnet sie auf der einen Seite die philosophische Epistemologie für Phänomene wie Macht, Moral oder Psychologie. Auf der anderen Seite unterscheidet sich ihr Zugang von der deskriptiv-kritischen Standardepistemologie in der Wissenschaftsforschung dadurch, dass sie zwar wie diese die normative Relevanz ethischer, politischer, institutioneller oder psychologischer Aspekte für die Evaluation von Wissensansprüchen aufzeigt, daraus aber keine reduktionistischen Konsequenzen zieht. Vielmehr argumentiert sie mit dieser Relevanz für die Eigenständigkeit des Epistemischen. Epistemische Gerechtigkeit etwa ist für sie eine Voraussetzung für epistemische Gültigkeit. Letztere lässt sich aber nicht auf Formen der Gerechtigkeit reduzieren.[23]

In der Analyse von Pauls Epistemologie, die von einer breiten deskriptiven Tradition herkommt, stand die Frage nach den normativen Grundsätzen im Vordergrund. In Frickers Epistemologie hingegen, die von einer engen normativen Tradition herkommt, wird im Folgenden die Frage im Zentrum stehen, inwiefern Beschreibungen als normative Gründe fungieren können.

Der Hauptteil von Frickers Buch beschäftigt sich mit epistemischer Ungerechtigkeit bzw. Gerechtigkeit in der Form von testimonialer Ungerechtigkeit bzw. Gerechtigkeit. Sie geht von der Annahme aus, dass nicht nur das Gros unseres alltäglichen, sondern auch ein bedeutender Teil unseres wissenschaftlichen Wissens Zeugniswissen ist.[24] Das heißt, die Situationen, an welchen Fricker interessiert ist, sind solche, in denen ein Informant einem Rezipienten Wissen mitteilt. Die normative Frage, die im Standardprogramm philosophischer Epistemologie bei Fällen testimonialen Wissens im Vordergrund steht, besteht darin, inwiefern es für den Rezipienten gerechtfertigt ist, die Mitteilung als Wissen anzunehmen. Eine traditionelle Antwort auf diese Frage ist nach Fricker inferentiell-rationalistisch. Sie besagt, dass ein Rezipient nur dann über eine Rechtfertigung verfügt, Wissen zu akzeptieren, wenn er ein Argument durchlaufen kann, dessen Konklusion aus dem akzeptierten Wissen besteht.[25]

---

[23] Dieses epistemologische Programm führt sie im folgenden Text aus: Miranda Fricker, „Rational Authority and Social Power. Towards a Truly Social Epistemology", *Proceedings of the Aristotelian Society* 98 (1998), 159–177.

[24] Diese Annahme liegt insbesondere für historiographisches Wissen, an dem Paul interessiert ist, auf der Hand.

[25] Vgl. Miranda Fricker, *Epistemic Injustice. Power and the Ethics of Knowing*, Oxford 2007, 61. Sie bezeichnet unter anderen Peter Lipton zutreffend als Vertreter einer inferentiell-kognitivistischen Auffassung davon, inwiefern die Akzeptanz von Zeugniswissen epistemologisch gerechtfertigt ist.

Fricker wendet sich gegen diese Ansicht, dass der Rezipient, um ein Zeugnis mit guten Gründen als Wissen zu akzeptieren, ein rationales Schlussverfahren (Inferenz) durchlaufen muss. Das tut sie aber nicht in der Art, wie das in der traditionellen philosophischen Epistemologie üblich ist. Sie bemängelt nicht theoretische Fehlannahmen, begriffliche Ungereimtheiten oder ungültige Schlüsse, sondern vorerst ein inadäquates Bild der Wirklichkeit. Nach ihr ist es verfehlt, die alltäglichen Situationen der Übernahme von Informationen primär als solche zu beschreiben, die von rationalen Überlegungen in argumentativer Form unterlegt sind. Der häufigste und normale Fall von Zeugniswissen besteht nach ihr vielmehr in einer unreflektierten, wenn auch kritischen Akzeptanz.

> I suggest that our experience of unreflectively taking in what we are told is [...] best characterized by an account that represents our critical faculties as [...] ongoingly operative in a lower-level, more automatic manner. Without actively assessing or reflecting on how trustworthy our interlocutor is, the responsible hearer none the less remains unreflectively alert to the plethora of signs, prompts, and cues that bear on how far she should trust.[26]

In diesem Ausgangsbild beschreibt Fricker den Rezipienten also als jemanden, der über genügend evaluative epistemische Qualitäten verfügt, um in der testimonialen Normalsituation ausreichend gerechtfertigte Informationen zu akzeptieren. Diese Beschreibung ist vorerst noch durchaus vereinbar mit der inferentiell-rationalistischen Antwort, dann nämlich, wenn die evaluativen epistemischen Qualitäten des Rezipienten einfach darin bestehen, dass er zuverlässig rational schließen kann. Dass Fricker unter epistemischen Kompetenzen weit mehr versteht, wird durch ihre Erweiterung der deskriptiven Basis deutlich.

Sie illustriert die Erweiterung des Ausgangsbildes testimonialer Situationen mit zwei literarischen Fallbeispielen,[27] in denen Rezipienten Informanten deshalb epistemisches Unrecht zufügen, weil ihre evaluativen epistemischen Kompetenzen qualitativ schlecht sind. Und das bedeutet für Fricker nun nicht, dass diese Rezipienten – wie es die inferentiell-rationalistische Antwort vermuten ließe – nicht im Stande wären, zuverlässige rationale Schlüsse zu ziehen. *Die epistemische Mangelhaftigkeit dieser Rezipienten ist vielmehr mit politischen, historischen, kulturellen, sozialen, moralischen und psychologischen Umständen verbunden.* Vorurteile, die in diesen Umständen ihre Herkunft haben, hindern die Rezipienten daran, die Wissensansprüche der Informanten positiv zu beurteilen. Die Informanten werden von den Rezipienten als Wissende nicht ernst genommen.

---

[26] Fricker, *Epistemic Injustice* (Anm. 25), 66.

[27] Sie diskutiert den ersten Fall aus Harper Lees *To Kill a Mockingbird* auf den Seiten 23–29, den zweiten aus Anthony Minghellas Film *The Talented Mr. Ripley* (das Drehbuch basiert auf Patricia Highsmiths gleichnamiger Novelle) auf den Seiten 86–108 von *Epistemic Injustice.*

Diese ausgiebige deskriptive Basis, in welcher die Person nicht nur in Form ihrer intellektuellen Zustände und Vermögen, sondern in den unterschiedlichsten epistemisch relevanten Facetten präsent ist, führt Fricker zu einer konzeptuellen Anpassung. Sie meint, dem phänomenalen Befund sei viel besser Rechnung getragen, wenn man an Stelle der Vernunft die Wahrnehmung als primäre Rechtfertigungsquelle von Zeugniswissen betrachte.[28] Wahrnehmung ist für Fricker ein historisch und kontextuell aufgeladenes Instrument der Informationsgewinnung. Je nachdem, was der Rezipient für eine Person ist, können seine Wahrnehmungsurteile derselben angebotenen Mitteilung unterschiedlich ausfallen (Akzeptanz oder Ablehnung und Verständnis der Information variieren).

Diese mit deskriptiven Einsichten begründete konzeptuelle Umstellung auf Wahrnehmung hat nun insofern epistemologisch normative Konsequenzen, als andere evaluative Kategorien ins Auge gefasst werden müssen. *Allgemein schlägt Fricker vor, dass die Akzeptanz von Zeugniswissen dann gerechtfertigt ist, wenn der Rezipient über epistemische Sensibilität verfügt.* Die Hauptidee ihrer non-inferentiellen, tugendepistemologischen Begründung testimonialen Wissens ist deshalb die folgende:

> The main idea is that where a hearer gives a suitably critical reception to an interlocutor's word without making any inference, she does so in virtue of the perceptual deliverances of a well-trained *testimonial sensibility.*[29]

Epistemische Wahrnehmungssensibilität ist für Fricker nun aber auch nicht bloß ein Zufallsprodukt der Biographie einer Person, sondern eine kritische und vollkommen rationale Auszeichnung unserer Wahrnehmung. Die folgende Skizze, die Fricker von der Art und dem Zustandekommen der testimonialen Sensibilität gibt, ist der deskriptive Input, der dieses normative Kriterium, mit dem in ihrer Epistemologie unter anderem Wissensansprüche evaluiert werden, voll und ganz begründet.

Der testimonial sensible Rezipient von Fricker zeichnet sich dadurch aus, dass seine Wahrnehmungsurteile aufgeladen sind. Die Informiertheit des Rezipienten besteht darin, dass er über Erfahrungen verfügt, die ihm sozial oder kontextuell situierte Generalisierungen über die Informantin erlauben. Er ist insbesondere sehr kompetent darin, die folgenden Fragen zutreffend zu beantworten: Wie sind in diesem und jenem Fall die Kompetenzen des Informanten einzuschätzen? Wie ist in diesem und jenem Fall die Motivation der Informantin einzuschätzen? Das generalisierte Wissen des Rezipienten besteht also aus sozialen Typen und typischen Kontexten der Zeugnissituation.[30]

Diese Art von epistemischer Sensibilität ist für Fricker ein Mischresultat der Sozialisation des Rezipienten. Nach ihr hat er zwei Erfahrungsstränge im Zu-

---

[28] Vgl. Fricker, *Epistemic Injustice* (Anm. 25), 63.

[29] Ebd., 71.

[30] Vgl. ebd., 71.

sammenhang mit der Akzeptanz von Zeugnis internalisiert, einen sozialen und einen individuellen. Grundsätzlich stellen diese Internalisierungen ein passives Erbe dar. Kommt es zu Spannungen zwischen dem geerbten Erfahrungsschatz und persönlichen Erfahrungen, ist die epistemische Sensibilität anzupassen. Ein tugendhafter Rezipient hat also einen Lernprozess durchlaufen. *Da dieser Lernprozess reflexive Phasen beinhaltet, in denen soziale und persönliche Erfahrungen abgewogen werden, ist die resultierende epistemische Sensibilität für Fricker ein durchweg rationales Vermögen.*

> This idea of a testimonial sensibility gives us a picture of how judgements can be rational yet unreflective, critical yet non-inferential. It presents us with a rational capacity which comprises virtues, which is inculcated in the subject through a process of socialization, and which permits ongoing correction and adjustment in the light of experience and critical reflection. Thus we are confronted with a rational capacity unlike anything commonly entertained in epistemology per se.[31]

Der testimonial sensible Rezipient von Fricker ist demnach ähnlich stark sozial informiert wie der epistemisch tugendhafte Historiker von Paul. Beide sind kompetent darin, ihr epistemisches Verhalten der Erkenntnissituation anzupassen. Die normative Relevanz dieser Kompetenz für die Evaluation von Wissensansprüchen wird sowohl von Fricker als auch von Paul durch eine dichte Beschreibung der wissenden Person beigebracht.

Dieser breite Begriff der wissenden Person und das normative Gewicht, das beide deskriptiv gewonnenen Einsichten beimessen, unterscheidet ihre Art von Epistemologie, die ich integrativ nenne, vom normativ engen Standardprogramm der philosophischen Epistemologie. Auf der anderen Seite sehen sie in den epistemischen Tugenden, denen das Hauptaugenmerk ihrer epistemologischen Untersuchungen gilt, nicht nur deskriptive Kategorien, mit denen sich z. B. der historische Wandel wissenschaftlicher Wissensproduktion beschreiben lässt.[32] Epistemische Tugenden sind für sie auch normative Kriterien für die Gültigkeit von Wissensansprüchen. Darin unterscheidet sich ihre integrative Epistemologie von der traditionell breiten und rein deskriptiven Epistemologie der Wissenschaftsforschung.

---

[31] Ebd., 84–85. Im 4. Kapitel liefert Fricker eine dichte Beschreibung der epistemischen Tugend der testimonialen Gerechtigkeit in dem für die testimoniale Sensibilität skizzierten Sinn. Testimoniale Gerechtigkeit ist nach Fricker diejenige Art von testimonialer Sensibilität, die der Rezipient braucht, um seine identitätsbezogenen Vorurteile gegenüber Autoren auszuschalten und Wissensansprüche desselben möglichst adäquat zu beurteilen.

[32] Ein Beispiel aus der Wissenschaftsforschung für eine solche rein deskriptive Verwendung der Kategorie epistemischer Tugenden ist Lorraine Daston/Peter Galison, *Objektivität*, Frankfurt am Main 2007.

4. Epistemische Tugenden als Anerkennungsgründe epistemischer Autorität

In diesem kurzen abschließenden Abschnitt möchte ich einen Vorschlag machen, wie im Rahmen einer integrativen Epistemologie das Verhältnis zwischen epistemischen Tugenden und epistemischer Autorität (Gültigkeit) begriffen werden kann.

Epistemische Tugenden sind für beide Autoren bei der Forscherperson liegende Kompetenzen für die erfolgreiche Herstellung von Wissen. Erfolg scheint dabei am besten als epistemisch autoritativ im Sinne von verbindlich oder breit anerkannt beschrieben zu sein. Ein bestimmtes Stück Wissen über ein bestimmtes Gebiet, hergestellt von einer bestimmten Forscherperson (oder -gruppe), genießt epistemische Autorität insofern, als es von den Peers anerkannt wird.[33] Ich will vorschlagen, dass nach einem integrativen Verständnis von Epistemologie, wie es bei Paul und Fricker vorliegt, epistemische Tugenden Gründe für eine solche Anerkennung sind.

Frickers epistemische Wahrnehmungssensibilität sollte offensichtlich dazu führen, dass die gerechte Rezipientin eine Information des Zeugen als epistemisch autoritative übernimmt bzw. als epistemisch nicht autoritative ablehnt. Verfügt jemand über epistemische Sensibilität, führt das dazu, dass er der Information, welche er der Mitteilung eines Zeugen entnimmt, epistemische Autorität zu- oder abspricht. Verfügt er hingegen nicht über epistemische Sensibilität, nimmt er keine derartige epistemische Evaluation vor. Somit lässt sich die Tugend epistemischer Wahrnehmungssensibilität bei Fricker leicht als Mittel zur Bestimmung epistemischer Autorität verstehen.

Weniger offensichtlich ist die epistemisch autoritative Rolle epistemischer Tugenden als Anerkennungsgrund bei Pauls tugendhaftem Historiker. Dennoch lässt sich auch das historische Verständnis, das von einem epistemisch tugendhaften Historiker hergestellt wurde, als erfolgreiches deuten. Wenn man sagt, andere Forscher auf dem Gebiet des tugendhaften Historikers beurteilen sein historisches Verständnis epistemisch positiv, weil sie sein Vorgehen für eine gegebene historiographische Situation als epistemisch tugendhaft anerkennen. Das heißt, die epistemischen Tugenden des Historikers wären für sie Gründe, dem historischen Verständnis epistemische Autorität zuzusprechen. Der vorgestellte Maßstab für derartige Beurteilungen sollte in Pauls Konzeption die idealtypische Figur der epistemisch tugendhaften wissenschaftlichen Persona sein. Andernfalls wäre nicht klar, in welchem Sinn diese in der historiographischen

---

[33] Diese tripartite Definition epistemischer Autorität übernehme ich weitgehend von Joseph Bochenski, *Was ist Autorität? Einführung in die Logik der Autorität*, Freiburg im Breisgau 1974, 49–69. Neuerdings dazu Linda Zagzebski, *Epistemic Authority. A Theory of Trust, Authority, and Autonomy in Belief*, New York 2012.

Praxis einen Unterschied macht – der hier als normativer Unterschied gedeutet wurde. Das heißt, epistemische Tugenden können bei Paul wenigstens insofern als Anerkennungsgründe epistemischer Autorität betrachtet werden, als sie einen Teil der normativen Grundlage bilden, auf der historisches Verständnis von anderen (nicht epistemischen) Verhältnissen zur vergangenen Wirklichkeit unterschieden wird.

Dieser kurze Versuch, epistemische Tugenden mit epistemischer Autorität in Verbindung zu bringen, sollte auch als Erläuterung davon verstanden werden, inwiefern es den beiden Autoren darum zu gehen scheint, im Sinne normativer Epistemologie die Kontingenz von Wissensansprüchen zu vermindern bzw. die Gültigkeit von Wissensansprüchen zu stabilisieren. Zudem ist im Sinne deskriptiver Epistemologie hervorzuheben, dass ihr Verständnis epistemischer Tugenden als unterschiedlich stark ausgeprägter Erkenntnismittel, die bei der Person liegen und in einem Lernkontext erworben werden, unweigerlich die ethische Seite unserer Wissenspraxis berührt. Bei Fricker ist das ausdrücklich der Fall, so dass mit ihr unter der Verminderung von Kontingenz auch die Verminderung von Ungerechtigkeit zu verstehen ist. Bei Paul ist das unausgesprochen der Fall, insofern professionelle Historikerinnen und Historiker üblicherweise in einem institutionell geprägten Kontext epistemische Tugenden erwerben. Da die epistemisch tugendhafte Person sich in einem sozial geprägten Prozess ausbildet, kommen gegenüber dem philosophischen Standardprogramm beide Vorschläge einer erheblichen Erweiterung der deskriptiven Basis normativer Relevanz gleich. Mit dieser Erweiterung gewinnen insbesondere soziale Anerkennungsphänomene in einer integrativen Epistemologie an Bedeutung.

Ich fasse zusammen. Insgesamt habe ich für ein Verständnis von Epistemologie argumentiert, das normative und deskriptive Absichten integriert. Dazu bin ich grob betrachtet davon ausgegangen, dass Epistemologie in der Philosophie traditionell als normatives Unternehmen betrieben wird, in dem bestimmt werden soll, welchen Bedingungen ein kognitiver Zustand genügen muss, damit ihm Wissen zugesprochen werden kann. Auf der anderen Seite bin ich ebenso vereinfachend davon ausgegangen, dass Wissenschaftsforschung üblicherweise als epistemologische Forschung verstanden wird, sofern die Erlangung und Verbreitung von Wissen durch Personen in sozialen und historischen Kontexten beschrieben wird.

In Auseinandersetzung mit Herman Paul und Miranda Fricker habe ich zu zeigen versucht, dass diese traditionelle Unterscheidung zunehmend in Frage gestellt wird. Zum einen sprach dafür die Einsicht, dass Pauls deskriptiv geprägter schwacher Historismus eine normative Struktur aufweist, die es erlaubt, bei der Evaluation historischer Wissensansprüche Kontingenz zu vermindern. Zum anderen deutete die Beobachtung, dass die normativ geprägte Epistemologie von Fricker deskriptive Elemente als normative Gründe behandelt, ebenfalls eine zunehmende Differenzierung der Unterscheidung an.

Diese Beobachtungen lassen die Vermutung zu, dass sich die Standardunterscheidung gegenwärtig in ein gemeinsames Forschungsprogramm auflöst, in dem die Normativ-deskriptiv-Unterscheidung bloß noch dazu dienen kann, Akzente einzelner Untersuchungen hervorzuheben. Ich schlage vor, dieses gemeinsame Forschungsprogramm als integrative Epistemologie zu bezeichnen. Der Gegenstand einer solchen Epistemologie wäre die evaluative epistemische Praxis und deren Ziel die normative Stabilisierung dieser Praxis. Epistemische Tugenden ließen sich in diesem Rahmen als Mittel einer solchen Stabilisierung verstehen, da sie für Peers bei der Forscherperson liegende Gründe dafür sind, den Forschungsresultaten dieser Person epistemische Autorität zuzuschreiben.

Aristoteles – ein Tugendepistemologe?

Jens Kertscher

I.

(1) Die Tugendepistemologie hat in den letzten 20 Jahren eine bemerkenswerte, nach wie vor anhaltende Konjunktur erlebt.[1] Tatsächlich handelt es sich um die Renaissance eines Themas, das in der Erkenntnistheorie des 20. Jahrhunderts nur vorübergehend in den Hintergrund getreten war. Ein Anlass für diese Konjunktur war das Scheitern der traditionellen Definition von Wissen als wahre gerechtfertigte Überzeugung. Der amerikanische Philosoph Edmund Gettier hat in einem viel diskutierten Aufsatz gezeigt, dass diese Definition Fälle zulässt, bei denen die Wahrheit einer Überzeugung durch Zufall zustande kommt.[2] Er hat damit eine weit ausufernde, kaum mehr zu überblickende Debatte ausgelöst, die die Erkenntnistheorie zeitweilig zur „Gettierologie" mutieren ließ. Ein Ergebnis dieser Debatte war, bei der Bestimmung des Wissensbegriffs an der Rechtfertigungsbedingung anzusetzen. Das ist auch die Strategie der Tugendepistemologie. John Greco hat diese Neuausrichtung der traditionellen Wissensdefinition auf den Punkt gebracht: „Wenn wir intellektuelle Tugenden als Fähigkeiten (oder Vermögen) des Wissenden begreifen, dann lautet ihre These, dass Wissen wahre Überzeugung ist, die sich auf intellektuelle Fähigkeiten gründet."[3]

Die Einbeziehung normativer Aspekte in die Erkenntnistheorie ist nicht neu. Normative Überlegungen, insbesondere solche der epistemischen Rechtfertigung, spielen in der neuzeitlichen Philosophie seit Descartes eine auffällige Rolle. Dieses Motiv lässt sich ausgehend von cartesianischen Rationalisten und Empiristen der frühen Neuzeit über Kant bis zu den Pragmatisten des 19. Jahr-

---

[1] Einen guten Überblick über die neuere Diskussion bieten die Einleitung zu Jason Baehr, *The Inquiring Mind. On Intellectual Virtues and Virtue Epistemology*, Oxford 2011, sowie Steven Kindley, „Welchen Platz haben die Tugenden in der Erkenntnistheorie? Ein Literaturbericht", *Zeitschrift für philosophische Forschung* 68 (2014), 381–399.

[2] Vgl. Edmund Gettier, „Is Justified True Belief Knowledge?", *Analysis* 23 (1963), 121–123.

[3] John Greco, „Die Natur von Fähigkeiten und der Zweck von Wissen", in: Stefan Tolksdorf (Hg.), *Conceptions of Knowledge*, Berlin 2012, 141–158, hier: 141. Vgl. auch Ernest Sosa, *Knowledge in Perspective*, Cambridge 1991, 277: „knowledge is true belief out of intellectual virtue, belief that turns out right by reason of the virtue and not just by coincidence."

hunderts nachzeichnen. Die Antike in Gestalt von Aristoteles und die daran anknüpfende thomistische Tradition sind ein weiterer wichtiger Bezugspunkt.

(2) Orientiert man sich an der aus der praktischen Philosophie geläufigen Unterscheidung zwischen Tugendethiken und Pflichtethiken, kann man für die neuzeitliche Tradition die Tendenz feststellen, diese normative Komponente pflichtethisch zu fassen. Wer leichtgläubig ist oder überhaupt Überzeugungen ohne zureichenden Grund akzeptiert, verletzt epistemische Pflichten. So schreibt Descartes, wenn er die Möglichkeit des Irrtums in seiner vierten *Meditation* diskutiert:

> Wenn ich mich der Seite zuwende, die falsch ist, werde ich mich klarerweise täuschen; wenn ich aber die andere Seite wähle, dann werde ich zwar durch Zufall die Wahrheit treffen, aber ich werde deshalb nicht frei von Schuld sein, denn es ist durch das natürliche Licht manifest, dass die Bestimmung des Verstandes immer der Bestimmung des Willens vorausgehen sollte.[4]

Noch pointierter kann man bei Locke lesen: „Wer glaubt, ohne einen vernünftigen Grund zum Glauben zu haben, mag in seine eigenen Einbildungen verliebt sein. Aber er sucht weder die Wahrheit so, wie er sollte, noch erweist er seinem Schöpfer den schuldigen Gehorsam.“[5] Solche Bemerkungen können bis heute als Bezugspunkte für eine „Ethik des Meinens“ gelten, deren Grundprinzip 1877 vom englischen Mathematiker und Philosophen William Kingdon Clifford formuliert wurde: „It is wrong always, everywhere, and for every one, to believe anything upon insufficient evidence.“[6]

Die Ethik kennt neben deontologischen bekanntlich auch axiologische Konzepte. Analog dazu kann man auch in der Erkenntnis- und Wissenschaftstheorie eine genuin axiologische Dimension geltend machen. So ist schon die Qualifizierung von Wissen und Wahrheit als epistemische Werte nicht ungewöhnlich. Die meisten axiologischen Begriffe verweisen in diesem Kontext auf epistemische Tugenden wie Unparteilichkeit, intellektueller Mut, Genauigkeit usw. Für die Tugendepistemologie ist es nun charakteristisch, wie schon für die Tugendethik, die Person des Handelnden bzw. des epistemischen Akteurs ins Zentrum der normativen Überlegungen zu stellen. Es ist allerdings die Frage, wie die Person dabei in den Blick gerückt wird. Ernest Sosa hat den griffigen Vorschlag gemacht, die tugendepistemologischen Debatten entlang der Differenz von „Character Theory vs. Competence Theory“ zu strukturieren.[7] Diese Unterscheidung reflektiert zwei Weisen, epistemische Tugenden zu konzeptualisieren. Man kann sie einerseits als Dispositionen und Fähigkeiten auffassen, die unter Normalbe-

---

[4] René Descartes, *Meditationen. Dreisprachige Parallelausgabe Latein – Französisch – Deutsch*, hg. von Andreas Schmidt, 2. Aufl. Göttingen 2011, 168 f.

[5] John Locke, *Versuch über den menschlichen Verstand*, Buch II, Hamburg 1981, 391.

[6] Zitiert nach William James, *The Will to Believe and Other Essays in Popular Philosophy*, New York 2006, 8.

[7] Vgl. Ernest Sosa, *Judgment and Agency*, Oxford 2015, 36–45.

dingungen gut funktionieren und in deren Ausübung man mehr oder weniger gut sein kann. Epistemische Tugenden wären dann spezifisch erkenntnisförderliche Fähigkeiten, die auf einen diese Fähigkeiten besonders gut und verlässlich ausübenden epistemischen Akteur verweisen. In diesem Sinne spricht auch Greco von „faculty virtues".[8] Nach diesem kompetenztheoretischen Ansatz ist Wissen ein Erfolgsbegriff. Wer etwas weiß, hat aufgrund einer solchen Fähigkeit einen intellektuellen Erfolg erzielt. Der epistemisch Tugendhafte ist nach diesem Verständnis besonders gut in der Ausübung einer bestimmten Wissensform. Die Tugend im mathematischen Wissen würde nach Grecos Modell darin bestehen, nicht nur ein durchschnittlicher, sondern ein absolut herausragender Mathematiker zu sein.

Dagegen bezieht sich die Charaktertheorie explizit auf die aristotelische Tradition und nimmt eine besonders enge Verknüpfung von intellektuellen und ethischen Tugenden an. Auffällig ist an diesem Ansatz eine Tendenz zur Moralisierung, die sich auch bei den pflichttheoretischen Ansätzen von Locke bis Clifford beobachten lässt. So werden epistemische Tugenden von Linda Zagzebski, einer Protagonistin dieses Ansatzes, ausdrücklich als moralisch relevante Charakterzüge von epistemischen Akteuren begriffen: „Intellectual virtues are a subset of moral virtues and justification is not just a normative property; it is a moral one."[9] Mit den in dieser Hinsicht neutraleren Kompetenztheorien verbindet sie die Tendenz, epistemische Normativität vom Modell praktischer Normativität her zu denken. Auch dafür findet sich ein Beleg bei Greco: „Die hier vertretene Auffassung sieht im Wissen und in der epistemischen Bewertung ein weiteres Beispiel für diese allgemeinere Art von Normativität, die uns wohlvertraut ist."[10]

An den Arbeiten von Linda Zagzebski lassen sich diese beiden Aspekte – die Moralisierung epistemischer Tugenden und der Primat praktischer Normativität – besonders gut verdeutlichen. Sie beruft sich außerdem ausdrücklich auf Aristoteles, was die Frage aufwirft, wie diese Bezugnahme zu beurteilen ist. Auffällig daran ist, dass Zagzebskis kritische Auseinandersetzung mit Aristoteles die Grundlage dafür bietet, einen Primat der Praxis bzw. der praktischen Vernunft gegenüber dem theoretischen Denken zu behaupten. Dieses ganz unaristotelische Manöver ist seinerseits von systematischem Interesse, denn es betrifft die Frage nach dem Zusammenhang von theoretischer und praktischer Vernunft. Die aristotelische Lehre von den Verstandestugenden, den so genannten dianoetischen Tugenden, bietet allerdings, so soll im Folgenden deutlich werden,

---

[8] John Greco, „Intellectual Virtues and Their Place in Philosophy", in: Christoph Jäger/Winfried Löffler (Hgg.), *Epistemology: Contexts, Values, Disagreement*, Frankfurt am Main 2012, 117–130, hier: 119.

[9] Linda Zagzebski, „Précis of Virtues of the Mind", *Philosophy and Phenomenological Research* 60/1 (2000), 169–177, hier: 172.

[10] Greco, „Die Natur von Fähigkeiten und der Zweck von Wissen" (Anm. 3), 142.

eine nach wie vor bedenkenswerte Konzeption dieses Zusammenhangs. Sie bietet außerdem noch die Möglichkeit, die Bezugnahme auf die Person des epistemischen Akteurs angemessener zu erfassen, als das bei heutigen tugendepistemologischen Ansätzen der Fall ist.

II.

(3) Zagzebski argumentiert dafür, die intellektuellen Tugenden von den ethischen her zu verstehen: Sie seien eine Teilmenge der ethischen Tugenden.[11] Das ergibt sich unmittelbar aus der Kritik an Aristoteles' Unterscheidung zweier Klassen von Tugenden und verbindet sich bei ihr mit einem weiteren Problemfeld, nämlich der Frage nach der Einheit der Vernunft.[12] Aristoteles hat darauf, so Zagzebski, keine zufriedenstellende Antwort. Was den ersten Punkt betrifft, so kann man Zagzebskis Position als Spielart eines *praxeologischen Fundamentalismus* charakterisieren. Gemeint ist damit die These, dass Normativität im epistemischen Bereich nicht nur eine Variante praktischer Normativität ist, sondern sich auch darauf reduzieren lässt. Die Pointe dieser praxeologischen Reduktion wird besonders gut deutlich bei ihrer Rekonstruktion der *phronesis* in ihrem Zusammenspiel mit den übrigen Tugenden. So bemerkt Zagzebski, dass Aristoteles diese Tugend auch als rationales Streben oder strebende Vernunft bestimmt und dementsprechend die *phronesis* als die intellektuelle Tugend auffasst, die auf praktische Wahrheit abzielt. Weil Aristoteles aber an einer Zweiteilung – nunmehr des vernünftigen Seelenteils – festhält, nimmt er sich die Möglichkeit, die grundlegende Funktion des Intellekts, nämlich zu erforschen, wie die Welt beschaffen ist, als eine *Tätigkeit* angemessen zu erfassen:

> Most of the virtues I have called intellectual virtues govern precisely the employment of the intellect that Aquinas and Aristotle overlook. These virtues regulate intellectual inquiry and the voluntary aspects of perceptual processes, as well as those emotions that influence belief formation.[13]

Wenn intellektuelle Tugenden als Haltungen verstanden werden müssen, welche die Tätigkeit des Forschens sowie des Festlegens und Ausbildens von Überzeugungen lenken, dann liegt es tatsächlich nahe, die aristotelische Zweiteilung aufzugeben. *Phronesis* muss dann, anders als bei Aristoteles, als dianoetische Haupttugend bzw. geradezu als eine höherstufige Tugend begriffen werden. Denn sie

---

[11] Linda Zagzebski, *Virtues of the Mind. An Inquiry into the Nature of Virtue and the Ethical Foundations of Knowledge*, Cambridge 1996, 139.

[12] Nach Zagzebski können nicht nur Aristoteles' Gründe für diese Zweiteilung kaum überzeugen, die Unterteilung ist auch der Sache nach unhaltbar. Vgl. Zagzebski, *Virtues of Mind* (Anm. 11), 142–151.

[13] Vgl. ebd., 214 und 217, wo sie Aristoteles im Zusammenhang mit seiner Einordnung der *phronesis* schlicht einen Irrtum zuschreibt.

ist es, die die praktische und theoretische Vernunft zusammenhält, so dass man umstandslos praktische Aspekte des theoretischen Wissens von theoretischen Aspekten des praktischen Wissens unterscheiden kann, ohne eine Zweiteilung der Seele annehmen zu müssen: „If a judgement of truth requires intellectual virtues, it follows that such a judgement requires moral virtues. Intellectual virtues are actually certain practical abilities in the formation of beliefs, and, in general, in the activities of intellectual inquiry."[14]

So wie die *phronesis* im praktischen Bereich eingeübt werden muss, so muss das auch für den epistemischen Bereich gelten. *Phronesis* hat eine auf Praxis verweisende Grundlage, die nicht nur die Praxis des moralischen Urteilens betrifft, sondern auch Praktiken des Wissenserwerbs, des Festlegens und Rechtfertigens von Überzeugungen und des angemessenen bzw. richtigen Urteilens: „good thinking is socially based as well."[15] So versteht Zagzebski die Verankerung des Denkens und des Handelns in praktischen Zusammenhängen. Sie verallgemeinert den Gedanken, dass intellektuelle Tugenden vom Vorbild der ethischen Tugenden her zu verstehen sind, indem sie Denken buchstäblich als Handeln begreift.[16] Damit erweist sich Handeln als die fundamentalste geistige Funktion. Sie will nicht geradezu von einem Primat der Praxis sprechen, betont jedoch, dass faktisch Denken und Handeln kaum sinnvoll getrennt werden können:

> We do both most of the time. It takes tremendous philosophical ingenuity to devise a theory that separates these activities enough to permit a division in normative theory between ethics and normative epistemology. It is my position that this ingenuity is misplaced.[17]

Indem Zagzebski auf diese Weise normative Aspekte des Denkens vom Handeln her verstehen will und diesen Zusammenhang tugendethisch ausformuliert, stellt sie sich in die eingangs skizzierte Tradition einer Moralisierung der Erkenntnistheorie, um genauer zu sein: einer Spielart dieser Tradition, die aristotelische mit pragmatistischen Motiven verknüpft. Das tut sie ganz ausdrücklich, indem sie das Zusammenwirken von intellektuellen und ethischen Tugenden sowie ihr eigenes Verständnis von intellektuellen Tugenden von diesen Traditionslinien her erläutert und es dann auf Aristoteles rückprojiziert.[18]

Nun ist es richtig, dass Aristoteles von zwei Bereichen der *psyché* spricht und darauf seine Unterscheidung von zwei Arten von Tugenden zurückführt. Diese Einteilung verweist wiederum auf eine ontologische Unterscheidung in zwei Gegenstandsbereiche, nämlich den Bereich des notwendigen Seienden und den des

---

14 Ebd., 219 und 229.
15 Ebd., 228.
16 Ebd., 231.
17 Ebd.
18 Zur neuzeitlichen Philosophie vgl. Zagzebski, *Virtues of Mind* (Anm. 11), 158–165, zum Pragmatismus (Dewey) vgl. dort S. 171–174.

veränderlichen Seienden.[19] Daran orientiert sich auch die Unterteilung des rationalen Seelenteils in den „wissenschaftlich erkennenden" (*epistemonikós*) und den „überlegenden" (*logistikós*). Zagzebski interpretiert Aristoteles nun so, dass diese Unterscheidung zwischen theoretischer und praktischer Vernunft extensional zu verstehen ist. Die Bezeichnungen „theoretisch" und „praktisch" beziehen sich dann jeweils auf einen bestimmten Gegenstandsbereich und damit auch auf bestimmte Inhalte: den Bereich theoretischer Erkenntnis und den Bereich praktischer Entscheidungen (das, was auch anders sein kann). Es stellt sich dann in der Tat die Frage, wie die Einheit der Vernunft zu verstehen ist. Was ist dann eigentlich das verbindende „Vernünftige" an der theoretischen und der praktischen Vernunft? Zagzebski erwägt jedoch nicht, dass ihre extensionale Deutung der aristotelischen Unterscheidung gar nicht zwingend ist. Sie setzt sie vielmehr voraus und zieht aus dem Vermittlungsproblem nicht nur die Konsequenz, dass man auf diese Unterscheidung verzichten sollte, sondern auch die weitergehende – von mir als praxeologischer Fundamentalismus bezeichnete – Konsequenz, dass Denken selbst ein Handeln sei. Tugenden sind nach Zagzebskis Definition dementsprechend moralisch relevante charakterliche Eigenschaften, die der Tugendhafte besitzt und ihn dazu motivieren, auf bestimmte Weise zu *handeln*: handeln_1 (Gutes tun) bzw. handeln_2 (denken, d.h. wahre Überzeugungen produzieren).[20] Wissen und richtiges (gutes) Handeln sind jeweils Folgen einer Vernunftausübung, die dem als Handeln verstandenen Denken entspringen.

(4) Aristoteles untersucht die dianoetischen Tugenden ausführlich in Buch VI der *Nikomachischen Ethik*. Ihm geht es dabei vor allem darum, die Aufgabe der *phronesis* im Verhältnis zu den vorher ausführlich behandelten ethischen Tugenden näher zu bestimmen. Die anderen dianoetischen Tugenden werden vor allem in Abgrenzung von der *phronesis* beschrieben. Wir erfahren darüber nicht sehr viel. Nun sind Tugenden nach Aristoteles bekanntlich stabile Haltungen (*hexeis*), durch die der Handelnde gut wird und die durch Einübung bzw. Gewöhnung erworben werden.[21] Tugenden richten sich ausschließlich auf das Gute und implizieren ein Streben, es zu realisieren.[22] Wenn Aristoteles nun nach der *areté* der vernünftigen Seele fragt, dann bezieht sich das Gutsein nicht auf ein erstrebtes Handlungsziel, sondern auf das Wahre und Falsche:

---

[19] Vgl. Aristoteles, *Nikomachische Ethik*, übers. und hg. von Ursula Wolf, Hamburg 2006, VI, 2, 1139a, 8–9.

[20] Zur Definition des Tugendbegriffs vgl. Zagzebski, *Virtues of Mind* (Anm. 11), 137, sowie Zagzebski, *Précis* (Anm. 9), 175.

[21] *Eth. Nic.* II, 1, 1103a, 15–18.

[22] Dadurch unterscheiden sie sich von vernünftigen Fähigkeiten (*dynameis*), die zu entgegengesetzten Zwecken eingesetzt werden können.

Beim Denken, das betrachtend, das heißt weder handelnd noch herstellend ist, besteht das „auf gute Weise" oder „auf schlechte Weise" im Wahren und Falschen (dies [zu erkennen] ist schließlich die Funktion eines *jeden* denkenden Teils), während es beim *praktischen* Denken in der Wahrheit liegt, die mit dem richtigen Streben übereinstimmt.[23]

Und ferner: „Die Funktion denkender Bestandteile ist also die [Erkenntnis der] Wahrheit. Für beide Teile wird daher die Gutheit jeweils in derjenigen Disposition bestehen, vermöge deren sie am meisten die Wahrheit treffen."[24] Der *phronimos* hat demnach eine gute *hexis* zur praktischen Wahrheit ausgebildet. Er ist gut darin, die praktische Wahrheit zu treffen. Der *sophos* ist gut in den *hexeis*, mit denen die Vernunft die theoretische Wahrheit anstrebt und trifft. *Sophia* ist die Tugend des wissenschaftlichen Teils der rationalen Seele und ihrer beiden Vermögen *nous* und *episteme*; *phronesis* die Tugend des überlegenden Teils der rationalen Seele.[25]

Wie aus Buch I der *Metaphysik* und vom so genannten *ergon*-Argument aus der *Nikomachischen Ethik* (I, 6) her bekannt, ist die Tätigkeit der Vernunft, die Ausübung rationaler Fähigkeiten nach Aristoteles selbst ein Strebensziel. Die intellektuellen Tugenden können daher als ausgezeichnete Formen, vernünftig zu sein, charakterisiert werden. Es sind Haltungen zur Wahrheit und keine Fähigkeiten oder ein Gutsein in bestimmten Wissensarten, wie man einerseits gegen die Kompetenztheoretiker unter den Tugendepistemologen festhalten muss. Andererseits kann man gegen die Charaktertheorie Zagzebskis geltend machen, dass Aristoteles' Konzeption ohne Moralisierung der dianoetischen Tugenden auskommt. Sie sind keine Teilmenge der ethischen Tugenden, sondern einfach der beste Zustand der Vernunft überhaupt, und zwar unter dem Gesichtspunkt, dass die vernünftige Tätigkeit die Vollendung des besten Gutes für den Menschen ist.[26] Man kann also schon nach dieser Klärung festhalten, dass die intellektuellen Tugenden nicht deshalb „intellektuell" sind, weil sie Teil eines Vermögens der Seele sind (nämlich des vernünftigen) – im Gegensatz zu den charakterlichen Tugenden, die in der strebenden Seele verankert sind. Sie sind es deshalb, weil sie sich auf Gegenstände des Wissens beziehen: des theoretischen und des praktischen Wissens. Es ist also ihre wesentliche Bezogenheit auf Wahrheit – ihr eigentümliches *ergon* –, die erklärt, warum es sich um spezifisch dianoetische Tugenden handelt. Wie später noch deutlich werden wird (III.), kann man auf der Grundlage dieser Aristoteles-Deutung verständlich machen, dass

---

23 *Eth. Nic.* VI, 2, 1139a, 26–31.

24 *Eth. Nic.* VI, 2, 1139b, 12–14.

25 *Phronesis* ist daher auch nicht selbst das Vermögen der praktischen Vernunft, sondern die „Gutheit" der überlegenden rationalen Seele. Sie sorgt dafür, dass die Überlegung über praktische Gegenstände (d.h. Handlungen und Güter) zu einem wahren Urteil und einer guten Handlung kommt.

26 Vgl. Ursula Wolf, *Aristoteles' ‚Nikomachische Ethik'*, 2. Aufl. Darmstadt 2007, 144. Andreas Luckner, *Klugheit*, Berlin 2005, 79, spricht von „Optimalformen" der Vernunft.

das Interesse an Wissen und Wahrheit durchaus eine normative, nämlich eine Wertdimension hat, die jedoch nicht auf moralische Normativität reduziert werden muss.

(5) Ich hatte bereits angedeutet, dass die Überzeugungskraft von Zagzebskis Argumentation davon abhängt, wie man die vermeintliche Teilung der Vernunft in zwei Vermögen bei Aristoteles deutet. In einem ersten Schritt habe ich geklärt, was Aristoteles überhaupt unter einer intellektuellen Tugend versteht. Er meint damit Haltungen zur Wahrheit. Intellektuelle Tugenden im Kontext der *theoria* hat nicht, wer wahre Sätze weiß oder herausfindet, sondern wer sich wissenschaftlich-methodisch mit den besten Dingen befasst und damit die Tätigkeit der Vernunft auf vollkommenste Weise realisiert. Die Bezogenheit auf Wahrheit ist das Kriterium. Diesen Punkt kann man unabhängig von der Frage nach der Teilung der Vernunft in einen überlegenden und einen wissenschaftlichen Teil erläutern. Eine andere Frage ist aber, ob die Bezogenheit der Vernunft auf theoretische und praktische Wahrheit nicht die Teilung in zwei Vermögen fordert, und zwar nach Aristoteles' eigener Methode, aufgrund der unterschiedlichen Tätigkeiten, für diese Leistungen verantwortliche Prinzipien (d.h. Vermögen) zu ermitteln.

Ohne es ausdrücklich zu erwähnen, scheint Zagzebski, wenn sie von „Teilen" der Seele spricht, sich der Standardinterpretation anzuschließen, wonach jedes seelische Vermögen zugleich ein Teil der Seele ist und umgekehrt jeder Teil der Seele auch ein Vermögen. Diese Deutung ist jedoch keineswegs zwingend.[27] Nimmt man die in der neueren Forschung vorgebrachten Einwände ernst, spricht nichts dagegen, lediglich von Aspektunterscheidungen im Bereich der Vernunft zu sprechen.[28] Dazu passt, dass Aristoteles die Funktionen der überlegenden und der wissenschaftlich erkennenden Vernunft nicht unabhängig voneinander erläutert. So präsentiert er die *phronesis* einerseits als Gegenstück zum *nous*; zugleich erweist sich die *phronesis* auch als eine Art von *nous*. Die *phronesis* ist ein Gegenstück des *nous*, weil in der praktischen Überlegung die konkretesten Handlungen durch Erfahrung gelernt werden müssen und nicht wei-

[27] Die Standardauffassung vertreten Jonathan Barnes, „Aristotle's Concept of Mind", *Proceedings of the Aristotelian Society* 72 (1972), 105; Richard Sorabij, „Body and Soul in Aristotle", *Philosophy* 49 (1974), 64; und zuletzt auch in seinem umfangreichen Kommentar zu *De Anima* Ronald Polansky, *Aristotle's De Anima. A Critical Commentary*, Cambridge 2007, 8. Die begriffliche Unterscheidbarkeit von Vermögen ist danach hinreichend dafür, von einem „Teil" der Seele zu sprechen.

[28] Wie Klaus Corcilius/Pavel Gregorić, „Separability vs. Difference: Parts and Capacities of the Soul in Aristotle", *Oxford Studies in Ancient Philosophy* 39 (2010), 81–120, hier: 102, überzeugend gezeigt haben, kann ein Vermögen der Seele genau dann als ein „Teil" angesprochen werden, wenn es nicht nur begrifflich unterschieden, sondern wenn es dem Begriff nach trennbar ist. Und begrifflich trennbar ist das Vermögen, wenn es ohne Bezugnahme auf ein anderes seelisches Vermögen definiert werden kann.

ter erklärt werden können, während es beim *nous* umgekehrt ist: Hier müssen die abstraktesten Begriffe induktiv erworben werden, ohne dass sie selbst noch weiter definiert werden könnten. Damit ist die *phronesis* aber selbst eine Art von *nous*, weil für das Konkreteste im Handeln gilt, was auch für das Abstrakteste im Denken gilt: Es lässt sich nicht diskursiv erklären, sondern muss durch Erfahrung gewonnen werden.[29] Die Differenzierungen, die Aristoteles hier vorschlägt, sind also nicht definitorisch und extensional zu verstehen, sondern haben den Charakter von Aspektunterscheidungen im Bereich der Vernunft. Sie bezeichnen Weisen der Aktualisierung von Vernunft.

Auch die für den Zusammenhang von theoretischer und praktischer Vernunft relevanten Abschnitte aus *De Anima* geben keinen Anlass dafür, Aristoteles eine unplausible Zweiteilung der Vernunft zu unterstellen.[30] Ohne auf die Einzelheiten eingehen zu können, erfährt man dort, dass Vernunft von sich aus nicht mit praktischen Zwecken befasst ist. Zum Handeln fähig wird sie, wenn ihr Zwecke vom Streben vorgegeben werden. Die zum Handeln fähige Vernunft *ist* das durch Streben nach diesen Zwecken in Bewegung gesetzte Denken. Daher betont Aristoteles auch, dass Vernunft und Streben für die animalische Ortsbewegung verantwortlich sind. Da die theoretische Vernunft aufgrund ihres andersartigen Zwecks (sie unterscheidet sich durch den Zweck[31]) praktisch gar nicht wirksam ist, die zum Handeln fähige aber auf ein erstrebtes Einzelnes bezogen ist, handelt es sich hier nicht um zwei getrennte Vermögen. Die zum Handeln fähige Vernunft ist die durch ein Streben in Gang gesetzte Überlegung zur Realisierung des Zweckes (*dianoia praktiké*). Es ist die Vernunft, sofern sie sich auf Einzelnes richtet und über die Realisierung von Zwecken reflektiert.[32]

Diese Deutung des Verhältnisses von theoretischer und praktischer Vernunft widerspricht nicht Aristoteles' Darstellung in der *Nikomachischen Ethik*, auf die sich Zagzebskis Kritik bezieht. Dort hat die Unterscheidung zwischen der überlegenden und der wissenschaftlich erkennenden Vernunft nämlich einen ganz bestimmten argumentativen Zweck, den man bei der Deutung dieser Unterscheidung in diesem Kontext im Blick behalten muss: Sie soll den Rahmen

---

[29] Vgl. *Eth. Nic.* VI, 12, 1143a, 35–1143b, 5. Die *phronesis* hat also selbst Anteil am *nous* insofern, als sie eine richtige Wahrnehmung des Konkreten erfordert (im Sinne eines letzten Schritts in einem Überlegungsprozess), also auch eine Art *aisthesis* ist. Zum Zusammenhang von *phronesis* und *aisthesis* vgl. Troels Engberg-Pedersen, *Aristotle's Theory of Moral Insight*, Oxford 1983, 206 f. Der *nous*, so könnte man vielleicht sogar behaupten, setzt seinerseits *phronesis* voraus (im Sinne einer reflektierenden Urteilskraft). Die *phronesis* ist deshalb auch, anders als bei Zagzebski, keine höherstufige Tugend der Vernunft.

[30] Aristoteles, *Über die Seele*, übersetzt von Willy Theiler (Aristoteles' Werke in deutscher Übersetzung 13), 8. Aufl. Berlin 2006, III, 10, 433a, 13–20.

[31] Man kann diese Aussage so verstehen, dass praktische Zwecke bewegungsrelevante Zwecke sind, was für die Zwecke der theoretischen Vernunft nicht gilt. Vgl. Klaus Corcilius, *Streben und Bewegen. Aristoteles' Theorie der animalischen Ortsbewegung*, Berlin 2008, 292.

[32] So im Wesentlichen ebd., 258–260.

für die noch ausstehende Erklärung des Zusammenhangs von Tugend und Vernunft abstecken. Nachdem Aristoteles diese Unterscheidung plausibel gemacht hat, beginnt er, durch ein Ausschlussverfahren die *phronesis* als diejenige unter den dianoetischen Tugenden herauszusortieren, die mit den ethischen Tugenden zusammenwirkt. Nur über den Umweg einer solchen analytischen Trennung wird in diesem argumentativen Zusammenhang deutlich, dass das Verhältnis von ethischen Tugenden und *phronesis* kein bloß additives ist, sondern sie notwendig zusammenwirken.[33]

III.

(6) Im letzten Teil dieses Beitrags möchte ich die Ergebnisse meiner Diskussion zu Zagzebskis Aristoteles-Kritik auf die eingangs skizzierte tugendepistemologische Debatte beziehen. So soll zumindest eine Alternative angedeutet werden, wie aristotelische Motive für diese Debatte fruchtbar gemacht werden können.

Für tugendepistemologische Ansätze ist es charakteristisch, epistemische Normativität in Anlehnung an die Tradition der Tugendethik zu fassen. Mit dieser Weichenstellung rückt die Person des epistemischen Akteurs auf andere Weise in den Blick als bei Ansätzen, die sich an der Pflichtethik orientieren. Wie in der Tugendethik, so ist auch in der Tugendepistemologie die Bezugnahme auf die Person nicht sekundär: Man weiß nicht deshalb, weil man bestimmte Regeln bzw. epistemische Normen befolgt, sondern dadurch, dass man eine bestimmte Art von Person *ist*. Zagzebski fasst diesen tugendepistemologischen Grundgedanken ausdrücklich moralisierend: Epistemische Tugenden sind epistemisch relevante *moralische* Eigenschaften. Sie beruft sich dabei einerseits auf Aristoteles, kritisiert ihn andererseits aber auch. Seine Konzeption des Zusammenhangs beider Arten von Tugenden, den ethischen und den dianoetischen, sei gescheitert; vor allem gelinge es ihm nicht, den Zusammenhang zwischen theoretischer und praktischer Vernunft angemessen zu fassen. Zagzebski schlägt dagegen eine Lösung vor, die ich als praxeologischen Fundamentalismus bezeichnet habe. Dieser beruht auf der Idee, dass theoretische Vernunft von der praktischen her gedacht und darauf zurückgeführt wird, so dass Denken buchstäblich als Handeln erscheint.

Aristoteles geht, das habe ich zu zeigen versucht, so nicht vor. Er bietet eine durchaus stimmige, zudem systematisch sinnvolle Unterscheidung zwischen theoretischer und praktischer Vernunft, ohne die Einheit der Vernunft zu gefährden. Aristoteles ist aber auch unabhängig von dieser Feststellung kein Tugendepistemologe im heutigen Sinn. Zwar ist die Tugend der *phronesis* eine mo-

[33] Damit liefert Aristoteles eine Erklärung für etwas, das er bei seiner Definition der ethischen Tugenden vorausgesetzt hat, nämlich die Notwendigkeit von Überlegung bei der Ausübung dieser Tugenden: *Eth. Nic.* II, 6, 1106b, 35–1107a, 1.

ralisch relevante Haltung, und man wird sogar sagen müssen, dass niemand, der diese Tugend erworben hat, ein schlechter Mensch sein kann. Für die anderen, auf die theoretische Vernunft bezogenen dianoetischen Tugenden gibt es diesen notwendigen Zusammenhang mit den ethischen Tugenden jedoch nicht. Sie werden von Aristoteles nicht als moralische Haltungen eingeführt. Das gilt auch dann, wenn man berücksichtigt, dass nach Aristoteles die *theoria* die vollkommenste Lebensweise ist und die dianoetische Tugend der *sophia*, als eine Form der *eudaimonia*, diese so bewirkt und konstituiert, wie die Gesundheit als Form die Gesundheit bewirkt.[34] Diese Hochschätzung der *sophia* hat mit dem höheren Allgemeinheitsgrad ihres Wissens zu tun und mit dem ausgezeichneten Gegenstandsbereich, ist jedoch nicht moralisch gemeint. Nichts spricht nach dem aristotelischen Konzept dagegen, sich jemanden vorzustellen, der diese Tugenden hat, aber trotzdem eine moralisch fragwürdige Person ist. Damit steht Aristoteles nicht nur unserem Verständnis des Unterschieds zwischen ethischen und dianoetischen Tugenden durchaus näher, sondern auch der kompetenztheoretischen Variante der Tugendepistemologie.

In einer anderen Hinsicht ist Aristoteles' Verständnis von der Funktion intellektueller Tugenden gänzlich unverträglich mit demjenigen heutiger Tugendepistemologen, denn bei Aristoteles fließt der Begriff der intellektuellen Tugend nicht in die Definition des Wissensbegriffs ein. Nach dem Scheitern der klassischen Wissensdefinition ist es aber der Anspruch der Tugendepistemologie, mit Hilfe des Tugendbegriffs zu erklären, was Wissen ist. So sind die eingangs zitierten Neufassungen der Wissensdefinition von Greco und Sosa zu verstehen.

Nach dieser Definition müsste die Wahrheitsbedingung gemeinsam mit der Bedingung der Rechtfertigung durch epistemische Tugenden hinreichend für Wissen sein. Das ist aber durchaus nicht der Fall, wie sehr schnell deutlich wird, wenn man auch hier wieder die Analogie zur Tugendethik ernst nimmt. Nach Aristoteles ist eine Handlung *genau dann* gut, wenn der Tugendhafte unter den gegebenen Umständen genau so handeln würde. Das Handeln des Tugendhaften ist hier gleichermaßen Beispiel und Maßstab für die Güte und Richtigkeit der Handlung. Diese Bestimmung ist für jede Tugendethik, die an Aristoteles anknüpft, maßgeblich. Man wird allerdings nicht sinnvoll analog behaupten können, dass eine Überzeugung *genau dann* gerechtfertigt ist, wenn ein tugendhafter epistemischer Akteur unter gegebenen Umständen diese Rechtfertigung akzeptieren würde. Das müsste aber der Fall sein, wenn der Verweis auf epistemische Tugenden notwendig und mit den anderen Bedingungen hinreichend für die Definition von Wissen wäre. Warum sollte es nicht denkbar sein, dass ein epistemischer Akteur auf exemplarische Weise die relevanten epistemischen Tugenden ausübt, aber trotzdem ungerechtfertigte Überzeugungen hat? Mit Aristoteles könnte man behaupten, dass der epistemisch Tugendhafte meistens (im

---

[34] Vgl. *Eth. Nic.* VI, 13, 1144a, 4–5.

Sinne von typischerweise) gerechtfertigte Überzeugungen hat und die Wahrheit trifft. Das schließt aber nicht aus, dass er im Einzelfall auch irren oder ungerechtfertigte Überzeugungen haben kann. Auch für die ethische Tugend gilt, dass der Tugendhafte nicht immer die rechte Mitte trifft, sondern immer wieder, d.h. typischerweise. Für die Validität von Wissen scheint mir daher der Rekurs auf epistemische Tugenden weder notwendig noch hinreichend.

Zu diesem Ergebnis kommt man auch im Hinblick auf die Wahrheitsbedingung für Wissen. Hier kann man zwischen dem Produzieren wahrer Gedanken und dem Fassen solcher Gedanken unterscheiden. Die Frage wäre dann, ob sich die Wahrheitsbedingung auf die Produktion einer Überzeugung bzw. eines Gedankens oder auf den zu fassenden Gedanken bezieht. Im ersten Fall wäre Wahrheit das Ergebnis eines Prozesses. In diesem Fall ist aber Fehlbarkeit, wie bereits deutlich wurde, auch beim tugendhaften epistemischen Akteur nicht gänzlich ausgeschlossen; im zweiten Fall würde die Tugend bloß noch darin bestehen, den bereits als wahr konstituierten Gedanken zu fassen. Der Tugendbegriff wäre auch dann weder notwendig noch hinreichend.

(7) Wenn man also mit Aristoteles den Begriff der intellektuellen Tugend weder als moralische Eigenschaft epistemischer Akteure noch als Bestandteil der Wissensdefinition verstehen kann, so bedeutet das nicht, dass sich nach Aristoteles kein Zusammenhang zwischen Tugend und Wissen herstellen lässt. Ein solcher Zusammenhang zeichnet sich ab, wenn man sich klarmacht, dass das Streben nach Wissen ein Wert ist – wenn auch kein moralischer. Gerade dann, wenn man, belehrt durch Gettiers Fälle, epistemisches Glück bei der Zuschreibung von Wissen ausschließen will, muss man verständlich machen, warum der Erwerb von Wissen höher geschätzt wird als die Sammlung bloß wahrer Überzeugungen. Die Debatte um die Vermeidung von Gettier-Fällen wird überhaupt nur demjenigen brisant erscheinen, der Wissen schon als einen Wert anerkannt hat.

Ich hatte hervorgehoben, dass in der Tugendepistemologie die Bezugnahme auf die Person des epistemischen Akteurs wesentlich ist, dabei allerdings auch auf die Grenzen dieser Analogie zur Tugendethik hingewiesen. In einer anderen Hinsicht kann man diesen Gedanken aber durchaus ernst nehmen. Vor dem Hintergrund der hier vorgeschlagenen Interpretation der dianoetischen Tugenden bei Aristoteles wird man nun zwar nicht mehr behaupten, dass sie als wahrheitsgarantierende Dispositionen verstanden werden können. Es sind vielmehr Haltungen, in denen sich das Gut-Sein der Vernunft realisiert und deren Ausübung insofern auch zur Realisierung des guten menschlichen Lebens in seiner besten Form – so das Argument von Aristoteles –, der *theoria*, beiträgt. Wir schätzen den aristotelischen Weisen (*sophos*) nicht zuletzt auch wegen seines Interesses an den Gegenständen vernünftigen Denkens. Stellt man die Verbindung zwischen Wissen und seiner Quelle im tugendhaften epistemischen Akteur auf diese Weise her, wird der unterstellte Zusammenhang von Wissen und Wert verständlich.

Aristoteles' Konzeption verdient aber auch noch aus einem anderen Grund Aufmerksamkeit. Die Ausübung vernünftiger Fähigkeiten ist tugendgeleitet.[35] Für die praktische Vernunft scheint das klar: Sie bedarf der Leitung durch die *phronesis*. Nur dann nämlich, wenn diese Tugend zur Ausübung praktischer Vernunft hinzutritt, kann sie sich ausschließlich in den Handlungen aktualisieren, die dem richtigen Streben entsprechen. Auch im Bereich der theoretischen Vernunft kann man zwischen der vernünftigen Fähigkeit und ihrer tugendgeleiteten Ausübung unterscheiden. Daher hatte ich betont, dass die dianoetischen Tugenden Haltungen sind, in denen sich die gute Ausübung der Vernunft so realisiert, dass sie sie befähigen, das Wahre zu treffen – wenn auch nur typischerweise. Wie bei der praktischen Vernunft und ihrer Tugend der *phronesis* kann man auch bei der theoretischen Vernunft zwischen der Güte der Ausübung des Vermögens und dem Maßstab für ihre Bewertung unterscheiden. Der Maßstab wird dabei, wie es für den Tugendhaften generell gilt, durch die Tugenden vorgegeben und durch die Instanzen der tugendhaften Ausübung der jeweiligen vernünftigen Fähigkeit exemplifiziert. Die Tugenden geben jeweils den Maßstab vor, nach dem das vernünftige Vermögen (der praktischen und der theoretischen Vernunft) ausgeübt wird und nach dem sich die Praxis der Ausübung dieser Vermögen reproduziert. Deshalb ist die Person des Akteurs wesentlich: Sie ist es, weil Vernunft tugendgeleitet ist; ihre Ausübung ist wesentlich an eine bestehende gute Erkenntnispraxis, an die inhärent normative Struktur eines *space of reasons* gebunden und darin jeweils situiert.

(8) In diesem Beitrag habe ich Linda Zagzebskis Tugendepistemologie als exemplarischen charaktertheoretischen Ansatz diskutiert. Zwei Aspekte haben sich als besonders problematisch erwiesen: die Moralisierung des epistemischen Subjekts und damit einhergehend der Versuch, Normativität im epistemischen Bereich auf moralische Normativität zurückzuführen. Bei Zagzebski führt das zudem in einen praxeologischen Fundamentalismus. Da Zagzebski sich ausführlich auf Aristoteles bezieht, habe ich meine Kritik als Auseinandersetzung mit ihrer Aristoteles-Aneignung entfaltet. Dabei ging es mir nicht um philosophiehistorische Besserwisserei, sondern darum, systematische Schwächen tugendepistemologischer Ansätze herauszuarbeiten. Insbesondere macht der Rückgriff auf Aristoteles gut deutlich, warum dem Versuch, die traditionelle Wissensdefinition mit Hilfe des Tugendbegriffs zu korrigieren, mit Skepsis begegnet werden muss. Trotz dieses ernüchternden Ergebnisses ist es möglich, an einer Grundidee der Tugendepistemologie festzuhalten, und zwar gerade dann, wenn man

[35] Wie schon in Fn. 22 bemerkt, muss zwischen der Tugend und der vernünftigen Fähigkeit unterschieden werden. Aristoteles tut das explizit in *Eth. Nic.* II, 4, 1106a, 10. Vgl. dazu meine ausführliche Darstellung in Jens Kertscher, „Epistemische Tugenden, vernünftige Fähigkeiten und die Einheit der Vernunft", in: Jens Kertscher/Jan Müller (Hgg.), *Lebensform und Praxisform*, Münster 2015, 191–213.

sich an Aristoteles orientiert: der Primat der Person des epistemischen Akteurs in einer normativ verfassten Erkenntnispraxis. Dazu ist es allerdings erforderlich, die Tugendepistemologie aus dem Diskussionszusammenhang, der durch den Umgang mit Gettier-Fällen vorgegeben ist, zu lösen. Im letzten Abschnitt habe ich daher zwei Motive angedeutet, an die ein alternativer Aristotelismus in der Tugendepistemologie anknüpfen könnte: der Zusammenhang von Wissen und Wert sowie die Rückbindung der Ausübung vernünftiger Fähigkeiten an Tugenden, die praktisch etablierte normative Standards ihrer Ausübung exemplifizieren und leiten.

Pluralismus und Unparteilichkeit

Kants epistemische Asketik

Andreas Gelhard

In Lorraine Dastons und Peter Galisons großer Studie zur Geschichte der Objektivität spielt das Denken Kants zugleich eine zentrale und eine marginale Rolle. Zentral, weil Daston und Galison davon ausgehen, dass Kant den spezifischen Gebrauch der Ausdrücke „subjektiv" und „objektiv" prägte, an dem sich dann die wissenschaftlichen Diskurse des 19. und 20. Jahrhunderts orientierten; marginal, weil eine entscheidende Bedingung für die Verbreitung dieses Sprachgebrauchs darin bestand, dass Kants Unterscheidung zwischen Subjektivem und Objektivem von Anfang an „schöpferisch mißverstanden wurde".[1] Das ist eine vollkommen überzeugende Diagnose. Sie hat zur Folge, dass Kant in *Objektivität* eine durchgehende theoretische Referenz darstellt, ohne dass er sich in der geschichtlichen Konstruktion des Buches unterbringen ließe. Unter den Formen von Objektivität, die Daston und Galison unterscheiden, ist keine, die man Kant zuschreiben könnte. Daher bleibt auch die Frage offen, ob man Objektivität mit Kant als eine epistemische Tugend auffassen kann – und ob es überhaupt sinnvoll ist, mit Kant von epistemischen Tugenden zu sprechen.[2]

Daston und Galison können ihre Geschichte der Objektivität als Geschichte einer epistemischen Tugend schreiben, weil sie sie als „Teil" einer umfassenderen „Geschichte des Selbst" begreifen.[3] Dabei beziehen sie sich auf die bekannten Arbeiten Pierre Hadots und Michel Foucaults über asketische Praktiken in der Antike. Ausgangspunkt dieser Arbeiten ist die Einsicht, dass der Begriff der Askese in der Auseinandersetzung mit antiken Texten häufig in einem zu engen christlichen Verständnis gebraucht wird. Gegen die Neigung, asketische Praktiken von vornherein mit Vorstellungen des geistigen und körperlichen Fastens zu assoziieren, insistieren Hadot und Foucault auf dem anfänglich sehr viel wei-

---

1 Lorraine Daston/Peter Galison, *Objektivität*, Frankfurt am Main 2007, 217.

2 Eine Grundthese der Studie von Daston und Galison lautet, dass wir es bei der aufkommenden Orientierung an Objektivität mit dem Auftauchen einer „neuen epistemischen Tugend" zu tun haben und dass sich die Wendung zur wissenschaftlichen Objektivität folglich auf der Ebene asketischer Praktiken als eine „Konversion zur ‚objektiven Sicht'" verstehen lässt (ebd., 14).

3 Ebd., 39.

teren Gebrauch des Begriffs, der zunächst nur das Einüben und Festigen von Lebenstechniken bezeichnete. Der Kern des Konzepts im antiken Kontext ist – so kann man grob sagen – nicht Entsagung, sondern Übung.[4]

An diesen Gebrauch des Ausdrucks schließt auch Kant in seinen späten Schriften zur praktischen Philosophie an.[5] Ich werde im Folgenden zu zeigen versuchen, dass sich bei Kant zwar nur Entwürfe zu einer ethischen Asketik finden, dass es sich aber sachlich rechtfertigen lässt, ihm auch eine epistemische Asketik zuzuschreiben. Will man diese Asketik durch eine zentrale Tugend charakterisieren, so ist es nicht Objektivität, sondern *Unparteilichkeit*. Das ist der Grund, weshalb sich Kants Denken nicht der von Daston und Galison so genannten „strukturellen Objektivität" zurechnen lässt, deren Vertreter sich häufig auf Kant berufen.[6] Zwar liefert Kant den Verfechtern struktureller Objektivität das zentrale theoretische Konzept, indem er wissenschaftliche Erkenntnis an die *Mitteilbarkeit* von Urteilen zurückbindet. Anders als Objektivität wahrt Unparteilichkeit aber die Bindung an die Vielzahl von Perspektiven, die es gerecht zu berücksichtigen gilt, wenn Wissenschaft objektive Erkenntnis erlangen will. Daher ist die asketische Praxis, die man der Tugend der Unparteilichkeit zuordnen kann, der politischen Praxis näher als der moralischen.

1. Egoismus und Pluralismus

Einen guten Ansatzpunkt, um der Frage der epistemischen Tugenden in Kants Schriften nachzugehen, bietet die späte *Anthropologie in pragmatischer Hinsicht*. Der Text enthält ausführliche Passagen über den Gebrauch unserer Erkenntnisvermögen und reflektiert dessen praktische Bedingungen. Kant wiederholt hier nicht nur in populärer Form die Unterscheidungen zwischen Sinnlichkeit, Verstand und Vernunft, zwischen Einbildungskraft und Urteilskraft, die er in der *Kritik der reinen Vernunft* systematisch begründet hat, er stellt auch Überlegungen dazu an, was den Gebrauch dieser Vermögen anregen oder verhindern, beleben oder lähmen kann.[7]

---

[4] Vgl. Pierre Hadot, „Frühchristentum", in: ders., *Philosophie als Lebensform. Geistige Übungen in der Antike*, Berlin 1991, 48–65, hier: 50.

[5] Vgl. vor allem die „Allgemeine Anmerkung" zum ersten Teil der Religionsschrift (VI 44–53) und die §§ 49 und 53 der Tugendlehre (VI 477 und 484 f.). Die Werke Kants werden – mit römischer Band- und arabischer Seitenzahl – nach der Akademieausgabe zitiert: *Akademieausgabe. Kants gesammelte Schriften*, herausgegeben von der Berlin-Brandenburgischen Akademie der Wissenschaften, Berlin 1902 ff. (abweichend nur Zitate aus der *Kritik der reinen Vernunft*, die, wie üblich, mit A und B nach der ersten und zweiten Auflage angegeben werden).

[6] Vgl. Daston/Galison, *Objektivität* (Anm. 1), Kap. V.

[7] „Kontrast" und „Neuigkeit" erregen das sinnliche Wahrnehmungsvermögen, weshalb auf „Abwechslung" in der Lebensführung zu achten ist; Monotonie der Empfindungen

Diese alltagspraktische Ausrichtung der *Anthropologie* erleichtert den Anschluss an die Debatte über epistemische Tugenden, weil sich die Analyse durchgehend auf der Ebene konkreter Handlungsvollzüge hält, auf der Übung zu einer Verbesserung von Fähigkeiten oder zur Festigung von Gewohnheiten führen kann. Dabei darf allerdings nicht außer Acht gelassen werden, dass Kants anthropologische Überlegungen die transzendentalphilosophischen Argumente seiner drei *Kritiken* voraussetzen.[8] Diese Voraussetzungen müssen nicht vollständig in die Analyse miteinbezogen werden, um zu diskutierbaren Ergebnissen zu kommen. Sie können aber zumindest in einem Punkt nicht ausgeblendet werden, weil schon Kants Unterscheidung zwischen pragmatischen und physiologischen Formen der Anthropologie *den* Grundbegriff seiner kritischen Philosophie voraussetzt: den Begriff der Freiheit. In der Vorrede der *Anthropologie* bestimmt er das Forschungsfeld seiner Untersuchung wie folgt: „Die physiologische Menschenkenntnis geht auf die Erforschung dessen, was die Natur aus dem Menschen macht, die pragmatische auf das, was er als freihandelndes Wesen aus sich selber macht" (VII 119).

Kants Diskussion praktischer Fähigkeiten, die man erlernen und üben kann, bleibt so durchgehend abhängig von einer Bestimmung des Menschen, die sich nicht in ein Ensemble von Fähigkeiten auflösen lässt. Freiheit ist keine Fähigkeit, die durch Übung erworben und gefestigt werden könnte. Das ist ein unverzichtbarer Grundsatz – wenn man so will: ein politisches Axiom – von Kants Programm der Aufklärung.[9] Dieses Programm ist auch für seine späte Anthropologie noch maßgeblich. Die *Anthropologie in pragmatischer Hinsicht* sucht nicht nach der Erkenntnis des Menschen als Naturprodukt, sondern nach „Erkenntnis des Menschen als *Weltbürgers*" (VII 120). Die Einstellung des Weltbürgers gehört für Kant aber von vornherein in den Umkreis der Selbst- und Weltverhältnisse, in die sich der Mensch als frei handelndes Wesen setzen kann. Dass dabei eine eigentümliche Mischung aus ethischen und epistemischen Qualitäten im Spiel ist, zeigt schon Kants Bestimmung der Haltung, die wir als Weltbürger überwinden müssen: Es ist eine Haltung des Egoismus, die die Gestalt eines „moralischen", aber auch die eines „ästhetischen" und vor allem eines „logischen Ego-

---

führt zu einer „Ermattung" der Sinne, durch die sie dauerhaft „geschwächt" werden können (*Anthropologie*, § 23). Verstand und Vernunft verwenden Zeichen, um Welt zu erschließen; diese Zeichen können aber nicht nur „demonstrativ", sondern auch „rememorativ" und „prognostisch" verwendet werden, was sie zu wichtigen Stützen des Gedächtnisses, aber auch zum Vehikel zweifelhafter Wahrsagekünste machen kann (§ 35). Wer in Gesellschaft ohne allzu großen Aufwand verständig wirken will, sollte lange schweigen und nur ab und zu „ein ganz gemeines Urteil fallen lassen" (§ 39); wer ernsthaft nach Weisheit strebt, sollte nicht darauf warten, dass andere sie ihm „eingießen", sondern sie „aus sich selbst herausbringen", indem er den drei Maximen des Verstandesgebrauchs folgt: 1. Selbstdenken, 2. sich in die Perspektive anderer versetzen, 3. mit sich selbst einstimmig denken (§ 40).

[8] Vgl. Michel Foucault, *Einführung in Kants ‚Anthropologie'*, Berlin 2010, 111 f.

[9] Ich komme zu Beginn von Abschnitt 4. darauf zurück.

ismus" annehmen kann. In § 2 der *Anthropologie* schreibt Kant über die Gefahr dieses logischen Egoismus:

Der *logische Egoist* hält es für unnötig, sein Urteil auch am Verstande anderer zu prüfen; gleich als ob er dieses Probiersteins (*criterium veritatis externum*) gar nicht bedürfte. Es ist aber so gewiß, daß wir dieses Mittel, uns der Wahrheit unseres Urteils zu versichern, nicht entbehren können, daß es vielleicht der wichtigste Grund ist, warum das gelehrte Volk so dringend nach der *Freiheit der Feder* schreit; weil, wenn dieses verweigert wird, uns zugleich ein großes Mittel entzogen wird, die Richtigkeit unserer Urteile zu prüfen, und wir dem Irrtum preisgegeben werden (VII 128 f.).

Kant charakterisiert hier *ex negativo* eine epistemische Tugend. Um uns als Weltbürger zu verhalten, müssen wir die Einstellung des logischen Egoismus überwinden. Dabei sind eine Reihe von Themen und Problemen im Spiel, die auch Daston und Galison in ihrer historischen Studie über *Objektivität* adressieren. Zugleich zeigt sich allerdings, dass man mit einem sehr weiten Begriff des Ethischen – vielleicht mit einem zu weiten Begriff des Ethischen – arbeiten muss, wenn man den praktischen Zug epistemischer Tugenden durchweg als „ethisch" charakterisieren will.[10] Ein wichtiges Charakteristikum der zitierten Stelle besteht ja gerade darin, dass Kant nicht moralisch, sondern politisch argumentiert. Die epistemische Tugend, das eigene Urteil an den Urteilen anderer zu messen, wird nicht an moralische Haltungen, sondern an politische Bedingungen zurückgebunden. Das ist mit Blick auf die Rede vom „Weltbürger" naheliegend, gerät aber schnell aus dem Blick, wenn man das Moralische und das Politische einem weiten Begriff des Ethischen zuschlägt. Man läuft dann Gefahr, die Differenz zwischen dem Weltbewohner und dem Weltbürger einzuebnen.

Das bedürfte aber zumindest einer bewussten terminologischen Entscheidung, weil wir uns mit der zitierten Passage im Zentrum dessen befinden, was man mit Hannah Arendt als Kants ungeschriebene politische Philosophie bezeichnen kann.[11] Nicht die richtige moralische Einstellung, sondern der Ruf nach der Freiheit der Feder weist hier den Weg aus dem logischen Egoismus. Das ist nur deshalb möglich, weil Denken für Kant an die Möglichkeit seiner Mitteilung gebunden ist. Unter dieser Bedingung stellt Redefreiheit nicht nur eine Bedingung des guten Zusammenlebens, sondern, weit grundsätzlicher, eine Bedingung des richtigen Denkens dar. Besonders deutlich formuliert Kant das in seinem Aufsatz *Was heißt: sich im Denken orientieren?*:

Zwar sagt man: die Freiheit zu *sprechen*, oder zu *schreiben*, könne uns zwar durch obere Gewalt, aber die Freiheit zu *denken* durch sie gar nicht genommen werden. Allein, wie viel und mit welcher Richtigkeit würden wir wohl *denken*, wenn wir nicht gleichsam

---

[10] Nach Daston und Galison kann man epistemische Tugenden nicht nur im übertragenen Sinne, sondern „buchstäblich" als Tugenden bezeichnen, weil sie auch „ethische" Züge haben. Dabei arbeiten sie mit einem bewusst weiten Sinne des Ethischen, den sie vom Moralischen unterscheiden: vgl. *Objektivität* (Anm. 1), 41 f.

[11] Hannah Arendt, *Das Urteilen. Texte zu Kants politischer Philosophie*, München 1985, 46.

in Gemeinschaft mit andern, denen wir unsere und die uns ihre Gedanken *mitteilen*, dächten! Also kann man wohl sagen, daß diejenige äußere Gewalt, welche die Freiheit, seine Gedanken öffentlich *mitzuteilen*, den Menschen entreißt, ihnen auch die Freiheit zu *denken* nehme: das einzige Kleinod, das uns bei allen bürgerlichen Lasten noch übrig bleibt, und wodurch allein wider alle Übel dieses Zustandes noch Rat geschafft werden kann (VIII 144).

Natürlich geht Kant nicht davon aus, dass wir nur in Gesellschaft anderer denken können. Auch für ihn bleibt Denken eine einsame Tätigkeit. Entscheidend ist nicht die reale Begegnung mit anderen, sondern die strukturelle Adressiertheit des Denkens, die eine Überwindung des logischen Egoismus verlangt. Hannah Arendt hat diesen Gedanken als Kern von Kants politischer Philosophie hervorgehoben, weil an diesem Punkt sein gesamtes kritisches Unternehmen von der Erkenntnis abhängt, dass Menschen wesentlich „im Plural" leben.[12] Dem entspricht Kants Sprachgebrauch in der *Anthropologie*, wo er den verschiedenen Spielarten des „Egoism" den „Pluralism" des Weltbürgers gegenüberstellt: „Dem Egoism kann nur der *Pluralism* entgegengesetzt werden, d. i. die Denkungsart: sich nicht als die ganze Welt in seinem Selbst befassend, sondern als ein bloßer Weltbürger zu betrachten und zu verhalten" (VII 130).

Kant rekurriert hier auf ein Kernstück seines Denkens, das er in der *Kritik der Urteilskraft* unter dem Titel des *sensus communis* abhandelt. Es geht in diesem Zusammenhang vor allem um das ästhetische Urteil, die dabei entwickelte Problemlage ist aber so grundlegend, dass sie Kant veranlasst, wichtige Voraussetzungen seiner gesamten kritischen Philosophie zu formulieren. Der Grundgedanke, dass sich die Allgemeingültigkeit eines Gedankens in seiner Mitteilbarkeit zeigen muss, ist für Kants erkenntniskritische und ethische Schriften gleichermaßen zentral. Die diesem Gedanken entgegenlaufende Neigung, auf die Bewährung in der Mitteilung zu verzichten, zeigt sich im ästhetischen Urteil besonders deutlich. In der *Anthropologie* charakterisiert Kant den ästhetischen Egoisten als einen, der „sich mit seinem Urteil isoliert, sich selbst Beifall klatscht und den Probierstein des Schönen der Kunst in sich allein sucht" (VII 129 f.).

Unabhängig davon, dass ästhetische Urteile und Erkenntnisurteile eine grundsätzlich unterschiedliche Struktur haben, sind sie also durch zwei Spielarten desselben Egoismus gefährdet: logischer und ästhetischer Egoismus ziehen sich auf die „subjektiven Privatbedingungen" ihres Urteils zurück.[13] Die Mög-

---

[12] Ebd., 57.

[13] Mit etwas höherem argumentativem Aufwand lässt sich zeigen, dass diese Analogie auch für den moralischen Egoismus gilt, weil der *sensus communis* auch dem Test auf die Verallgemeinerbarkeit von Maximen zugrunde liegt. Ich lasse dieses Feld hier beiseite und verweise auf die einschlägigen Erläuterungen bei Birgit Recki, *Ästhetik der Sitten. Die Affinität von ästhetischem Gefühl und praktischer Vernunft bei Kant*, Frankfurt am Main 2001, 246 f., und Wolfgang Wieland, *Urteil und Gefühl. Kants Theorie der Urteilskraft*, Göttingen 2001, 281 f.

lichkeit zur Überwindung dieser subjektiven Privatbedingungen bietet nach Kant der *sensus communis*. In der *Kritik der Urteilskraft* schreibt er:

Unter dem *sensus communis* aber muß man die Idee eines *gemeinschaftlichen* Sinnes, d. i. eines Beurteilungsvermögens verstehen, welches in seiner Reflexion auf die Vorstellungsart jedes andern in Gedanken (a priori) Rücksicht nimmt, um *gleichsam* an die gesamte Menschenvernunft sein Urteil zu halten, und dadurch der Illusion zu entgehen, die aus subjektiven Privatbedingungen, welche leicht für objektiv gehalten werden könnten, auf das Urteil nachteiligen Einfluß haben würde. Dieses geschieht nun dadurch, daß man sein Urteil an anderer, nicht sowohl wirkliche, als vielmehr bloß mögliche Urteile hält, und sich in die Stelle jedes andern versetzt, indem man bloß von den Beschränkungen, die unserer eigenen Beurteilung zufälligerweise anhängen, abstrahiert (V 293 f.).

Die Art, in der Kant hier zwischen dem Subjektiven und dem Objektiven unterscheidet, markiert den Punkt, an dem die epistemischen und die politischen Züge des Arguments zusammenhängen. Der logische Egoist – der sich in Geschmacksfragen auch als ästhetischer Egoist erweist – neigt dazu, die „subjektiven Privatbedingungen" seines Urteils „für objektiv" zu halten. Daher bleibt ihm die pluralistische Einstellung des „Weltbürgers" verschlossen. Er zieht es nicht nur vor, sich als Privatperson zu äußern, sondern spricht, weit schlimmer, so, als seien seine Privatvorstellungen identisch mit denen der Allgemeinheit. Das stellt nach Kant ein so gravierendes Problem dar, dass man den Verlust des Gemeinsinns im Extremfall als eine Form von Verrücktheit betrachten muss. In der *Anthropologie* schreibt er:

Das einzige allgemeine Merkmal der Verrücktheit ist der Verlust des Gemeinsinns (*sensus communis*) und der dagegen eintretende logische Eigensinn (*sensus privatus*), z. B. ein Mensch sieht am hellen Tage auf dem Tisch ein brennendes Licht, was doch ein anderer Dabeistehende nicht sieht, oder hört eine Stimme, die kein anderer hört. Denn es ist ein subjektiv-notwendiger Probierstein der Richtigkeit unserer Urteile überhaupt und also auch der Gesundheit unseres Verstandes: daß wir diesen auch an den *Verstand anderer* halten, nicht aber uns mit dem unsrigen isolieren und mit unserer Privatvorstellung doch gleichsam *öffentlich* urteilen (VII 219).

Alle diese Texte stehen im Einklang mit der spezifisch Kantischen Unterscheidung zwischen Subjektivem und Objektivem, auf die sich Daston und Galison in ihrer Studie über Objektivität beziehen. Die Unterscheidung zwischen Subjektivem und Objektivem entspricht bei Kant nicht der Vorstellung von Menschen (Subjekten), die sich auf Dinge (Objekte) beziehen. Sie trennt vielmehr die Sphäre privater – nur für mich evidenter – Empfindungen von der Sphäre allgemein gültiger – und daher öffentlich mitteilbarer – Gedanken. Dabei ist es wichtig, festzuhalten, dass die Allgemeinheit dieser Gedanken im Prozess der Mitteilung nicht *hergestellt* wird. Die Überprüfung unserer Urteile an den Urteilen anderer stellt kein Verfahren zur Produktion allgemeingültiger Einsichten dar. Sie erlaubt uns nur, die Befangenheit in unseren privaten Empfindungen zu durchbrechen. Darauf verweist Kant, wenn er betont, der Austausch mit anderen sei nicht schlechthin, sondern nur *für uns* notwendig, um die Wahrheit von Urteilen zu überprüfen. Er ist ein „subjektiv-notwendiger Probierstein" der Objektivität.

Nur auf dieser subjektiv-notwendigen Seite wird man nach epistemischen Tugenden suchen können. Weder die logischen Gesetze des Denkens noch die institutionellen Rahmenbedingungen, unter denen es geschieht, lassen sich bei Kant in eine Sprache der Tugenden übersetzen. Kann man aber Kants „Pluralism" selbst schon als eine epistemische Tugend bezeichnen? Man kann es, wenn man die „Denkungsart" des Weltbürgers an die entscheidende epistemische Fertigkeit zurückbindet, die das Absehen von den eigenen Privatvorstellungen ermöglicht: an das Abstraktionsvermögen.

2. Abstraktion und Aufmerksamkeit

Kant charakterisiert den *sensus communis* als Vermögen, gedanklich auf die Urteile anderer Rücksicht zu nehmen. Damit versucht er eine Antwort auf die Frage zu geben, wie es möglich ist, auch in Abwesenheit anderer adressiert zu denken. Der *sensus communis* erlaubt es, sich in der Einsamkeit des Denkens an die Stelle anderer zu versetzen. Er darf nach Kant aber nicht psychologisch als Einfühlungsvermögen verstanden werden.[14] Bedingung des „Pluralism" der Denkungsart ist keine emotionale Disposition, sondern eine spezifische Fertigkeit des Urteilsvermögens. Der *sensus communis* nimmt die Urteile anderer zum Maßstab der eigenen Urteile. Er ermöglicht, sich gedanklich an die Stelle anderer zu setzen, indem man von den eigenen – privaten – Vorstellungen „abstrahiert" (V 294). Damit ist der Punkt markiert, an dem die Denkungsart des Weltbürgers mit einem elementaren Akt des Erkenntnisvermögens zusammenhängt, der nicht aufmerksam Gegenstände in den Blick nimmt, sondern gezielt von Einzelnem absieht: mit der *Abstraktion*. Auch in diesem Punkt ist die *Anthropologie* besonders aufschlussreich. Sie begründet ausdrücklich den Vorrang der Abstraktion vor der Aufmerksamkeit und verbindet in diesem Zusammenhang epistemische mit ethischen Argumenten: Das Absehen von Einzelnem ist nicht nur Bedingung wissenschaftlicher Begriffsbildung, sondern auch eine spezifische Manifestation von Freiheit. Unter der Überschrift „Von dem willkürlichen Bewußtsein seiner Vorstellungen" schreibt Kant:

> Das Bestreben, sich seiner Vorstellungen bewußt zu werden, ist entweder das Aufmerken (*attentio*), oder das Absehen (*abstractio*). – Das letztere ist nicht etwa bloße Unterlassung und Verabsäumung des ersteren (denn das wäre Zerstreuung, *distractio*), sondern ein wirklicher Akt des Erkenntnisvermögens, eine Vorstellung, deren ich mir bewußt bin, von der Verbindung mit anderen in einem Bewußtsein abzuhalten. – Man sagt daher nicht, *etwas* abstrahieren (absondern), sondern *von etwas*, d. i. einer Bestimmung des

[14] Darauf weist Arendt sehr nachdrücklich hin: vgl. *Das Urteilen* (Anm. 11), 61.

Gegenstandes meiner Vorstellung, abstrahieren, wodurch diese die Allgemeinheit eines Begriffs erhält und so in den Verstand aufgenommen wird (VII 131).

Vergegenwärtigt man sich, welche Bedeutung das Absehen von Bestimmtem – und *a limine*: das Absehen von *allem* Bestimmtem – für Kants Erkenntniskritik hat, so wird unmittelbar deutlich, dass Kant in seinen Ausführungen über die Abstraktion ausdrücklich formuliert, was er in seinen kritischen Schriften tut: Der Grenzbegriff des Dings an sich ist ebenso wie der des transzendentalen Ich Produkt eines Akts der Abstraktion, der buchstäblich nichts stehen lässt als ein emblematisches „X" (A 104; B 404). Diesseits dieser erkenntniskritischen Grenzbestimmungen sieht Kant die Bedeutung der Abstraktion aber ganz allgemein in der Möglichkeit, sinnlich Gegebenes auf den Begriff zu bringen. Nur das Absehen von Einzelnem erzeugt das Maß an Allgemeinheit, das erforderlich ist, um eine sinnliche Vorstellung „in den Verstand" aufzunehmen. Abstraktion ist Bedingung wissenschaftlicher Erkenntnis. Deshalb erkennt man „Leute von *Wissenschaft*" nach Kant daran, dass sie eine Sache nicht nur „in *concreto*" beherrschen, sondern sie auch „in *abstracto*" bestimmen können (VII 139). Wissenschaftliche Urteile beruhen auf begrifflich bestimmbaren „Prinzipien", während es in der Anwendung genügt, wenn die Urteile „durch Versuch und Erfolg kontinuierlich bewährt werden" (VII 140).

Das allein genügt Kant allerdings nicht, um den Vorrang der Abstraktion vor der Aufmerksamkeit zu begründen. Wo er diesen Vorrang ausdrücklich ausspricht, bezieht er sich nicht auf die Fähigkeit zur Begriffsbildung, sondern auf eine eigentümliche Kombination aus Freiheit und Selbstbeherrschung, die es rechtfertigt, von einer epistemischen Asketik zu sprechen:

Von einer Vorstellung abstrahieren zu können, selbst wenn sie sich dem Menschen durch die Sinne aufdringt, ist ein weit größeres Vermögen als das, zu attendieren: weil es eine Freiheit des Denkungsvermögens und die Eigenmacht des Gemüts beweist, den *Zustand seiner Vorstellungen in seiner Gewalt zu haben* (*animus sui compos*). – In dieser Rücksicht ist nun das *Abstraktionsvermögen* viel schwerer, aber auch wichtiger als das der Attention, wenn es Vorstellungen der Sinne betrifft (VII 131).

Diese Stelle ist sehr charakteristisch für Kants Strategie, den pragmatischen Charakter seiner anthropologischen Überlegungen hervorzukehren, ohne die systematische Strenge seiner kritischen Schriften aufzugeben. Dabei behält der populäre Ton so weit die Oberhand, dass man ungehindert über die systematischen Differenzen hinweglesen kann. Der Vorrang der Abstraktion vor der Aufmerksamkeit markiert einen Ankerpunkt von Kants kritischer Philosophie – er lässt sich aber auch ganz alltagspraktisch begründen:

Viele Menschen sind unglücklich, weil sie nicht abstrahieren können. Der Freier könnte eine gute Heirat machen, wenn er nur über die Warze im Gesicht oder eine Zahnlücke seiner Geliebten wegsehen könnte. Es ist aber eine besondere Unart unseres Attentionsvermögens, gerade darauf, was fehlerhaft an anderen ist, auch unwillkürlich seine Aufmerksamkeit zu heften: seine Augen auf einen dem Gesicht gerade gegenüber am Rock fehlenden Knopf oder die Zahnlücke oder einen angewohnten Sprachfehler zu richten und den anderen dadurch zu verwirren, sich selbst aber auch im Umgang das Spiel zu verderben. – Wenn das Hauptsächliche gut ist, so ist es nicht allein billig, sondern auch klüglich gehandelt, über das Üble an anderen, ja selbst unseres eigenen Glückszustandes *wegzusehen*; aber dieses Vermögen zu abstrahieren ist eine Seelenstärke, welche nur durch Übung erworben werden kann (VII 131 f.).

Kant versieht diese Überlegungen, die im Tonfall eines populären Erbauungsbuches gehalten sind, mit einem allgemeinen Abschluss, der unmittelbar die Frage nahelegt, ob das Abstraktionsvermögen mit Kant als epistemische Tugend – vielleicht sogar als *die* epistemische Tugend – angesehen werden muss. Die Fähigkeit zur wissenschaftlichen Begriffsbildung und der Takt, mit dem man über die Warze der Geliebten hinwegsieht, bedarf nach Kant derselben „Seelenstärke", die uns nicht einfach mitgegeben ist, sondern „durch Übung" erworben werden muss. Das entspricht Foucaults Diagnose, Kants *Anthropologie* sei niemals nur als theoretischer Text zu lesen, sondern immer auch als ein „Buch der täglichen Übung".[15] Die Übung des Abstraktionsvermögens erscheint in der *Anthropologie* als Teil einer alltäglichen Asketik, die zugleich epistemische und ethische Züge trägt.

Begreift man Tugenden als feste Gewohnheiten, die durch Übung erworben und erhalten werden, so kann man das Abstraktionsvermögen als eine epistemische Tugend begreifen, die sich dadurch als „wirkliche" Tugend ausweist, dass sie auch ethische Züge trägt.[16] Es wäre aber unbefriedigend, diese These mit Kant zu entwickeln, ohne sich zu fragen, warum man das Abstraktionsvermögen mit Kant nicht als *Tugend*, sondern nur als *Fertigkeit* begreifen kann. Die naheliegende Vermutung wäre, dass Kant den Begriff der Tugend nur auf den Bereich des im engeren Sinne moralischen Handelns festlegt. Tatsächlich spricht aber nichts dagegen, mit Kant auch von epistemischen Tugenden zu sprechen – *wenn man sie nicht auf Fähigkeiten reduziert, die sich durch Übung erwerben lassen.*

Auch diese Unterscheidung kann man der *Anthropologie* entnehmen. In § 12, der dem „Können in Ansehung des Erkenntnisvermögens überhaupt" gewidmet ist, unterscheidet Kant die Tugend von der bloßen Fertigkeit als eine „moralische Stärke", „die niemals zur Gewohnheit werden, sondern immer ganz neu und ursprünglich aus der Denkungsart hervorgehen soll" (VII 147). Warum das so ist, begründet Kant in seinen moralphilosophischen Schriften der 1790er-Jahre unter dem Titel einer „ethischen Asketik". Kant versucht in diesem Zusammenhang zu zeigen, dass asketische Praxis nur zum Teil – wenn man so will: zur Hälfte – als Einübung fester Gewohnheiten verstanden werden kann. Ich werde daher kurz Kants Konzept der ethischen Asketik darstellen, um in einem letz-

[15] Foucault, *Einführung* (Anm. 8), 47.

[16] Soweit ich sehe, entspricht das dem Sprachgebrauch von Daston und Galison.

ten Schritt zu zeigen, dass man mit Kant auch in diesem komplexeren Sinn von einer epistemischen Asketik sprechen könnte. Das führt zurück zu der anfangs aufgeworfenen Frage, was es heißt, sich nicht als „logischer Egoist", sondern als „Weltbürger" zu verhalten.

3. Ethische Asketik

Kants Ethik ist eine Maximenethik. Ihr wichtigstes Anliegen ist es, moralische Urteile nicht unmittelbar über Menschen, sondern über deren Maximen – über deren subjektive Handlungsregeln – zu fällen. Damit reagiert Kant auf autoritäre Ethiken religiöser Provenienz, die vom Einzelnen die Unterwerfung unter einen vorgegebenen Regelkanon verlangen. Im Preußen des 18. Jahrhunderts war das vor allem die pietistische Ethik, die durch eine tiefe Gefühlsfrömmigkeit geprägt war. Während seiner Schulzeit am Collegium Fridericianum war Kant den autoritären Ansprüchen dieser Lehre, die niemals nur die richtigen Handlungen, sondern immer auch die angemessenen Empfindungen einforderte, selber ausgesetzt. Der oft gescholtene Rationalismus seiner Ethik ist nur aus diesem Kontext zu verstehen, in dem sich aufklärerische Ansprüche gegen eine höchst wirksame Mischung aus Gesetzesethik und Gefühlsethik durchsetzen mussten. Kants klare Unterscheidung zwischen einem empirischen Charakter, der Praktiken des Lernens und Übens zugänglich ist, und einem intelligiblen Charakter, der sich solchen Einflüssen prinzipiell entzieht, ist nicht zuletzt als strategisches Manöver zu verstehen, das der pietistischen Ethik den Boden entziehen sollte.

In Kants ersten ethischen Schriften ist dieses Motiv so stark, dass er nahezu ausschließlich den intelligiblen – apriorischen – Charakter der menschlichen Freiheit betont. In seinen späteren Schriften interessiert er sich dann aber zunehmend für die Frage, wie sich die Einsicht in das moralisch Richtige alltagspraktisch umsetzen lässt. Neben den Verfahren zur Beurteilung von Handlungsmaximen treten dadurch auch stärker Techniken des Übens und Erziehens in den Blick. Berücksichtigt man Kants strenge Unterscheidung zwischen empirischem und intelligiblem Charakter, so handelt es sich bei dem Ausdruck „ethische Asketik" allerdings um ein intelligibel-empirisches Hybrid, das sich nur unter größten Schwierigkeiten in Kants praktische Philosophie integrieren lässt. Als ethische *Asketik* umfasst sie Techniken der Übung und der allmählichen Verbesserung des Lebenswandels, die Kants Systematik zufolge nur am empirischen Charakter ansetzen können. Von einer *ethischen* Asketik kann man im Rahmen von Kants praktischer Philosophie aber nur sprechen, wenn die genannten Techniken auch Auswirkungen auf den intelligiblen Charakter haben, da nur er uns zum moralischen Urteilen und Handeln befähigt. Nur wenn der intelligible Charakter einen höheren oder geringeren Grad der moralischen Vollkommenheit aufweisen kann, ist eine ethische Asketik *nötig*. Ob sie überhaupt *möglich* ist, scheint unter diesen Voraussetzungen aber mehr als fraglich, weil der intelligible Charakter nach Kant von jedem empirischen Einfluss unabhängig ist.

Kant begegnet dieser Schwierigkeit in der „Allgemeinen Anmerkung“ zum ersten Teil der Religionsschrift, indem er zwei Modi der moralischen „Veränderung“ unterscheidet: die allmähliche „Reform“ der Sinnesart und die abrupte „Revolution“ der Denkungsart (VI 47). Was er in diesem Zusammenhang unter einer asketischen – übenden – Reform des Lebenswandels versteht, ist eher unproblematisch und verweist auf traditionelle Techniken der ethischen Lebensgestaltung, die geeignet sind, feste Gewohnheiten auszubilden:

> Der zur Fertigkeit gewordene feste Vorsatz in Befolgung seiner Pflicht heißt auch Tugend, der Legalität nach als ihrem *empirischen Charakter* (*virtus phaenomenon*). Sie hat also die beharrliche Maxime *gesetzmäßiger* Handlungen; die Triebfeder, deren die Willkür hierzu bedarf, mag man sie nehmen, woher man wolle. Daher wird Tugend in diesem Sinne *nach und nach* erworben, und heißt einigen eine lange Gewohnheit (in Beobachtung des Gesetzes), durch die der Mensch vom Hange zum Laster durch allmähliche Reformen seines Verhaltens, und Befestigung seiner Maximen in einen entgegengesetzten Hang übergekommen ist. Dazu ist nun nicht eben eine *Herzensänderung* nötig; sondern nur eine Änderung der *Sitten*. Der Mensch findet sich tugendhaft, wenn er sich in Maximen, seine Pflicht zu beobachten, befestigt fühlt: obgleich nicht aus dem obersten Grunde aller Maximen, nämlich aus Pflicht; sondern der Unmäßige z. B. kehrt zur Mäßigkeit um der Gesundheit, der Lügenhafte zur Wahrheit um der Ehre, der Ungerechte zur bürgerlichen Ehrlichkeit um der Ruhe oder des Erwerbs willen, u.s.w. zurück (VI 47).

Die Reform der Sinnesart setzt beim empirischen Charakter an und konkretisiert sich in einer gewissen Klugheit, die verhindert, dass sich unsere widerstreitenden Neigungen untereinander „aufreiben“ (VI 58). Hält man sich konsequent auf dieser Ebene, so betrifft die ethische Asketik nicht die moralische Qualität von Handlungen, sondern regelt nur ein „Organisationsproblem“ des alltäglichen Handelns, das immer wieder konfligierende Motive zum Ausgleich bringen muss.[17] Beließe Kant es dabei, so bedeutete seine ethische Asketik eine bloße Bearbeitung des empirischen Charakters, die ohne Auswirkungen auf den intelligiblen Charakter – und daher strenggenommen ohne moralische Relevanz – bleibt. Sobald es uns um die „moralische Bildung“ des Menschen geht, muss die allmähliche Änderung durch Übung aber in einer radikalen Änderung der Denkungsart wurzeln, die unsere Lebensführung „durch eine einzige unwandelbare Entschließung umkehrt“ (VI 47 f.).

Der Kernsatz von Kants ethischer Asketik lautet daher: keine allmähliche Reform der alltäglichen Sinnesart ohne eine augenblickliche Revolution der moralischen Denkungsart. Nimmt man diesen Gedanken ernst, so enthält selbst der

---

[17] Vgl. Bernd Dörflinger, „Ethische Methodenlehre: Didaktik und Asketik“, in: Andreas Trampota/Oliver Sensen/Jens Timmermann (Hgg.), *Kant's ‚Tugendlehre'. A Comprehensive Commentary*, Berlin/Boston 2013, 383–410, hier: 395.

Ausdruck „augenblicklich" noch zu deutliche Anklänge an die Zeitlichkeit des Daseins. Die Änderung des intelligiblen Charakters ist im Rahmen von Kants praktischer Philosophie nur als Paradox einer zeitlosen Änderung denkbar. Es ist sicher kein Zufall, dass Kant an diesem problematischen Punkt seiner Konzeption auf genau dasjenige pietistische Dogma zurückgreift, das Pierre Hadot als historische Extremform der christlichen Asketik markiert: das Dogma der Wiedergeburt.[18] Nach dieser Konzeption setzt die Praxis des ethischen Übens einen freien Entschluss voraus, der nicht mit einer schrittweisen Verbesserung des Lebenswandels, sondern nur mit der Geburt eines „absolut neuen Menschen" vergleichbar ist.[19] Der zitierte Passus aus der „Allgemeinen Anmerkung" zum ersten Teil der Religionsschrift fährt fort:

> Daß aber jemand nicht bloß ein *gesetzlich*, sondern ein *moralisch* guter (Gott wohlgefälliger) Mensch, d.i. tugendhaft nach dem intelligiblen Charakter (*virtus noumenon*), werde, welcher, wenn er etwas als Pflicht erkennt, keiner andern Triebfeder weiter bedarf, als dieser Vorstellung der Pflicht selbst: das kann nicht durch allmähliche *Reform*, so lange die Grundlage der Maximen unlauter bleibt, sondern muß durch eine *Revolution* in der Gesinnung im Menschen (einen Übergang zur Maxime der Heiligkeit derselben) bewirkt werden; und er kann ein neuer Mensch, nur durch eine Art von Wiedergeburt, gleich als durch eine neue Schöpfung (Ev. Joh. III, 5; verglichen mit 1. Mose I, 2), und Änderung des Herzens werden (VI 47).

Es wäre an dieser Stelle wichtig, genauer zu zeigen, dass Kant mit diesem Konzept einer Revolution der Gesinnung nicht bloß eine philosophische Variante pietistischer Dogmen vorlegt, sondern versucht, die autoritären Formen christlicher Seelenleitung zu sabotieren, indem er seine Autonomieethik in einem populären theologischen Vokabular reformuliert.[20] Das würde aber den Rahmen der Frage nach epistemischen Tugenden sprengen. Ich beschränke mich daher auf den Versuch, zu zeigen, in welchem Sinne man auch mit Kant von epistemischen Tugenden – und von einer epistemischen Asketik – sprechen kann.

4. Epistemische Asketik

Der systematische Grund, weshalb Kant sein Konzept der Asketik nicht auf die allmähliche Einübung fester Gewohnheiten beschränken kann, liegt in der Einsicht, dass freies Handeln immer ein Moment von *Unbedingtheit* wahren muss, wenn es sich *als* freies gegen politische, pädagogische und theologische Leitungs-

[18] Vgl. Pierre Hadot, „Conversion", in: ders., *Exercices spirituels et philosophie antique* (nouvelle édition revue et augmenté), Paris 2002, 223–235, hier: 224 und 228.

[19] Vgl. Pierre Hadot, „*Epistrophè* et *metanoia* dans l'histoire de la philosophie", *Actes du XIème Congrès International de Philosophie* XII (1953), 31–36, hier: 32.

[20] Vgl. ausführlicher zu diesem Punkt: Andreas Gelhard, *Skeptische Bildung. Prüfungsprozesse als philosophisches Problem*, Zürich/Berlin 2018, Kap. I. und II.

ansprüche behaupten soll. Eine ausführliche systematische Erörterung dieses Arguments bietet Kant in der bekannten Auflösung der Freiheitsantinomie, die Freiheit als *Anfangenkönnen* bestimmt. Die politischen Motive dieser systematischen Überlegungen kommen dagegen eher in seinen späteren Schriften zum Tragen. In der Religionsschrift schreibt er:

> Ich gestehe, daß ich mich in den Ausdruck, dessen sich auch wohl kluge Männer bedienen, nicht wohl finden kann: Ein gewisses Volk (was in der Bearbeitung einer gesetzlichen Freiheit begriffen ist) ist zur Freiheit nicht reif; die Leibeigenen eines Gutseigentümers sind zur Freiheit noch nicht reif; und so auch, die Menschen überhaupt sind zur Glaubensfreiheit noch nicht reif. Nach einer solchen Voraussetzung aber wird die Freiheit nie eintreten; denn man kann zu dieser nicht *reifen*, wenn man nicht zuvor in Freiheit gesetzt worden ist (man muß frei sein, um sich seiner Kräfte in der Freiheit zweckmäßig bedienen zu können) (VI 188, Anm.).

Die Unbedingtheit freien Handelns erscheint hier nicht als Möglichkeit, im Zusammenhang physikalischer Kausalbeziehungen den Anfang einer Handlungsfolge zu setzen, sondern als Möglichkeit, mit gesellschaftlichen Zwängen zu brechen. Die Unbedingtheit von Freiheit realisiert sich politisch in Akten der Befreiung. Daher bleibt Kants Konzept der Autonomie durchgehend auf die Idee eines Ausgangs aus der Unmündigkeit bezogen, die den Kern seines Begriffs von Aufklärung bildet. Für die Frage nach den epistemischen Tugenden ist dabei entscheidend, dass sich das befreiende Moment des „Ausgangs" weder auf politische noch auf moralische Momente des Handelns reduzieren lässt. Der Ausgang aus der Unmündigkeit ermöglicht, weit grundsätzlicher, eine selbstständige Orientierung in der Welt, die sich auf dem „Boden der Erfahrung" bewegt. In der *Anthropologie* schreibt Kant:

> Die wichtigste Revolution in dem Inneren des Menschen ist: ‚der Ausgang desselben aus seiner selbstverschuldeten Unmündigkeit.' Statt dessen, daß bis dahin andere für ihn dachten und er bloß nachahmte oder am Gängelbande sich leiten ließ, wagt er es jetzt, mit eigenen Füßen auf dem Boden der Erfahrung, wenngleich noch wackelnd, fortzuschreiten (VII 229).

Wenn man „Pluralism" – die Unparteilichkeit des Weltbürgers – mit Kant als eine epistemische Tugend begreifen kann, dann zeigt sich hier der emanzipatorische Kern des Konzepts. Erst die Befreiung von der Leitung durch andere erlaubt es, den heteronomen Bezug zu anderen durch einen autonomen zu ersetzen, der durchgehend auf die Urteile anderer Rücksicht nimmt. Dabei kommt der Fertigkeit der Abstraktion die entscheidende Aufgabe zu, von unseren privaten Überzeugungen abzusehen, um auch einsam die Mitteilbarkeit unserer Gedanken zu sichern. Epistemisch gesehen vollzieht sich die Revolution der Denkungsart als Befreiung aus der Leitung durch andere, ohne zugleich die Beziehung zu anderen zu kappen. Sie vollzieht sich als Wende zum epistemischen Pluralismus, nicht zum logischen Egoismus.

Die Gefahr, aus der Leitung durch andere in die bloße Selbstbehauptung zu fliehen, ist dann auch der wichtigste Grund, weshalb die Revolution der Denkungsart durch eine Reform der Sinnesart flankiert werden muss. Denn nach Kant kann man nicht davon ausgehen, dass wir unseren Hang zu Egoismus, Eitelkeit und Unaufrichtigkeit jemals endgültig überwinden werden. Auf dem Gebiet der Ethik entspricht dem Kants bekanntes Argument, dass die Ausbildung zivilisierter Umgangsformen als legitime Form von Lüge – als „schuldlose Täuschung" – anzusehen ist, weil die „Tugenden", die im zivilisierten Verhalten nur „gekünstelt" werden, durch diese Art von Schauspielerei langfristig auch „erweckt" werden können (VII 151). Hält man sich vor Augen, dass Unaufrichtigkeit für Kant der Inbegriff unmoralischer Gesinnung ist, handelt es sich hier um eine eigentümliche Art von Homöopathie, die Gleiches mit Gleichem bekämpft.

Mit einem ganz ähnlichen Argument begründet Kant schon in der Methodenlehre der *Kritik der reinen Vernunft* seine Forderung, den Streit zwischen wissenschaftlichen Urteilen „mit uneingeschränkter öffentlicher Erlaubnis" auszutragen (B 775). Denn obwohl man sich fragen kann, welchen „Vorteil" der Hang zur Unaufrichtigkeit auf dem Gebiet der Wissenschaft eigentlich haben kann, muss man ihn nach Kant auch dort voraussetzen, wo es um rein epistemische Fragen geht[21]:

> Es tut mir leid, eben dieselbe Unlauterkeit, Verstellung und Heuchelei sogar in den Äußerungen der spekulativen Denkungsart wahrzunehmen, worin doch Menschen das Geständnis ihrer Gedanken billigermaßen offen und unverhohlen zu entdecken, weit weniger Hindernisse und gar keinen Vorteil haben. Denn was kann den Einsichten nachteiliger sein, als sogar bloße Gedanken verfälscht einander mitzuteilen, Zweifel, die wir wider unsere eigenen Behauptungen fühlen, zu verhehlen, oder Beweisgründen, die uns selbst nicht genugtun, einen Anstrich von Evidenz zu geben? (B 776 f.)

Kants Vorschlag, wie mit dieser Situation umzugehen sei, steht ganz im Zeichen der Überzeugung, dass sich der Hang zur Unaufrichtigkeit im Menschen nur kontrollieren und begrenzen, aber niemals ganz beseitigen lässt. Er sieht daher auch im wissenschaftlichen Diskurs nur die Möglichkeit, Gleiches mit Gleichem zu bekämpfen und Verhältnisse zu schaffen, in denen die „Privateitelkeit" des Wissenschaftlers, die ihn hindert, die eigenen Argumente aufrichtig zu prüfen, durch die „Eitelkeit anderer" ausgeglichen wird, die seine Argumente in Zweifel ziehen (B 777). Wenn der Egoismus aller die Form einer öffentlichen Debatte annimmt, lässt sich auf diesem Weg dasselbe Ziel erreichen, „wo die lauterste Gesinnung und Aufrichtigkeit, obgleich weit früher, sie hingebracht haben würde" (B 777). Das ist nach Kant der Grund, weshalb Redefreiheit nicht nur politisch,

[21] Wenn Kant in dem folgenden Zitat von der „spekulativen Denkungsart" spricht, so meint er damit die Denkweise des Wissenschaftlers. Das Wort „spekulativ", das für uns heute irgendwo zwischen Metaphysik und Börse angesiedelt ist, bedeutet in Kants Sprachgebrauch einfach „theoretisch" im Unterschied zu „praktisch".

sondern auch im Dienste der Wissenschaft unerlässlich ist. Wo die Lauterkeit der Gesinnung immer nur als gefährdete und kontaminierte vorausgesetzt werden kann, ist epistemische Aufrichtigkeit keine Frage des authentischen Ausdrucks, sondern der gerechten Berücksichtigung der Urteile anderer. Sie bedarf, wie Arendt schreibt, einer „Überprüfung, die aus der Begegnung mit dem Denken anderer entsteht".[22]

5. Pluralismus und Unparteilichkeit

Folgt man Arendts Darstellung von Kants politischer Philosophie, so kann man die epistemische Tugend, um die es hier geht, als *Unparteilichkeit* bezeichnen.[23] Unparteilichkeit ist nicht Objektivität. Sie überschreitet zwar den Standpunkt der bloßen Privatmeinung, hält in Kants Fassung aber den Bezug zu den „Menschen im Plural", deren Urteile sie gegeneinander abwägt.[24] Das ist der Grund, weshalb Kant der Möglichkeit der ungehinderten Mitteilung unserer Gedanken eine so zentrale Rolle für das Denken zuschreibt. Nur reine Vernunftwesen wären zu einer direkten Erkenntnis objektiver Strukturen fähig. Wesen wie wir sind dagegen auf das *criterium veritatis externum* angewiesen, das wir im Urteil anderer finden. Die wichtigste Fähigkeit, die wir in diesem Zusammenhang benötigen, ist die Fähigkeit zur Abstraktion. Diese Fähigkeit kann mit Kant allerdings nur als eine Fertigkeit und nicht als Tugend betrachtet werden. Fertigkeiten lassen sich einüben, perfektionieren und habitualisieren. Dabei bleibt offen, ob sie aus freien Stücken oder unter Zwang eingesetzt werden. Als Tugenden kann man nach Kant daher nur eine Anwendung einzelner Fertigkeiten bezeichnen, die auf einen freien Entschluss zurückgeht. Wo ein solcher Entschluss Verbindlichkeit für die gesamte Lebensführung erlangt, spricht Kant von einem Wandel der Denkungsart. Die Tugend der Unparteilichkeit ist, aus dieser Perspektive, die Tugend des Weltbürgers. Im Zentrum von Kants epistemischer Asketik steht so keine moralische, sondern eine politische Tugend. Die Denkungsart des „Pluralism", die er den verschiedenen Spielarten des „Egoism" entgegensetzt, besteht darin, „sich nicht als die ganze Welt in seinem Selbst befassend, sondern als ein bloßer Weltbürger zu betrachten und zu verhalten" (VII 130).

Lorraine Daston hat am Beispiel der Geschichtsschreibung des 19. Jahrhunderts gezeigt, wie spannungsreich das Verhältnis zwischen den epistemischen Tugenden Unparteilichkeit und Objektivität ausfallen kann.[25] Meine Überlegungen zu Kant verstehen sich als Versuch, dieses Spannungsverhältnis in einem anderen Feld der Geisteswissenschaften etwas genauer zu analysieren. Mit

---

[22] Arendt, *Das Urteilen* (Anm. 11), 59.
[23] Vgl. ebd., 60.
[24] Ebd., 57.
[25] Vgl. Lorraine Dastons Beitrag in diesem Band.

Blick auf Dastons und Galisons Studie über *Objektivität* bedeutet das eine Erweiterung des Feldes, das dort unter dem Begriff der „strukturellen Objektivität" dargestellt wird.[26] Daston und Galison analysieren unter diesem Titel ein heterogenes Ensemble von Theorien, das von experimenteller Laborforschung bis zu mathematischer Logik reicht.[27] Gemeinsames Kennzeichen dieser Theorien ist die Überzeugung, dass die Mitteilbarkeit einer Erkenntnis das zentrale Kriterium ihrer Objektivität ausmacht. Die Vorstellung von Subjektivität, gegen die sich die verschiedenen Spielarten der strukturellen Objektivität abgrenzen, ist die eines „eingeschlossene[n], private[n], vom Solipsismus bedrohte[n] Selbst".[28] Dabei begegnet Kants These vom Mitteilungscharakter des Denkens allerdings nur in der hoch formalisierten Fassung, wie sie für den logischen Empirismus typisch ist.[29] Das ist naheliegend, weil Daston und Galison eine Geschichte empirischer Wissenschaften schreiben, in der der logische Empirismus einen bilderlosen Grenzfall – aber immerhin einen Grenzfall – markiert.

Die Motive, die Hannah Arendt dazu bewegten, Kants Schriften in einem politischen Blickwinkel neu zu lesen, haben in dieser Geschichte keinen Platz. Ich glaube aber, dass Arendts Überlegungen auch wissenschaftsgeschichtlich von großem Interesse sein können, weil sie die Differenz zwischen Objektivität und Unparteilichkeit – die der logische Empirismus nivelliert – deutlich herausstellen. Zudem wirft der verschobene Blickwinkel auf Kant auch noch einmal die Frage auf, in welchem Sinne man eigentlich von Tugend und von Asketik spricht. Das scheint mir mit Blick auf *Objektivität* nicht unwichtig zu sein, weil das Buch Askese – trotz des Bezuges auf Hadot und Foucault – durchgehend als ein Geschehen der Selbstunterdrückung und des Verzichts fasst.[30] Diese christliche Variante des Begriffs kann man schon in Kants ethischer Asketik nicht selbstverständlich unterstellen. Noch deutlicher gilt das für seine epistemische Asketik, die sich an einem pluralistischen Konzept von Unparteilichkeit orientiert. Man kann die Haltung des Weltbürgers, der sich bewusst bleibt, nicht die ganze Welt in seinem Selbst zu befassen, natürlich als eine säkularisierte Variante der christlichen Demutsethik interpretieren. Man kann – mit Arendt – aber auch den Pluralismus des Konzepts hervorkehren und die epistemische Asketik als eine Übung im perspektivischen Denken verstehen.

---

[26] Vgl. Daston/Galison, *Objektivität* (Anm. 1), Kap. V.

[27] Vgl. ebd., 268.

[28] Ebd., 272.

[29] Vor allem Rudolf Carnap wird im fünften Kapitel des Buches immer wieder als eine Schlüsselfigur herangezogen (vgl. ebd., 269 f., 276 f., 306 ff. u. ö.).

[30] In dieser Perspektive erscheint die strukturelle Objektivität als ein Akt des Verzichts, in dem das Selbst „seine eigenen Empfindungen und Ideen formalen Strukturen opfern" muss (ebd., 271); die gesamte Sphäre ist nach Daston und Galison bestimmt durch ein „Ethos der Selbstunterdrückung" (ebd., 275).

Vix intellegitur: Unklarheit als Tugend*

Raymond Geuss

Der Titel dieses Aufsatzes entstammt, grammatikalisch angepasst, einem Kommentar Ciceros über Thukydides, der mich immer fasziniert hat. In einer seiner Abhandlungen über die Kunst der Rhetorik setzt Cicero sich mit dem angemessenen Stil auseinander, in dem der öffentliche Redner sich artikulieren soll, und er rät dem aufstrebenden Redner davon ab, die Reden in Thukydides' *Geschichte des Peloponnesischen Krieges* nachzuahmen. Thukydides, so Cicero, sei nachahmenswert, wenn er Schlachten und große öffentliche Vorgänge beschreibt, doch sein erzählerischer Stil sei nicht ohne weiteres in den Bereich politischer oder juristischer Rhetorik übertragbar. Was die sorgfältig ausgearbeiteten Reden angeht, die Thukydides in sein Werk integriert, sagt Cicero: *ipsae illae contiones ita multas habent obscuras abditiasque sententias, vix ut intellegantur; quod est in oratione civili vitium vel maximum.*[1] „Diese Reden enthalten so viele dunkle, unverständliche Sätze, dass sie *kaum zu verstehen* sind – und das ist ja bei einer öffentlichen Rede gerade der größte Fehler!"[2]

Was genau bedeutet es – falls überhaupt etwas Eindeutiges gemeint ist – zu sagen, dass eine Rede oder ein Text unklar sei, dunkel, kaum zu verstehen oder schwer zu erfassen, und was genau soll denn an Dunkelheit problematisch sein? Man könnte vielleicht denken, dass das eine ziemlich dumme Frage sei, denn versteht es sich nicht von selbst, dass der Mangel an Klarheit eine Schwäche ist? Das wichtigste Ziel dieses Aufsatzes besteht nun allerdings genau darin, diese Annahme in Frage zu stellen und zu erwägen, ob es nicht Kontexte und Situationen gibt, in denen Dunkelheit keine Schwäche, kein Mangel ist – auch kein Mangel, der verzeihlich oder unvermeidbar scheint –, sondern etwas Positives.

Wenn Cicero Thukydides' Reden bemängelt, dann meint er natürlich nicht, dass diese vollkommen unverständlich seien, so wie dies für ihn etwa im Falle

---

* Zuerst erschienen unter dem Titel „Vix intellegitur. Unclarity as a Virtue" in: Cambridge Literary Review vol. 1, no. 1 (autumn 2009), 221–245; Wiederabdruck in: Raymond Geuss, *A World without Why*, Princeton, N.J.: Princeton University Press 2014, 22–44. Die Übersetzung erfolgte in Rücksprache mit dem Autor, der Abdruck der Übersetzung mit freundlicher Genehmigung der Princeton University Press © 2014).

[1] Marcus Tullius Cicero, *Orator: lateinisch – deutsch*, herausgegeben von Bernhard Kytzler, Düsseldorf 1998, 26 (Orator ad M. Brutum 9.30–31).

[2] Ebd., 27 (Übersetzung geringfügig modifiziert, kursive Hervorhebung durch den Autor).

eines Textes auf Chinesisch oder Ungarisch der Fall wäre. Für Cicero (106–43 v. Chr.) war Griechisch weder seine Muttersprache, noch war er ein Zeitgenosse von Thukydides (ca. 458–400 v. Chr.), aber er lebte doch nur wenige Jahrhunderte später, eine Zeitlang sogar in Athen, und er sprach die zu dieser Zeit nach wie vor lebendige Sprache fließend. Wenn Cicero sagt, Thukydides' Reden seien dunkel, dann gehe ich davon aus, dass er damit nicht bloß meint, sie seien unklar gewesen für ein römisches Publikum oder sogar für einen griechisch sprechenden Römer des 1. Jh. v. Chr., sondern auch, dass diese Reden bereits für das Publikum im Athen des 5. Jh. v. Chr. unverständlich gewesen sein müssen. Am Ende ist Ciceros Buch doch ein praktisches Handbuch für diejenigen unter seinen römischen Zeitgenossen, die gut ausgebildete Redner werden wollen. Entsprechend dürfte die plausibelste Interpretation seines Rates lauten: ‚Seid bitte für Lateinkundige 50 v. Chr. nicht derart schwer zu verstehen, wie Thukydides es wohl für seine Attisch (Griechisch) sprechenden Zeitgenossen 400 v. Chr. war.'

Es mag sein, dass ich aufgrund von Müdigkeit, Unaufmerksamkeit, Schwerhörigkeit, Voreingenommenheit oder aus irgendeinem anderen Grund etwas falsch auslege oder dass es mir nicht gelingt, etwas vollständig (oder überhaupt) zu verstehen, obwohl es vollkommen klar formuliert ist. Für diejenigen Fälle hingegen, an denen wir hier interessiert sind, gibt es keine Erklärung, die sich bloß auf die spezifische Eigenschaft einer bestimmten Person (eher als einer anderen) bezieht und die den Grund dafür angeben könnte, warum diese Person es schwierig findet, eine Rede oder einen bestimmten Text zu verstehen. Einer dieser möglichen Fälle wäre der, dass das, was mir gesagt wird, ‚inhärent' irreführend, dunkel oder schwer nachzuvollziehen ist: das heißt, dass es für *jeden* – oder zumindest vielleicht für ‚jeden, der nicht ein Gedankenleser ist oder einen Sonderzugang zu den Absichten, der Vergangenheit oder den Überzeugungen etc. einer anderen Person hat' – wahrscheinlich ist, dass es ihn verdutzt oder dass er es missversteht.

Ist es sinnvoll, vom Gedanken einer ‚inhärenten' Dunkelheit oder Unklarheit auszugehen – oder von einer entsprechenden ‚inhärenten' Klarheit? Gewiss, wenn es sich lediglich um eine empirische, soziologische Behauptung handelt – manches finde ich schwer zu verstehen, manches findest du schwer zu verstehen, manches verstehen wir beide nicht, und die meisten Leute irgendeiner Bezugsgruppe verstünden es wohl auch nicht –, dann wäre diese Behauptung zwar unabweisbar, aber es bliebe auch unklar, worin ihre besondere Bedeutung liegen sollte und ob sie überhaupt irgendeine tieferliegende Bedeutung hätte. Im alltäglichen Umgang und Sprachgebrauch ist das, was als klar oder dunkel gilt, sehr stark abhängig vom jeweiligen, höchst variablen Kontext. Der Satz ‚Es ist dort unten nach der katholischen Kirche' ist vollkommen klar, wenn ich ihn gegenüber dem Nachbarn ausspreche, der wissen wird, dass – auch wenn es mehrere verschiedene katholische Kirchen in Cambridge gibt – jene Kirche mit der großen Kirchturmspitze an der Ecke Lensfield Road und Hills Road gemeint ist, die für gewöhnlich als örtlicher Bezugspunkt für entsprechende Richtungsangaben genommen wird. Für jemanden hingegen, der nicht in Cambridge lebt, wird der Satz wohl unklar sein.

Es ist nicht so, wie man sagt, ‚dass Beispiele dieser Art *ad libitum* vervielfältigt werden können'. Denn dies würde nahelegen, dass es spezielle ‚Beispiele' gibt und dass es folglich auch ‚Nicht-Beispiele' geben könnte. Ich denke jedoch eher, dass die Kontextabhängigkeit ein universales Phänomen ist, außer in den sehr wenigen Bereichen, in denen besondere Klarheit künstlich aufrechterhalten wird durch formale oder technische Vorkehrungen – wie etwa in juristischen Diskussionen über Miete, Erbschaft oder Eigentumsübertragung, bei medizinischen Rezepten oder Bezeichnungen von Teilen und Funktionsweisen komplexer Maschinen wie Computer. Es handelt sich hierbei um isolierte Inseln, die zur Gewährleistung stabiler und eindeutiger Bedeutungen von einer Einbettung in größere soziale Mechanismen abhängen, die eine strikte Einförmigkeit erzwingen, und wenn diese Mechanismen ausfallen oder nur unzureichend funktionieren, was regelmäßig und letzten Endes immer der Fall ist, dann tauchen diese Inseln wieder unter im Meer der Alltagssprache. Diese Ausnahmen sind Ausnahmen, weil wir sie durch höchst künstliche Mittel dazu *machen*, wobei diese nur in spezifischen Umgebungen so funktionieren. Sie können deshalb niemals auch nur prinzipiell Modelle für die Gesamtheit unseres Sprachgebrauchs, unserer kognitiven oder praktischen Bezüge zur Welt oder für unsere Interaktionen miteinander sein.

Cicero lässt sich tatsächlich so verstehen, dass er in der oben zitierten Passage auf die Kontextabhängigkeit abhebt. *Wenn* man, so seine These, an einer öffentlichen Versammlung (*contio*) eine Rede hält, dann ist die von Thukydides gewählte Stilart nicht angemessen. Es folgt daraus nicht, dass diese Redeweise auch in anderen Situationen oder unter anderem Umständen ‚dunkel' ist, zum Beispiel innerhalb einer kleinen Gruppe der literarischen oder politischen Elite, die sich in den Ursachen und im Verlauf des Krieges zwischen Athen und dem Peloponnesischen Bund auskennt und für die Diskussion ihre Sklaven die relevanten Passagen wiederholt vorlesen lassen kann. Eine der antiken Quellen (Dionysios von Halikarnassos) gibt tatsächlich als Grund für die ‚Schwierigkeit' von Thukydides an, dass dessen Reden *zu viele* Gedanken in einem Satz verdichten.[3] Wie viele Gedanken ‚zu viele' sind, hängt jedoch offensichtlich davon ab, ob jemand ein Cicero ist, der im Forum in Rom einer wechselnden Zuhörerschaft von halbzerstreuten Mitgliedern des Plebs entgegenschreit, oder ob er ein Cicero ist, der sich mit allen Annehmlichkeiten und in aller Ruhe in einer ländlichen Villa mit seinem gelehrten Freund Atticus und seinem gelehrten Sklaven Tiro unterhält.

---

[3] Vgl. den zweiten Brief an Ammaeus in: *Dionysius of Halicarnassus. The Three Literary Letters*, herausgegeben von William Rhys Roberts, Cambridge 1901, 136 (Kapitel 2). Vgl. auch die hilfreiche allgemeine Diskussion der Dunkelheit im Griechischen in Roberts Edition von Dionysios' *On Literary Composition*, London 1910, 335–341 (Appendix A).

Obwohl Cicero in der betreffenden Passage *sagt*, dass Thukydides' Stil für die öffentliche politische Rede nicht angemessen sei, könnte es sich gleichwohl so verhalten, dass Thukydides' Stil, selbst wenn Cicero an dieser Stelle nicht darauf hinauswill, unangemessen ist aufgrund seiner ‚Dunkelheit' oder ‚Unklarheit' in *jedem* vorstellbaren Kontext, in dem eine Lektüre vernünftigerweise stattfinden kann. Wir könnten versucht sein zu sagen, dass es sich in einem solchen Fall um eine ‚objektive' Unklarheit handle, was so viel hieße wie dies, dass es selbst jenen schwerfiele, den Reden von Thukydides zu folgen, die nicht unaufmerksam oder abgelenkt sind und die zudem bereits viel über den Redner und das Thema wissen. Man könnte hier weitergehen und denken, dass wenn dieser Stil wirklich für jedermann und in jedem Kontext schwer zu verstehen ist, die Bezugnahme auf einen ‚Kontext' nicht mehr relevant wäre oder sich in diesem Fall als trivial und unwichtig herausstellen würde. Am Ende könnte man den Gedankengang umkehren und sich vorstellen, dass es einen Stil gibt, der ‚objektiv klar' in dem Sinne ist, dass jeder, der die betreffende Sprache versteht, sofort begreift, was auf diese Weise gesagt wird, sofern der Sprecher dabei nur ein Minimum an Sorgfalt an den Tag legt. Oder man könnte sich vorstellen, dass es nicht nur einen Stil, sondern eine ganze Sprache gibt, welcher die Eigenschaft zukommt, ‚objektiv klar' zu sein. Der Gedanke, dass bestimmte Formen der Rede oder Schrift in einem auf gewisse Weise absoluten Sinne ‚objektiv' klar oder ‚objektiv' unklar seien, ist eine häufig wiederkehrende Illusion, von der sich Philosophen nur sehr schwer befreien können. In diesem Sinne kritisiert der späte Wittgenstein Frege für dessen Beharren darauf, dass alle angemessenen Konzepte eindeutig, scharf, deutlich umrissen und auf diese Weise absolut klar sein müssen. Er stellt sich vor, dass jemand wie Frege einwenden würde: „Aber ist ein verschwommener Begriff überhaupt ein *Begriff*?" – und er hält dem vernichtend entgegen:

> „Ist eine unscharfe Photographie überhaupt ein Bild eines Menschen? Ja, kann man ein unscharfes Bild immer mit Vorteil durch ein scharfes ersetzen? Ist das unscharfe nicht oft gerade das, was wir brauchen?
>
> Frege vergleicht den Begriff mit einem Bezirk und sagt: einen unklar begrenzten Begriff könne man überhaupt keinen Begriff nennen. Das heißt wohl, wir können mit ihm nichts anfangen."[4]

Was wir begriffliche ‚Klarheit' nennen, ist von dem abhängig, was wir mit den entsprechenden Begriffen anstellen möchten, d. h. abhängig vom Kontext unserer Projekte, Wünsche, Erwartungen und Ziele, die sich auch ändern können. Was für individuelle Begriffe gilt, trifft ebenso auf Aussagen zu, in denen derartige Begriffe vorkommen. Um nur den entscheidenden Punkt zu wiederholen: Was uns als ‚klar', ‚präzise' etc. gilt, ist in höchstem Maße abhängig vom Kontext, in dem wir diese Begriffe verwenden, wobei die entsprechenden Absich-

---

[4] Ludwig Wittgenstein, *Philosophische Untersuchungen*, Frankfurt am Main 1982, 60 (§ 71).

ten oder Verwendungszwecke, mit denen wir die Begriffe (oder Aussagen) gesprächsweise zu versehen wünschen, ganz besonders wichtig sind. ‚Klar' oder ‚unklar' bzw. ‚dunkel' ist etwas immer nur im Verhältnis zu einem jeweils mit zu berücksichtigenden Kontext. Wenn Wittgenstein Recht hat, dann gehört die Annahme einer wie auch immer absoluten oder nicht-kontextuellen Klarheit ins Reich der Illusion – so wie der Glaube an den Weihnachtsmann.

Daraus folgt unmittelbar eine Entwertung des kognitiven oder ästhetischen Ideals ‚absoluter Klarheit', wobei davon auszugehen ist, dass diese nicht nur unerreichbar, sondern bereits als Vorstellung in sich verquer ist – ein Missverständnis darüber, was ‚Klarheit' und ‚Dunkelheit' sinnvollerweise bedeuten können. Wenn das Paar ‚Klarheit'/‚Dunkelheit' prinzipiell eine Unterscheidung impliziert, die nur im Verhältnis zu einem Kontext getroffen werden kann, dann wirkt es auch nicht mehr besonders überzeugend, Dunkelheit *immer* nur als Mangel oder als Scheitern – vielleicht als *entschuldbarer* Mangel, aber gleichwohl noch als Scheitern in einem gewissen Sinne – anzusehen. Denn bereits die Rede von ‚Dunkelheit' impliziert einen Bezug zu einem Standard, der nur, selbst wenn es der angemessenste sein sollte, ein Standard unter vielen möglichen Standards ist, die sich wiederum alle als abhängig von bestimmten menschlichen Absichten und Interessen erweisen. Da es keinen Standard gibt, der durch die Realität selbst vorgegeben und definiert wäre, ist es grundsätzlich immer möglich, dass ein Urteil wie ‚Dieser Text ist dunkel' ein Urteil nicht über die Unzulänglichkeit des entsprechenden Textes ist, sondern über die Unfähigkeit der Person, den dazugehörigen Kontext – und die Art, wie eine Äußerung in diesen Kontext passt – zu erkennen.

Eine der Quellen möglicher ‚Dunkelheit' ist folglich die allgemeine Kontextabhängigkeit der Sprache sowie in sämtlichen natürlichen Sprachen das Fehlen einer absoluten Genauigkeit und Bestimmtheit von Begriffen. Spezifischere Formen des Missverstehens oder der Verwirrung können allerdings auch syntaktischen Eigenschaften bestimmter Sprachen entspringen. So lässt Ennius – um ein berühmtes, jedem Lateinschüler vertrautes Beispiel zu nehmen – in seinem epischen Gedicht über die Frühgeschichte Roms König Pyrrhus von Epiros folgenden Orakelspruch des Gottes Apollo vernehmen:

Aio te, Aeacida, Romanos vincere posse.[5]

Aufgrund der Besonderheiten indirekter Rede im Lateinischen bedeutet die Aussage Apollos entweder:

A) Ich sage dir, Abkömmling von Aiakos, dass du die Römer besiegen kannst.

oder:

B) Ich sage dir, Abkömmling von Aiakos, dass die Römer dich besiegen können.

---

[5] Zitiert nach: Cicero *De divinatione* II.56.116. Cicero weist eigens auf die eigentümliche Unwahrscheinlichkeit hin, dass der griechische Gott Apollo einen König von Epiros in einem lateinischen Hexameter anspricht.

König Pyrrhus geht davon aus, dass der Orakelspruch A) bedeutet, und er fährt entsprechend fort mit seinem Angriff auf Rom, nur um dann zu bemerken, dass der Spruch tatsächlich B) bedeutete. Zu sagen, dass der Orakelspruch ‚tatsächlich' B) bedeutete – und nicht einfach, dass B) sich zufällig als richtig herausgestellt hat –, heißt anzunehmen, dass es, um die impliziten Voraussetzungen hier nochmals deutlich zu machen, wirklich einen Gott Apollo gibt, der die Zukunft kennt und diese auf eine bestimmte Weise mitzuteilen versucht. Wir werden auf diese fraglichen Voraussetzungen im Folgenden allerdings immer wieder zurückkommen müssen, ist doch die Antwort des Orakels der klassische Fall einer vollkommen klaren Mehrdeutigkeit (Amphibolie), die für vermutlich jeden unmittelbar nachvollziehbar ist, der etwas Latein kann und den Sachverhalt unvoreingenommen betrachtet.

Um mit Bestimmtheit sagen zu können, wie sehr Pyrrhus kognitiv und moralisch falsch damit liegt, wenn er den Orakelspruch für sich selbst unmittelbar als vorteilhaft interpretiert, ist man zum Teil abhängig von einer Perspektive auf die Gesamtsituation, über die wir letztlich nicht genügend informiert sind. Wir kennen den (angeblich) genauen Wortlaut Apollos in seiner Antwort in Form des Orakelspruchs,[6] aber wir wissen nicht wirklich, welche Frage Pyrrhus gestellt hat.[7] Geht man von der Kontextabhängigkeit der Unterscheidungsmöglichkeit zwischen Klarheit und Dunkelheit aus, dann möchte man die tatsächlich gestellte Frage so genau wie möglich kennen. Lautete die Frage: ‚Soll ich mit den Römern verhandeln oder soll ich sie angreifen?' Oder: ‚Wer wird den Sieg im kommenden Krieg erringen, ich oder die Römer?' Oder: ‚Werde ich die Römer besiegen?' Cicero kommentiert die sprichwörtliche Uneinsichtigkeit der Abkömmlinge Aiakos, indem er eine darauf bezogene andere Passage von Ennius anführt (*bellipotentes sunt magis quam sapientipotentes*, d.h. „mächtig im Krieg eher als in der Weisheit", oder vielleicht: „kriegsstark, gedankenschwach"), aber hätte Pyrrhus seine Frage tatsächlich in der oben zitierten dritten Version gestellt, dann scheint es doch kaum vorstellbar, dass er die Mehrdeutigkeit der Antwort übersehen hätte, evoziert doch die Frage selbst bereits die Möglichkeit eines römischen Sieges. Genau darum geht es jedoch zu einem guten Stück: Pyrrhus' Antwort auf den Orakelspruch ist aufschlussreich und bezeichnend für seinen eigenen Charakter. Die Möglichkeit eines Sieges der Römer möchte er gar nicht erst in Betracht ziehen. Also nimmt er diese Möglichkeit auch nicht

---

[6] Das bedeutet natürlich: die genauen lateinischen Worte, die Ennius dem Gott zuschreibt. Ich sollte vielleicht erwähnen, dass ich in keiner Weise an der historischen Richtigkeit der Geschichten interessiert bin, die über Pyrrhus erzählt werden. Pyrrhus scheint eine charismatische Figur gewesen zu sein, die für alle Arten mythischer Zuschreibung attraktiv gewesen ist.

[7] Wie wichtig es ist, gewisse Arten von anscheinend sehr allgemeinen Aussagen als tatsächlich bestimmte Antworten auf spezifische Fragen zu erkennen, wurde von Collingwood hervorgehoben. Vgl. Robin George Collingwood, *An Essay on Metaphysics*, Oxford 1940.

ernst genug. Menschen sind zumindest bis zu einem bestimmten Grad immer ichbezogen, und sie neigen dazu, ihren Wunschvorstellungen zu folgen. Sie hören, was sie zu hören wünschen. Gelegentlich stellen sie sogar die falschen Fragen und vergrößern den Irrtum am Ende noch dadurch, dass sie sprunghaft zu Schlussfolgerungen darüber gelangen, was die Antworten wohl bedeuten. Dies ist ein besonders markanter Charakterzug des übermäßig selbstbewussten Pyrrhus, und es ist einer, der durch seine Reaktion auf den Orakelspruch besonders klar zutage tritt. Mehr als die meisten anderen Menschen unterliegt Pyrrhus dieser allgemein menschlichen Schwäche.

Betrachtet man die Antwort unvoreingenommen, dann wird man auf eine weitere Ambiguität aufmerksam. Diese wird erkennbar, wenn man das letzte Wort, *posse*, eigens betont. Sollte die Frage wirklich ‚*Werde* ich die Römer besiegen?' gelautet haben, dann käme eine Antwort in Form eines ‚Es *könnte* passieren, dass' oder ‚Er könnte bzw. wird (oder sie könnten bzw. werden) *fähig sein*, etwas zu tun' praktisch einem Wechsel des Gesprächsthemas gleich. Vielleicht ist die Antwort aber auch so zu verstehen, dass der Gott sich durch sie eine Hintertür offenlässt: Denn was passieren *könnte* oder *kann*, ist schließlich nicht unbedingt das, was auch *tatsächlich* passiert oder passieren muss. Folgt man dieser Überlegung, dann stehen die Aussagen A) und B) nicht mehr in einem unauflösbaren Widerspruch zueinander. Zu sagen, dass die Römer *fähig sind*, Pyrrhus zu besiegen, ist durchaus vereinbar damit, dass umgekehrt auch Pyrrhus *fähig ist*, die Römer zu besiegen. Ob das eine oder das andere zutrifft, wäre dann abhängig von der besonderen Bedeutung, die man dem Hilfsverb *posse* (*fähig sein*) zugesteht. Der Gott hätte auch sagen können, dass beide Schlüsse denkbar und möglich sind. Mit der Betonung von *posse* könnte die Antwort also auch bedeuten:

C) Es ist grundsätzlich unbestimmt, wer gewinnen wird, du oder die Römer. Beide *können* (unter geeigneten Bedingungen) die/den anderen besiegen.

Interpretiert man die Antwort auf diese Weise, dann erscheint sie sinnvoll und ganz und gar vernünftig – als Hinweis Pyrrhus gegenüber, wachsam zu sein. Die zweite der oben genannten Interpretationen (B) kam Pyrrhus aufgrund seiner unüberlegten Ichbezogenheit nicht in den Sinn. Fast jeder wäre wohl sogar im Voraus dazu in der Lage gewesen (und sollte es auch gewesen sein), die Mehrdeutigkeit der göttlichen Antwort zu erkennen. Angesichts der notorischen Mehrdeutigkeit von Orakelsprüchen, die zu Pyrrhus' Zeit bereits hinlänglich bekannt war, sollte eigentlich jeder nach möglichen Mehrdeutigkeiten geradezu gesucht haben (und die meisten werden dies wohl auch tatsächlich getan haben). Pyrrhus unterließ dies, woraus sich folgern lässt, dass er entweder begriffsstutzig, übertrieben ichbezogen oder möglicherweise auch nur zu selbstbewusst war – oder alles zusammen. Egal, welche der drei Eigenschaften er aufwies, jede von ihnen bedeutete eine enorm unvorteilhafte Ausgangslage für einen Angriff auf Rom im dritten Jahrhundert v. Chr., und zwar unabhängig von den militärischen Fähigkeiten, die er besaß. Interpretation C) hingegen dürfte sich wahrscheinlich auch nicht ohne weiteres empfohlen haben, stand sie doch in einem prinzipiellen Konflikt mit der Grundmotivation, überhaupt ein Orakel zu befragen: Wozu ein Orakel befragen, wenn es objektiv ungewiss ist, wer gewinnen wird?

Zwei menschliche Schwächen sind in dieser kurzen Diskussion möglicher Antworten auf Orakelsprüche deutlich geworden. Die erste Schwäche besteht darin, dass Menschen ichbezogen sind: zu stark konzentriert auf ihre eigenen Fähigkeiten und Kräfte, so als ob sie im Universum von letztgültiger Wichtigkeit wären. Menschen versuchen die Welt so stark wie nur möglich im Hinblick auf das zu sehen, was sie tun könnten (und vielleicht auch tun sollten). Was Pyrrhus angeht, so verbindet sich diese Schwäche mit einer bestimmten Form von Selbstgefälligkeit und Selbstüberschätzung: dem heroischen Wunsch, sich selbst als den Besten zu sehen und so auch von anderen gesehen und anerkannt zu werden. Dieser Wunsch, als jemand zu gelten, der seine Kräfte selbstbewusst nutzt, um alle kommenden Gegner zu besiegen (die Römer eingeschlossen, die als nächste auf seiner Liste stehen), ist bei Pyrrhus übermäßig stark. Sein Problem besteht jedoch nicht nur im anmaßenden Beharren auf der eigenen Vorrangstellung. Im Falle von Ödipus findet man eine moralisch weniger fragwürdige Form derselben menschlichen Selbstbefangenheit. Auch Ödipus denkt in erster Linie an sich selbst und im Hinblick auf das, was er selbst zu tun beabsichtigt. Ödipus möchte verhindern, was ihm durch das Orakel angekündigt wird, teilweise um seiner selbst willen – er möchte nicht derjenige sein, der seinen Vater tötet und seine Mutter heiratet. Aber seine Haltung ist, so können wir vermuten, zumindest teilweise auch altruistisch in dem Sinne bestimmt, dass er nicht nur sich selbst, sondern auch seinen Vater und seine Mutter vom bevorstehenden Schicksal verschonen möchte. Wie Pyrrhus ordnet auch Ödipus die Antwort des Orakels seiner eigenen Sicht der Welt unter, dass sie im Wesentlichen ein Feld möglicher eigener Handlungen sei, in der es am Ende allein darauf ankomme, ob er die entsprechenden Handlungen ausführt oder nicht. Dabei kann das Ende von Ödipus so verstanden werden, dass es auf die willentlich oder unwillentlich ausgeführten Handlungen letzten Endes gar nicht ankommt. Zu denken, dass man sein Schicksal ändern kann, dass die Welt im Wesentlichen ein Bereich ist, der sich durch eigene Handlungen konstituieren lässt, ist eine Form von Wunschdenken.

Die zweite Form menschlicher Schwäche, der wir begegnen, ist in gewisser Weise das genaue Spiegelbild der ersten. Eher noch als zu einem übersteigerten Vertrauen in die eigenen Kräfte, einen Handlungsablauf auf eine befriedigende Weise gestalten zu können, neigen Menschen dazu, übermäßig stark von dem Gefühl der eigenen Machtlosigkeit überwältigt zu werden. Entsprechend erwarten sie von ihrem Gott, er solle ihnen mit absoluter Sicherheit ganz und gar eindeutige Vorhersagen liefern, solche also, die nicht missverstanden werden können. Ihre Welt darf dann in keinem Fall so beschaffen sein, dass es von vornherein – selbst für ihren Gott – offen ist, wer die Schlacht gewinnen wird. Sie müssen im Gegenteil unbedingt daran glauben können, dass es auf die Frage ‚Wer wird gewinnen?' *immer schon* eine festgelegte Antwort gibt. Diese Art zu denken ist eine andere Form von Wunschdenken.

Es ist hinlänglich bekannt, dass über dem Eingang des Gebäudes mit dem Orakel zu Delphi zwei Inschriften[8] angebracht waren:

Γνῶθι σεαυτόν (Erkenne Dich selbst!)

Μηδὲν ἄγαν (Nichts im Übermaß!)

Diese Inschriften haben seit frühester Zeit die Aufmerksamkeit von Philosophen auf sich gezogen. Zunehmend sind sie dabei als allgemeine ethische Aufforderungen interpretiert worden. Die erste Inschrift wurde oft auf eine Weise interpretiert, die schließlich traditionsbildend wurde: Eine intensive und verinnerlichte Form von Selbstwahrnehmung sei als zentrale Komponente eines guten Lebens anzusehen. Die zweite Inschrift wiederum wurde bereits in Platons Frühdialog *Charmides* als Empfehlung an die Menschen gelesen, die Tugend der σωφροσύνη (Mäßigung, Besonnenheit, Selbstkontrolle) zu kultivieren; und so wurde die Inschrift schließlich stillschweigend als Beginn einer Tradition angenommen, in der eine Ethik des Maßhaltens verkündet werden sollte (so wurde sie beispielsweise von Nietzsche interpretiert).[9] Oftmals haben Philosophen auch nach einer Beziehung zwischen den beiden Aufforderungen gesucht. Sie fühlten sich für gewöhnlich aber nicht von einer der offensichtlicheren Lösungen angezogen: Selbsterkenntnis ist gut, aber nur, wie alles andere auch, in Maßen. Die Philosophiegeschichte wäre wohl anders verlaufen, wenn Sokrates zur Einsicht gelangt wäre, dass der durch das Orakel sprechende Gott ihm genau dies sagen wollte. Vielleicht sollte man jedoch auch zurückkommen zu einer noch etwas banaleren Art, die beiden Aufforderungen zu lesen: Wisse genau, was du wissen willst, bevor du den Tempel betrittst, und belästige das Orakel bitte nicht mit zu vielen Fragen. Dabei wäre es wohl nicht unbedingt so, dass der Gott genervt darüber wäre, wiederholt Auskunft geben zu müssen, doch wenn du das Bedürfnis verspüren solltest, zu viele Fragen zu stellen, dann würde dir das zeigen, dass du nicht im richtigen Zustand bist, um überhaupt eine Antwort aufzunehmen. Es wäre ein Zeichen dafür, dass du nicht darüber nachgedacht hast, was du wirklich willst, oder dich deiner menschlichen Schwäche hingegeben hast, zu viel bereits Vorherbestimmtes in der Welt zu wollen, dass du den Gott als Krücke benutzen willst, um dir die Illusion einer

[8] In Platons *Charmides* wird noch eine dritte Inschrift erwähnt (164d–165a). In der anschließenden Forschungsdiskussion fand dies allerdings kaum je Beachtung.

[9] Vgl. Friedrich Nietzsche, *Die Geburt der Tragödie* in: ders., *Sämtliche Werke. Kritische Studienausgabe in 15 Bänden*, herausgegeben von Giorgio Colli und Mazzino Montinari, München/Berlin/New York 1980, Bd. 1, hier: 40.

Ordnung zu schaffen, die nicht existiert. Warum sollte der Gott solche Dummköpfe ertragen?

Doch kehren wir zu Pyrrhus zurück. Falls das oben Gesagte nicht bereits genügt haben sollte, könnte man sich auch noch fragen, was genau *vincere* in der Antwort des Gottes bedeutet: Heißt es ‚Den Feind in einer bestimmten Schlacht in die Flucht schlagen', ‚Eine Schlacht siegreich zu Ende bringen' (*debellare*) oder ‚Den Gegner überwältigen und permanent unterwerfen' (*subjungere*)? Pyrrhus selbst war im Prinzip ohne weiteres in der Lage, diese Unterscheidungen bei den entsprechenden Gelegenheiten zu treffen. Schließlich war er doch bekannt für die folgende Bemerkung, als er eine Schlacht ‚gewann', indem er einige der scheinbar unermüdlich nachrückenden römischen Truppen zerstreut in die Flucht schlug, allerdings um den Preis des Verlustes eigener Männer, die er nicht mehr ersetzen konnte: „Wenn wir noch eine solche Schlacht gegen die Römer gewinnen, so sind wir gänzlich verloren."[10] Bedeutet ‚gewinnen' hier bloß einen kurzfristigen ‚taktischen Sieg' oder einen langfristigen ‚strategischen Sieg'? Wie dauerhaft muss ein Sieg sein, damit er wirklich als Sieg zählt?

Zwei unterschiedliche Arten von Dunkelheit scheinen hier im Spiel zu sein. Erstens: Sind die Wörter des Gottes grammatikalisch nach dem Schema von A), B) oder C) aufzufassen? Zweitens: Was bedeutet *vincere* genau? Im ersten Fall scheint es sich um eine endliche Reihe verschiedener Bedeutungsmöglichkeiten zu handeln, von denen jede einzelne jeweils als mehr oder weniger klar gelten kann, d.h. ausreichend klar ‚im jeweiligen Kontext'. Im zweiten Fall geht es um die anders gelagerte Frage, was als ‚Sieg' zählen sollte. ‚Ambiguität' scheint ein passender Begriff zur Bezeichnung des ersten der beiden Fälle zu sein. Beim zweiten Fall hingegen handelt es sich streng genommen wohl nicht um eine ‚Ambiguität', sondern um eine bestimmte Art einfacher Unbestimmtheit in einem wichtigen Punkt.[11]

Kommen wir nun zu einem anderen Beispiel, einem Orakel, von dem es im dritten Buch der *Aeneis* heißt, es sei den Trojanern mitgeteilt worden. Im Unterschied zu Ennius' Bericht über Pyrrhus kennen wir in diesem besonderen Fall *sowohl* die gestellten Fragen *als auch* die Antwort, oder eher: Wir haben es mit einer ziemlich ungewöhnlichen Rede zu tun, einer Kombination aus einer inständigen Bitte und einer Reihe von Fragen – und dann einer Antwort. Die Kombination aus Bitte und Frage erweckt fast den Eindruck, als ob die Trojaner dächten, der angesprochene Gott brauche Orientierung, brauche *sie*, die Trojaner, um den Kontext dessen festzulegen, was sie zu fordern wünschen und denken, damit aus all dem eine passend formulierte Antwort resultieren kann:

---

[10] Zitiert nach: *Biographien des Plutarchs. Vierter Teil* (*Pyrrhus*), mit Anmerkungen von Gottlob Benedict von Schirach, Wien/Prag 1796, 41.

[11] Die klassische Studie über Ambiguität ist selbstverständlich immer noch: William Empson, *Seven Types of Ambiguity*, London 1930.

da propriam, Thymbraee, domum; da moenia fessis
et genus et mansuram urbem; serva altera Troiae
Pergama, reliquias Danaum atque immitis Achilli.
quem sequimur? quove ire iubes? ubi ponere sedes?
da, pater, augurium atque animis inlabere nostris. (III.85–89)

Gib, Thymbräer [Apollo], ein eigenes Heim, gib Mauern uns Müden,
Nachkommen, dauernde Stadt, bewahr' die erneuerte Hochburg
Trojas, die übrig der Danaer ließ und der grimme Achilles.
Wer führt uns, wohin heißt du uns ziehn, wo gründen den Wohnsitz?[12]
Vater, gib heiligen Wink, senk ein dich unseren Herzen![13]

Woraufhin die Stimme des Gottes antwortet:

Dardanidae duri, quae vos a stirpe parentum
prima tulit tellus, eadem vos ubere laeto
accipiet reduces. antiquam exquirite matrem.
hic domus Aeneae cunctis dominabitur oris
et nati natorum et qui nascentur ab illis. (III.94–98)

Dardaner, leidengestählt! Das Land, das vom Stamme der Ahnen
euch zuerst einst trug, wird euch, wenn ihr heimkehrt, empfangen
wieder an quellender Brust. Sucht auf die Mutter der Urzeit!
Hier wird das Haus des Aeneas gebieten an allen Gestaden
Hier die Söhne der Söhne und alle, die ihnen entstammen.[14]

Zuerst kann man hier beobachten, dass die Unklarheit sich nicht aus irgendeiner grammatikalischen Ambiguität ergibt oder mit einer solchen in Verbindung steht. Auch verhält es sich nicht so wie bei der Unbestimmtheit, die beim Versuch entsteht, sich vorzustellen, was alles – ausgehend von allen möglichen sinnvollen Bedeutungen – unter einem ‚Sieg' verstanden werden kann. Die Unklarheit ähnelt hier vielmehr jener, der man im Versuch begegnet, ein Rätsel zu lösen;[15] und tatsächlich sind die Trojaner auch ordentlich verwirrt.

Aeneas' Vater, Anchises, fackelt in seiner ungestümen Art nicht lange herum und liefert gleich eine Interpretation: Das Orakel bedeute ‚Geht nach Kreta!', wobei er sich auf den kretischen Ursprung einer seiner angeblichen Vorfahren mütterlicherseits beruft. Diese Interpretation stellt sich allerdings recht schnell als falsch heraus, denn die trojanische Siedlung auf Kreta fällt der Pest zum Opfer, und so fallen auch die Trojaner selbst zurück in einen Zustand der Verwirrung über die Bedeutung des Orakels, und sie bemerken, dass alles nicht so eindeutig war, wie Anchises gedacht hatte.

---

[12] Vgl. hierzu Aeneas' Ausspruch: „Italiam non sponte sequor" (Vergil, *Aeneis* IV.361)

[13] Zitiert nach: Vergil, *Aeneis: lateinisch – deutsch*, in Zusammenarbeit mit Maria Götte herausgegeben und übersetzt von Johannes Götte, München 1971, 99.

[14] Ebd. (Übersetzung geringfügig modifiziert).

[15] Vgl. Theodor W. Adorno, *Ästhetische Theorie* (1970), herausgegeben von Gretel Adorno und Rolf Tiedemann, Frankfurt am Main 1973, 182–193.

Diese Situation ist eine andere als die von Pyrrhus. Dieser handelte so, als ob er genau gewusst hätte, wie das Orakel verstanden werden muss. Im Nachhinein stellte sich dann heraus, dass er es missverstanden hatte. Betrachten wir die Angelegenheit von außen, dann sehen wir, dass es im gegebenen Kontext mindestens zwei oder drei recht klare alternative Verständnismöglichkeiten gab, die Pyrrhus hätte berücksichtigen müssen. Bei den Trojanern hingegen weist die Antwort eine andere Art von Unbestimmtheit auf. Aus der Aufforderung ‚Sucht auf die Mutter der Urzeit!' ergibt sich keine klar umrissene Reihe an unterschiedlichen Verständnismöglichkeiten. Auch ist die Aufforderung nicht ‚vage' und offen gegenüber verschiedenen Interpretationen, wie das beim ‚Sieg' der Fall war. Was kann denn ‚Sucht auf die Mutter der Urzeit!' heißen? Geht nach Kreta und lasst Euch dort nieder? Genau das versuchen sie, und es klappt nicht. Wenn es so ist, dass (wie im ersten Buch deutlich gemacht wird) Venus die Mutter von Aeneas ist, und da Jupiter sie entsprechend als Dame von Kythira anspricht (ebenfalls im ersten Buch), müssen sie dann nicht nach Kythira aufbrechen, der kleinen Insel vor der Küste des Peloponnes? Venus wird auch mit Aphrodite assoziiert, und Aphrodites Insel ist Zypern, also ist Zypern das Ziel? Oder meint das Orakel eine Rückkehr in die Troas? Immerhin wurden dort alle geboren. Oder bedeutet es etwas *ganz anderes*? Wenn beispielsweise die ‚Erde' als urzeitliche Mutter der gesamten Menschheit in Frage kommt, heißt ‚Sucht auf die Mutter der Urzeit!' dann ‚Gebt es auf, in Städten zu leben, und nehmt eine urtümliche Lebensform an, lebt in den Höhlen, die Mutter Erde Euch zur Verfügung stellt!' Oder bedeutet die Aufforderung, man solle als Lebensform dem Bergbau und Hüttenwesen nachgehen, die Bodenschätze von Mutter Erde erforschen und zutage fördern? Oder meint es auf ironische Weise, dass die Trojaner Naturphilosophie studieren sollten (z. B. um herauszufinden, was Mutter Erde wirklich ist), dass sie in diesem Studium herausragend sein werden und dass man nur in einem derartigen Streben eine Heimat finden kann?[16] Oder handelt es sich um einen Ausdruck ‚silenischer Weisheit': ‚Das Beste für Euch alle ist es, so bald wie nur möglich zu sterben und zurückzukehren zu Eurer urzeitlichen Mutter, der Erde, das ist der einzige Ort, an dem Menschen eine beständige Stätte finden können'?[17] Oder eine römische Version davon: ‚Sterbe mit so vielen verschwenderischen Gesten der Tapferkeit wie nur möglich, dann wirst Du die Welt mit Deinem Nachruhm beherrschen'? Oder sollten die Trojaner zu Experten im Bereich der Genealogie werden, um allen dabei helfen zu können, ihre Urmutter (und dann, vielleicht, auch ihren Urvater) herauszufinden? Oder sollten sie zu einem Stamm von Zuhältern und Prostituierten werden, die unablässig ihre alte Mutter (Venus) auf-

[16] Erst später (vgl. *Aeneis* VI.847–853) findet Aeneas durch seinen Vater in der Unterwelt endgültig heraus, dass nichts Derartiges gemeint ist.

[17] Vgl. Friedrich Nietzsche, *Die Geburt der Tragödie* in: ders., *Sämtliche Werke. Kritische Studienausgabe in 15 Bänden*, herausgegeben von Giorgio Colli und Mazzino Montinari, München/Berlin/New York 1980, Bd. 1, hier: 35.

suchen, oder zu Angehörigen eines kosmologischen Venuskultes (*Aeneadum genetrix, hominum divumque voluptas, alma Venus*)?[18]

Wenn auch die zuletzt genannten Möglichkeiten zunehmend an den Haaren herbeigezogen erscheinen – und natürlich sind sie dies auch –, so mag man sich doch zugleich daran erinnern, dass genau dies oft genug ein Charakteristikum der Erfüllung eines Orakelspruches ist. In der *Aeneis* selbst findet man vergleichbar gesuchte Beispiele dafür, wie Orakel sich erfüllt haben sollen und was sich im Nachhinein als ihre ‚wirkliche' Bedeutung herausstellte. Orakel sind in dieser Hinsicht sogar oftmals noch *schlimmer* – dunkler – als Rätsel, und zwar insofern, als gute Rätsel, worin auch immer sie bestehen, im Prinzip durch die Person lösbar sind, der sie vorgelegt werden, und zwar unter denjenigen Umständen, in denen sie sich wiederfindet. Viele Orakelsprüche hingegen sind *nur* im Nachhinein (*ex eventu*) zu interpretieren.

Erinnern wir uns an die Prophezeiung der Harpyie Kelaino im dritten Buch der *Aeneis* (III.247–257): Die Trojaner werden ihre Stadt nicht finden, bis ihr ‚fürchterlicher Hunger' (*dira fames*) sie dazu bringt, ‚an ihren Tischen zu nagen' (*ambesas … absumere mensas*). Später stellt sich heraus, dass es bloß so etwas bedeutete wie ‚belegte Brote bei einem Picknick zu essen' (VII.109–110). Das dritte Buch ist eine Rückblende, in der Aeneas Dido in Nordafrika von seinen früheren Wanderungen erzählt, aber weder zum Zeitpunkt, als Kelaino ihre Prophezeiung aussprach, noch später in Nordafrika, als Aeneas sich an sie erinnerte, hätte jemand voraussehen können, was ‚an ihren Tischen zu nagen' am Ende bedeuten würde.

Man mag nun vielleicht denken, dass die obigen Ausführungen vernünftig erscheinen, gleichzeitig aber auch ein wenig am Thema vorbeizielen, da sie eine sehr allgemein gehaltene philosophische Thematik – die Inkohärenz einiger Auffassungen darüber, was vollkommene Klarheit denn sein soll – mit einer Reihe von sehr speziellen Fällen – Beispiele literarischer oder orakelhafter Dunkelheit – zusammenbringen, die tatsächlich von ganz anderer Art sind. Auch wenn vollständige und absolute Klarheit, Genauigkeit und Bestimmtheit eine Chimäre sind, so hätten doch die erwähnten Orakelsprüche aus der zitierten Literatur in praktischer Hinsicht ohne weiteres *etwas* klarer sein können, als sie es waren, klarer auf eine kontextuell *relevante* Weise. Selbst wenn es nicht vollkommen klar ist, was ein ‚Sieg' oder ein ‚Angriff' genau bedeutet, oder wer eigentlich *die* Römer genau sind (sind die Italiker mitgemeint oder nicht?), so hätte Apollo Pyrrhus gegenüber doch unmissverständlich sagen können, er solle die Römer nicht angreifen: *noli aggredi Romanos* hätte den Sinn vollkommen erfüllt, falls Apollo wirklich Latein gesprochen haben sollte. Für die Frage, die Pyrrhus umtrieb, wäre diese Antwort sicherlich wichtiger und nützlicher gewesen als diejenige, die er tatsächlich erhielt. Ebenso hätte die Stimme des Orakels in Delos zu Aeneas geradeaus sagen können: Versucht es mit Italien! ‚Versucht es mit Italien!' ist nicht vollkommen

---

[18] Lukrez, *De rerum natura* I.1–2.

genau – der Peloponnes zählt gewiss nicht zu Italien, und zu diesem Zeitpunkt zählt auch Sizilien nicht dazu, aber was ist mit der Poebene? Hätte Aeneas vielleicht tatsächlich versuchen sollen, anstatt Rom vielleicht Mailand, Verona oder Venedig zu gründen? In jedem Fall wäre selbst diese Antwort noch sinnvoller gewesen als die Aufforderung ‚Sucht auf die Mutter der Urzeit!'

Am Ende ist es Apollo, der dafür sorgt, dass Aeneas zu einer klareren Antwort kommt. Das geschieht dadurch, dass Apollo die Schutzgötter des Haushalts, die Penaten, anweist, Aeneas im Traum zu erscheinen und ihm die richtige Deutung einzugeben, nämlich nach Italien zu gehen (III.147 ff.). Bestätigt wird diese Interpretation von Aeneas' Vater Anchises, der sich dann praktischerweise daran erinnert, dass Kassandra zuvor ähnliche Voraussagen über den endgültigen Bestimmungsort der Trojaner gemacht hatte. Auf diese Weise beteiligt sich Vergil, der so furchtbar darauf bedacht ist, dem unter Augustus gegründeten Römischen Imperium einen göttlichen Stammbaum zu geben, am literarischen Versuch einer Quadratur des Zirkels. Zunächst gibt es hier die göttliche Verkündigung, doch weil derartige Verkündigungen dafür bekannt sind, unklar zu sein, muss eine zweite Verkündigung her, um die erste zu erklären, und dann noch eine Bestätigung in Form der ‚Wiedererinnerung' von Anchises. Im vierten Buch kommt es schließlich zu einer endgültigen Bestätigung in dem Moment, in dem Aeneas in die Unterwelt absteigt. Die Aufgabe für Vergil besteht vermutlich darin, *sowohl* einen göttlichen Ursprung für den Rat, sich in Italien niederzulassen, *als auch* eine möglichst starke Bestätigung der entsprechenden Interpretation plausibel zu machen.

Doch weshalb sagt Apollo das, was er meint, nicht von Anfang an in ausreichender Klarheit, so dass es sofort verstanden würde? Eine mögliche Antwort besteht schlicht darin zu sagen, dass diese Frage auf einer irrigen Vorstellung beruht. Es gibt keine Götter, und was als ‚Orakel' bezeichnet wird, ist bloß die Erfindung von Priestern und Priesterinnen, die ihm ‚dienen'. Letztere verfügen mit ihren Orakeln in keiner Weise – es sei denn aus Zufall – über mehr Wissen als wir. Mangel an Klarheit ist ihre Art, die Chancen zu minimieren, als Betrüger entlarvt zu werden, wodurch sie ihren Lebensunterhalt verlören. Obwohl ich selbst Atheist bin, denke ich, dass eine solche Antwort vorschnell und kurzschlüssig ist. Also würde ich sie gerne einklammern und einmal davon ausgehen, dass Apollo und die anderen Götter tatsächlich existierten und über ihre Orakelsprüche in einem gewissen Sinne Antworten ‚gaben'. Eine weitere Möglichkeit bestünde in der epikureischen Sicht, dass es zwar Götter gegeben habe, diesen aber die Menschen und ihre Probleme herzlich egal gewesen seien, so dass sie kein wirkliches Interesse daran gehabt hätten, ihnen nützliche Antworten zu geben. Vielleicht waren Orakelsprüche einfach Teil eines Spiels, das die Götter miteinander spielten, und die Menschen waren die Spielfiguren auf einem kosmischen Spielbrett. Vielleicht haben die Götter nur an den Tagen Antworten gegeben, an denen sie zu viel Ambrosia zu sich genommen haben und deshalb verständlicherweise verwirrt waren. Vielleicht standen diejenigen, die Antworten gaben, *immer* unter

Einfluss von Ambrosia.[19] Oder vielleicht *konnte* göttliches Wissen oder *konnten* bestimmte Formen göttlichen Wissens, göttlicher Absicht oder göttlicher Unterweisung grundsätzlich nicht (oder in der menschlichen Sprache nicht) anders als dunkel ausgedrückt werden. Zwar wissen wir, dass *manche* Arten göttlicher Unterweisung in jedem Fall klarer *hätten* ausgedrückt werden können, teilten die Penaten doch schließlich den Trojanern in vollkommen klarem Latein mit, dass ‚Sucht auf die Mutter der Urzeit!' ‚Geht nach Italien!' heißt. Aber daraus folgt nicht, dass alles, was ein Gott weiß, will oder beabsichtigt, in allen möglichen Kontexten klar und direkt ausgesprochen werden kann.

Diese Überlegung, dass es im göttlichen Denken vielleicht etwas gibt, das nicht hinlänglich oder angemessen in klarer Rede geäußert werden kann, gibt einen Hinweis auf die Richtung, in der man ein mögliches positives Grundprinzip für Dunkelheit suchen kann.

Eine der traditionellen Interpretationen lautet in diesem Zusammenhang wie folgt: Zwar hätte der Gott in einem bestimmten Sinne expliziter sein *können*, aber er wusste darum, dass sich dies im Hinblick auf einen übergeordneten Zweck, den er verfolgte, kontraproduktiv ausgewirkt hätte. Schließlich ist der Gott keine Rechenmaschine zur Vorhersage der Zukunft, so sehr bestimmte Menschen ihn darauf reduzieren möchten. Falls er in irgendeiner Weise wie einer der Götter bei Homer ist, wird er seine eigenen Absichten, Pläne und Projekte haben. Vielleicht so, wie Plutarch es formulierte: „Er ist nicht weniger Philosoph als Prophet"[20] und hat sich die weitreichende erzieherische Aufgabe auferlegt, den moralischen Zustand der Menschheit zu verbessern.[21] Allerdings verbessert man Menschen nicht unbedingt dadurch, dass man ihnen klar, direkt und in einer Form, die sie leicht und auf korrekte Weise aufnehmen können, sagt, was sie wissen wollen (oder denken, dass sie es wissen wollen). Platons Sokrates legt nahe, dass die Dunkelheit der Ankündigungen von Orakeln aus dem Wunsch vonseiten des Gottes resultiert, die Menschen mögen selber nachdenken und die Wahrheit suchen. Wenn der Gott sagt, dass kein Mensch weiser sei als Sokrates, dann meint er damit nicht, dass Sokrates ohne jeden Zweifel weise ist, sondern nur, dass im Vergleich zum Gott alle menschliche Weisheit gleichermaßen unbedeutend ist. Jedoch verstünde man diesen Standpunkt nicht wirklich, solange man den Gott nicht zu widerlegen versucht und dabei scheitert. So gesehen dürfte die Aussage des Gottes Sokrates dazu anhalten, sich (und indirekt seine menschlichen Gefährten) in zwei Weisen zu verbessern: Sokrates soll der Wahrheit beharrlich fol-

---

[19] Ähnliche Überlegungen finden sich in David Humes *Dialogues Concerning Natural Religion* (zuerst 1777).

[20] Vgl. Plutarch, *De E apud Delphos* 385b.

[21] Wichtig wird diese Idee einer göttlichen Offenbarung, die sich allmählich vollzieht, für eine Reihe von Auffassungen der Aufklärung, wobei sie in primär pädagogischer Absicht präsentiert wird, so z. B. in Gotthold Ephraim Lessings *Die Erziehung des Menschengeschlechts* (in Teilen erschienen ab 1777).

gen, aber auch versuchen, den Gott zu widerlegen. Durchs Scheitern wird er sich klarer werden über die Beschaffenheit seiner eigenen Unwissenheit.[22] Das daraus resultierende Verständnis der eigenen kognitiven Grenzen, wobei die Wahrheit weiterhin ununterbrochen aufgesucht wird, bildet den Anfang von Weisheit. Das beste Mittel, um Motivation für das Streben nach Wahrheit zu gewinnen, besteht vielleicht darin, einen Zustand der Verwirrung zu erzeugen; und das beste Mittel, oder jedenfalls ein besonders gutes, um die richtige Art produktiver Verwirrung zu erzeugen, besteht darin, durch ein Orakel eine unklare Antwort zu geben.

Bei Pyrrhus funktioniert diese Strategie, wenn es sich denn um diese handeln sollte, natürlich nicht. Zum Teil besteht sein Problem darin, dass er es mit Römern zu tun bekommt, die ihm von den verfügbaren Ressourcen her militärisch überlegen sind. Sie können ihn auf lange Sicht schlicht dadurch ‚bezwingen', dass sie sein wiederholtes ‚Siegen' so lange zulassen, bis er sich selbst daran aufreibt. Ein ähnlich wichtiger Teil seines Problems besteht jedoch darin, dass er gerade dann *nicht* verwirrt ist, wenn er es sein sollte. Dies ist, wie bereits erwähnt, Resultat jener spezifischen Charakterzüge, die in seiner Interpretation des Orakelspruchs zum Vorschein kommen. Jeder vernünftige Lateinkundige hätte bemerkt, dass die Antwort des Orakels keineswegs klar ist. Pyrrhus ist jedoch ungestüm und viel zu selbstsicher. Natürlich hätte der Gott zu ihm auch sagen können ‚Du bist selbstbezogen, ungestüm und viel zu selbstsicher', aber *dies* zu sagen hätte bedeutet, dass ihm die Botschaft nicht wirklich auf eine wirksame Weise vermittelt worden wäre. Denn im Allgemeinen lernen Menschen nicht dadurch, dass ihnen etwas gesagt wird; oder sie lernen jedenfalls kaum je, tief verwurzelte Gewohnheiten dadurch zu ändern, dass ihnen ein guter, allgemein formulierter Rat gegeben wird. Vielleicht ging Platons Sokrates noch davon aus, dass bloße gesprächsweise Anleitung von Individuen diese dazu bringen könne, einen Lebenswandel zu vollziehen. Aber wenn er dies tatsächlich geglaubt haben sollte, hat er – auch wenn seine Anleitung ‚dialektisch' gemeint war – Unrecht gehabt. Aischylos traf es besser, als er vom „Lernen durch Leiden" (πάθει μάθος)[23] sprach. Vielleicht hilft eine dunkle Antwort Pyrrhus nicht mehr. Aber dem ist wohl so, weil er einer der Fälle war, die hoffnungslos sind. Unter Umständen bemerkte Platon, dass auch Alkibiades, trotz all seiner Begabungen und seiner Verbindung mit Sokrates, ein hoffnungsloser Fall war, und äußerte dies in seinem *Symposion*. Vielleicht verhält es sich auch so, dass der Gott *andere* verbessern möchte: jene, die Pyrrhus' Schicksal beobachten. Die nächstbeste Alternative zum persönlichen ‚erzieherischen' Leiden ist vielleicht dessen Beobachtung ‚aus erster Hand' an einem auffälligen, beispielhaften Individuum. Wenn also die Absicht des Gottes nicht bloß darin bestehen sollte, die Wahrheit zu äußern, sondern sie in einer Form mitzuteilen, in der sie am ehesten verstanden wird und in der am besten nach ihr ge-

[22] Vgl. Platon, *Apologie* 20e–24a.
[23] Aischylos, *Agamemnon* 174–177.

handelt werden kann, dann ist Dunkelheit vielleicht das beste Mittel, dies zu erreichen: sicherlich kein unfehlbares Mittel, denn es wird immer unverbesserliche Leute wie Pyrrhus geben, aber eins, das auf lange Sicht eine gewisse Auswirkung auf die Menschheit im Ganzen haben kann; und wenn überhaupt jemand es sich leisten kann, auf Zeit zu spielen, dann ein Gott.

Bis jetzt wurde die Diskussion unter einer etwas zu einfachen Prämisse geführt, nämlich der, dass es nur zwei relevante Handlungsbeteiligte gibt, die in die Befragung eines Orakels involviert sind: der Gott und die fragende Person. Doch bei den in der antiken Welt geläufigen Fällen ergibt es mehr Sinn, drei Beteiligte anzunehmen: den Gott, die das Orakel aufsuchende Person und die menschlichen Priester(innen), die als Vermittler(innen) die Antwort des Gottes aussprechen.[24] Üblicherweise benutzt man für letztere das lateinische Wort *vates*.

In der Vergangenheit kam es immer wieder vor, dass man die Rolle des Dichters in gewisser Hinsicht wie die eines *vates* verstanden hat. Gelegentlich haben auch Dichter selbst sich so gesehen, insbesondere wohl Hölderlin und Rimbaud.[25] Selbst bei den besten Voraussetzungen weiß ein Dichter nie genau, was ein Gott weiß, zumindest weiß er nicht alles, was gewusst werden kann, und der *vates*, der die Botschaft eines Gottes nur übermittelt, weiß auch selbst nicht mehr als derjenige, der die Botschaft vernimmt. Entsprechend ist das Ausmaß, in dem der *vates* in die mutmaßlichen erzieherischen Ziele eines Gottes bewusst und *en détail* eingreifen kann, wohl eher als beschränkt einzuschätzen. Nichtsdestotrotz könnte es gleichwohl so sein, dass ein Gott ein erzieherisches Projekt nicht nur in dem Sinne verfolgt, dass er einige Individuen (wie Pyrrhus oder Sokrates) unterweisen und verbessern möchte, sondern auch in dem Sinne, dass er die Einstellungen der Menschen und vielleicht sogar deren Lebensweise durch eine unklare Rede insge-

[24] Tatsächlich scheint es in Delphi zu bestimmten Zeiten in jedem Fall noch eine vierte Instanz gegeben zu haben, ein Collegium aus Priestern, die niederschrieben, was die Priesterin, die Pythia, sagte, und die den geschriebenen Text an denjenigen, der das Orakel aufsuchte, weiterreichten. Das Einsetzen einer weiteren Vermittlungsinstanz macht es natürlich umso leichter, den Gott vor Anschuldigungen bezüglich Unwissenheit oder Voreingenommenheit zu beschützen: Apollo sprach zwar die Wahrheit, aber die Priesterin verhörte sich oder gab das Gehörte falsch weiter, oder die Priester, die alles aufschrieben, was die Pythia sagte, verstanden nicht richtig, was sie sagte, oder fälschten es aus eigenem Interesse, oder sie wurden bestochen etc. Die Stelle im dritten Buch der *Aeneis* ist eine Ausnahme von dieser Standardsituation, denn Vergil betont ganz besonders stark, dass die Trojaner *unmittelbar* die Stimme des Gottes und nicht diejenige irgendeines Vermittlers hörten. Vermutlich ist auch dies Teil von Vergils Versuch, das Orakel als maximal verbindlich und frei von Verfälschung oder Verzerrung durch Vermittlerfiguren darzustellen.

[25] Am deutlichsten vielleicht in Hölderlins Hymne „Wie wenn am Feiertage" (geschrieben Ende 1799 oder Anfang 1800). Vgl. Friedrich Hölderlin, *Sämtliche Werke und Briefe*, herausgegeben von Michael Knaupp, München/Wien 1992, 262–264. Zu Rimbaud vgl. seinen Brief an Paul Demeny vom 15. Mai 1871 in: Arthur Rimbaud, *Œuvres complètes*, édition établie, présentée et annotée par Antonie Adam, Paris 1972 (= *Bibliothèque de la Pléiade*), 249–254.

samt verändern möchte. Auch könnte es sich so verhalten, dass ein angemessener erzieherischer Effekt durch Klarheit im Ausdruck geradezu verlorenginge.

Nimmt man an, dass unsere Gesellschaft und unsere Lebensformen, unsere Vorstellungsweisen und unsere Sprache miteinander verwoben sind, dann ist es wahrscheinlich, dass sich jene Einschränkungen, Formen der Entstellung oder Unterdrückung, die unsere Lebensformen auszeichnen, nicht nur in Beschränkungen und Entstellungen darin spiegeln, wie wir die Welt wahrnehmen, sondern auch darin, wie wir sie uns vorstellen. Dies wiederum hätte eine Entsprechung in unserem alltäglichen Sprachgebrauch. Doch wenn es keine Möglichkeit gibt, ein für alle Mal aus unseren kontextuell eingebetteten natürlichen Sprachen auszusteigen und einzutreten in eine reine, ideale Sprache von absoluter Klarheit, da ein derartiges linguistisches System nicht existieren kann, es sei denn in einem grundsätzlich beschränkten und isolierten Bereich, der sich parasitär zu unseren alltäglichen Formen der Interaktion und Kommunikation verhält – was können wir dann tun, falls wir überhaupt etwas tun können?

Eine Antwort könnte in einer Art Flucht nach vorne bestehen: einer aktiven Umarmung und Feier der Umgangssprache mit all ihren Macken und Besonderheiten. Eher als davon auszugehen, dass das alltägliche Leben und die Umgangssprache von ihren eigenen Bedingungen her vollkommen in Ordnung seien, wie das der späte Wittgenstein und einige seiner Nachfolger dachten (oder dass sie sogar, in romantischer Attitüde, eine Quelle der Gesundheit seien), sollte man akzeptieren, ohne sich notgedrungen damit abzufinden, dass das alltägliche Leben und die darin eingebetteten sozialen Strukturen grundsätzlich ein Ort der Unterdrückung sind. Gefängnisse und Polizeistationen sind nicht die einzigen Mittel, Menschen dazu zu zwingen, auf eine bestimmte Weise zu handeln. Wenn jemand sich nicht nur für offenkundige Handlungen interessiert, sondern auch dafür, wie Menschen indirekt gezwungen werden, auf eine bestimmte Weise zu denken, zu wünschen oder zu phantasieren, dann erweisen sich die unsichtbaren Formen sozialen Drucks als viel wirksamer denn Kette und Knute. Wenn ‚Klarheit' tatsächlich von sozial erzwungenen Formen der Rede abhängig sein sollte, dann kann die Forderung nach Klarheit als Forderung nach Fügsamkeit gegenüber Unterdrückungsstrukturen angesehen werden – es sei denn, man geht von der höchst unglaubwürdigen Annahme aus, unsere Gesellschaft und unsere Lebensformen seien ganz und gar frei und ungezwungen. Eine derartige Fügsamkeit wäre im Hinblick auf unsere individuellen und sozialen Fähigkeiten nicht nur als beschränkend und entstellend anzusehen, sondern auch als ‚böse' – in einer der Bedeutungen dieses Wortes.[26] Der Ruf nach ‚Klarheit' könnte dann auch Druck in Richtung Konformismus und infolgedessen Komplizenschaft mit dem Bösen bedeuten.

---

[26] Trotz meiner grundsätzlichen Vorbehalte gegenüber dem Konzept des Bösen ist es hier doch nützlich. Vgl. hierzu meine Studie: *Politics and the Imagination*, Princeton 2010, 182–184.

Wenn dies der Fall sein sollte, dann muss man vielleicht zwei unterschiedliche Aufgaben auseinanderhalten, welche der Gott (oder die Göttin) bzw. sein (oder ihr) *vates* übernehmen kann. Eine der beiden Aufgaben bestünde darin, die gewohnten Formen der Alltagssprache aufzubrechen (und als Folge davon vielleicht auch gewisse routinierte Handlungs- und Interaktionsmuster). Die zweite Aufgabe bestünde darin, positive neue Bedeutungen zu schaffen, Möglichkeiten zu sprechen und zu handeln, und schließlich auch neue Lebensformen. Vielleicht erachtet man die zweite Aufgabe als prinzipiell wichtiger. Doch wenn es so ist, dass die Sprech- und Vorstellungsformen wie vorhin vermutet derart abhängig sind von der effektiven sozialen Struktur, dann werden dem Ausmaß, in dem nur schon etwas als neu angesehen werden kann, sehr strikte Grenzen gesetzt sein.[27] Davon ausgenommen sind vielleicht nur höchst außergewöhnliche Momente wie etwa die 1871 während der Pariser Kommune. Die erste Aufgabe könnte sich dementsprechend tatsächlich als wichtiger herausstellen, da sie zumindest vom Grundsatz her erfüllbar ist. Sicherlich ist es für jemanden in psychologischer Hinsicht möglich, dass er sich an der ersten Aufgabe *nur dann* beteiligt, wenn er in seinem Glauben der Illusion erliegt, er sei an der zweiten beteiligt, aber das ist ein anderes Thema.

Wenn es so ist, dass Alltagssprache durchsetzt ist von Konformismus, Unterdrückung und Entstellung, wie kann man daraus ausbrechen? Wir haben bereits eine Reihe von Möglichkeiten gesehen, dies zu versuchen: der Heidegger'sche Primitivismus (die Zurückführung der Alltagssprache auf angebliche etymologische Wurzeln und ihre Umgestaltung aus diesen Wurzeln heraus); die Brecht'sche *Entfremdung* (einmal als Versuch beschrieben, Hochdeutsch so zu schreiben, als handelte es sich um einen Dialekt); Karl Kraus' beißende und diamantharte Sprache; Adornos pretiöses und verwickeltes Spiel mit Pronomen und selbstbezüglichen Satzkonstruktionen – oder Celans Hermetismus (der auf dem Gebrauch ungewöhnlicher Wörter beruht, die nicht mehr im Umlauf sind, aber in sonderbaren Einträgen alter Wörterbücher noch aufzufinden sind).

Bloß unklar zu sein, ist keineswegs schwer – jeder Affe mit einer Tastatur schafft das. Schwierig ist es, auf eine produktive Weise unklar zu sein, das heißt: etwas zu produzieren, das nicht nur so wie der zu Beginn dieses Aufsatzes erwähnte chinesische Text ist. Ein ganz auf Chinesisch geschriebener Text ‚zerbricht' nicht die gewöhnlichen Formen englischer oder deutscher Sprache, denn er befindet sich schlicht außerhalb von ihnen. Formen zu zerbrechen heißt nicht, sie zu ersetzen (chinesische Plattitüden gegen englische), sondern es heißt, sie

[27] Georg Wilhelm Friedrich Hegel, *Rechtsphilosophie*, in: ders., *Werke in zwanzig Bänden*, herausgegeben von Eva Moldenhauer und Karl Markus Michel, Frankfurt am Main 1971, Bd. 7, 26–27 („Vorrede"). Vgl. auch Theodor W. Adorno, „Skoteinos oder Wie zu lesen sei", in: ders., *Drei Studien zu Hegel*, Frankfurt am Main 1963, 105–165; „Parataxis", in: ders., *Noten zur Literatur III*, Frankfurt am Main: Suhrkamp 1965; *Minima Moralia. Reflexionen aus dem beschädigten Leben*, Berlin 1951, §§ 5, 44, 50.

und unsere Einstellung zu ihnen zu verschieben. Allerdings leuchtet es auch nicht ein, dass jeder beliebige Autor sich in der ausgezeichnetsten Lage dafür befinden sollte zu beurteilen, ob die durch seinen Text erzeugte Dunkelheit oder Irritation wirklich ein Beispiel für eine kreative positive Veränderung oder eine kreative negative Unterbrechung unserer Einstellungen zu unserer Sprache, unseren Möglichkeiten, unserer Welt ist. Es gibt einen wichtigen Unterschied zwischen dem, was ich von außen sehen kann, der Perspektive der dritten Person, von der aus Dunkelheit einen positiven Wert haben kann, und dem, was aus der Perspektive der ersten Person sichtbar ist, von der aus ich vielleicht keine andere Möglichkeit habe als die, dass ich zu vermeiden suche, was ich selbst für einen Mangel an Klarheit halte. Das hieße, dass wertvolle Dunkelheit – wie ‚Glück' – notwendig ein Nebenprodukt ist, nicht etwas, das man mit einiger Hoffnung auf Erfolg gezielt anstreben kann, sondern etwas, das nur aus einem Prozess, der eigentlich auf etwas Anderes hinauswill, resultieren kann. Doch was könnte dieses ‚Andere' sein?

Der *vates* würde in diesem Fall an einer merkwürdigen und zutiefst anti-platonischen Form von Erziehung mitwirken, denn *ex hypothesi* würde er in keinem einzigen konkreten Detail den Ausgang oder das Ziel seiner Vermittlungen kennen. In gewissem Sinne wüsste er nicht, was er tut. Er würde nach dem streben müssen, was er für klar hält, während er vielleicht weiß, dass etwas Derartiges in absoluten Begriffen nicht existiert, und während er auch weiß, dass genau diejenige Dunkelheit, die er nicht beseitigen kann und die er vielleicht noch nicht einmal bemerkt, sich als seine wertvollste Leistung herausstellen könnte.

Wenn ein Gedicht *vollständig* verstanden werden kann, dann hat es möglicherweise etwas von seinem wichtigsten Wert bereits verloren. Paul Celan bemerkte dies, als er die Notizen zu seiner berühmten Rede *Der Meridian* anfertigte: „Weshalb uns die Gedichte früherer Epochen ‚verständlicher' vorkommen als die unserer Zeitgenossen? Vielleicht auch deshalb, weil sie sich als Gedichte, d.h. mitsamt ihrem Dunkel schon verflüchtigt haben."[28] Denn wenn ein Gedicht ein Gedicht sein soll, muss es dunkel sein: nicht ganz in unsere gewohnten Formen der Rede, der Handlungen und Gegenhandlungen hineinpassen. Celan spricht von der „kongenitale[n], konstitutive[n] Dunkelheit […] des Gedichts"[29] – es ‚erklären' hieße es zerstören. Dies ist vielleicht einer der Gründe, weshalb Kunst zumindest in unserer modernen Welt immer ein notwendiges Scheitern ist.[30] Solange das Werk dunkel bleibt, hat es sich noch nicht verwirklicht, doch

---

[28] Paul Celan, *Der Meridian. Endfassung. Entwürfe. Materialien*, herausgegeben von Bernhard Böschenstein und Heino Schmull unter Mitarbeit von Michael Schwarzkopf und Christiane Wittkop, Frankfurt am Main 1999, 85 (Nr. 109).

[29] Ebd., 84 (Nr. 103).

[30] Theodor W. Adorno, *Ästhetische Theorie* (1970), herausgegeben von Gretel Adorno und Rolf Tiedemann, Frankfurt am Main 1973, 87: „[E]mphatisch [kann] kein Kunstwerk gelingen."

sobald das geschieht, hört es auf, dunkel zu sein. Wenn es zu Klartext geworden ist, verliert es seine wichtigste Bestimmung. Entgegen gewissen klassizistischen Annahmen ist ein Gedicht nie ‚perfekt', und es ist auch nie, wie Thukydides sagte, „ewiger Besitz" (κτῆμα ἐς αἰεί, I.22). Das ist allerdings kein Mangel, sondern Teil dessen, was das Gedicht zum Gedicht macht.

In den glorreichen Frühlingstagen des ‚logischen Positivismus' wurde gelegentlich behauptet, die individuelle und soziale Reife bestehe darin, fähig und willig zu sein, den ‚Tatsachen in die Augen zu sehen'; und von diesen ‚Tatsachen' wurde angenommen, dass sie durch die Naturwissenschaften enthüllt werden. Auch hieße es, dass es eine absolut klare, völlig unzweideutige und kontextunabhängige ideale Sprache geben könne, die formalisierte ‚Wissenschaftssprache', die in der Lage sei, alle Tatsachen auszusprechen und alles zu formulieren, was es zu wissen gibt. Abseits von Tatsachen und ihren Repräsentationsweisen gab es nichts, was in irgendeiner Weise, es sei denn völlig zufällig und willkürlich, einer Diskussion für würdig befunden worden wäre. Als ideales Mittel zur Äußerung ‚der Tatsachen' hatte die ideale Wissenschaftssprache für erwachsene Menschen eine Art normatives Ansehen. Allerdings ist die Fähigkeit, die *Abwesenheit* von bestimmten ‚Tatsachen' in einem Bereich zu erkennen, ebenfalls Zeichen einer realistischen Einstellung zur Welt und deshalb anstrebenswert. Wenn man nicht in der Lage ist, die veränderliche, unkontrollierbare, formlose Natur und schiere Zufälligkeit in vielen Bereichen des menschlichen Lebens und der menschlichen Sprache und damit einhergehend Vagheit, Mehrdeutigkeit und Unbestimmtheit zu tolerieren, dann ist das durchaus als eine ernsthafte menschliche Schwäche anzusehen.

Es ging hier insgesamt um drei Überlegungen, die unterschiedlich sind, sich aber komplementär zueinander verhalten. Erstens: Die Einheit von Sprache und Welt setzt sich nicht, oder zumindest nicht ausschließlich, aus festgelegten und scharf definierten Tatsachen zusammen, die ihrerseits die Objekte einer idealerweise durchsichtigen Sprache sein könnten. Vieles ist auf eine Weise unbestimmt, die keine absolute Klarheit zulässt. Zweitens: Unser Sprachgebrauch ist oft nicht darauf gerichtet, die natürliche Welt zu reflektieren oder die soziale Welt in irgendeiner Weise zu reproduzieren, sondern auf den Versuch, die Welt zu ändern. Drittens: Vieles von dem, was wir für klar halten, scheint ausschließlich deshalb klar zu sein, weil repressive soziale Kräfte sich über restriktive, festgelegte Formen auf unsere Denk- und Vorstellungsweisen auswirken. Die hervorragendste moderne Dichtung erweist sich als aufgeschlossen gegenüber allen drei Überlegungen. Das ist einer der Gründe, warum Dichtung für viele so beunruhigend ist, aber auch einer der Gründe, warum wir sie schätzen sollten, wenn wir es können.

Aus dem Englischen von Sandro Zanetti

Aufmerksamkeit als Ausnahmezustand*

Michael Hagner

> Der Aufmerksame, das ist der Taucher. Er sieht von den Dingen unter Wasser gerade so viel, wie ihm seine Lungenkapazität erlaubt, wie er mit der Luft haushalten kann, wie er die Kunst des Atmens beherrscht, den Luftmangel verträgt und dem Ersticken widersteht. Er weiß genau, wieviel Zeit zum Widerstand er hat, und er erfährt nur, was er in dieser Zeit sieht. Er kann sich nicht vorstellen, was er mehr sähe, wenn er über mehr Zeit verfügte, und was vielleicht das auf dem Grunde des Meeres Gesehene gewaltig veränderte. Was dächten wir von allem, wenn wir es länger in uns betrachten könnten? [...] Die Zeit des Tauchens, des Lebens unter Sparzwang, unter eingeschränkten, widernatürlichen Bedingungen, gegen den natürlichen Verlauf der Dinge, in einer Erwartungshaltung, im Fernhalten aller Erneuerung, des Wiederaufladens.[1]

Nur wenige der zahlreichen Notizen zur Aufmerksamkeit, die Paul Valéry in seine *Cahiers* einträgt, legen den Finger so offensichtlich auf die Einschränkungen und Risiken, mit denen wir es zu tun haben. Das Leben als ein Zustand unter Wasser, mit begrenzter Sichtweite und begrenzten Luftreserven, zwingt zur Selbstbeherrschung, zum ökonomischen Umgang mit den Ressourcen. Von ihnen hängt es ab, wie viel man wahrnimmt, und nicht von der gegebenen Vielfalt unter Wasser. Im Stadium der Aufmerksamkeit, im widernatürlichen Festhalten der Dinge, werden die Ressourcen aufgebraucht. Wenn man nicht ersticken will, müssen sie immer wieder aufgefüllt werden, und das heißt, sich dem natürlichen Strom der Dinge hinzugeben.

Valérys Psychophysik der Aufmerksamkeit gehört in den diskursiven Zusammenhang von Begriffen wie Geschwindigkeit, Energieverbrauch und Ermüdung, mit denen in den Jahren um 1900 die Kostenseite der technologisch und industriell geprägten Moderne benannt wird.[2] Und doch ist die Aufmerksamkeit nicht nur als Verlustgeschäft zu verbuchen. Als Widerstand oder als Bremsvorrichtung dient sie der Abwehr von permanenter Erneuerung, was Valéry in einer anderen No-

---

* Der vorliegende Text wurde zuerst im Oktober 1996 im Rahmen der Liechtensteiner Exkurse in Schaan vorgetragen und publiziert in: Norbert Haas/Rainer Nägele/Hans-Jörg Rheinberger (Hgg.), *Aufmerksamkeit*, Eggingen 1998, 273–294. Für die Wiederveröffentlichung habe ich einige wenige stilistische Korrekturen vorgenommen. Mehr war nicht drin, sonst wäre es ein anderer Text geworden.

[1] Paul Valéry, *Cahiers/Hefte*, Bd. 4, Frankfurt am Main 1990, 459–460.

[2] Siehe dazu Christoph Asendorf, *Ströme und Strahlen. Das langsame Verschwinden der Materie um 1900*, Gießen 1989; Anson Rabinbach, *The Human Motor. Energy, Fatigue, and the Origins of Modernity*, Berkeley 1992.

tiz als Anstrengung innerhalb bestimmter Grenzen definiert, die stets auf einen Zweck hin gerichtet ist. Wegkommen von den „reinen Assoziationen [...], deren Autor der Zufall ist", von den „inkohärenten Dingen oder Ereignissen" und von dem „ungeordneten Flimmern", das wäre die Aufgabe der Aufmerksamkeit.[3]

So gesehen wäre Aufmerksamkeit eine Tätigkeit, eine Art Orientierungsinstrument im natürlichen Verlauf der Dinge. Sie gehörte in den Bereich der Lebensbewältigung und Selbstbeherrschung und könnte zu den Akten gelegt werden, wenn man hinreichend Disziplin aufbringen würde, sich in der Technik der Aufmerksamkeit zu üben. Aufmerksamkeit als Verausgabung und als Technik oder als einübbares Vermögen – an diesem Punkt überschneiden sich die Linien einer modernen Verlustrechnung und eines älteren Verständnisses von Aufmerksamkeit, das zum Programm der Aufklärung zu rechnen ist. Nun ist Valéry nicht unbedingt dafür bekannt geworden, die Aufklärung vertreten zu haben; und umgekehrt war in der Aufklärung keine Rede davon, dass das Leben unter Wasser stattfindet und man sich in einer Situation der permanenten Ressourcenknappheit befindet. Aber genau in dieser Differenz, die auch in den beiden angeführten Valéry-Notizen zum Ausdruck kommt, in der schärferen und in der entschärfteren Version, ist die Problematik der Aufmerksamkeit, hier ihre affirmative Funktion, dort ihre Aporien und Risiken, die die Pathologien mit einschließen, anzusiedeln. Deswegen geht es im Folgenden um eine Genealogie dieser beiden Seiten der Aufmerksamkeit, die bei Valéry in einem paradigmatischen Spannungsverhältnis miteinander stehen.

Möglicherweise läuft eine solche Differenzierung des Aufmerksamkeitsbegriffs Gefahr, von inkompatiblen Dingen zu handeln. Das *Historische Wörterbuch der Philosophie* beispielsweise unterscheidet zwischen einem motorisch-affektiven und einem sensualistisch-intellektualistischen Begriff der Aufmerksamkeit, womit stillschweigend die Trennung zwischen einem physiologisch-experimentellen und einem philosophischen Zuständigkeitsbereich perpetuiert wird, die überhaupt erst das Resultat eines Kompetenzgerangels um die Aufmerksamkeit im späten 19. Jahrhundert darstellt.[4] Eine andere Klassifikation beruft sich auf die bereits von Descartes getroffene und spätestens seit dem 18. Jahrhundert gängige Unterscheidung zwischen spontaner und willkürlicher Aufmerksamkeit. Erstere wendet sich nach außen und allen möglichen Reizen zu; das kann reizvoll oder auch hilfreich sein, kann aber auch dazu führen, dass man sich ständig ablenken lässt und nicht mehr bei einer Sache bleibt. Letztere konzentriert sich auf einen Gegenstand und schottet sich gleichzeitig gegen alle anderen Reize ab. Diese Art der Aufmerksamkeit lässt sich wiederum differenzieren in eine nach innen und eine nach außen gerichtete Konzentration.

---

[3] Valéry, *Cahiers/Hefte* (Anm. 1), 462.

[4] Odmar Neumann, „Aufmerksamkeit", in: Joachim Ritter/Karlfried Gründer (Hgg.), *Historisches Wörterbuch der Philosophie*, Bd. 1, Basel 1971, Sp. 635–645, Sp. 635.

Klassifikationsversuche dieser Art mögen nützliche Hinweisschilder sein, um sich nicht in der Vielfalt der Bedeutungen zu verlieren; für eine Geschichte der Aufmerksamkeit taugen sie nicht. Eine solche Geschichte könnte damit beginnen, dass die Aufmerksamkeit in der Frühmoderne zunächst als Vermögen im Grenzbereich des seelischen und des körperlichen Lebens angesiedelt und dann in einem zweiten Schritt als Tugend aufgefasst wird, die für die Selbsterfahrung und überhaupt für die Tauglichkeit aufgeklärter Bürger konstitutiv ist. Am Anfang dieser Entwicklung steht einmal mehr Descartes, der die Weichen für ein Verständnis der Aufmerksamkeit stellte. Descartes hält die Aufmerksamkeit für ein seelisches Phänomen, behandelt sie jedoch im Kontext seiner Affektenlehre. Die Leidenschaften oder Passionen der Seele sind deren Tätigkeiten gegenübergestellt, indem sie nicht aus der Seele selbst heraus verursacht werden, sondern durch physische Prozesse, die der Seele als „eine Unruhe [...], in welche die Lebensgeister die kleine Drüse in der Mitte des Gehirns versetzen", vermittelt werden.[5] Zu den sechs Grundleidenschaften zählt die Verwunderung (*admiration*), die eine „plötzliche Überraschung der Seele [ist], die bewirkt, daß sie sich dazu gebracht sieht, mit Aufmerksamkeit die Objekte zu betrachten, die ihr als selten und außerordentlich erscheinen".[6] Das ist zunächst einmal ein physisch vermittelter, unwillkürlicher Wahrnehmungsvorgang, der dazu führt, dass die Seele durch willkürliche Steuerung der motorischen Tätigkeit diesen Eindruck festhalten kann. Dieser Vorgang wird von Descartes ambivalent beurteilt. Auf der einen Seite befähigt die Verwunderung überhaupt erst zum Erwerb der Wissenschaft, auf der anderen besteht die Gefahr darin, dass eine „blinde Neugier", die nur auf Seltsamkeiten, Seltenheiten und Neues aus ist, im Zustand des Staunens verharrt, ohne dass man sich darüber Gedanken macht, ob das angestaunte Objekt überhaupt der Zuwendung würdig ist.[7] Die äußere Welt ist nach Descartes aber nicht dazu da, um angestaunt zu werden, sondern um erkannt und erforscht zu werden. Deswegen ist es notwendig, dass die Seele immer wieder interveniert und sich durch Überlegung, Vergleich, Übung und eine breite Kenntnis vieler Dinge ein sicheres Urteil bildet.

In diesem Rahmen kommt der Aufmerksamkeit keine besonders herausgehobene Stellung zu. Je nach Zustand der Seele und nach der Stärke des Affektes vermag sie die Verwunderung zu kanalisieren, oder sie wird umgekehrt durch diese kanalisiert. Ersteres macht den willkürlichen Aspekt der Aufmerksamkeit aus, Letzteres den unwillkürlich-affektiven. Mit dieser doppelten Bestimmung der Aufmerksamkeit als physisch oder als seelisch dominiert verlängert Descartes seinen Leib-Seele-Dualismus und es kommt ganz auf den Kontext an,

---

[5] René Descartes, *Die Leidenschaften der Seele* (frz. 1649), Hamburg 1984, 91.

[6] Ebd., 109.

[7] Ebd., 115, 119–121. Zur Bewertung von Bewunderung und Neugierde im 17. und 18. Jahrhundert siehe Katharine Park/Lorraine Daston, *Wonders and the Order of Nature, 1150–1750*, New York 1998, 303–328.

welchem der beiden Aspekte der Vorzug gegeben wird. Wenn Descartes in der zweiten *Meditation* so tut, als ob er ein rein denkendes Wesen wäre, um vom „cogito" aus zur Gewissheit seiner eigenen Existenz zu gelangen, dann hat die Aufmerksamkeit dabei eine zentrale Funktion und wird ausschließlich als Attribut der *res cogitans* aufgefasst.[8] In der Affektenlehre hingegen geht es Descartes eher darum, dass seelische und körperliche Aspekte der Aufmerksamkeit in einem ausgewogenen Verhältnis zueinander stehen. Dabei dominiert zweifelsohne die willkürliche Aufmerksamkeit, doch ist sie nur ein Faktor unter mehreren; sie ist Bestandteil eines Netzes von Techniken der Neugierde, Spontaneität und Zuwendung, Reflexion, Beurteilung und Abwendung.

Im Sensualismus, bei Condillac und vor allem bei Charles Bonnet, sind die physiologischen Aspekte der Aufmerksamkeitstheorie dieselben wie bei Descartes. „Die Aufmerksamkeit ist eine Veränderung der Tätigkeit der Seele; oder, um mich anders auszudrücken: sie ist eine bestimmte Wirkung (*certain exercise*) der Bewegungskraft (*force motrice*) der Seele auf die Fibern ihres Gehirns."[9] Aufmerksamkeit ist mithin ein Transportphänomen, ein Beispiel für das „commercium animae et corporis". Die Beteiligung des Körpers ergibt sich für Bonnet aus dem Phänomen der Ermüdung, wenn man ein bestimmtes Objekt, das die Aufmerksamkeit erweckt hat, zu lange fixiert. Die Ermüdung kann sogar in Schmerz übergehen. Beide Empfindungen haben körperliche Ursachen, die in den Nervenfibern des Gehirns begründet sind; denn die Aufmerksamkeit auf etwas zu richten bedeutet einen Spannungszustand der Nerven, der nicht unbegrenzt andauern kann. Deswegen entscheidet die Seele sich für eine Ruhepause, eine Einstellung der Tätigkeit, wodurch sich die Spannung der Fasern verringert. Oder man wendet die Aufmerksamkeit einem anderen Objekt zu, wodurch entsprechend andere Fibern des Gehirns affiziert werden.[10]

Diese Erklärungen bewegen sich im Rahmen einer mechanistischen Physiologie. Im Unterschied zu Descartes taucht die Aufmerksamkeit bei Bonnet jedoch nicht mehr im Zusammenhang mit den Affekten auf, sondern mit einer sensualistischen Theorie der Vorstellungskraft. Ein Objekt kann eine oder mehrere Fibern eines oder mehrerer Sinne reizen; dementsprechend führt dies zu einer einfachen oder einer zusammengesetzten Wahrnehmung. Schon hier ist die Aufmerksamkeit tätig. In einem zweiten Schritt aber wird die Wahrnehmung zu einer Vorstellung, und hier handelt es sich wiederum um eine einfache oder zusammengesetzte Vorstellung. Die Seele vermag nun letztere zu dekomponieren, zu isolieren und/oder neu zu ordnen, mit anderen aktuellen oder aus dem Gedächtnis gezogenen Vorstellungen zu einem neuen Vorstellungsensemble zusammenzusetzen. Diesen Vorgang nennt Bonnet „Abstraktion", die nichts ande-

---

[8] René Descartes, *Meditationen über die Grundlagen der Philosophie mit den sämtlichen Einwänden und Erwiderungen* (lat. 1641), Hamburg 1954, 20, 24.

[9] Charles Bonnet, *Essai analytique sur les facultés de l'ame*, Kopenhagen 1760, 105.

[10] Ebd., 106.

res ist als ein Akt der Aufmerksamkeit.[11] Für Bonnet und zahlreiche andere Philosophen der Spätaufklärung wird die Aufmerksamkeit damit zu einer grundlegenden Fähigkeit des menschlichen Geistes. Sie fügt zusammen und dividiert auseinander, setzt das Dunkle ins Licht und stellt Bezüge her, die für alle Arten von Erkenntnis notwendig sind, insbesondere für die Wissenschaft. Im Zusammenhang einer Eloge auf Newton als dem Genie der Wissenschaften schreibt Bonnet: „L'attention est donc la Mere du Génie."[12] Der zweite wichtige Aspekt liegt darin, dass wir die Aufmerksamkeit nach Belieben auf den einen oder anderen Gegenstand richten können. Die Beherrschung der Aufmerksamkeit ist damit ein Zeichen der menschlichen Freiheit. Für Herder liegt diese „am tiefsten in der willkürlichen Aufmerksamkeit, eine Seite des Weltalls zu verfolgen oder davon zu abstrahieren".[13]

Im späten 18. Jahrhundert ist die Aufmerksamkeit beinahe omnipräsent. Sie verschafft einen nützlichen Zeitvertreib, vermag Schmerzen zu lindern, wenn man sie auf etwas anderes richtet, und sie vermag ganz generell die geistige und moralische Bildung zu forcieren.[14] Kaum zufällig wird sie auch in der Theorie und Praxis der Pädagogik zum zentralen Begriff. Eine Explikation von Bonnets Lob der Aufmerksamkeit als Mutter der Wissenschaften findet sich, umgeschrieben in die Sprache eines Kinderbuches, in Johann Bernhard Basedows *Elementarwerk*. Basedow handelt „Aufmerksamkeit, Gedächtnis, Erfahrung und Versuch" in einem gemeinsamen Kapitel ab und entwickelt eine Genealogie dieser vier Vermögen. Aufmerksamkeit ist die Grundlage des Lernens und damit auch des Gedächtnisses. Dieses wiederum ist die Grundlage für Erfahrung; und wenn wir merken, dass wir durch Erfahrung klüger werden, so stellen wir Versuche an. Wenn ein Junge gelernt hat, dass er mit Wasser Feuer auslöschen kann, so wird er irgendwann den Versuch machen, das Feuer auch mit heißem Wasser zu löschen.[15] An anderer Stelle weist Basedow darauf hin, dass mangelnde Aufmerksamkeit bedeutet, sich selbst nicht richtig zu kennen.[16]

In der Amalgamierung von Freiheit und Einübung in die Aufmerksamkeit besteht der große gemeinsame Nenner in der Konjunktur der Aufmerksamkeit. Sie wird zu einem Instrument der Bildung und Disziplinierung der Persönlichkeit und damit zu einer bürgerlichen Tugend gemacht, die im Zusammenhang mit der Neubewertung der Selbstbeobachtung und Selbsterkenntnis steht, die

---

[11] Ebd., 153.

[12] Ebd., 313.

[13] Johann Gottfried Herder, „Uebers Erkennen und Empfinden in der menschlichen Seele" (1774), in: ders., *Sämmtliche Werke*, hg. v. Bernhard Suphan, Bd. 8, Berlin 1892, 236–262, 245. Siehe dazu David Braunschweiger, *Die Lehre von der Aufmerksamkeit in der Psychologie des 18. Jahrhunderts* (Phil. Diss.), Würzburg, Leipzig 1899, 66–67.

[14] Braunschweiger, *Die Lehre von der Aufmerksamkeit* (Anm. 14), 122–124.

[15] Johann Bernhard Basedow, *J. B. Basedows Elementarwerk mit den Kupfertafeln Chodowieckis u. a.*, hg. v. Theodor Fritzsch, Bd. 1, Leipzig 1909, 111–114.

[16] Ebd., 214.

wiederum einen Eckpfeiler der literarischen Anthropologie und der Erfahrungsseelenkunde ausmacht.[17] Das gilt keineswegs bloß für Genies und andere außerordentliche Persönlichkeiten. So weist Lichtenberg darauf hin, dass der Nutzen einer Disziplinierung der Gedanken und Worte durch den Akt der Aufmerksamkeit allgemein hilfreich ist; denn durch strikte Aufmerksamkeit „auf eigene Gedanken und Empfindungen, und durch sorgfältig gewählte Worte, die man gleich niederschreibt, kann man in kurzer Zeit einen Vorrat von Bemerkungen erhalten, dessen Nutzen sehr mannigfaltig ist".[18] Natürlich wird hier in eigener Sache geschrieben. Man lernt sich selbst kennen, gibt den Gedanken Festigkeit und arbeitet darauf hin, dass die Rede in Gesellschaft eine geschliffene Eigenheit erhält, die einem Aufmerksamkeit und Bewunderung verschafft. So etwas schickt sich aber nicht bloß in den Professorenkreisen in Göttingen, sondern zielt darauf hin, dass im Prinzip alle oder doch fast alle die Möglichkeit haben, ihre Persönlichkeit auf diese Weise aufzurichten. Der letzte Satz der zitierten Notiz lautet: „So kann Aufmerksamkeit, Ökonomie der Gedanken und Übung den Mangel an Genie ersetzen."

Die Spannbreite der Aufmerksamkeit reicht also von Bonnets Emphase bis hin zur Indienstnahme der Aufmerksamkeit als Mittel zur Verbesserung des Menschen. Verallgemeinernd und übertreibend könnte man sagen: In dem Moment, da die Vernunft wichtig wird, wird auch die Aufmerksamkeit wichtig. Sobald die erstere darangeht, ihre Herrschaft über Furcht und andere Affekte, Aberglauben und Unwissen zu installieren, ist auch die Aufmerksamkeit gefragt, nämlich als Medium, mit dem die Vernunft dort beharren kann, wo sie es für richtig hält; und umgekehrt auch die Richtung zu wechseln vermag, wenn es erforderlich ist. Die Differenz zwischen Descartes und dem späten 18. Jahrhundert liegt weniger darin, dass Descartes die Affekte an Prozesse seiner Körpermaschine bindet, sondern ist im Wesentlichen darauf zurückzuführen, dass Neugierde, Verwunderung und Staunen im 18. Jahrhundert längst nicht mehr die Bedeutung haben wie im 17. Jahrhundert. Zwar steht Descartes der Kultur des Staunens mit einer gewissen Skepsis gegenüber, aber er argumentiert innerhalb ihres Gültigkeitshorizontes. Dementsprechend spielt die Aufmerksamkeit bei ihm nur eine untergeordnete Rolle. Im 18. Jahrhundert hat Neugierde nichts mehr mit Gier und Spontaneität zu tun, sondern ist harte Arbeit, die vom Verstand geleitet ist. Dementsprechend wird die Aufmerksamkeit in ein anderes psychologisches und kulturelles Raster eingetragen, das auch im 19. Jahrhundert seine Gültigkeit behält. Sicherlich gibt es verschiedene Einschränkungen und Hindernisse der Auf-

---

[17] Siehe dazu Doris Kaufmann, *Aufklärung, bürgerliche Selbsterfahrung und die „Erfindung" der Psychiatrie in Deutschland, 1770–1850*, Göttingen 1995, Kap. 1 und 2; Hans-Jürgen Schings (Hg.), *Der ganze Mensch. Anthropologie und Literatur im 18. Jahrhundert*, Stuttgart 1994.

[18] Georg Christoph Lichtenberg, *Sudelbücher 2*, in: ders., *Schriften und Briefe*, hg. v. Wolfgang Promies, Bd. 2, München 1973, 169 (Heft G 207).

merksamkeit. Es gibt Ermüdung und Überanstrengung oder krankhafte Fixierung auf einen Gegenstand. Doch das ist stets auf einen falschen Gebrauch der Aufmerksamkeit zurückzuführen. Optimistisch geht das 18. Jahrhundert davon aus, dass sich alle Hindernisse der Aufmerksamkeit durch Übung und Einhaltung bestimmter Regeln vermeiden lassen.[19]

Beispiele für bürgerliche Verhaltensregeln und Disziplinierungsvorschläge finden sich in der medizinischen Literatur. Bei Johann Christian Reil bildet die Aufmerksamkeit neben der Besonnenheit und dem Selbstbewusstsein „ein Triumvirat nahe verwandter Kräfte der Seele".[20] Die Besonnenheit ist „der Compaß auf dem Meere der Sinnlichkeit, welcher die Thatkraft der Seele auf den Zweck ihrer Glückseligkeit zusteuert".[21] Nach den „Forderungen der Vernunft" vermag sie das Interesse auf ein bestimmtes Objekt zu lenken, ohne andere Eindrücke gänzlich aus dem Auge zu lassen. Ihre Urteilskraft ist so sehr verinnerlicht, dass sie nichtige Dinge beinahe unbewusst ignoriert, während sie „ihre Kraft auf das neue Object [richtet], wenn es von einem höheren Werth ist".[22] Die Aufmerksamkeit versteht Reil als eine Verstärkung der Besonnenheit, indem sie sich willkürlich auf einen bestimmten Punkt konzentriert. Reil hebt den „freien Entschluß" ausdrücklich hervor, indem dieser sich „entweder auf Genuß der Lust, oder auf die Erreichung eines moralischen Zwecks gründet".[23] In beiden Fällen richtet sich die Aufmerksamkeit nach den Regeln der Vernunft. Abweichungen davon, die Reil als „Zerstreuung" und als „Vertiefung" bezeichnet, können hervorgerufen werden durch organische Schäden im Nervensystem, vor allem aber auch „vom Mangel oder von falscher Cultur der Seelen-Vermögen", „einem Mangel an Uebung und von einer falschen Schätzung des Werths der Dinge".[24] Mit anderen Worten sind die Störungen der Besonnenheit und der Aufmerksamkeit nicht ausschließlich, aber auch auf Probleme der Biographie, des falsch geleiteten Lebens, der mangelnden Bildung, kurz: der Herrschaft der Unvernunft geschuldet.

In Ersch-Grubers *Enzyklopädie der Wissenschaften und Künste* von 1821 wird die Aufmerksamkeit als Herzstück bürgerlicher Bildung angesehen: „Kein anderes Vorstellungsvermögen ist vielleicht der Ausbildung so fähig und kein anderes macht uns so sehr zu Herren unserer Selenkräfte, als die willkürliche Aufmerksamkeit."[25] Das Besondere an dieser Definition ist die Unterscheidung zwischen

---

[19] Braunschweiger, *Die Lehre von der Aufmerksamkeit* (Anm. 13), 136–149.

[20] Johann Christian Reil, *Rhapsodieen über die Anwendung der psychischen Curmethode auf Geisteszerrüttungen*, Halle 1803, 53.

[21] Ebd., 98.

[22] Ebd., 99–100.

[23] Ebd., 110.

[24] Ebd., 103, 111.

[25] Johann Christoph Hoffbauer, „Aufmerksamkeit", in: Johann Samuel Ersch/Johann Gottfried Gruber (Hgg.), *Allgemeine Encyclopdie der Wissenschaften und Künste*, Bd. 6, Leipzig 1821, 317–318, 317.

Schärfe und Ausdehnung der Aufmerksamkeit. Erstere verhilft zur Vertiefung und damit größeren Klarheit über einen Gegenstand, letztere befähigt dazu, sich mit mehreren Dingen gleichzeitig zu befassen. Beide haben ihre staunenswerten Prototypen. Einmal Archimedes, der sich durch nichts von seinen mathematischen Meditationen abhalten ließ, einmal der Physiologe Albrecht von Haller, der in einem Buch lesen und gleichzeitig dabei Karten spielen konnte. Solche Beispiele werden nicht unbedingt angeführt, um Vorbilder zu kreieren, denen es nachzueifern gelte. Vielmehr skizzieren sie den Bereich der bewunderungswürdigen Ausnahmeerscheinungen, die unerreichbar sind. Um Außerordentliches zu erreichen, müssen auch die Fähigkeiten, Eigenschaften und Talente außerordentlich sein, aber man sollte sich hüten, sie nachzuahmen. Demzufolge plädiert der Enzyklopädie-Artikel für eine „Gewandtheit der Aufmerksamkeit“, die in der Mitte zwischen Ausbreitung und Schärfe liegt. Dass ein solches Austarieren und Maßhalten sich im Leben im wahrsten Sinn des Wortes auszahlt, zeigt sich daran, dass derjenige, der sich der „Gewandtheit der Aufmerksamkeit im vorzüglichen Grad erfreut, besonders zu dem thätigen Geschäftsleben bestimmt“ ist.[26] Ähnlich wie bei Reil zielt die Aufmerksamkeit hier darauf, ein solides Mittelmaß zwischen den Extremen zu finden, das eine angemessene Bewältigung des Alltags ermöglicht. Aufmerksamkeit ist stabil, ohne starr zu sein, und sie ist wendig genug, um der unmittelbaren Umgebung zu begegnen.

Diese wenigen Beispiele mögen zeigen, dass es ein von der Aufklärung inspiriertes Verständnis von Aufmerksamkeit als Teil der bürgerlichen Selbstfindung gibt, das für den kulturellen Verhaltenskodex des 19. und auch des 20. Jahrhunderts zur Selbstverständlichkeit wird. Sie ist eine Tugend, der aber nicht notwendigerweise ein strenges Korsett auferlegt sein muss. Es bleibt Platz für spielerische und phantasievolle Interventionen, die ihrerseits Aufmerksamkeit oder gar Zuneigung auf sich zu ziehen vermögen. Um einen solchen souveränen Umgang mit der Aufmerksamkeit zu erreichen und zu erhalten, bedarf es der Übung und Selbstdisziplin, die jedoch mit dem Versprechen von Glück, Wohlstand und der Zugehörigkeit zu einer zivilisierten Gemeinschaft belohnt wird.

Von den Aporien der Aufmerksamkeit, die ich zu Anfang angesprochen habe, ist bislang noch keine Rede gewesen. Auch wenn bereits das 18. Jahrhundert wusste, dass die Aufmerksamkeit notwendigerweise ermüdet und dass ihre Überbeanspruchung zur Krankheit führen kann, so hatte das keinerlei anthropologische Konsequenzen. Die Aufmerksamkeit als solche war unproblematisch. Erst in der zweiten Hälfte des 19. Jahrhunderts entwickelt sich ein zweiter Diskurs, der dem ersten diametral entgegensteht und die Risiken und Brüche der Aufmerksamkeit in den Vordergrund stellt. Zeitlich passiert das genau in dem Moment, da Begriffe wie Degeneration, Dekadenz und Ermüdung zu Chiffren einer Krise der Vernunft werden; im gleichen Zuge wird auch die Aufmerksam-

26 Ebd., 318.

keit in einem neuen Wissens- und Erfahrungsraum rekonfiguriert. Im Folgenden will ich mich nicht an den eben erwähnten Großbegriffen entlanghangeln, sondern einen Wissensraum skizzieren, der nach 1850 sehr schnell etabliert wird – die Psychophysik. Dabei werde ich mich weitgehend auf Gustav Theodor Fechner beschränken.

Die fundamentalen Gesetzmäßigkeiten der Psychophysik basieren auf zwei Umständen. Erstens muss ein Reiz oder das, was eine „Empfindung von außen anregt, einen gewissen Grad der Stärke übersteigen", um bewusst zu werden. Wenn es stimmt, dass der Reiz eine psychophysische Tätigkeit auslöst, dann ist zweitens zu folgern, „dass auch die durch den Reiz ausgelöste und repräsentirte psychophysische Thätigkeit einen gewissen Grad der Stärke überschreiten muss, um bewusst zu werden".[27] Für diesen Übergang vom „Unbewusstsein" zum Bewusstsein wählt Fechner den Begriff der Schwelle. Die äußere Psychophysik beschränkt sich auf die inneren und äußeren Endglieder, das heißt, auf den Reiz und auf die Empfindung. Damit ist aber die psychophysische Tätigkeit, die Fechner ausdrücklich eine „körperliche Thätigkeit" nennt, außen vor gelassen.[28] Fechners Schwierigkeit besteht nun darin, auf welchem methodischen Wege er in diesen inneren Bezirk vorstoßen kann. Die äußere Psychophysik basiert auf einer Regelmäßigkeit, die Fechner als Weber'sches Gesetz bezeichnet und die darin besteht, dass ein konstantes Verhältnis zwischen Empfindungsunterschieden und jeweiligen Reizunterschieden besteht.[29] Wenn beispielsweise beim Licht zweier Glühbirnen mit 100 Watt und 101 Watt kein Unterschied empfunden wird, dann wird auch bei Glühbirnen von 200 Watt und 202 Watt keiner empfunden werden. Wenn aber bei 102 Watt ein Helligkeitsunterschied empfunden wird, dann ist diese Empfindung ebenso stark wie die, die zwischen 200 und 204 Watt empfunden wird. Dieses Verhältnis lässt sich in einer Fundamentalformel angeben, die die Reizschwelle, an der sich der Umschlag vom Unbewusstsein ins Bewusstsein vollzieht, exakt zu benennen vermag. Eine solche Gesetzmäßigkeit steht für die innere Psychophysik nicht zur Verfügung. Sie muss sich auf die Introspektion und auf die Kenntnisse der Anatomie, Physiologie und Pathologie des Gehirns stützen.[30] Erst aus diesem heterogenen Ensemble kann sich ein vollständiges psychophysisches Gebäude zusammensetzen. Auf das Gehirn will ich nun nicht weiter eingehen, sondern auf die Selbstbeobachtung, wobei Fechner analog zur äußeren Psychophysik nach Schwellenphänomenen sucht. „Das ganze geistige Leben des Menschen wechselt zwischen Schlaf und Wachen, d.i. einem unbewussten und bewussten Zustande, im Wachen können dann wieder einzelne Gebiete und in jedem Gebiete einzelne Phänomene die Schwelle über-

[27] Gustav Theodor Fechner, *Elemente der Psychophysik*, 2 Bde., Leipzig 1860, Bd. 2, 438.
[28] Ebd., 377.
[29] Ebd., Bd. 1, 134; Bd. 2, 13.
[30] Ebd., Bd. 2, 379.

steigen oder darunter sinken."[31] An diesem Punkt kommt die Aufmerksamkeit ins Spiel, denn diese ist für Fechner nichts anderes als das Phänomen, dass die psychophysische Tätigkeit des Menschen partiell unter die Schwelle sinkt. Ist ein Mensch in tiefes Nachdenken versunken, so bemerkt er nicht, was um ihn herum vorgeht. Er befindet sich in einem partiellen Schlafzustand, und erst wenn äußere Sinnesreize eine bestimmte Stärke überschreiten, werden sie bewusst wahrgenommen. Allerdings gibt es, so Fechner, auch Steigerungszustände „innerer Exstase, wo der Mensch mit offenen Augen und Ohren gegen alle äusseren Reize so gut wie unempfindlich ist".[32] Diese Art von Konzentration oder Selektion trifft im Prinzip für alle Bereiche zu. Wenn jemand ganz Auge und Ohr ist, befindet sich seine innere Vorstellungstätigkeit im Schlafzustand. Weiterhin kann sich die Aufmerksamkeit auch auf verschiedene Gegenstände verteilen; dementsprechend teilt sich die psychophysische Tätigkeit, was dazu führt, dass zwar mehr im Bewusstsein ist, „aber das Einzelne nur mit schwächerem Bewusstsein erdacht und erfasst wird".[33]

Mit dieser Differenzierung befindet sich Fechner durchaus im Erfahrungsraum der bereits früher vorgenommenen Trennung von Schärfe und Ausdehnung der Aufmerksamkeit. Wie aber verhält es sich mit der Begründung dafür? Für die ältere psychologische Deutung war es unzweifelhaft, dass es um den Bereich der willkürlichen Aufmerksamkeit ging, also um kontrollierbare Handlungen, deren Beherrschung zur Konstituierung der Persönlichkeit beiträgt. Fechner ist das nicht fremd, weswegen er den Hauptunterschied zwischen allgemeinem und partiellem Schlaf darin sieht, dass das Erwachen aus ersterem ohne Einfluss der Willkür erfolgt, während die Veränderung in letzterem im Sinne einer „Verlegung des bewussten Zustandes" aufzufassen ist.[34] Zur weiteren Erklärung der Aufmerksamkeit entwickelt Fechner eine ausgeklügelte Wellentheorie des Bewusstseins. Im Meer gibt es große Wellen – Fechner nennt sie Unterwellen –, auf denen sich „durch speciale Ursachen Kräuselungen, Oberwellen bilden, welche als Störungen [der Unterwellen] angesehen werden können".[35] Anders gesagt, die Ursachen für die Bildung der beiden Wellentypen sind unterschiedlich; je nach Zustand können die Richtungen und Amplituden gleich- oder gegensinnig – eben als Störungen – verlaufen. Die psychophysische Tätigkeit ist nach Fechner auch eine Welle. Bewusstsein heißt, dass eine bestimmte Schwelle überschritten ist. Die Unterwelle des Bewusstseins ist groß, hat lange Perioden und schwankt nur langsam auf und ab. Sie entspricht in etwa der Tagesperiode des Wachseins. Bei den Oberwellen dagegen handelt es sich um Bewegungen in kurzen Perioden, die einander rasch abwechseln können. An ihnen hängen be-

---

[31] Ebd., 437.
[32] Ebd., 450.
[33] Ebd., 451.
[34] Ebd., 452.
[35] Ebd., 458.

sondere Bewusstseinsphänomene. Die Aufmerksamkeit ist das Resultat der akkumulativen oder gegenstrebigen Aktion beider Wellen.

Wenn ein intensives Nachdenken mit verblassten Schematen operiert, so spielen auf einer hohen Unterwelle sehr schwache Oberwellen. Wenn wir ohne Anpassung der willkührlichen Seite unserer Aufmerksamkeit ganz receptiv in einer starken sinnlichen Erfahrung aufgehen, so wird eine starke Oberwelle von einer verhältnissmässig niederen Unterwelle getragen.[36]

Aus diesem Zitat könnte man vermuten, dass – ganz gemäß der Konvention – willkürliche und unwillkürliche Aufmerksamkeit auseinandergehalten werden. Doch nicht umsonst redet Fechner von Störungen, und dabei handelt es sich nicht bloß um sinnliche Eindrücke, sondern auch um spontane Ideen, Vorstellungen und Eingaben sowie um physische Prozesse, die in keiner Weise steuerbar sind. Was in der bürgerlichen *éducation intellectuelle* gefordert wird, nämlich dass die spontane Aufmerksamkeit zugunsten der willkürlichen unterdrückt werde, funktioniert in der Konzeptualisierung des Bewusstseins als psychophysische Tätigkeit nicht mehr so recht, weil beide in unterschiedlich periodischen Aktivierungs- und Hemmungsmechanismen miteinander verbunden sind. Aufmerksamkeit ist nichts anderes als das Spiel dieser Mechanismen. Das geht immerhin so weit, dass Halluzinationen einen vollständigen Wirklichkeitscharakter annehmen können, „wenn die Oberwellen, an denen sie hängen, in abnormem Verhältnisse die Unterwelle überwachsen".[37] Fechner weiß, wovon er redet, denn er war jahrelang schweren geistigen Zerrüttungen ausgesetzt.[38] Für seine Konzeption ist das Entscheidende, dass Aufmerksamkeit psychophysisch gefasst uns nicht mehr so ohne Weiteres zum „Herren unserer Selenkräfte" macht. Fechner ist über diesen Punkt in seinen *Elementen der Psychophysik* nicht explizit, aber bereits ein Jahr später, in einer 1861 veröffentlichten sinnesphysiologischen Arbeit über das binokulare Sehen wird deutlich, was mit der Aufmerksamkeit im psychophysischen Erfahrungsraum geschieht.

Das Phänomen des sogenannten binokularen Wettstreites war den Sinnesphysiologen schon länger bekannt.[39] Es geht um folgendes Phänomen: Wenn man sich zwei verschiedenfarbige Objekte in einem gewissen Abstand vor das rechte und linke Auge hält, wird man nur in den seltensten Fällen eine Mischfarbe erhalten, sondern zumeist mal die eine und mal die andere Farbe wahrnehmen. Das heißt also, dass ein Auge über das andere dominiert. Dieses Phänomen erklärte man mit der Aufmerksamkeit. Bei dem Versuch, mit angestrengter Auf-

---

[36] Ebd., 460.

[37] Ebd., 462.

[38] Siehe hierzu die autobiographische Krankengeschichte von 1845, abgedruckt in: Johannes Emil Kuntze, *Gustav Theodor Fechner (Dr. Mises). Ein deutsches Gelehrtenleben*, Leipzig 1892, 105–126.

[39] Hierzu und zum Folgenden siehe Alfons Pilzecker, *Zur Lehre von der sinnlichen Aufmerksamkeit*, München 1890, 28–30.

merksamkeit nur eine Farbe zu sehen, also auch nur ein Auge zu gebrauchen, bemerkte Fechner nach einer gewissen Zeit eine unwillkürliche Augenbewegung, worauf das Bild verschwand und das andere Objekt erschien. Dieser Wechsel geschah unvermittelt, auch wenn Fechner dagegen ankämpfte: je stärker die Aufmerksamkeit mobilisiert wurde, desto prompter verschwand das Objekt, das man eigentlich festhalten wollte. Fechner zieht daraus den Schluss:

> Der mehrfach behauptete Einfluß der Aufmerksamkeit, bei dem sogenannten Wettstreit der Sehfelder beliebig die eine oder andere der wettstreitenden Farben zur vorwiegenden Geltung zu bringen, scheint nur auf einem Nebeneffekte der Aufmerksamkeit zu beruhen und eine bestimmte Beziehung der Richtung der Aufmerksamkeit zur Richtung des Erfolges nicht stattzufinden.[40]

Genau an diesem Punkt wird die Aufmerksamkeit zum Problem. Man hatte sich daran gewöhnt, dass es eine spontane und eine willkürliche Aufmerksamkeit gab. Nun aber bietet auch die scheinbar dem Willen unterworfene Aufmerksamkeit keine Garantien mehr, denn auch wenn man einen Eindruck festhalten will, findet ein Wechsel der Aufmerksamkeit statt, den man aufgrund einer unwillkürlichen Augenbewegung zwar bemerken, jedoch nicht steuern kann. Auch wenn die Augenbewegung nicht unbedingt als Ursache des Phänomens angesehen wird, so ist sie doch die Spur, die es weiter zu verfolgen gilt. Mit dieser Somatisierung der Aufmerksamkeit wird die Trennung zwischen willkürlicher und unwillkürlicher Aufmerksamkeit unterlaufen, indem nämlich die Unvorhersehbarkeit der Richtungsänderung sich mitten im Bereich des Willkürlichen vollzieht.

Man würde die Sinnesphysiologen unterschätzen, wenn man annähme, dass sie aus diesen Untersuchungen sogleich auf eine Dominanz des Unkontrollierbaren und Unwillkürlichen, also des Somatischen, über das Bewusstsein schließen. Im Gegenteil: ihre Verwurzelung in der bürgerlichen Tugend der Selbstdisziplin reicht bis in die experimentelle Praxis hinein. Unter den englischen Astronomen der Jahrhundertmitte beispielsweise ist es geradezu Mode, ihre Lichterscheinungen bei Migräneanfällen zu beobachten. Nicht dass Astronomen für Migräne besonders disponiert wären, aber für ihre astronomischen Beobachtungen ist es naheliegenderweise von fundamentaler Wichtigkeit, das Muster des Sternenhimmels, den sie im Teleskop sehen, von subjektiven Sternenhimmeln zu unterscheiden. Dies setzt besondere visuelle Aufmerksamkeit und Übung voraus.[41]

Das gleiche gilt auch für den Umgang mit dem Mikroskop, das bekanntlich um die gleiche Zeit eine anhaltende Konjunktur in den medizinisch-biologi-

---

[40] Gustav Theodor Fechner, *Über einige Verhältnisse des binokularen Sehens. Abhandlungen der königlich sächsischen Gesellschaft der Wissenschaften, mathematisch-physikalische Klasse*, Bd. 5, Leipzig 1861, 337–565, 562.

[41] Siehe Francis Schiller, „The Migraine Tradition", in: *Bulletin of the History of Medicine* 49 (1975), 1–19; Michael Hagner, *Das proteuhafte Antlitz der Migräne – Überlegungen zur Kultur eines altbekannten Leidens*, in: Franz B. M. Ensink/Dieter Soyka (Hgg.), *Migräne. Aktuelle Aspekte eines altbekannten Leidens*, Berlin 1994, 1–24.

schen Wissenschaften erlebt. Es wäre fatal gewesen, wenn beim Blick durch das damals üblicherweise monokulare Mikroskop – das erste binokulare Mikroskop wurde zwar bereits Anfang der sechziger Jahre des 19. Jahrhunderts entwickelt, war aber zunächst nicht sonderlich verbreitet – ein Wechsel zwischen dem interessierenden Präparat und der Fläche neben dem Mikroskop stattgefunden hätte. Man fand schnell heraus, dass das Zukneifen eines Auges viel zu anstrengend war; also behielt man beide Augen offen und übte sich in diskreten motorischen Korrekturen, nämlich Augenbewegungen, um den Blick auf das Präparat festzuhalten.[42] Mit anderen Worten war die bewusste Kontrolle und Selbstdisziplinierung ein motorischer Akt, der auf den Wahrnehmungsvorgang selbst Einfluss nahm, ein Umstand, den schon Helmholtz in seiner Sehtheorie hervorgehoben hatte, indem er feststellte, dass der Wille und die Kontrolle willkürlicher Bewegungen bei der Wahrnehmung ebenso involviert seien wie beim Spielen einer komplizierten Violinsonate.[43] Der junge Ernst Mach ging sogar so weit, dass er Aufmerksamkeit für ein rein motorisches Phänomen hielt: „So reducirt sich ja auch das, was der gewöhnliche Mensch aufmerksames Sehen nennt, grossentheils auf Accomodation und Augenaxestellung. Wem die Accomodation fehlt, der kann noch so aufmerksam sehen wollen, er wird doch nicht sehen."[44]

Sinnesphysiologen interessierten sich für Kontrollmechanismen also nicht mehr so sehr unter dem Vorsatz, die Hemmnisse der Vernunft kennenzulernen und dann zu bekämpfen, sondern aus pragmatischen Gründen einer zuverlässigeren Verfügbarmachung des Selbst in der experimentellen Praxis. Die sinnliche Aufmerksamkeit wird mithin zum Hybrid: Zum einen werden ihre Begrenzungen und Unhaltbarkeiten zum Gegenstand des Experiments, zum anderen wird ihre Übung und Haltbarmachung zu einer Grundlage des Experiments. Genau diese Doppeldeutigkeit scheint mir ein Grund dafür zu sein, dass es in den letzten Dekaden des 19. Jahrhunderts zu zahlreichen Untersuchungen über die Aufmerksamkeit kommt. Dabei suchten und fanden die Sinnesphysiologen weitere Phänomene und Experimente, um ihr neues epistemisches Objekt – nennen wir es die Unhaltbarkeit der willkürlichen Aufmerksamkeit – zu umkreisen.[45]

---

[42] Ein zweiter Kontrollmechanismus bestand darin, an der Mikrometerschraube zu spielen, was bewirkt, dass das Präparat innerhalb eines bestimmten Spektrums verändert wird, was erstens dazu führt, dass mal die eine, mal die andere Struktur besser hervorgehoben wird, und zweitens gerade in der begrenzten Variation des Bildes die Aufmerksamkeit erhält.

[43] Hermann von Helmholtz, „Die neueren Fortschritte in der Theorie des Sehens" (1868), in: ders., *Vorträge und Reden*, 2 Bde., 5. Aufl., Braunschweig 1903, Bd. 1, 265–365, 359.

[44] Ernst Mach, *Zur Theorie des Gehörorgans. Sitzungsberichte der kaiserlichen Akademie der Wissenschaften, mathematisch-naturwissenschaftliche Classe*, Bd. 48, Wien 1863, Abt. 2, 283–300, 297.

[45] Siehe Pilzecker, *Zur Lehre von der sinnlichen Aufmerksamkeit* (Anm. 39), 30–42, 55–61.

Zu den damals berühmt gewordenen Untersuchungen zählen diejenigen von Victor Urbantschitsch, der bei nächtlicher Stille dem Ticken der Taschenuhr aufmerksam folgte und dabei konstant feststellen musste, dass das Ticken mal lauter, mal leiser wurde und dann auch ganz verschwand, um in deutlicher Lautstärke zurückzukehren.[46] Dieser Befund führte zu kontroversen Diskussionen über die ihm zugrundeliegenden Mechanismen. Urbantschitsch und verschiedene andere argumentierten nämlich, dass dieses Phänomen auf einer Ermüdung der Hörnerven beruhe, also in der Peripherie des Nervensystems begründet liege, während andere dagegenhielten, dass es durch zentrale Prozesse im Gehirn ausgelöst werde.[47] Einig war man sich hingegen, dass der Wechsel an bestimmte Zeitperioden gebunden war, woraus auf eine physiologische Grundlage geschlossen wurde.

Das neu erwachte Interesse für die Aufmerksamkeit beschränkte sich nicht auf die Sinnesphysiologie. Dieselben Schwankungen, die man bei der sinnlichen Wahrnehmung beobachtete, galten auch für die inneren Vorstellungen und das Denkvermögen. Fechner selbst teilte mit, dass es ihm unmöglich sei, „selbst das geläufigste Erinnerungsbild auch nur kurze Zeit stetig festzuhalten". Man muss es

> immer von Neuem wiedererzeugen; es ändert sich nicht sowohl von selbst, als es verschwindet immer wieder von selbst. Will ich es aber mit gleichgerichteter Intention oft hinter einander wiedererzeugen, so gelingt es bald gar nicht mehr, indem die Aufmerksamkeit oder Productionsthätigkeit sich schnell abstumpft.[48]

Dasselbe Phänomen wie bei den Sinnen: In die Anstrengung des Bewusstseins funkt die Ablenkung hinein, und je mehr man sich dagegen wehrt, desto schneller kommt es zu Erschöpfung. Der motorische Ausgleichsmechanismus kann nicht so recht zum Tragen kommen, denn es gibt kein inneres Auge, das man hin und her bewegen könnte. Und genau dasselbe gilt auch vom Umgang mit dem Gedanken. Hermann Ebbinghaus, der durch seine Gedächtnisexperimente, bei denen er ganze Kaskaden von sinnlosen Silben auswendig lernte und sich gegen alle Außeneinflüsse abschottete, in der Selbstdisziplinierung wahrlich kein Anfänger war[49], hat größte Schwierigkeiten, seine Gedanken beieinanderzuhalten:

> Wie schwer ist es, ein und denselben Gedanken längere Zeit festzuhalten! Man will sich ganz in ihn versenken, nichts anderes neben ihm aufkommen lassen. Aber nicht allzulange später, während die äußeren Anzeichen energischer Konzentration, eine be-

---

[46] Victor Urbantschitsch, „Über subjective Schwankungen der Intensität acustischer Empfindungen", in: *Pflügers Archiv* 27(1882), 436–453, 446.

[47] Siehe dazu Theodor Kerrl, *Zur Lehre von der Aufmerksamkeit* (Phil. Diss.), Greifswald, Neu-Ruppin 1898, 54–62.

[48] Fechner, *Elemente der Psychophysik* (Anm. 27), Bd. 2, 471.

[49] Siehe dazu Andreas Hartmann, „Die Fiktion vom semantischen Vakuum. Zum psychologischen Gedächtnisexperiment der Jahrhundertwende", in: Michael Hagner/Hans-Jörg Rheinberger/Bettina Wahrig-Schmidt (Hgg.), *Objekte, Differenzen und Konjunkturen. Experimentalsysteme im historischen Kontext*, Berlin 1994, 107–120.

stimmte Kopf- und Augenhaltung, zusammengekniffene Lippen u. s. w. ruhig fortbestehen, ertappt man sich plötzlich darüber, daß man an etwas ganz anderes denkt, und wird sich deutlich bewußt, daß der festzuhaltende Gedanke, statt inzwischen zu beharren, soeben gerade aufs neue auftaucht.[50]

Aufmerksamkeit über einen längeren Zeitraum ist mithin ein Oszillieren zwischen Phasen starker Konzentration und Abschweifen der Gedanken. Natürlich waren solche Selbstbeobachtungen im späten 19. Jahrhundert weder neu noch wurden sie erst durch die Psychophysik ermöglicht. Dass die Aufmerksamkeit Schwankungen unterliegt, dürfte eine Erfahrung sein, die Menschen immer und überall machen. Was also ist das Neuartige und Spezifische am Wissensraum der Aufmerksamkeit im späten 19. Jahrhundert? Ein Punkt scheint mir zu sein, dass die Aufmerksamkeit als Attribut des Bewusstseins bzw. der Willkür grundsätzlich in Frage gestellt und auf die Seite der physischen Prozesse gezogen wird. Diese Transformation lässt sich bekanntlich an etlichen Phänomenen wie der Sprache oder dem Gedächtnis zeigen. Sie werden allesamt zum Streitgegenstand zwischen deskriptiver Psychologie im Sinne Wilhelm Diltheys auf der einen und einer experimentellen oder physiologischen Psychologie auf der anderen Seite. Etliche Doktorarbeiten zur Aufmerksamkeit zwischen 1870 und 1900 sind mehr oder weniger überzeugte Fahnenträger der einen oder anderen Position.[51] Und auch andere Arbeiten zum Thema zeigen, dass die einen immer neue Experimente, Beobachtungen und klinische Fallstudien anbieten, um ihre Theorie zu untermauern, während die anderen nicht müde werden, auf die Unzulänglichkeiten und Fragwürdigkeiten solcher Unternehmungen hinzuweisen.

Es reicht indes nicht aus, diese Transformation daran festzumachen, dass sich eine experimentelle und eine deskriptive Psychologie herausbildeten, die nichts anderes als Signaturen für die Trennung von Geistes- und Naturwissenschaften sind. Die im Rahmen der Sinnesphysiologie und der Psychophysik besonders augenfälligen Verschiebungen im Diskurs über den Menschen lassen sich auf einer allgemeineren Ebene als Veränderung von einer optimistischen Anthropologie der Perfektibilität des Menschen, wie sie in der Aufklärung konzipiert wurde, hin zu einer Konzipierung des Menschen als problematisches und gefährdetes Wesen führen. Das 19. Jahrhundert, vor allem dessen zweite Hälfte, ist besessen vom Pathologischen. Überall lauern Gefahren, Abgründe, Krankheiten und Verfallserscheinungen. In diesem Erfahrungsraum ändern sich die Rhythmen

[50] Hermann Ebbinghaus, *Grundzüge der Psychologie*, Bd. 1, Leipzig 1902, 599.

[51] Neben den zitierten Arbeiten von Kerrl und Pilzecker siehe auch Georg Elias Müller, *Zur Theorie der sinnlichen Aufmerksamkeit*, Göttingen 1873; Harry E. Kohn, *Zur Theorie der Aufmerksamkeit*, Halle 1894; Władysław Heinrich, *Die moderne physiologische Psychologie in Deutschland. Eine historisch-kritische Untersuchung mit besonderer Berücksichtigung des Problems der Aufmerksamkeit*, Zürich 1895; Josef Clemens Kreibig, *Die Aufmerksamkeit als Willenserscheinung*, Wien 1897; Ernst Dürr, *Die Lehre von der Aufmerksamkeit*, Leipzig 1907.

und Geschwindigkeiten. Eine Konsequenz liegt darin, dass der Mensch nicht mehr notwendigerweise als Wesen gesehen wird, das in stabilen Zuständen lebt und eine kontinuierliche Entwicklung in eine bestimmte Richtung durchmacht, sondern als Wesen, das in andauernden Brüchen und Anpassungen lebt. Dabei wird die Aufmerksamkeit zum Ausnahmezustand. So kann Théodule Ribot in seiner weit verbreiteten und einflussreichen Studie über die *Psychologie der Aufmerksamkeit* schreiben:

> Die Aufmerksamkeit ist [...] ein abnormer, ein Ausnahmezustand, der nicht lange andauern kann, weil er in einem Widerspruch mit der Grundbedingung des physischen Lebens steht: dem des Wechsels. [...], so weiß jeder aus Erfahrung, daß eine zunehmend wachsende Umnebelung des Geistes, schließlich aber eine Art geistige, nicht selten von Schwindel begleitete Leere eintritt.[52]

Willkürliche Aufmerksamkeit ist demnach ein künstlich erzeugter Stillstand, eine Anstrengung auf Zeit, ein Augenblickszustand des Geistes und kein dauerndes Vermögen wie etwa das Gedächtnis.[53] Wenn aber die Grundbedingung des Lebens der Wechsel ist, wäre die Aufmerksamkeit ein Irrtum der Natur oder eine Degenerationserscheinung? Natürlich nicht, denn vor dem Darwin'schen Horizont dienen alle Qualitäten und Mechanismen, auch wenn sie gegeneinander streiten, der Selbsterhaltung. Kaum zufällig entwickelt Ribot ein Evolutionsmodell, indem er eine allen Lebewesen eigene spontane oder primitive Form der Aufmerksamkeit annimmt, die auf Neigungen, Bedürfnissen und Begierden basiert. Ein hohes Aufmerksamkeitspotential, das die Umsetzung dieser Qualitäten garantiert, verschafft im natürlichen Zustand einen Überlebensvorteil im Kampf ums Dasein.[54] Die höhere Stufe der Aufmerksamkeit ist willkürlich, künstlich und durch Erziehung und Disziplin bedingt. Auch sie verschafft Überlebensvorteile im komplexen Geschehen einer zivilisierten und staatlichen Ordnung, indem sie „eine Vorrichtung der Vervollkommnung und ein Produkt der Zivilisation" ist.[55] Damit stellt Ribot unter dem Dach des Evolutionismus eine Synthese her zwischen den älteren bürgerlichen Vorstellungen zur Aufmerksamkeit als ordnungsstiftend und den physiologisch begründeten, die diese Ordnung in Frage stellen. Das geschieht um den Preis, dass Ribot stillschweigend die strikte Trennung zwischen Willkür und Unwillkürlichkeit wieder herstellt. Das Eintauchen der letzteren in erstere, die Automatismen der Unhaltbarkeit und des bedingungslosen Festhaltens sind Phänomene der Pathologie. Die „fixe Idee" ist Aufmerksamkeit in ihrem höchsten Grade, die Chronifizierung eines Gedankens mit unerbittlicher Notwendigkeit, derer man sich jedoch bewusst ist. Aus diesem Grunde wird die fixe Idee wie ein quälender Fremdkör-

52 Théodule Ribot, *Die Psychologie der Aufmerksamkeit*, Leipzig 1908, 5.
53 Ebd., 76, 80.
54 Ebd., 37.
55 Ebd., 50.

per empfunden. Physiologisch gewendet handelt es sich um einen anhaltenden Spannungszustand einzelner Nervenelemente, mithin um eine Dysfunktion der physiologischen Mechanismen.[56]

1931 schreibt Paul Valéry den Dialog *Die fixe Idee*, den man als eine Auseinandersetzung mit Ribots Theorie der Aufmerksamkeit lesen kann. Im Kern geht es um die Entgegensetzung von Aufmerksamkeit und Wechsel, die Valéry grundlegend in Frage stellt. Aufmerksamkeit ist der Prozess, in dem man sich zwingt, eine ursprüngliche, unvorhergesehene Handlung zu erfinden. Zwar ist jede Idee an Aufmerksamkeit gebunden, aber Valéry bestreitet, dass eine Idee überhaupt fix sein könne. Dagegen setzt er die „Idee im ... funktionellen Sinn, – Idee als Geschehnis, – als Zeichen der grundsätzlichen Labilität unseres ... geistigen Zustandes".[57] Die Aufmerksamkeit ist – in einer Umkehrung Ribots – der Garant dieser Labilität, dieses Wechsels. Der Automatismus, das Festhalten, ist für Valéry die Krankheit der Moderne, nämlich die ununterbrochene Tätigkeit. „Ich muß mich beschäftigen, muß laufen", klagt der Arzt, „Ich kann nicht ohne einen bestimmten Zweck sein. [...] Ich bin mit Arbeit völlig überhäuft, [...] und doch kann ich nicht absteigen ... An irgendetwas muß ich noch weiter herumdrehen."[58] Diese Krankheit ist eine Folge der Geschwindigkeit und der übermäßigen Beleuchtung, der Beweglichkeit und der Lust am immer Neuen und Größeren. Dagegen setzt Valéry die Aufmerksamkeit als eine Technologie des Selbst, die es ermöglicht, sich diesen Automatismen zu entziehen. Der Taucher ist sich seiner begrenzten Ressourcen bewusst und versucht, nicht mehr zu sehen, als es die Situation erlaubt; der rastlose Arzt versucht es mit einer Konzentration auf seine Ideen. Das ist nicht dasselbe, aber in beiden Fällen ist die Aufmerksamkeit wohl nichts anderes als ein Ausnahmezustand.

---

[56] Ebd., 114–117.

[57] Paul Valéry, *Die fixe Idee* (frz. 1932), Frankfurt am Main 1965, 25.

[58] Ebd., 17.

Disziplinäre und historische Analysen

Das numismatische Selbst

Epistemische Tugenden eines Münzzeichners

Martin Mulsow

1.

Manchmal ist es von Vorteil, wenn es zweideutige Begriffe und Debatten gibt. Da ist auf der einen Seite die philosophische Diskussion über epistemische Tugenden, in der es darum geht, was Wissen ist und wie es gerechtfertigt wird. Hier ist die Idee – seit Ernest Sosas Initiative von 1980 –, die erkenntnistheoretischen Fragen im Anschluss an die Gettier-Probleme und aporetische Debatten im *mainstream* der Erkenntnistheorie so anzugehen, dass auf den Erkenntnisprozess zurückgegangen wird, und zwar so, dass er als verlässlich erscheint. Sosa spricht von „truth-conductive belief-generating mechanisms“ und stellt den Begriff der intellektuellen Tugend in den Mittelpunkt.[1] Von hier aus ist bekanntlich das inzwischen weit verästelte Theoriengeflecht entstanden, das sich um epistemische Tugenden und Verantwortlichkeiten rankt.[2] Auf der anderen Seite gibt es die Historiker – vor allem Wissenschaftshistoriker –, die ebenfalls den Begriff der epistemischen Tugend für sich entdeckt haben, wohl inspiriert von den Philosophen. Der Rekurs auf den Prozess der Erzeugung von Wissen ist es dabei, der die historische Diskussion mit der eigentlich ganz anders gelagerten philosophischen verbindet. Es sind Historiker und Historikerinnen einer praxeologischen Wissensgeschichte, die sich hier engagieren, solche, die sich für die faktischen und Alltags-Prozesse im Labor und in der Schreibstube interessieren.[3]

---

[1] Vgl. Laurence Bonjour/Ernest Sosa, *Epistemic Justification. Internalism vs. Externalism, Foundations vs. Virtues*, London 2003; Ernest Sosa, *A Virtue Epistemology: Apt Belief and Reflective Knowledge*, Volume I, Oxford 2011; ders., *Reflective Knowledge: Apt Belief and Reflective Knowledge*, Volume II, Oxford 2011.

[2] Vgl. die Übersicht über die Debatte in Jason Baehr, *The Inquiring Mind. On Intellectual Virtues and Virtue Epistemology*, Oxford 2012. Vgl. bes. Linda Zagzebski, *Virtues of the Mind. An Inquiry into the Nature of Virtue and the Ethical Foundations of Knowledge*, Cambridge 1996.

[3] Zur Praxeologie vgl. Helmut Zedelmaier/Martin Mulsow (Hgg.), *Praktiken der Gelehrsamkeit in der Frühen Neuzeit*, Tübingen 2001; Hans-Erich Bödeker (Hg.), *Wissenschaft als kulturelle Praxis 1750–1900*, Göttingen 1999; allg. Arndt Brendecke (Hg.), *Praktiken der Frühen Neuzeit: Akteure – Handlungen – Artefakte*, Köln 2015; Dagmar Freist (Hg.), *Diskurse – Körper – Artefakte. Historische Praxeologie in der Frühneuzeitforschung*, Bielefeld 2015.

Ein solcher bin ich auch, und die Schreibstube, die mich mit ihrer „Paper Technology" derzeit am meisten interessiert, ist diejenige eines Numismatikers in den Jahren um 1700, dessen Notizhefte ich wiederentdeckt habe. Und nicht nur die Notizhefte, sondern auch viele Briefe, einige seiner Bücher und ganze Kisten von Münzabdrücken, die er gemacht hat.[4] Da liegt es nahe, in diesem Kontext die Frage nach den sehr speziellen epistemischen Tugenden eines solchen Gelehrten zu stellen.

2.

Doch bevor ich das tue, sind einige theoretische Klärungen vorzunehmen. Zunächst: Dürfen sich eigentlich Historiker und Philosophen wechselseitig aus den Diskussionen und Begriffsbildungen der anderen Seite bedienen? Sicherlich nicht ohne weiteres, denn den Philosophen geht es um Begründungsfragen, den Historikern um die Rekonstruktion faktischer Prozesse. Der Tugendbegriff ist bei den Philosophen und Philosophinnen funktional in die Rechtfertigungsfrage eingespannt, für die Historiker und Historikerinnen hingegen ist er ein Mittel, um Habitusformen und Praktiken zu erläutern. Behält man diese Unterschiede im Blick, scheint mir ein wechselseitiges Räubern durchaus vielversprechend zu sein. Tugendepistemologie krankt – so bemerkt es jedenfalls Jason Baehr – gelegentlich daran, dass die kausalen Prozesse, die zur Wahrheit führen sollen, für ein recht einfaches Wissen konstruiert werden.[5] Dann reichen oft Wahrnehmung und Gedächtnis für einen „Reliabilismus" aus. Uns interessieren hier dagegen sehr viel komplexere Wissensformen, und bei ihnen spielt tatsächlich eine charakterliche Tugendkomponente eine ungleich größere Rolle.

Wenn wir aber an komplexen Wissensformen interessiert sind – etwa wenn ein Numismatiker Münzen einschätzt und zugleich die Forschungsliteratur auf Fälschungen hin durchsucht –, dann werden wir zugleich diese Wissensformen kontextualistisch, vor einem größeren Hintergrund sehen wollen. Für dessen Beschreibung steht inzwischen eine ganze Reihe von Begrifflichkeiten zur Verfügung, die wir in unsere Überlegungen einfügen können. So können wir die „epistemische Situation" des Akteurs bestimmen und seine Position in der spezifischen „Wissenskultur".[6] Mit Randall Collins kann man versuchen, wie er

[4] Vgl. Martin Mulsow, „Hausenblasen. Kopierpraktiken und die Herstellung numismatischen Wissens um 1700", in: Annette Cremer/Martin Mulsow (Hgg.), *Objekte als Quellen der historischen Kulturwissenschaften*, Köln 2017, 261–344.

[5] Jason Baehr, *The Inquiring Mind* (Anm. 2).

[6] Zum Begriff der Wissenskultur vgl. Karin Knorr Cetina, *Wissenskulturen. Ein Vergleich naturwissenschaftlicher Wissensformen*, Frankfurt am Main 2002; Johannes Fried/Michael Stolleis (Hgg.), *Wissenskulturen. Über die Erzeugung und Weitergabe von Wissen*, Frankfurt am Main 2009; Martin Mulsow, „History of Knowledge", in: Marek Tamm/ Peter Burke (Hgg.), *Debating New Approaches to History*, London 2019, 159–188.

es in seinem Buch *The Sociology of Philosophies* getan hat, Wissensakteure in ihren Interaktionsritualen zu beschreiben, was dann zur Analyse von Ketten von epistemischen Interaktionsritualen führen würde.[7] Weiterhin wäre es nötig, diese Interaktionsrituale an die Praktiken des Schreibens, Sammelns und Ordnens anzuschließen, und nicht zuletzt an die des Zeichnens, was im Fall der Numismatik eine entscheidende epistemische Praktik ist.[8] Den heute dafür gängigen Begriff der „Paper Technology" habe ich schon eingeführt.[9] Schließlich wäre zu fragen, wie sich die epistemischen Tugenden von Akteuren zu ihrer wissenschaftlichen Persona, ihrem sozialen Habitus, ihren Wissensidealen, ihren Kommunikationsformen und dem verhalten, was Collins „emotionale Energie" nennt, also etwa Faszination, Hingabe und Ehrgeiz.[10]

Ich nenne all diese Begriffe, die zum Teil aus der wissensgeschichtlichen Diskussion stammen, hier nur, um anzuzeigen, in welches Dickicht von Analyseinstrumenten die Reflexion auf epistemische Tugenden einzufügen ist – nicht aber, um sie alle auch zu verwenden. Das würde meinen Aufsatz monströs und viel zu schwerfällig machen.

3.

Um meine Überlegungen mit Fleisch und Blut zu füllen, möchte ich mich im Folgenden auf eine einzige, heute eher abseitige Geisteswissenschaft konzentrieren, nämlich die schon angesprochene Numismatik. Methodologisch gesehen war die Numismatik um 1700 aus zwei Gründen eine Schlüsselwissenschaft. Erstens reagierte sie auf die Krise der Historiographie, die durch den historischen Pyrrhonismus hervorgerufen worden war: Wenn Texte sich irren konnten, wollte man auf Artefakte, auf Dinge zurückgreifen.[11] Zweitens profitierte sie von dem Umstand, dass Münzsammeln seit der Renaissance eine Prestigepraktik unter Fürsten geworden war. Dadurch entstanden sehr große Korpora von Münzreihen (also etwa: Serien römischer Kaiser, Serien seleukidischer Herrscher, Serien

---

[7] Randall Collins, *The Sociology of Philosophies: A Global Theory of Intellectual Change*, Cambridge, Mass. 1998.

[8] Zur Praktik des Zeichnens vgl. Horst Bredekamp, *Galilei der Künstler: Der Mond. Die Sonne. Die Hand*, Berlin 2007; überarbeitete Neuauflage: *Galileis denkende Hand. Form und Forschung um 1600*, Berlin 2015.

[9] Vgl. Volker Hess/Andrew Mendelsohn, „Paper Technology und Wissensgeschichte", *NTM. Zeitschrift für Geschichte der Wissenschaften, Technik und Medizin* 21 (2013), 1–10.

[10] Collins, *The Sociology* (Anm. 7), 1–48. Zur wissenschaftlichen Persona etc. vgl. Katharine Park/Lorraine Daston (Hgg.), *Cambridge History of Science, Vol. 3: Early Modern Science*, Cambridge 2008.

[11] Vgl. Arnaldo Momigliano, „Ancient History and the Antiquarian", *Journal of the Warburg and Courtauld Institutes* 13 (1950), 285–315; Markus Völkel, *„Pyrrhonismus historicus" und „fides historica". Die Entwicklung der deutschen historischen Methodologie unter dem Gesichtspunkt der historischen Skepsis*, Frankfurt am Main 1987.

mittelalterlicher Brakteaten aus unterschiedlichen Regionen), und diese Korpora ermöglichten es im späten 17. Jahrhundert erstmals, große Linien zu ziehen und sogar das ehrgeizige Unternehmen anzuvisieren, alle antiken Münzen zu klassifizieren.[12]

Das ist die Großwetterlage, in der sich die Numismatik befand; ich will jetzt herabsteigen zu einem winzig kleinen Wettergebiet, nämlich dem über dem thüringischen Arnstadt, der Residenz der Grafen von Schwarzburg-Sondershausen, wo Anton Günther II. regierte, ein Fürst, der fast seinen ganzen Staatshaushalt für Kunst und Wissenschaft ausgab, den jungen Johann Sebastian Bach anstellte und verrückt nach Münzen war.[13] Dieser Fürst hatte in dem 5000–Seelen-Nest am Rande des Thüringer Waldes in wenigen Jahrzehnten ein Münzkabinett aufgebaut, das eines der bedeutendsten in Europa war, sicherlich deutlich kleiner als das in Paris, aber trotzdem von herausragendem Rang. Der Fürst beschäftigte seit 1694 einen Mann, der das höchste Beamtengehalt im Kleinstaat bezog, aber kein Kanzler oder General war, sondern Numismatiker: Andreas Morell, ein Schweizer, der vorher in Paris tätig gewesen war. Er, Morell, hatte die Courage, als Erster jenes Riesenunternehmen anzugehen, von dem ich gesprochen habe: ein Gesamtverzeichnis aller existierenden antiken Münzen. Dafür braucht man Courage, aber auch epistemische Verantwortung und jede Menge epistemischer Tugenden und Fertigkeiten, vom Scharfblick bis zur Ordnungsliebe, und dazu größte antiquarisch-historische Erfahrung.[14]

4.

Verstehen wir Arnstadt nun als Wissenskultur, als epistemische Maschinerie, in der Erkenntnisse über die Antike und ihre Münzen, aber auch über das Mittelalter und seine Geschichte, produziert wurden. Eine Kultur, die im Wechselspiel

---

[12] Zur Numismatik im 17. Jahrhundert vgl. Peter Berghaus (Hg.), *Numismatische Literatur 1500–1864*, Wiesbaden 1995; Christian Dekesel/Thomas Stäcker (Hgg.), *Europäische numismatische Literatur im 17. Jahrhundert*, Wiesbaden 2005; Ulrike Peter/Bernhard Weisser (Hgg.), *Translatio nummorum. Römische Kaiser in der Renaissance*, Ruhpolding 2013. Zum Klassifizierungsprogramm vgl. Martin Mulsow, „Wie ordnet man die Antike? Das Programm einer Gesamtverzeichnung antiker Münzen von Lazius bis Eckhel", erscheint in Bernhard Woytek (Hg.), *Ars critica numaria. Joseph Eckhel (1737–1798) and the development of numismatic method* (angekündigt für 2019)

[13] Annette Cremer, „Mäzen und frommer Landesherr. Graf Anton Günther II. von Schwarzburg-Arnstadt (1653–1716)", *Zeitschrift für Thüringische Landeskunde* 66 (2012), 111–154.

[14] Zu Morell (1646–1703) vgl. Jacob Amiet, *Der Münzforscher Andreas Morellius von Bern. Ein Lebensbild aus der Zeit der Bastille*, Bern 1883; Martin Mulsow, „Kaisermünzen und Konkurrenten. Ezechiel Spanheim, Andreas Morell und ihre Gegner", in: Ulrike Peter/Bernhard Weisser (Hgg.), *Translatio nummorum* (Anm. 12), 39–46; ders., *Prekäres Wissen. Eine andere Ideengeschichte der Frühen Neuzeit*, Berlin 2012, 358–361.

zwischen dem Fürsten und Morell ihre zentrale Achse besitzt, umgeben von ein paar anderen lokalen Gelehrten und Sammlern, zudem im Hintergrund von einem Netzwerk, das nach Gotha (der Hauptresidenz der sächsisch-ernestinischen Fürsten, die später das Arnstädter Münzkabinett aufkaufen sollten), nach der kurmainzischen Handelsstadt Erfurt, nach Weimar und nach Jena mit seinen Universitätsprofessoren ausgriff.[15]

Fragen wir zunächst nach der individuellen Person Morell: Welches war die epistemische Situation, in der er sich befand? Wie sah sein numismatisches Selbst aus? Und in welchem Zusammenhang stand es mit anderen Aspekten seiner Person? Morell versuchte, numismatisches Wissen zu erlangen. Das heißt zunächst und primär: Er wollte Münzen bestimmen, sie also exakt identifizieren, einem Herrscher oder Münzmeister zuordnen, den Münztyp mit Inschrift und Bildbedeutung erläutern, möglicherweise auch die Münze als Fälschung entlarven. Um 1700 hieß das noch nicht: das Metallgewicht bestimmen, die Zirkulation rekonstruieren und den Münzwert als Geldwert erörtern – das alles machte erst die Numismatik als Geldgeschichte im 19. und 20. Jahrhundert. In einem weiteren und sekundären Sinne ging es Morell um eine nähere Erkenntnis der Antike: Hier versuchte er, aufgrund von Münzen die antike Geschichte, also Institutionen, Bräuche, Chronologien usw. zu rekonstruieren, Antiquarianismus zu betreiben. Enea Vico hatte im 16. Jahrhundert diesen numismatischen Antiquarianismus entworfen, und Morells Freund Ezechiel Spanheim dazu mit seinem Werk *De praestantia et usu numismatum antiquorum* das Standardwerk geliefert.[16]

Die Wissenskultur Arnstadts war ein Komplex aus Präsenz von Münzen – einer großen Münzsammlung mit all den dazugehörigen Voraussetzungen der finanzkräftigen Akquise und Praktiken des Sammelns und Ordnens – und eines Handapparats von Distanzmedien: Münzabdrücke, Münzzeichnungen, Listen sowie numismatische Literatur mit Abbildungen – verbunden mit Praktiken des Herstellens von Abdrücken, des Zeichnens, Lesens und Notierens. Ich bilde hier nur eine Seite aus einem der Münznotizbücher ab, die im Mittelpunkt meiner Beschäftigung stehen, um einen Eindruck vom Material zu geben (Abb. 1).[17] Faktisch war diese Tätigkeit nur möglich im Umkreis von Königen, Fürsten oder hohen Adeligen, also in einem höfischen Kontext, was wiederum ganz eigene soziale Tugenden erfordert, andere als im Umfeld der Universität.

---

[15] Vgl. in diesem Sinne Wolfgang Steguweit, „Von Sagittarius bis Schlegel. Beginn und Höhepunkt der Brakteatenforschung in Thüringen 1675 bis 1722", in: Peter Berghaus (Hg.), *Numismatische Literatur 1500–1864* (Anm. 12), 59–65.

[16] Enea Vico, *Discorsi di M. Enea Vico Parmigiano sopra le medaglie degli antichi*, Venedig 1555; Ezechiel Spanheim, *De praestantia et usu numismatum antiquorum*, 2 Bde., London 1706 und Amsterdam 1717.

[17] Vgl. für weitere Abbildungen Mulsow, „Hausenblasen" (Anm. 4).

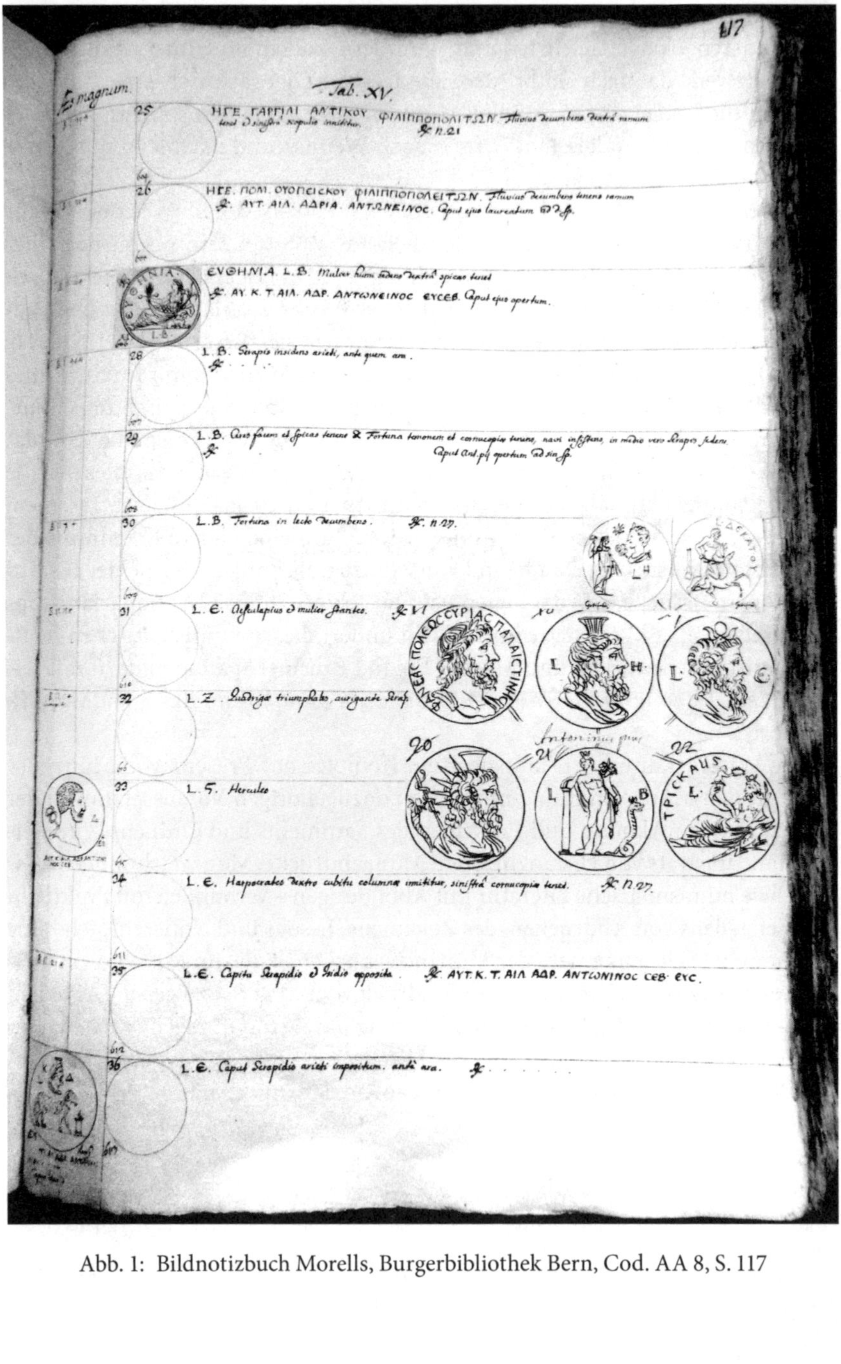

Abb. 1: Bildnotizbuch Morells, Burgerbibliothek Bern, Cod. AA 8, S. 117

5.

Konzentrieren wir uns zunächst auf die Fertigkeiten, die ein guter Numismatiker in diesem Kontext haben musste, denn ich glaube, dass die epistemischen Tugenden eng mit diesen Fertigkeiten verbunden waren. Morell war berühmt und umworben wegen seiner großartigen Münzzeichnungen. Er war in der Schweiz im Kontext der dortigen Miniaturmalerei ausgebildet worden und hielt zu Recht einiges auf die Akkuratesse seiner Abzeichnungen.[18] Bei Münzzeichnungen gibt es große Unterschiede in der Qualität. Manche erkennt man auf den ersten Blick als schlecht, bei anderen wird die Qualität erst beim Vergleich mit dem Original sichtbar.

Vor allem aber ist die Münzzeichnung untrennbar mit der Analyse und Rekonstruktion der Umschrift und des ikonographischen Gehalts, also mit der Deutung verbunden. Um ein Beispiel zu nennen: 1683 bildete Morell in seinem *Specimen universae rei numariae antiquae* eine Münze des Kaisers Lucius Verus mit einer Schlange auf dem Revers und dem Namen „Glykon" (Abb. 2) ab. Doch nachdem er Lukian studiert und die Münze immer wieder genau

Abb. 2: Lucius Verus mit Glykon[19]

gemustert hatte, bekannte er in der zweiten Auflage seines Buches, er habe erst jetzt gesehen, dass die Schlange einen menschlichen Kopf trage. Also korrigierte er seine ursprüngliche Zeichnung (Abb. 3).[20]

---

[18] Vgl. unten Anm. 26 das Zitat aus Morells *Specimen*.

[19] Murat Karasalihoğlu, „Lucius Verus Dönemi Ionopolis (İnebolu) Sikkesi- Arka Yüzde Tanrı Glykon- MS 2.yy", *Twitter*, 12.3.2015, http://t.co/zBvwYfFu3j (5.3.2017)

[20] Andreas Morell, *Specimen universae rei nummariae antiquae*, 2. veränderte Aufl. Leipzig 1695, 134: „In priori Speciminis editione Glyconis huius caput humanum speciem in nummo non referre, et in eo Luciani descriptionem discrepare, innui p. 62. verum postquam attentius nummum inspexi, *anthropomorphon* omnino Serpentis huius caput existere cognovi."

Abb. 3: Morell: *Specimen universae rei numariae antiquae*, Leipzig 1695, nach S. 132.

Oftmals liegt die Schwierigkeit der Abzeichnung darin, dass die Münze nicht mehr in einem vorzüglichen Zustand ist und Teile der Schrift oder des Bildes schwer zu erkennen sind. Dann kann es helfen, andere Exemplare der Münze hinzuzuziehen.

Wenn Morell nur kurz das Münzkabinett von Sammlern besuchen konnte und nicht die Zeit zur genauen Abzeichnung vor Ort hatte, behalf er sich mit der Anfertigung von Fischleimabdrücken (Abb. 4).

Abb. 4: Thüringer Staatsarchiv Rudolstadt, Münzkabinett Arnstadt, 26: Fischleimabdruck einer römischen Münze

Fischleimabdrücke sind sozusagen die Verschiebung und Verstetigung der Präsenzmedialität der Münzen in eine Distanzmedialität hinein, bei der die Repräsentationen unabhängig von den Objekten sind, die sie abbilden. Aber dennoch behalten die Abdrücke eine Zwischenstellung. Sie sind selbst noch Objekte, die sortiert und weggeräumt werden, noch nicht Bild oder Schrift.[21] Man kann sie vergleichen mit den Pflanzen, die Botaniker ausreißen und sich in ihre Notizhefte kleben, ebenfalls um sie später in Ruhe studieren und zeichnen zu können.[22]

Neben diesen Abdrücken aber stand für Morell die Skizze. Bei ihr lässt sich aus kunsthistorischer Sicht am besten die Qualität des Zeichners erkennen. Denn in der schnellen Handzeichnung zeigt sich, ob jemand das Talent und die sichere Linienführung hat, um instantan das Wesen der Münze zu erfassen. Dieses Talent besaß Morell wie kein anderer, und seine Zeitgenossen haben es an ihm gerühmt (Abb. 5).[23]

Abb. 5: Morell, Bildnotizbuch, Burgerbibliothek Bern, Cod. AA 8, S. 35

[21] Mulsow, „Hausenblasen“ (Anm. 4).

[22] Vgl. zu den Praktiken botanischer Notizbücher Staffan Müller-Wille und Sara Scharf, „Indexing nature: Carl Linnaeus and His Fact-Gathering Strategies“, *Svenska Linnésällskapets Årsskrift* (2011/2012), 31–60; ders. und Isabelle Charmantier, „Lists as Research Technologies“, *Isis: international review devoted to the history of science and its cultural influences* 103 (2012), 743–752.

[23] Vgl. Amiet, *Morell* (Anm. 14).

Erst danach wird die Skizze in eine detailgenaue Zeichnung überführt – was weitere Talente erfordert –, die dann später vom Kupferstecher auf die Platte übertragen wird, mit der man sie ins Buch druckt (Abb. 6).

Abb. 6: Thesaurus Morellianus,1734, Bd. II (Tafelband), S. 18.
Ausgeführte und in Kupfer gestochene Münzzeichnung Morells eines Denars von Aquillius Florus, die einen knienden Parther zeigt

In der Schweiz gab es zahlreiche Traditionen der Kleinkunst, des Kleinhandwerks und der Miniaturmalerei, was wohl mit der calvinistischen Verpöntheit des Großen und des Luxus zu tun hatte. Hier gediehen Tugenden und Fertigkeiten, die mit Miniaturisierung zu tun hatten, wie Geduld, Ausdauer, Präzision und die „Andacht zum Unbedeutenden" (wie man über Jacob Grimm gesagt hat[24]). Diese Fertigkeiten haben sich in der antiquarischen Zeichnung (Abb. 7) und in der Münzdarstellung bewährt. Auf die Rolle der religiösen Prägung dabei werde ich noch zurückkommen.

[24] Vgl. Wilhelm Scherer, *Kleine Schriften zur altdeutschen Philologie*, Bd. 1, Berlin 1893, 7 f.

Abb. 7: Zeichnungen Wilhelm Stettlers, eines Kollegen von Morell in Bern; Burgerbibliothek Bern, Ms. ZA Ober-Gerwern 1163

6.

Im Sinne eines einfachen Reliabilismus wäre hier bereits die „intellektuelle Tugend" Morells erfasst: er war ein guter Münzzeichner, gab das Gesehene präzise und verlässlich wieder und produzierte somit Wissen. Doch das ist bei komplexen Wissensformen natürlich nur der Anfang. Morell gab das selbst zu, in der zweiten Auflage seines *Specimen* im Jahr 1695, nachdem er etwas frustriert darüber berichtet hatte, welche Hindernisse seinem großen Erfassungsprojekt in den Weg gelegt worden waren:

> Größeres mögen Gelehrtere leisten, die sich einer freieren Muße erfreuen, alles zu entwickeln und auszuführen; vor allem daran entscheidet sich der Wert der Münzanalyse, daß die Münzen genau und gewissenhaft (*accurate et bona fide*) in Kupfer gestochen werden: in dieser Sache räume ich keinem anderen den Vorrang ein.[25]

[25] Morell, *Specimen* (Anm. 20), 10: „Maiora praestent eruditoriores, quique liberiori ad evolvenda et excutienda omnia fruuntur otio; potissima huius nummariae rei ratio in hoc vertitur, ut nummi accurate et bona fide aeri insculpantur: qua quidem in re concedam nemini."

Aber Morell wusste sehr gut, dass noch andere Fähigkeiten hinzukommen müssen. Da, nämlich hinsichtlich seiner intellektuellen Fähigkeiten, zeigte er sich ungewöhnlich bescheiden:

> Was hingegen Gelehrsamkeit und Wissen angeht, möchte ich mit niemandem in die Arena steigen. Ich weiß mich durchaus in dieser Beziehung allen unterlegen, und ich werde mich nicht wehren, wenn jemand in diesem Werk Irrtümer oder Lapsus bemerkt – wenn er mich freundlich ermahnt, wird er von mir auch Dank erhalten. Mir liegt nämlich das Laster der Philautia so fern wie nur irgend möglich, und ich bin bei weitem von größerem Eifer zu Lernen beseelt als vom Wunsch zu Lehren.[26]

Es ist bemerkenswert, dass Morell den Begriff der *Philautia*, der Eigenliebe, des *amour propre*, erwähnt. 1683 in der ersten Auflage hatte er das noch nicht gemacht. Und in der Tat weist uns der Begriff auf einen größeren Kontext hin, der uns jetzt beschäftigen soll. Und dieser Kontext führt tatsächlich von den epistemischen Fertigkeiten zu den epistemischen Tugenden.

In den religiösen und ethischen Debatten in Frankreich in diesen Jahren wurde mit großem Eifer über das Wesen der Liebe diskutiert, in prominentester Weise zwischen den Bischöfen Fénelon und Bossuet.[27] Bei Fénelon, der von der Mystikerin und Quietistin Madame Guyon beeinflusst war, wurde der *amour pur*, die reine Gottesliebe, gegen den *amour propre* gestellt, der uns auch noch in der reflektierten Form der cartesianischen Philosophie und Wissenschaft auflauere. Nur die Seele, „die sich nicht mit sich selbst beschäftigt und die sich für nichts erachtet, [findet] in diesem Nichts die Unendlichkeit Gottes selbst".[28] Man mag meinen, es wäre überinterpretiert, diesen Fénelonschen und Pascalschen Hintergrund in Morells harmloser Bemerkung von der *Philautia* zu vermuten. Aber dem ist nicht so. Morell war etliche Jahre im königlichen Münzkabinett in Paris angestellt gewesen und hegte sogar berechtigte Hoffnungen, der Kurator dieses weltweit bedeutendsten Kabinetts zu werden.[29] Doch dafür, so legte man

---

[26] Ebd.: „Eruditionem et doctrinam quod attinet, cum nemine in araenam descendam, qui omnibus inferiorem hac in parte me agnosco, nec repugnabo in Opere meo errores aut lapsus notanti, qui si amice de iis me monuerit, gratiam referit. Tantum enim a me Φιλαυτίας vitium abest, quam quod abest longissime, et maiori longe discendi teneor studio, quam docendi desiderio."

[27] Robert Spaemann, *Reflexion und Spontaneität. Studien über Fénelon*, Würzburg 1963; Hans-Jürgen Fuchs, *Entfremdung und Narzißmus. Semantische Untersuchungen zur Geschichte der ‚Selbstbezogenheit' als Vorgeschichte von französisch ‚amour-propre'*, Stuttgart 1977.

[28] François de Salignac de la Mothe-Fénelon, „Instructions sur la morale et la perfection chrétienne", Nr. 23, in: ders., *Oeuvres*, Paris 1820–1830, Bd. VI, 126: „C'est pourquoi l'âme qui ne s'occupe point d'elle même, et qui se compte en tout pour rien, trouve dans ce rien l'immensité de Dieu même […]."

[29] Vgl. Amiet, *Morell* (Anm. 14). Zu diesem Kabinett vgl. Thierry Sarmant, *Le Cabinet des médailles de la Bibliothèque nationale*, Paris 1994; ders., *La République des médailles. Numismates et collections numismatiques à Paris du Grand siècle au siècle des Lumières*, Paris 2003.

ihm nahe, solle er zum Katholizismus übertreten. Das tat Morell nicht, und nach einer höfisch nicht schicklichen Bitte, man möge ihm nach geleisteter Arbeit sein Geld auszahlen, fand er sich plötzlich ohne jede Verhandlung im Kerker wieder, in der Bastille. Zunächst noch in gehobener Haft, aber dann, ab April 1690, in Einzelhaft in einer der berüchtigten „wüsten Cammern" im Untergeschoss.[30] Dort hat Morell, der ohnehin schon religiös war, eine tiefe religiöse Erfahrung durchgemacht, von der er seiner Frau im fernen Bern im September schrieb:

> Ich darff wohl sagen daß kein Tag vergangen, ohne daß mein Augen Trähnen quollen g'sin, und daß Ich mein Hertz dem Herren außgeschütet, deßwegen mir auch der Herr zu Erkennen gegeben, daß sein Hand mich getroffen; Er hat mir gnad verliehen, daß Ich mich von Hertzen gedemüthiget, und mich gäntzlich und gelaßenlich under seinen Vätterliche Züchtigung übergeben, deßwegen Er mich gestärket in aller stärke nach der Krafft seiner Herrlichkeit in allem Leiden und gedult mit freüden, daß Ich entlich so weit kommen Freüdig zu seyn in meinem Leiden.[31]

Das ist genau die Erfahrung der Selbstvernichtung mit anschließender Liebe zu Gott, von der die Quietisten berichten. Und so interessierte sich Morell in den Jahren nach seiner Befreiung – nach 1691, als er in Deutschland lebte – für den Quietismus und religiöse Mystik.[32] Schon in der Bastille ließ er sich von seinem wenigen verbliebenen Geld zunächst eine Bibel kaufen und dann noch die fünfbändige Übersicht über Bibelexegese, Matthew Pooles *Synopsis criticorum*, er lenkte also auch seine intellektuelle Aufmerksamkeit sofort auf die Bibel.[33]

7.

Wir erkennen: Hinter dem numismatischen Selbst lag bei Morell noch ein religiöses Selbst; und wenn wir ernst machen mit der Verschmelzung von Erkenntnistheorie und Tugendethik, dann ist dieses religiöse Selbst nicht zu vernachlässigen. Es betraf im Übrigen nicht nur Morell selbst, sondern auch seine Frau Esther, sozusagen in einer Kollusion zweier religiöser Individuen.[34] Esther Morell scheint selbst religiöse Erlebnisse in der Art der Madame Guyon

---

[30] Zur Bastille vgl. Claude Quétel, *L'Histoire véritable de la Bastille*, Paris 2006; Jean-Christian Petitfils, *La Bastille. Mystères et secrets d'une prison d'Etat*, Paris 2016.

[31] Andreas Morell an seine Frau Esther, 2.9.1690: „Copia deß Brieffs so H. Andreas Morell auß der Bastille an seine gemahlin geschrieben hat." Aus dem Privatbesitz der Familie Morell, der ich für die Überlassung eines Scans herzlich danke.

[32] Zum Quietismus vgl. Jean-Robert Armogathe, *Le Quiétisme*, Paris 1973; Peter Bayley, „What was Quietism Subversive of?", *Seventeenth-Century French Studies* 21 (1999), 195–204; Hartmut Lehmann/Hans-Jürgen Schrader/Heinz Schilling (Hgg.), *Jansenismus, Quietismus, Pietismus*, Göttingen 2002.

[33] Morell an seine Frau Esther (Anm. 31).

[34] Esther Morell ist als religiöse Person erst noch zu erforschen. Zu Jeanne Marie Guyon du Chesnoy, geb. Bouvier de la Motte: Françoise Mallet-Joris, *Jeanne Guyon. Biografie*,

oder Madame Bourignon gehabt zu haben (um nur die beiden bekanntesten der Frauenmystikerinnen zu nennen und von anderen wie Jane Leade oder Johanna Eleonora Petersen zu schweigen), denn wir sehen sie Mitte der 1690er Jahre im Briefwechsel mit Johann Georg Gichtel, dem Böhme-Adepten und Herausgeber von dessen theosophischen Werken.[35] Auch bei Böhme gibt es die Gedankenfigur, dass das Nichts durchschritten werden muss, wenn der Weg zu Gott erreicht werden will.[36] Morell selbst besuchte bei einer Hollandreise den Philosophen und Theologen Pierre Poiret, und als dieser am 16. Januar 1697 dem nach Arnstadt zurückgekehrten Numismatiker schrieb, spricht er von den „bonnes et solides dispositions que le seigneur a mises en votre ame".[37] Wir werden auf diese Seelendispositionen zurückkommen. Auch Leibniz, mit dem sich Morell angefreundet hatte, diskutierte mit ihm die mystische Theologie der völligen Passivität, die Quietisten wie Quesnel, Fénelon und Poiret propagierten.[38]

Für uns spielt dieser Diskurs insofern eine Rolle, als im späten 17. und frühen 18. Jahrhundert zunehmend unter Wissenschaftlern diskutiert wurde, was „wahre Gelehrsamkeit" (*eruditio vera*) denn sei und – da merken wir auf – welche Tugenden ihr zugrunde lägen. Dabei griff man auf die quietistischen Begriffsbildungen zurück, denn Pierre Poiret war mit seiner Abhandlung *De eruditione solida, superficiaria et falsa* von 1692 einer der Protagonisten der religiöstugendethischen Debatte zur Wissenschaft. Christian Thomasius hielt das Buch für so bedeutend, dass er 1694 eine Neuausgabe mit einem eigenen langen Vorwort publizierte.[39] Poiret revidierte den cartesischen *Discours de la méthode* im quietistischen Geist: Zwar solle man, ganz wie von Descartes vorgeschlagen, gemäß der Ordnung voranschreiten. Aber ansonsten seien es intellektuelle Tugenden, die in der Wissenschaft zählen: Man muss aufrichtig sein und bei sich selbst anfangen, indem man die Krankheit und Korruptheit des menschlichen Verstandes erkennt. Will man die Wahrheit erreichen, ist man darauf angewiesen, dass Gott diese Krankheit durch Erleuchtung heilt. Wahrheit ist also nicht auf direktem epistemischem Wege zu erkennen, sondern nur im Umweg, eingebettet in Tugenden der religiösen Selbstverleugnung und Erniedrigung. Das ist „so-

---

Paris 1978; zu Antoinette Bourignon de la Porte vgl. Mirjam de Baar, *‚Ik moet spreken'. Het spiritueel leiderschap van Antoinette Bourignon (1616–1680)*, Zutphen 2004.

[35] Zu Gichtel vgl. Bernard Gorceix, *Johann Georg Gichtel. Théosophe d'Amsterdam*, Lausanne 1975.

[36] Zu Jakob Böhme vgl. Alexandre Koyré, *La Philosophie de Jacob Boehme*, Paris 1929.

[37] Poiret an Morell, Forschungsbibliothek Gotha, Ch. B 1730.

[38] Vgl. die Briefe von Morell an Leibniz in: Leibniz, *Sämtliche Schriften und Briefe* (Akademie-Ausgabe), Reihe I, Bd. 12, Berlin 1990, sowie in den folgenden Bänden.

[39] Pierre Poiret, *De eruditione solida, superficiaria et falsa libri tres*, Frankfurt am Main 1694. Zu Poiret vgl. Marjolaine Chevallier, *Pierre Poiret: Du protestantisme à la mystique*, Genf 1994; dies., *Pierre Poiret* (Bibliotheca Dissidentium Bd. 5), Baden-Baden 1985; Martin Mulsow, „Die Paradoxien der Vernunft. Rekonstruktion einer verleugneten Phase in Reimmanns Denken", in: ders./Helmut Zedelmaier (Hgg.), *Skepsis, Providenz und Polyhistorie. Jakob Friedrich Reimmann 1668–1743*, Tübingen 1998, 15–59.

lide Gelehrsamkeit", sind die „solides dispositions", die Poiret im Brief Morell zuschreibt.[40]

Die Normalbeschreibung des wissenschaftlichen Erkennens hingegen zählt für Poiret als „eruditio superficiaria". Denn bei ihr sieht sich die menschliche Vernunft als Selbstzweck, statt sich selbstlos auf die Sache zu richten. Es ist die Falle von Oberflächlichkeit, in die Theologen wie Poiret und Fénelon die moderne Reflektiertheit geraten sahen. Wirkliche Intentionalität ohne den Kurzschluss der Selbstbeziehung ist so nicht möglich. Wenn man einmal vom Religiösen abstrahiert, kann man hier durchaus Linda Zagzebskis kritische Analyse einer reliabilistischen Position als Verständnishilfe heranziehen, bei der die „motivationale Komponente" fehle, also die Einbettung der epistemischen Handlungen in echte, tiefe Charaktereigenschaften. Eine Ärztin, so Zagzebski, kann sorgfältig, aufmerksam, kritisch, offen und tolerant sein, und dies alles möglicherweise dennoch nicht aus einer wirklichen Liebe zur Wahrheit, sondern aus dem Selbstzweck des Karrierestrebens heraus, bei dem ihr solche Eigenschaften nützen. Dann ist ihr Erkenntnisprozess zwar verlässlich im Sinne des Reliabilismus, aber dennoch würden wir nicht sagen mögen, sie habe ihr Wissen aus einer Tugend heraus erhalten.[41]

8.

Wie sah die Verbindung von numismatischem Selbst und religiös-quietistischem Selbst bei Morell aus? Wenn ich recht sehe, scheint sie ein Antidot gegen Verzerrungen des Erkenntnisprozesses gewesen zu sein, die durch Karrierestreben, Selbstherrlichkeit, Unwahrhaftigkeit und Macht verursacht waren. Oft verrät ja der Blick auf spezifische Laster viel über die Tugend als ihre Kehrseite. Und diese Laster gehen über rein technisch-praktische Unzulänglichkeiten hinaus. So zeigt sich, dass Morell gute Zeichenkunst allein keineswegs schon für eine Tugend hielt. Als er erstmals in Gotha die dreißig prachtvollen Bände Jacobo Stradas durchblättern konnte, der eine Ikone der frühen Numismatik gewesen ist, weil er in grandioser Weise Münzen ins Großfolioformat vergrößert abzeichnete und dabei ikonographisch und archäologisch ausstaffierte – da war er gar nicht angetan.[42] Statt ins Schwärmen zu geraten, schrieb er am 29. Januar 1695 an seinen Pariser Freund Toinard:

---

[40] Poiret an Morell (Anm. 37).

[41] Zagzebski, *Virtues* (Anm. 2), 313.

[42] Jacobo Strada, *Magnum ac Novum Opus continens descriptionem vitae, imaginum, numismatum omnium tam Orientalium quam Occidentalium Imperatorum ac Tyrannorum, cum collegis ac coniugibus liberisque suis, usque ad Carolum V. Imperatorem*, Forschungsbibliothek Gotha, Ms. Chart. A 2175 ff.; zu Strada vgl. Dirk Jacob Jansen, „*Urbanissime*

Die Zeichnungen sind ziemlich groß wie ein mittelmäßiges Plakat und zu einem guten Teil falsch. Ich sehe, daß dieser Jacobo Strada die Ursache von so vielen falschen Münzen ist, denn er hat sie ganz ersichtlich erfunden, und das mit wenig Urteilsvermögen. Zum Beispiel stellt er Otho und Poppea während derselben Herrschaft zusammen. Vespasian schreibt er eine Tribunicia Potestas XX mit einem großartigen Triumphus iudaicus zu, und anderes.[43]

Das ist schon eine auffällige Abschätzigkeit gegenüber einem Werk, das als ein Höhepunkt der Renaissancenumismatik gilt. Aber von seinem Standpunkt aus hatte Morell recht: Münzexperten des 16. Jahrhunderts waren immer in Versuchung, ihre idealtypischen antiquarischen Rekonstruktionen von Münzbildern so zu übertreiben, dass sie ganz falsch wurden. Hubert Goltzius bildete 1566 in seinen *Fasti magistratuum et triumphorum Romanorum* sogar aufgrund der wiederaufgefundenen römischen Konsularlisten entsprechende republikanische Münzen ab, die es gar nicht gab, die er sich aber in einer Mischung aus Expertise und Imagination zusammengereimt hatte.[44] Morell war der Erste, der konsequent mit diesen Renaissance-Fälschungen aufräumte und historisch-kritisch das Echte vom Unechten unterschied.[45] Seine Beispiele zeigen, wie lächerlich er Stradas Fehler fand: Poppea und Otho waren zwar verheiratet, Poppea wurde aber schon 59 von Nero getrennt, während Otho erst im Jahr 69, nach ihrem Tod, Kaiser wurde. Eine nicht zu entschuldigende Nachlässigkeit daher, die beiden gleichzeitig zu behandeln. Solche kleinen chronologischen Fehler haben erhebliche Konsequenzen, wenn historische Folgerungen auf sie gegründet werden. Ähnlich das Beispiel mit Vespasian: dieser war nur zehn Jahre lang Kaiser, seine „tribunicia potestas" kann also höchstens die Zahl zehn enthalten. Ob das ein Schreibfehler war oder eine kaum zu erwartende historische Unkenntnis: Morell kannte kein Pardon mit solchen Unkorrektheiten.

Strada": *Jacopo Strada and Cultural Patronage at the Imperial Court* (Dissertation), Leiden 2015.

[43] Morell an Toinard, 29.1.1695, BNF Paris, Ms. NAF 14823 f. 104–113, fol. 110v: „J'ay esté a Gotha la semaine passée ou j'ay parcouru 32 volumes de dessein [sic!] de médailles fait par Strada: les desseins sont aussi grands qu'une affiche médiocre et une bonne partie fausses: je reconnois que ce Jacob Strada est la cause de tant de médailles fausses, car il en a visiblement inventé et avec peu de jugement par exemple il joint Othon et Poppée du temps de son règne. A Vespasien il attribue TR. POT. XX avec une magnifique TRIUMPHUS IVDAICUS at ainsi ailleurs."

[44] Vgl. Wilhelm Hollstein, „Die Fasti Magistratuum et Triumphorum Romanorum des Hubert Goltzius. Eine Analyse der Münzbilder", in: Ulrike Peter/Bernhard Weisser (Hgg.), *Translatio nummorum* (Anm. 12), 71–90.

[45] Andreas Morell, *Thesaurus Morellianus, Sive Familiarum Romanarum Numismata Omnia: Accedunt Nummi Miscellanei, Urbis Romae, Hispanici et Goltziani Dubiae Fidei Omnes*, hg. von Siegbert Haverkamp, 2 Bde. Amsterdam 1734. Vgl. Mulsow, „Kaisermünzen" (Anm. 14).

Mit dem Vorwurf der Fälschung sind wir bereits auf dem Gebiet handfester Laster. Noch ärger wird es, wenn wir Morells Urteil über seinen früheren Pariser Kollegen Jean Hardouin hören.[46] Hardouin war für Morell ein rotes Tuch. Zu sehr hatte Morell in Paris unter den katholischen Ultras leiden müssen und war von ihnen, während er im Gefängnis schmorte, plagiiert worden. Das warf er auch Hardouin vor, dem Jesuiten und Verfasser von Standardwerken wie den *Nummi antiqui populorum et urbium*, der – extremerweise – fast alle antiken Schriften für mittelalterliche Fälschungen hielt:

> Der Pater Harduinus [...] ist ein solcher leichtfertiger Vogel, dass man es nicht genugsamb exprimiren kann, ein Mensch voller Falschheit, und boßheit, und darneben so hochmüthig, dass ich festiglich glaube, er bilde sich ein, wann man alle gelehrte und Jesuiter selbsten zusammen schmeltzen würde, nichts Vollkommeneres als er selbst dabei herauskommen würde.[47]

Hardouin ist für Morell das Kardinalbeispiel für einen komplett lasterhaften Wissenschaftler. Da Hardouin zudem ein Jesuit war, sollten wir das mit besonderer Aufmerksamkeit notieren. Denn spätestens seit Pascals *Lettres provinciales* von 1657 waren Jesuiten als ein Orden voller Doppelzüngigkeit und Falschheit gebrandmarkt.[48] Die Opposition zwischen Jesuiten und Jansenisten bildete sich also in gewisser Weise auch in der Tugendepistemologie der Gelehrten im späten 17. Jahrhundert ab: auf der einen, jesuitischen Seite eine kasuistisch korrumpierte Ethik, die sich auch in einer schlechten Numismatik ausdrücke, auf der anderen, der jansenistischen oder quietistischen Seite eine Ethik der selbstlosen und daher unparteiischen Hingabe an die Forschung nach Wahrheit, die sich in historisch-kritischer Rigidität spiegele. Man kann die alte Meistererzählung vom protestantischen Geist des Kapitalismus und seiner späten Ausformung in preußischer Pflichterfüllung in der Wissenschaft eines Droysen, Mommsen und Harnack für unseren Fall also etwas variieren und differenzieren, zumal wenn man deren ethische Seite als tugendepistemologische versteht. Die Entstehung der historisch-kritischen Ernsthaftigkeit hat auch einen Seitenstrang im Quietismus.

---

[46] Zu Jean Hardouin vgl. Guiseppe Martini, „Le stravaganze critiche di Padre J. Hardouin“, *Scritti in onore di V. Federici*, Firenze 1944, 349–363; Martin Mulsow, *Die drei Ringe. Toleranz und clandestine Gelehrsamkeit bei Mauthin Veyssière La Croze*, Tübingen 2001, 36–44; Anthony Grafton, „Jean Hardouin: The Antiquary as Pariah“, *Journal of the Warburg and Courtauld Institutes* 62 (1999), 241–267.

[47] Morell an Leibniz, 16.5.1702, in: Leibniz, *Sämtliche Schriften und Briefe*, Reihe I, Bd. 21 (April–Dezember 1702), Nr. 182, Berlin 2012, 253.

[48] Vgl. Gérard Ferreyrolles, *Les Provinciales de Pascal*, Paris1984; Richard Parish, *Pascal's „Lettres Provinciales“. A Study in Polemics*, Oxford 1989; Olivier Jouslin, *La campagne des Provinciales de Pascal: étude d'un dialogue polémique*, Clermont-Ferrand 2007.

9.

Wir haben mit der Einbettung Morells in die Debatten um den Quietismus aber eine Ebene erreicht, die über die individuelle Zuschreibung von epistemischen Tugenden hinausführt. Das kann uns Gelegenheit geben, der Tugendepistemologie an diesem Punkt eine Prise sozialer Erkenntnistheorie hinzuzusetzen. Philosophen wie Alvin Goldman – selbst ein Verfechter des Reliabilismus – beschäftigen sich ja mit der Frage, was geschieht, wenn Wissen und Urteile ein Produkt von Gruppen und Netzwerken, nicht aber Einzelnen sind.[49] Heutige Beispiele sind Wikipedia-Artikel und Großforschungsanlagen, frühneuzeitliche dagegen religiöse Orden (wie die Jesuiten), aber auch, in einem schwachen Sinne, Netzwerke und Konstellationen (also enge Netzwerke) von Gelehrten, die im stetigen Austausch und Briefwechsel standen.[50] Kann man von epistemischen Tugenden solcher Konstellationen sprechen?

Im strengen Sinne sicherlich nicht. Da kam es auf den zuschreibbaren charakterlichen Hintergrund von Personen an. Aber in einem abgeschwächten Sinne kann es dennoch nützlich sein, sich auch über die moralische Qualität von Netzwerken Gedanken zu machen und dabei Überlegungen der „Social Epistemology“ einfließen zu lassen. Ich kann das hier abschließend nur noch andeuten. Da Numismatiker wie Morell in Netzwerken agierten, setzten sie ihre Fertigkeiten und Tugenden auch in der Kommunikation innerhalb dieser Netzwerke ein, und die Qualität der Endergebnisse stieg, wenn die Fertigkeiten und Tugenden der einzelnen Personen qualitätsvoll waren. Oftmals wurden in Briefen in diesen Netzwerken (zu denen bei Morell prominente Mitglieder der Gelehrtenrepublik wie Leibniz, Spanheim oder Nicaise gehören) einzelne Münzen diskutiert, die als Handzeichnung abgebildet dem Text hinzugefügt wurden – und dann weitergereicht an den nächsten Korrespondenten. Die Fertigkeiten der Präzision waren hier ebenso gefragt wie die freundschaftliche Kritikfähigkeit und die Umsicht, an wen man die Information weiterleitete und an wen nicht.[51] Es kam also ein „sozialer Sinn“ hinzu, der in der individuellen Liste von Tugenden nicht unbedingt enthalten sein musste.

Möchte man Tugendepistemologie mit so etwas wie Konstellationsforschung verbinden, kommt man um Reflexionen dieser Art nicht herum, also etwa: Wie verhält sich intellektuelle Verantwortlichkeit zu gemeinsamer Kreativität in

---

[49] Alvin Goldman, *Knowledge in a Social World*, Oxford 1999; ders., „Why Social Epistemology is Real Epistemology“, in: Adrian Haddock/Alan Millar/Duncan Pritchard (Hgg.), *Social Epistemology*, Oxford 2010, 1–28.

[50] Vgl. allg. Martin Mulsow, „History of Knowledge“ (Anm. 6).

[51] Vgl. etwa Regina Dauser (Hg.), *Wissen im Netz. Botanik und Pflanzentransfer in europäischen Korrespondenzen des 18. Jahrhunderts*, Berlin 2008; Sebastian Kühn, *Wissen, Arbeit, Freundschaft. Ökonomien und soziale Beziehungen an den Akademien in London, Paris und Berlin um 1700*, Göttingen 2011.

Konstellationen?[52] Wie ist ein epistemisches System, das nicht nur (um zwei Begriffe Goldmans zu verwenden) kollektiv doxastisch, sondern systemorientiert ist, auf Tugenden basiert? Welche Tugendoptionen erfordern bestimmte Netzwerkpositionen (z. B. der „Gatekeeper“) im Wissensprozess? Das alles sind Fragen, die weit über mein Beispiel vom numismatischen Wissen hinausführen und, wie mir scheint, noch weit davon entfernt sind, beantwortet zu sein. Für unsere Zwecke ist es bereits schwierig genug, mit dem – notwendigen – Dialog zwischen Historikern und Philosophen zurechtzukommen.

[52] Zur Konstellationsforschung vgl. Martin Mulsow, „Zum Methodenprofil der Konstellationsforschung“, in: ders./Marcelo Stamm (Hgg.), *Konstellationsforschung*, Frankfurt am Main 2005, 74–97.

Objektive Distanz – subjektives Gefühl

Wissenschaftskultur, Geschlecht und die Praxis des Erkennens und Erfindens in den Technikwissenschaften

Tanja Paulitz

Sicherlich ist Lorraine Daston uneingeschränkt zuzustimmen, dass innerhalb der Sozial- und Geisteswissenschaften eine deutliche Skepsis gegenüber einer an moralischen Maßstäben ausgerichteten und individualpsychologisch verstandenen Terminologie angebracht ist.[1] Eine solche Skepsis ist daher zweifellos auch bei dem Begriff der „epistemischen Tugenden"[2] sinnvoll. Tugenden in diesem Sinne bilden definitiv nicht den bevorzugten Gegenstand einer analytischen Auseinandersetzung mit historischen oder gegenwärtigen Wissensbeständen, weder in einer genealogischen Denkweise noch in einer wissenssoziologisch inspirierten Analyse von „Denkstilen"[3] oder im Rahmen eines wissensgeschichtlich-diskursanalytischen Zugangs. Zu Recht verschiebt Daston daher den Blick von der individuellen Ebene auf die kollektive Ebene des kulturellen Wissens und der kulturell-historisch situierten Praktiken:

> Moralische Ökonomien beziehen sich zwar auf mentale Verfassungen, aber es geht dabei nicht um vereinzelte Individuen, sondern um Kollektive, in diesem Falle Kollektive von Wissenschaftlern. In Erweiterung von Ludwik Flecks Terminologie könnte man von einem *Gefühls-* und *Denkkollektiv* sprechen.[4]

Epistemische Tugenden wurden bislang jedoch nicht im Hinblick auf die technikwissenschaftlichen Wissenskulturen beleuchtet und von Daston nicht näher auf ihre geschlechtlichen Konnotationen hin befragt.[5] Geschlechterbezüge wei-

---

[1] Vgl. Lorraine Daston, „Die moralischen Ökonomien der Wissenschaft", in: dies., *Wunder, Beweise und Tatsachen. Zur Geschichte der Rationalität* (1995), Frankfurt am Main 2003, 158f.

[2] Lorraine Daston/Peter Galison, *Objektivität*, Frankfurt am Main 2007, 18 und 41–44.

[3] Ludwik Fleck, *Entstehung und Entwicklung einer wissenschaftlichen Tatsache. Einführung in die Lehre vom Denkstil und Denkkollektiv* (1935), hgg. von Lothar Schäfer/Thomas Schnelle, Frankfurt am Main 1980.

[4] Daston, „Die moralischen Ökonomien der Wissenschaft" (Anm. 1), 159; Hervorhebung im Original.

[5] Zu dieser Kritik aus Perspektive der Geschlechterforschung vgl. auch die jüngst publizierte Arbeit von Anja Zimmermann, *Ästhetik der Objektivität. Genese und Funktion eines wissenschaftlichen und künstlerischen Stils im 19. Jahrhundert*, Bielefeld 2016. Zur wissens-

sen zwar ihre Arbeiten zur „wissenschaftlichen Persona“[6] auf, an die hier auch unmittelbar angeschlossen werden kann. Doch im Hinblick auf den Zusammenhang von epistemischer Praxis und der Konstruktion von Männlichkeit ist die Wissensbasis bis dato schmal.[7] Wenn meine folgenden exemplarischen Darlegungen zur Genealogie der Technikwissenschaften und der in diese eingeschriebenen Geschlechtervorstellungen auf den Begriff der epistemischen Tugenden bezogen werden sollen, so geschieht dies nicht in einer affirmativen Aneignung normativ-moralischer Vorstellungen, sondern als kritisch-analytische Herangehensweise an eine historisch kontingente und innerhalb der Wissenschaften zumeist unhinterfragte Konfiguration von Denk- und Gefühlsstilen und kulturellen Normen epistemischer Praxis.[8]

Die historische Genese, Akademisierung und Legitimierung der deutschsprachigen *Technikwissenschaften* als Wissenschaft im 19. Jahrhundert umfasst konflikthafte, spannungsreiche Prozesse, die es erlauben, einen Einblick in diesen Zusammenhang der wechselseitigen Konstitution von Fach, Tätigkeitsprofil und Akteuren zu werfen. Sie können beispielhaft Aufschluss darüber geben, wie epistemische Tugenden als Teil eines sozialen Prozesses in einem Machtfeld funktionieren, und so den Aufstieg der Technik zu einem akademischen Berufsfeld und wissenschaftlichen Tätigkeitsgebiet legitimieren. In diesem Zuge bietet die Analyse der Technikwissenschaften zugleich noch etwas: Sie erlaubt näheren Aufschluss darüber, inwiefern epistemische Tugenden nicht nur geschlechtlich konnotiert sind, sondern durch ihre *Vergeschlechtlichungsweise* als machtvolle Diskurse funktionieren können, die erst die Aufwärtsmobilität der Ingenieure in die Akademie ermöglichten. Die Technikwissenschaften lassen sich insbesondere auch als Exempel dafür studieren, wie mit dem diskursiven Einsatz von

---

soziologisch-genealogischen Wissenskulturforschung mit Bezug auf die Technikwissenschaften vgl. auch Tanja Paulitz, „Wissenskulturen und Machtverhältnisse. Nichtwissen als konstitutive Leerstelle in der Wissenspraxis“, in: Alexander Friedrich/Petra Gehring/Christoph Hubig/Andreas Kaminski/Alfred Nordmann (Hgg.), *Technisches Nichtwissen*, Baden-Baden 2017, 189–210 (*Jahrbuch Technikphilosophie* 3).

6 Lorraine Daston, „Die wissenschaftliche Persona. Arbeit und Berufung“, in: Theresa Wobbe (Hg.), *Zwischen Vorderbühne und Hinterbühne*, Bielefeld 2003, 109–136.

7 Zum vergeschlechtlichten epistemischen Konzept des heroischen Naturwissenschaftlers und Entdeckers vgl. etwa: Naomi Oreskes, „Objectivity or Heroism? On the Invisibility of Women in Science“, *Osiris* 11 (1996) (*Science in the Field*), 87–113, Mary Terrall, „Heroic Narratives of Quest and Discovery“, *Configurations* 6:2 (1998), 223–242.

8 Meine weitergehenden theoretischen Bezüge einer genealogischen Wissenssoziologie des Ingenieurs und der modernen Technikwissenschaften sowie der machtanalytischen Schärfung des Begriffs der Wissenskulturen sind an anderer Stelle näher dargelegt. Vgl. Tanja Paulitz, *Mann und Maschine. Eine genealogische Wissenssoziologie des Ingenieurs und der modernen Technikwissenschaften, 1850–1930*, Bielefeld 2012, und dies., „Wissenskulturen und Machtverhältnisse. Nichtwissen als konstitutive Leerstelle in der Wissenspraxis“, in: Alexander Friedrich/Petra Gehring/Christoph Hubig/Andreas Kaminski/Alfred Nordmann (Hgg.), *Technisches Nichtwissen* (Jahrbuch Technikphilosophie 3), Baden-Baden 2017, 189–210.

Männlichkeit in ihrer bildungsbürgerlich-modernen Ausprägung um den Zugang zum Feld der Wissenschaft gekämpft wurde.[9]

Die im Folgenden vorgestellte Analyse bleibt dicht am Material. Dieses Material bilden Veröffentlichungen aus der frühen Phase der Verwissenschaftlichung des Maschinenbaus, vornehmlich Lehrbücher und fachliche Abhandlungen. Es handelt sich um einen Ausschnitt aus einer umfassenderen Fachdiskursanalyse[10] über 80 Jahre Genealogie der Technikwissenschaften auf Basis eines breit angelegten Materialkorpus. Der hier vorliegende exemplarische Zugriff zielt darauf ab, erstens die Diskussion über epistemische Tugenden empirisch zu erden und zweitens den Zusammenhang zwischen epistemischer Praxis, Akademisierung und Vergeschlechtlichung herauszuarbeiten. Dies erlaubt es, den theoretischen Zugang zur Analyse epistemischer Tugenden als Norm und Macht/Wissen in einem sozialen Feld zur Diskussion zu stellen.

Verwissenschaftlichung als Distanzgewinn: Ferdinand Redtenbacher

Im Verlauf des 19. Jahrhunderts richtete sich der bis dahin vorwiegend handwerklich strukturierte Bereich des Maschinenbaus neu aus. Im Zuge der Industrialisierung wuchs der Bedarf an Fachkräften, die eine polytechnische Schule besucht hatten. Es waren vor allem die Professoren dieser polytechnischen Schulen, die seit der Mitte des 19. Jahrhunderts daran arbeiteten, die Entwicklung von Maschinen wissenschaftlich neu zu fundieren, verschiedene gewerbliche Tätigkeitsbereiche zu einem akademischen Gebiet aufzuwerten, neues Wissen und wissenschaftliche Methoden dafür bereitzustellen.

Die Lehrbücher Ferdinand Redtenbachers, die vornehmlich in den 40er und 50er Jahren des 19. Jahrhunderts erschienen, dokumentieren das Spannungsfeld, das mit der Verwissenschaftlichung des Ingenieurwesens entstand. Bisher etablierte gewerbliche Arbeitsweisen in der Konstruktion und Fertigung von Maschinen wurden abgewertet zugunsten eines neuen wissenschaftlichen Ansat-

[9] In den in Fußnote 7 genannten Arbeiten – sowie in einem auf Gegenwartsdiskurse des Ingenieurbereichs bezogenen Beitrag, vgl. Tanja Paulitz/Bianca Prietl, „Technikwissenschaftliche Business Masculinity als aufstrebender Ingenieurdiskurs", in: Julian Hamann u. a. (Hgg.), *Macht in Wissenschaft und Gesellschaft*, Wiesbaden 2017, 141–169 – habe ich diese Überlegungen schließlich detaillierter mit einem weiteren zentralen theoretischen Baustein verbunden und dafür argumentiert, das Konzept des sozialen Feldes von Pierre Bourdieu einzubeziehen. Grundsätzlich kann man sagen, dass sich mit Bourdieus Perspektive auf den sozialen Raum soziale Praxis über Foucaults Machtanalytik hinaus stärker im Kontext von sozialen Herrschaftsverhältnissen analysieren lässt. Insbesondere das Analysekonzept des sozialen Feldes bietet die Chance, Wissensproduktion stärker sozial zu situieren und die Dimension sozialer Ungleichheit zu integrieren.

[10] Vgl. Paulitz, *Mann und Maschine* (Anm. 7).

zes. Im Zuge dieser ersten Verwissenschaftlichungsbemühungen wurden zwei konträre Herangehensweisen an das Konstruieren von Maschinen einander gegenübergestellt: die alte, erfahrungsgeleitete versus die neue, wissenschaftliche Herangehensweise.

Ferdinand Redtenbacher (1809–1863) war einer der zentralen Akteure der frühen Verwissenschaftlichung des Maschinenbaus. Ab 1841 als Professor für Maschinenbau an das Polytechnikum Karlsruhe berufen, gilt er in der technikhistorischen Forschung gemeinhin als *der* Begründer des wissenschaftlichen Maschinenbaus im deutschsprachigen Raum.[11] Redtenbacher rezipierte die französischen maschinenwissenschaftlichen Schriften und trat mit zahlreichen Grundlagenwerken, aber auch Handbüchern für die Praxis an die Öffentlichkeit.[12] Daher sind Redtenbachers Schriften eine hervorragende Materialgrundlage und zweifellos die erste Wahl, wenn es darum geht, den Beginn der Verwissenschaftlichungsbemühungen der Ingenieure in den Blick zu nehmen.

Distanz zur Praxis und zum Objekt

Redtenbachers Bemühungen um Verwissenschaftlichung lassen sich exemplarisch sowohl aus seinen eher programmatischen Äußerungen als auch aus einigen fachlichen Detailbetrachtungen rekonstruieren. *Die Gesetze des Lokomotiv-Baues* von 1855 zählen zu den ersten Arbeiten im deutschsprachigen Raum, die zwischen zwei Formen des ingenieurtechnischen Handelns genauer unterscheiden und diese auf spezifische Weise zueinander in Beziehung setzen. Im Vorwort des Buches legt Redtenbacher das prinzipielle Verhältnis zwischen wissenschaftlichem Programm und Praxis dar:

> In der Geschichte der Entstehung und Entwicklung jeder bedeutenderen Erfindung wiederholen sich ähnliche Erscheinungen. Zuerst geht immer die Praxis mit ihrem gesunden Triebe und Gefühle voran, und bringt eine Menge Dinge hervor, über deren Beschaffenheit sie sich selbst nicht ganz Rechenschaft zu geben weiss; [...] weil es gar nicht die Aufgabe der Praxis, sondern vielmehr die Aufgabe der Wissenschaft ist, aus einer Mannigfaltigkeit von Vorhandenem die Regeln und Gesetze ausfindig zu machen.[13]

---

[11] Vgl. Wolfgang König, *Künstler und Strichezieher. Konstruktions- und Technikkulturen im deutschen, britischen, amerikanischen und französischen Maschinenbau zwischen 1850 und 1930*, Frankfurt am Main 1999.

[12] Zur weiteren technikhistorischen Forschung zu Redtenbacher vgl. Kees Gispen, *New Profession, Old Order: Engineers and German Society, 1815–1914* (1989), New York u.a. 2002; Gerhard Banse/Siegried Wollgast (Hgg.), *Biographien bedeutender Techniker, Ingenieure und Technikwissenschaftler. Eine Sammlung von Biographien* (1983), 2. Aufl. Berlin 1987, 167 ff.; Ferdinand Redtenbacher, „Geistige Bedeutung der Mechanik und geschichtliche Skizze der Entdeckung ihrer Prinzipien", in: Rudolf Redtenbacher (Hg.), *Erinnerungsschrift zur siebzigjährigen Geburtstagsfeier*, München 1879, 75–112.

[13] Ferdinand Redtenbacher, *Die Gesetze des Lokomotiv-Baues*, Mannheim 1855, III.

Insgesamt soll das Buch zum Lokomotivbau also einen wissenschaftlichen Beitrag leisten, indem es allgemeine Gesetze formuliert und eine systematische Übersicht über die brauchbaren Erfindungen bietet. Wissenschaft hat hier zum einen die Funktion, bessere Voraussetzungen für die Praxis der Konstruktion von Lokomotiven zu schaffen. Zum anderen sieht Redtenbacher seine wissenschaftliche Betrachtung auch als eine Leistung, die einen Wert für sich hat.

Betrachtet man diese Charakterisierung der beiden Sphären Praxis und Wissenschaft, so zeichnet sich deutlich ab, dass Redtenbachers Unterscheidung eine spezifische Variante der Kontrastierung von Natur und Kultur beziehungsweise Subjektivität und Objektivität darstellt: Die Praxis besteht vor allem im Erfinden, gekennzeichnet von der Fähigkeit des Hervorbringens von Neuem dank eines inneren Talents. Im Wesentlichen waren für Redtenbacher Aspekte wie Nachahmung, Gefühl, subjektive Anschauung und Erfahrung die Grundpfeiler, auf denen die Praxis ruhte. Was den Gefühlsbegriff angeht, war bei Redtenbacher ein offener Begriff zugrunde gelegt, der auf das Feld des Handwerks verwies. Dort sollte ein erfahrungsgebundenes Gefühl im Sinne handwerklichen Könnens zum Tragen kommen, das heute zumeist unter Verwendung des Terminus *tacit knowledge* diskutiert wird.[14] Außerdem erscheint ‚Praxis' bei Redtenbacher in naturalisierender Weise als ein innerer, naturhaft-‚gesunder' An-‚Trieb', der keinem rationalen Willen unterliege, sondern auf ein emotionales Potenzial zurückgehe, das quasi instinktiv eine Fülle an Artefakten hervorbringe.

Das Gegenstück dazu ist bei Redtenbacher die wissenschaftliche Aufgabe, das so Hervorgebrachte aus einer gewissen Distanz, das heißt ohne subjektive Beteiligung zu betrachten und allgemeine, überindividuell gültige Gesetze zu formulieren. Damit reflektierte diese Redtenbacher'sche Gegenüberstellung eine Orientierung des wissenschaftlichen Maschinenbaus an einem historisch ganz spezifischen Modell der modernen Wissenschaft. Es handelt sich um ein Modell, das als Produkt der historischen Ablösung von der Sphäre der Kunst zu sehen ist. Dieser Prozess war vor allem mit der Wende zum 19. Jahrhundert weitgehend vollzogen und ging mit der Organisation der Wissenschaft als Beruf einher. Die Wissenschaft reklamierte fortan für sich die Produktionslogik des Objektiven in Abgrenzung zu einer subjektiv produzierten Kunst.[15]

In den *Principien der Mechanik und des Maschinenbaus* (1859 [1852]) integrierte Redtenbacher diese Gegenüberstellung von Verstand und Gefühl in sein

[14] Vgl. u.a. Richard Sennett, *Handwerk*, Berlin 2008; Matthias Heymann/Ulrich Wengenroth, „Die Bedeutung von ‚tacit knowledge' bei der Gestaltung von Technik", in: Ulrich Beck/Wolfgang Bonß (Hgg.), *Die Modernisierung der Moderne*, Frankfurt am Main 2001, 106–121; Michael Polanyi, *Implizites Wissen* (1966), Frankfurt am Main 1985.

[15] Vgl. Lorraine Daston, „Fear and Loathing of the Imagination in Science", in: *Deadalus* (Winter 1998), 73–93; vgl. auch Bettina Heintz/Martina Merz/Christina Schumacher (Hgg.), *Wissenschaft, die Grenzen schafft. Geschlechterunterschiede im disziplinären Vergleich*, Bielefeld 2004, 50 f.

größeres theoretisches Grundlagenwerk. Sie fließt beispielsweise ein in die Unterscheidung mehrerer Verfahren für die Ermittlung des „Nutzeffektes" von Maschinen: Direkte, auf praktischer Erfahrung basierende Anschauung einerseits und Methoden der Berechnung bzw. Messung andererseits betrachtete er als grundsätzlich zu trennende Herangehensweisen.

> In manchen Fällen, und insbesondere bei den Dampfmaschinen, sind diese hinsichtlich des Nutzeffektes vortheilhaftesten Bedingungen ohne alle Rechnung aus der Natur der Sache zu ersehen; in anderen Fällen, und namentlich bei den Wasserrädern und Turbinen, kann man zwar einige dieser Bedingungen ohne Rechnung errathen, andere aber, die mit dem Effekt in einem komplizirten Zusammenhang stehen, können nur allein durch Rechnung bestimmt werden [...]; allein es wird wohl Niemanden gelingen, die für den Effekt dieser Maschinen vortheilhaftesten Detailabmessungen ohne Rechnung nach dem Gefühl zu bestimmen, und gerade da, wo das Gefühl nicht mehr ausreicht, ist die Rechnung, wenn sie gelingt, am rechten Platz.[16]

Redtenbacher gab weder dem einen noch dem anderen Verfahren der Ermittlung des Nutzeffekts grundsätzlich den Vorzug, sondern verwies auf konkrete Gegenstände, verschiedene Komplexitätsgrade und den jeweiligen Aufwand. Wissenschaft und Praxis waren hier zunächst nicht in eine eindeutige Rangfolge gebracht. Auch wurde auf einzelne Fälle hingewiesen, die die Grenzen der rechnerischen Lösungsermittlung illustrieren, was der Praxis einen hohen Stellenwert einräumte: „Derlei Fragen durch Rechnung zu entscheiden, ist kaum möglich, praktischer Sinn und gesunde Urtheilskraft führen in solchen Dingen weit schneller zum Ziele."[17]

Wenngleich Redtenbacher, wie diese Belege zeigen, der etablierten Praxis die wissenschaftliche Herangehensweise lediglich zur Vervollständigung hinzuzufügen schien, so blieb doch das allgemeine Zuweisungsmuster stabil: Die rechnerisch-analytische (oder an anderer Stelle auch empirisch-messende) Herangehensweise wurde von einer praktisch-‚gesunden', gefühlsgesteuerten klar abgegrenzt. Letztere charakterisierte Redtenbacher durchweg als unmittelbar, subjektiv und naturwüchsig in ihrer Hinwendung zum Objekt. Dabei wurde von ihm gerade auch die Verbundenheit mit bzw. die fehlende Distanz zum Objekt ins Zentrum gerückt. Der Verzicht auf zusätzliche Hilfsmittel, auf aufwendige Zwischenschritte und Prozeduren bei der Wissensproduktion wird in den Beschreibungen des praktisch-erfahrungsgeleiteten Ansatzes betont. Gefühl, Gesundheit und Kraft, die offensichtliche ‚Natur der Sache' erschienen folglich als Gegenpol und Ergänzung des wissenschaftlichen Maschinenbaus. Dabei galt die Praxis stets als das Besondere im Unterschied zu einer eher als neutral präsentierten wissenschaftlichen Arbeitsweise.

---

[16] Ferdinand Redtenbacher, *Principien der Mechanik und des Maschinenbaus* (1852), 2. Aufl. Mannheim 1859, 281.

[17] Ebd., 284.

Als Konsequenz dieses Dualismus zweier ungleicher, doch jeweils spezieller Ansätze schlug Redtenbacher schließlich ein drittes Verfahren vor, das beanspruchte, „Rechnung und Gefühl zu verbinden".[18] Dieses Verfahren erschien ihm als besonders effektiv: „Es bietet den grössten Reichthum von Mitteln dar, indem es alle speziellen Methoden in sich vereinigt." Diese dritte, „combinirte Methode" galt Redtenbacher als „die einzig richtige".[19] Doch genau sie, die damit angestrebte Integration der Praxis in die Wissenschaft, erklärte er nun zur wissenschaftlichsten Herangehensweise überhaupt. So etwa, wenn er erwägt, dass es „möglich sein müsse, [...] die Construction der Maschinenorgane auf einfache, leicht anwendbare, jedoch wissenschaftlich begründete Regeln zurück zu führen".[20] In der Quintessenz bedeutet Redtenbachers Argumentation, dass die systematische Unterscheidung zweier Verfahren und deren vernunftgeleitete zeitökonomische Verknüpfung erst die eigentlich wissenschaftliche Begründung des Fachs erlaube. Mithin beanspruchte die neue Maschinenwissenschaft auch die Steuerung nicht-wissenschaftlicher Methoden, die sie im Unterschied zur gefühlsgesteuerten Praxis regelgeleitet einsetze. Redtenbachers Maschinenwissenschaft zielte somit auf eine passgenaue, rationale Anwendung des „konstruktiven Gefühls". Was zunächst wie ein Widerspruch anmutet, erweist sich als Ansatz der Verwissenschaftlichung, der den Nutzen der Verfügungsgewalt über die als nicht-rational betrachteten Anteile der Konstruktion erkannte und von diesen dort, wo es rational erschien, Gebrauch machte.

Diese Asymmetrie der kombinierten Methode äußert sich zusätzlich darin, dass sich Redtenbacher durchgängig als Wissenschaftler präsentierte und legitimierte, wenn er seine eigene Praxis der Unterscheidung und Charakterisierung von Konstruktionsverfahren als systematisches wissenschaftliches Vorgehen kenntlich machte. Damit wurde die Gesamtkonstruktion als Resultat wissenschaftlicher Klassifikation, Beobachtung und Synthese ausgewiesen, so dass die dualistische Argumentationsstruktur in letzter Instanz in eine hierarchische Schieflage geriet, in der die Zuweisung von Attributen eine klare Rangordnung nach sich zog. Die als naturhaft und gefühlsgeleitet charakterisierte Praxis erhält auf diese Weise schlussendlich an keiner Stelle den gleichen Rang (oder gar den Vorrang), wenn sie in ein wissenschaftlich begründetes Gesamtsystem integriert wird.

Demnach war Redtenbachers Vorgehen in beiden hier herangezogenen Schriften aus den 1850er Jahren auf eine neu zu etablierende Distanz zum Objekt des Wissens gerichtet. Die Distanz kommt entweder in der wissenschaftlichen Berechnung und Aufstellung von allgemeinen Gesetzen oder im effizient kalkulierten Gebrauch von praktischen Herangehensweisen zum Ausdruck. Letz-

---

[18] Ebd.

[19] Ebd.

[20] Ebd.

tere verringern die Distanz zum Objekt zwar etwas, doch um einen Zuwachs an Zeiteffizienz, denn das als naturgeleitet und subjektiv charakterisierte Verfahren führe zuweilen schneller zum Ziel. Damit erscheint diese partielle, gefühlsgeleitete Verbundenheit mit dem Objekt gewissermaßen als regiert von einem ökonomisch handelnden, distanzierten Verstand. Das Gegensatzpaar Wissenschaft und Praxis enthält somit unmissverständlich eine hierarchische Binärstruktur, die eine nähere Betrachtung aus der Perspektive der Geschlechterforschung verlangt, da sie implizit auf ein zentrales Konstruktionsmuster von Geschlecht in der symbolischen Ordnung der Moderne verweist.

So ist spätestens seit Karin Hausens Analyse der „Polarisierung der Geschlechtscharaktere“ (1976) in der Forschung bekannt, dass die Dichotomie von Gefühl und Verstand, zwischen „Natur“ und „Kultur“ als wesentliche Denkfigur der bürgerlichen Geschlechterordnung in der Moderne gelten kann.[21] Insbesondere die symbolische Konstruktion der als geschlechtsneutral präsentierten männlichen Subjektposition der bürgerlichen Gesellschaft als genuiner Träger von Kultur gegenüber einer subordinierten feminisierten Natur weist eine analoge Denkstruktur zum Redtenbacher'schen Muster der Maschinenwissenschaft auf. Es stellt sich also die Frage, ob beide in einem historisch diskursiven Wechselbezug stehen und der maschinenwissenschaftliche Ansatz auf diese Weise implizit geschlechtlich verfasst ist. Dafür spricht, dass die Figur des Wissenschaftlers der europäischen Neuzeit, auf die Redtenbacher mit der Formulierung von allgemeinen Gesetzen deutlich anspielt, in der Geschlechterforschung als *die* Leitfigur der neuzeitlich-aufklärerischen Vernunft und als distanziertes Gegenüber der zu entdeckenden Natur identifiziert wurde.[22]

Doch stellt Redtenbacher den Bezug zur Geschlechterdifferenz an keiner Stelle im Text selbst her, wenn es um sein Vorhaben der Verwissenschaftlichung des Maschinenbaus geht. Transportiert der Redtenbacher'sche maschinenwissenschaftliche Ansatz dennoch auf der Ebene kultureller Diskurse und für den die epistemische Tugend der Distanz begründenden Denkstil konstitutive geschlechterrelevante Differenzierungen?

---

[21] Karin Hausen, „Polarisierung der Geschlechtscharaktere“, in: Werner Conze (Hg.), *Sozialgeschichte der Familie in der Neuzeit Europas. Neuere Forschungen*, Stuttgart 1976, 363–393.

[22] Vgl. Elvira Scheich, *Naturbeherrschung und Weiblichkeit: Denkformen und Phantasmen der modernen Naturwissenschaften*, Pfaffenweiler 1993; Evelyn F. Keller, *Liebe, Macht und Erkenntnis. Männliche oder weibliche Wissenschaft?*, München/Wien 1986.

Wissenschaft, Distanz und moderne bildungsbürgerliche Männlichkeit

Die zeitgenössischen vermischten Schriften in der *Zeitschrift des Vereins Deutscher Ingenieure* in der zweiten Hälfte des 19. Jahrhunderts bieten hier für eine solche, über die Person Redtenbacher hinausweisende Analyse eine aufschlussreiche Quelle.

1865 erschien in dieser Zeitschrift ein Nachruf auf Leben und Werk des 1863 verstorbenen Redtenbacher. Der Autor, Emil Kretzschmann, würdigte Person und Werk aus einer fachwissenschaftlichen Perspektive, wobei auch die ausgedehnten Interessen des Verstorbenen an Kunst und Philosophie ausdrücklich Erwähnung fanden. Die Einzigartigkeit der Leistung Redtenbachers brachte Kretzschmann pointiert in der Schlusspassage des Textes zum Ausdruck, wo der Nachruf in eine Schilderung der letzten Lebensphase mündete und veranschaulichte, wie Redtenbacher einer unheilbaren Krankheit durch ungebrochen fortgesetzte geistige Aktivität begegnete. Kretzschmann entwarf darin eine spezifische historische Variante von Männlichkeit, welche die Vergeschlechtlichung der epistemischen Tugend objektiver Distanz, wie sie Redtenbacher in seinem maschinenwissenschaftlichen Ansatz entwickelt hatte, explizit formulierte und auf symptomatische Weise ins Bild setzte:

> In der vollen Blüthe des Mannesalters ergriff ihn [Redtenbacher] die unheilbare Krankheit, der Magenkrebs, dem er trotz der liebenden, unermüdeten Pflege der Seinigen nach fast zweijährigem schwerem Leiden am 16. April 1863 erlag.
>
> Seiner bedeutenden körperlichen Leiden ungeachtet arbeitete er immer noch thätig an seinem Werke, [führte] nebenbei die ausgedehnteste Lectüre in den verschiedensten Gebieten des Wissens fort, und man konnte den todtkranken Mann über Milton oder die Alterthümer Roms, über Wilhelm von Humboldt und politische Vorgänge mit einer Wärme und einem eindringenden Verständnisse reden hören, als wenn dieser Geist von den Leiden des Körpers gar nicht berührt würde. Er behauptete seine eigenste Natur bis zu dem Augenblicke, wo sie dem Schicksal der Sterblichen erlag; sein männlicher, starker, scharfer Geist ging aufrecht bis an den Rand des Grabes. Möge man seinem Namen immer den gebührenden Platz anweisen in der Geschichte der mechanischen Wissenschaften![23]

Auffallend ist zunächst, dass dieser letzte Absatz keinen inhaltlichen Bezug mehr zu Redtenbachers fachwissenschaftlichem Werk herstellt. Er hätte vom Inhalt wie auch vom Duktus her in jedem Nachruf für einen herausragenden Akademiker der Zeit stehen können. Es ist allein der spezifische Kontext (Person, Werk und Veröffentlichungsorgan), der diese Formulierungen in direkten Zusammenhang mit dem technischen Bereich bringt. Dieser Befund ist nicht ohne Bedeutung. Er belegt, dass und auf welche Weise der Autor des Nachrufs

---

[23] Emil Kretzschmann, „Ferdinand Redtenbacher“ (Nachruf), in: *ZVDI* 9 (1865), 245–262, hier: 261 f.

den ‚Gründungsvater' des wissenschaftlichen Maschinenbaus in Deutschland in die Ahnenreihe der großen Gelehrten stellte und sich zu dem Zweck der entsprechenden, historisch und im kulturellen Kontext der Bildungseliten anerkennungsfähigen, diskursiven Mittel bediente. Gerade die Benennung der Lektüre des Verstorbenen hob diesen symbolisch in den Stand eines umfassend humanistisch belesenen Bildungsbürgers: Eben die Tatsache, dass die Schilderung nicht auf das Technische, sondern auf den bildungsbürgerlichen Wissenskanon zuläuft, veranschaulicht die Ambitionen der frühen Technikwissenschaftler, die sich am Ideal des Akademikers orientierten. Die dafür relevanten symbolischen Vorlagen werden aufgerufen wie etwa die Lektüre Humboldts oder das konzentrierte weltabgewandte Studium der Antike im häuslichen Arbeitszimmer eines Gelehrten.

Im Zuge dieser Situierung Redtenbachers tritt Männlichkeit als diskursives Element zweifach in Erscheinung: einmal im häuslichen Setting, in dem der „todtkranke Mann" versorgt wurde, und einmal im Bild des Kampfes zwischen Körper und Geist. Die erste Thematisierung von Männlichkeit beinhaltet eine deskriptive Zuordnung Redtenbachers zur Genusgruppe der Männer. Die geschlechtliche Markierung verbleibt weitgehend im Hintergrund, da sie jeweils in Verbindung mit anderen, zentraleren Merkmalen wie dem Lebensalter und dem körperlichen Verfall erfolgt. Die Beiläufigkeit verrät, dass ihr keine besondere Bedeutung im Text zukommt. Redtenbacher wird als Gelehrter präsentiert, der im Umfeld des Privathaushaltes arbeitet und dort vermutlich auch in den Genuss der reproduktiven Dienste des bürgerlichen Geschlechterarrangements kommt, ohne dass genauer ausgeführt würde, um wen es sich bei den Angehörigen handelt. Eine solche Thematisierungsweise von Geschlecht als strukturell verankerte, asymmetrisch verfasste bürgerliche Geschlechterordnung ist wissenschaftshistorisch gut belegt als jene Männlichkeitskonzeption, die im Verlauf des 19. Jahrhunderts zur institutionalisierten Position des bürgerlichen Gelehrten und Wissenschaftlers wurde. Dabei erweist sich für die Technikwissenschaften gerade die Selbstverständlichkeit, mit der diese Konstruktion bildungsbürgerlicher Männlichkeit aufgerufen wurde, das Fehlen von Problematisierungen und Begründungen, als wesentlicher Einsatz im Spiel um die Anerkennung des Ingenieurs als Akademiker.

Bei der zweiten Thematisierung von Männlichkeit in dieser Passage handelt es sich hingegen um die explizite und emphatische Nennung des „männlichen Geistes", die den Anerkennungskampf der Ingenieure als ‚Kopfarbeiter' offenkundig mit anderen Mitteln des Geschlechterdiskurses führt. Das Motiv der Naturbeherrschung klingt im Redtenbacher'schen Umgang mit dem körperlichen Zerfall an. Kretzschmann betonte die willentliche Regierung des kranken Körpers durch den Geist im Sinne einer „zweiten Natur". Als eine maskulin begriffene Instanz übernahm der Geist hier metaphorisch die Führung. Symbolisch emanzipiert von der Natur durch den ‚aufrechten Gang', ‚unberührt' und mithin auf Distanz zur hinfälligen Natur des Körpers, bewahrt der Geist – mit ihm der Maschinenbauprofessor Redtenbacher – seine Autonomie, kann dem Körperlichen nicht nur trotzen, sondern erlangt geradezu Eigenständigkeit, indem er letztlich zur eigentlich handelnden Größe avancierte.

Es ist sicherlich kein Zufall, dass in diesem Verständnis des Geistes die Kernelemente des fachwissenschaftlichen Ansatzes Redtenbachers – Differenz, Distanz und Herrschaft – unter geschlechtlich markierten Vorzeichen wieder in Erscheinung treten. Allerdings könnte die Emphase der Maskulinisierung auf eine noch eher ungesicherte Position der Maschinenwissenschaft in der frühen Zeit der Verwissenschaftlichung hindeuten: Stärke wird demonstriert und man lässt Klingen aufblitzen, wo offenkundig der Kampf noch nicht gewonnen ist. Reklamiert wurde eine besondere Geistesnatur des Mannes, mit der der Ingenieur den Kampf gegen die körperlichen Zwänge aufnahm. Übertragen auf die fachlichen Zusammenhänge der Konstruktion von Maschinen war es ein solcher männlich codierter Geist, der allem Anschein nach auch die epistemische Tugend des Maschinenwissenschaftlers als distanzierte technische Naturbeherrschung prägte. Der Nachruf reinszenierte auf diese Weise den professionspolitischen Kampf der Ingenieure, indem er einen individuellen, qua Männlichkeit schlagkräftigen, weitgehend autonomen Geist gegen die Natur als höheres Schicksal der Sterblichen antreten ließ. Körperliche Schwäche gegenüber geistiger Stärke erweist sich so als das zentrale Gegensatzpaar der technikwissenschaftlichen Geschlechterordnung und des sich akademisierenden technikwissenschaftlichen Denkstils.

Dass diese Vergeschlechtlichung im fachlichen Rahmen lediglich latent mitschwingt und analytisch nur durch eine breitere Untersuchung unterschiedlicher Textsorten wie etwa des Nachrufes eingefangen und in seiner Struktur näher beleuchtet werden kann, mag im Gegenstand selbst begründet sein. So verbleibt Geschlecht als etwas, das im Kontext der Verwissenschaftlichung der Technik lediglich als selbstverständlich ‚männlich' gedachte Norm in Erscheinung tritt. Die implizite Verfasstheit dieser Norm erscheint geradezu als Voraussetzung für die Ingenieure, um als objektiv distanzierter Geist im wissenschaftlichen Feld anerkennungsfähig zu werden. Die Distanz des maschinenwissenschaftlichen Ansatzes, so kann hier gefolgert werden, bedurfte notwendigerweise einer Form von Positionierung, die sich jeglicher sozialen Markierung und Situierung entledigt. Erst im Textgenre des Nachrufes wird das Benennen von Geschlecht nicht nur möglich, sondern folgt hier den geltenden diskursiven Regeln der Aussageproduktion.[24] Es waren mithin andere Regeln, als sie im Kontext eines Fachtextes im Rahmen eines bildungspolitischen Aufstiegsprojekts der Akademisierung der Technik offenkundig herrschten.

---

[24] Zur Textgattung der Nachrufe vgl. auch Anna Echterhölter, *Schattengefechte. Genealogische Praktiken in Nachrufen auf Naturwissenschaftler (1710–1860)*, Göttingen 2012.

Resümee: Geschlecht, epistemische Tugend, soziale Positionierung

Die Neukonzeption des Ingenieurs als Wissenschaftler wurde in der hier näher betrachteten Frühphase der Verwissenschaftlichung der Technikwissenschaften folglich auf zweifache Weise mit Hilfe von vergeschlechtlichten diskursiven Praktiken legitimiert: erstens durch das Anknüpfen an die bildungsbürgerliche Norm des rationalen Wissenschaftlers und humanistisch umfassend belesenen Mannes; zweitens durch die Abgrenzung gegenüber dem ‚Stallgeruch' des Handwerks, der der Technik traditionell anhaftete und der mit einer offensiven Maskulinisierung des geistigen Charakters technischer Arbeit abgestreift werden sollte. Diese Männlichkeit erweist sich im Redtenbacher'schen Fachverständnis als eine distanzierte rationale Instanz. Disziplinierung des eigenen leidensfähigen bzw. sterblichen Körpers und sozialer Abstand zu den körperlich Arbeitenden machten einen Teil des Führungsanspruches dieser neuen Elite aus, deren eigentliches Geschlecht der Geist im Sinne eines idealerweise autonomen Akteurs geworden war. Kampf um Hegemonie qua Geist war hier zugleich Kampf mit Männlichkeit als diskursiver Ressource, mittels derer der Maschinenwissenschaftler als Akademiker positioniert werden sollte.

Dieser symbolische Anschluss an das bildungsbürgerliche Konzept geistig tätiger Männer, die einzig zu Objektivität und abstraktem Denken fähig wären, verdeutlicht, worauf die Protagonisten der Technikwissenschaften begehrliche Blicke richteten, nämlich auf die mit den neuen bürgerlichen Bildungsschichten durch intellektuelle Arbeit begründete Konstruktion von Männlichkeit. Diese diskursive Referenzierung entspricht durchaus der sozialen Position der Ingenieure in der Phase der Industrialisierung: Zumeist ohne eigenes (ökonomisches) Kapital und zunehmend darauf angewiesen, die eigenen Fähigkeiten in privatwirtschaftlichen und teilweise auch staatlichen Organisationen zu vermarkten, mussten die qua Bildungsabschluss erworbenen Kompetenzen erfolgreich verwertet werden. Die Etablierung des ‚deutschen' Ingenieurs als Markenartikel kündigte sich an, der weltweit, vor allem jedoch innerhalb der eigenen Gesellschaft, als besonders leistungsfähig gelten sollte.

Hierfür rekurrierten Technikwissenschaftler wie Redtenbacher auf eine wichtige symbolische Ressource. Mit dem Habitus des objektiven Wissenschaftlers, der die Objekte des eigenen Gegenstandsbereichs distanziert betrachtete und klassifizierte, knüpften die Protagonisten der Verwissenschaftlichung diskursiv an die Normen und die Logik des wissenschaftlichen Feldes an. Die Akademisierungsbemühungen der Ingenieure beruhten daher von Beginn an auf einer epistemischen Differenzierungspraxis, die sich auf etwas bezog, was man zeitgenössische ‚epistemische Tugenden' nennen kann. In dieser Differenzierungspraxis wurde mit dem Wissen, das als genuines Fachwissen galt, um Anschluss an das hegemoniale Männlichkeitsmodell objektiver Rationalität und damit Eintritt in das Feld der Wissenschaft gekämpft.

Es kann hier nur noch kurz darauf hingewiesen werden, dass sich v.a. im letzten Jahrzehnt des 19. Jahrhunderts ein Wandel des Fachverständnisses der Technikwissenschaften und ihrer epistemischen Praxis ankündigte. Eine deutlich wahrnehmbare Gegenbewegung zur nach Redtenbacher zunehmend strengeren Verwissenschaftlichung des Ingenieurwesens bildete sich heraus und ließ die Orientierung am Konzept des Maschinenwissenschaftlers brüchig werden. Diese und die in der weiteren Folge im 20. Jahrhundert erfolgenden Verschiebungen können hier nicht mehr ausgeführt werden.[25] Die sich bereits um 1900 artikulierende Abkehr vom wissenschaftlichen Habitus der ersten Verwissenschaftlichungsphasen mündete in eine Reformulierung der Technikwissenschaften im Sinne einer sich von den etablierten Wissenschaften differierenden, anwendungsorientierten Wissenschaft. Mit dieser Reformulierung werden neue Regeln für die Konzeption epistemischer Praxis aufgestellt, die mit der Betonung geradezu konträrer Fähigkeiten wie ‚männlicher' Tatkraft, praktischer Durchsetzungsfähigkeit, naturgegebener Erfindungsgabe und konstruktivem Gefühl einhergingen. Diese Abkehr von einem Verwissenschaftlichungsprojekt, wie es mit Redtenbacher eingeläutet wurde, verweist auf die grundsätzliche historische Kontingenz von epistemischen Praktiken und der damit verbundenen Konstruktionsweise eines vergeschlechtlichten Akteurs.

Weitergehende Überlegungen

Abschließend möchte ich auf die Frage eingehen, welche Einsichten sich aus der Analyse der vergeschlechtlichten Formen der Verwissenschaftlichung der Technikwissenschaften für die wissenschaftshistorische und -soziologische Diskussion um epistemische Tugenden gewinnen lassen, die über den konkreten Gegenstandsbereich der Technikwissenschaften hinausweisen mögen.

Zunächst kann festgehalten werden, dass das historische Beispiel der Technikwissenschaften zum Zeitpunkt ihrer Entstehung Hinweise dafür liefert, dass epistemische Tugenden als Teil von Positionierungskämpfen innerhalb der Wissenschaften zu betrachten sind und im Spiel um Positionsgewinne in Prozessen der Verwissenschaftlichung strategisch eingesetzt werden. Aus Sicht einer historisch-genealogisch arbeitenden Soziologie sind sie als soziale Normen im Horizont der Machtverhältnisse einer je spezifischen historischen Zeit zu analysieren.

---

[25] Vgl. Paulitz, *Mann und Maschine* (Anm. 7) sowie Tanja Paulitz/Bianca Prietl, „Kontinuitäten und Brüche des nationalsozialistischen Technokraten. Geschlechtersoziologische Studien zum Ingenieurwesen der rationalisierten Moderne", in: *Österreichische Zeitschrift für Soziologie* 40 (2015), 209–226, sowie Paulitz/Prietl, „Technikwissenschaftliche Business Masculinity" (Anm. 8).

Ohne epistemische Tugenden deshalb auf intentional und bewusst verfolgte strategische Ziele zu verkürzen, kämpfen Akteure mit solchen Tugenden um Anerkennung und suchen die jeweils erreichte Position im Feld zu legitimieren.

Außerdem kann aus der Analyse der Technikwissenschaften die Möglichkeit in den Blick genommen werden, dass solche epistemischen Tugenden als kontingente, umstrittene Praktiken zu deuten sind, die nicht schlichtweg aus den Erfordernissen der zu erkennenden Welt abgeleitet werden können, sondern, wie etwa Akademisierungsbestrebungen zeigen, ihre Kraft und Legitimität aus unhinterfragt gültigen Normen ziehen, die von den mächtigen Spielern im Feld als zu einem bestimmten Zeitpunkt gültige Regeln des Spiels etabliert werden. Allein ihre Umstrittenheit und Instabilität sowohl am Übergang beispielsweise vom Handwerk zur Wissenschaft als auch in der Positionierung im Feld der Wissenschaft, etwa als theoretische oder anwendungsorientierte Disziplin, zeigt, dass komplexe Zusammenhänge zwischen der Konstituierung von Fächern, Wissensterritorien, Zugängen zu Erkenntnis und Erkenntnissubjekten bestehen, die hochgradig kontingent und situativ variabel sind.

Schließlich erweist die Studie, dass epistemische Tugenden auf ihre Vergeschlechtlichung hin zu befragen sind, gerade auch weil sie aus ihren Bezügen zur symbolischen Geschlechterordnung einen wesentlichen Teil ihrer ‚Schlagkraft' im Wissenschaftsspiel beziehen. Diese Analyse von geschlechtlichen Codierungen – sie wären sicherlich um ethnisierende, rassisierende und andere Zuschreibungen und deren Überkreuzungen zu erweitern – scheint mir umso wichtiger dort, wo sie auf den ersten Blick gar nicht erkennbar sind. Die Latenz verweist hier auf einen zentralen Funktionsmodus epistemischer Tugenden zur Herstellung von Objektivität, da sie eine wesentliche Voraussetzung dafür bilden, die vermeintlich neutrale Position des erkennenden Subjekts zu konstruieren. Die Latenz ist mithin inhärenter Teil der Wissensordnung und Effekt der Regeln des Feldes und der darin legitimen diskursiven Praktiken. Im Fall des Technikwissenschaftlers geht es folglich darum, die Regeln des akademischen Diskurses zu befolgen, um eben Teil jenes Diskurses werden zu können. Das Konzept der epistemischen Tugenden erweist sich daher aus einer solchen analytischen Perspektive auf Machtrelationen und -kämpfe, auf historische und kontextbezogene Kontingenzen und auf geschlechtliche und andere soziale Codierungen als gewinnbringend.

„Die Menschlichkeit nicht vergessen"

Zum Wandel der epistemischen Tugenden im 18. und 19. Jahrhundert am Beispiel des medizinischen Menschenversuchs

Katja Sabisch

Der folgende Beitrag[1] möchte anhand der Geschichte des medizinischen Menschenversuchs aufzeigen, welche epistemischen Tugenden zu Beginn des Experimentierens am Menschen ab 1750 handlungsleitend waren und wie sich diese veränderten. Menschenversuche, verstanden als am Menschen vorgenommene empirische Verfahren, welche durch systematisches Beobachten unter kontrollierten Bedingungen auf einen allgemeinen Erkenntnisgewinn zielt, implizieren einen methodisch notwendigen Zwang zur Versachlichung des Gegenstandes. Diese Verobjektivierung wurde bereits im 18. und 19. Jahrhundert in Ansätzen problematisiert, eine systematische wissenschaftliche und juristische Auseinandersetzung mit ethischen Fragen erfolgte allerdings erst im 20. Jahrhundert. Vor allem ab 1900 entspann sich ein Diskurs, der experimentelle Praktiken am Menschen mit der Frage nach der Wahrung seiner Würde verknüpfte.[2] Diese sah man gewährleistet, wenn die Unverfügbarkeit und Selbstzwecklichkeit des Probanden oder der Probandin – im Sinne seiner/ihrer Freiwilligkeit und Einwilligung – nicht verletzt wurde.

Mit dem Philosophen Hans Jonas kann zwischen dem Versuch *an* einem und dem Versuch *für* einen Menschen unterschieden werden.[3] Diese Unterscheidung wurde erstmals mit der im Jahr 1964 verabschiedeten *Deklaration von Helsinki* institutionalisiert. In Anlehnung an den *Nürnberger Ärztekodex*, welcher infolge des medizinierten Terrors in den deutschen Konzentrationslagern formuliert wurde, grenzte die Deklaration nicht nur das Humanexperiment von der

---

[1] Dieser Beitrag beruht zum Teil auf der Studie „Zitation, Legitimation, Affirmation. Schreibweisen des medizinischen Menschenexperiments 1750–1830", *Berichte zur Wissenschaftsgeschichte* 33 (2009), 275–293.

[2] Vgl. Barbara Elkeles, *Der moralische Diskurs über das medizinische Menschenexperiment im 19. Jahrhundert*, München/Jena 1996.

[3] Vgl. Hans Jonas, „Im Dienste des medizinischen Fortschritts: Uber Versuche an menschlichen Subjekten", in: ders., *Technik, Medizin und Ethik. Zur Praxis des Prinzips Verantwortung*, Frankfurt am Main 1985, 109–145, hier: 143.

klinischen Forschung in Verbindung mit einer Heilbehandlung ab, sondern legte auch methodische Mindeststandards für den Versuch am Menschen fest.[4] Der „Informed Consent" fungiert als unbedingte Voraussetzung für die legitime Experimentalisierung des Menschen, da allein die wirksame Einwilligung der aufgeklärten Versuchsperson den „Zustand der ‚Dinglichkeit' gutmachen [kann], dem sich das Subjekt unterwirft".[5] An dieser Stelle wird ersichtlich, dass es sich bei Menschenversuchen um eine epistemologische Ausnahmesituation handelt, denn der Mensch ist (erkennendes) Subjekt und (zu erkennendes) Objekt zugleich. Die ethischen Probleme einer solchen experimentellen Konstellation wurden bereits an anderer Stelle ausführlich diskutiert[6], so dass im Folgenden die moralischen und epistemischen Tugenden fokussiert werden, die im Kontext der medizinischen Forschung am Menschen angeführt werden. Welche Eigenschaften soll das erkennende Subjekt bzw. der Experimentator aufweisen, um medizinisches oder naturwissenschaftliches Wissen über Menschen produzieren und darstellen zu können? Wie und unter welchen Umständen veränderten sich diese Eigenschaften bzw. Voraussetzungen?

Diese Fragen sollen im Rahmen dieses Beitrags anhand einer Analyse von Versuchsberichten beantwortet werden, die ab 1750 in verschiedenen medizinischen Periodika veröffentlicht wurden.[7] Im Mittelpunkt steht dabei nicht das Erkenntnisinteresse des Versuchsleiters oder seine experimentellen Fertigkeiten[8], sondern seine Interaktion mit der Versuchsperson. Wie wurde der Mensch im Versuch dargestellt, wie fand er Eingang in die Darstellung des wissenschaftlichen Settings? Was sind die Merkmale und Charakteristika dieses Aufschreibesystems? Dabei ist voranzustellen, dass der Mensch als Versuchsobjekt in den Protokollen der Experimentatoren spätestens ab Mitte des 19. Jahrhunderts unauffindbar ist. Dies mutet zunächst paradox an, denn immerhin fand

---

[4] Vgl. Urban Wiesing (Hg.), *Ethik in der Medizin. Ein Reader*, Stuttgart 2000, 108–112.

[5] Ebd., 111.

[6] Nicolas Pethes/Birgit Griesecke/Marcus Krause/Katja Sabisch (Hgg.), *Menschenversuche. Eine Anthologie 1750–2000*, Frankfurt am Main 2008.

[7] Es wurden die folgenden Zeitschriftentitel ausgewertet: *Medicinische Versuche und Bemerkungen, welche von einer Gesellschaft in Edinburgh durchgesehen und herausgegeben werden* (1749–1752), *Medicinische Bibliothek* (1785), *Sammlung der besten medicinischen und chirurgischen Schriften* (1788–1798), *Medicinisch-Chirurgische Zeitung* (1790–1797), *Journal der Erfindungen und Theorie und Widersprüche in der Natur- und Arzneiwissenschaft* (1792–1797), *Archiv für die Physiologie* (1796–1812), *Annalen der Physik* (1799–1824), *Der Galvanismus. Eine Zeitschrift* (1802), *Archiv für medicinische Erfahrung* (1802–1821), *Jahrbücher der Medicin als Wissenschaft* (1806–1808), *Annalen der gesammten Medicin als Wissenschaft* (1810), *Archiv für den thierischen Magnetismus* (1817–1824), *Zeitschrift für Physiologie* (1824–1835), *Berliner Medizinische Central-Zeitung* (1832–1840), *Archiv für Anatomie, Physiologie und wissenschaftliche Medicin* (1834–1900).

[8] Vgl. hierzu Charles Bazerman, *Shaping Written Knowledge: The Genre and Activity of the Experimental Article in Science*, Madison 1988; grundlegend zum Versuchsprotokoll als Quelle experimentellen Tuns vgl. Hans-Jörg Rheinberger, *Experimentalsysteme und epistemische Dinge. Eine Geschichte der Proteinsynthese im Reagenzglas*, Göttingen 2001.

die Wissensproduktion am lebenden Objekt, die seit Mitte des 18. Jahrhunderts als Menschenexperiment beschrieben werden kann[9], am menschlichen Körper statt.[10] Die Analyse der Versuchsberichte zeugt jedoch vom Gegenteil: Während die veröffentlichten Protokolle der Forscher zwar detailliert Auskunft über Ziele und Methoden der Eingriffe gaben, blieb der Mensch, der die Wissenschaft am eigenen Leibe erfahren musste, in der Regel konturlos. Denn die Schreibweise der Versuchsleiter folgte seit dem Anschluss der Lebenswissenschaften an die physikalischen Naturwissenschaften um 1840 der „Rhetorik des Dokumentarischen“[11], die zwar den Anspruch auf unmittelbare Präsentation des Experiments erhob, diesen jedoch auf Kosten der Sichtbarkeit des experimentalisierten Menschen umsetzte. Die ethisch problematische soziale Hierarchie zwischen Experimentator und Versuchsperson offenbarte sich also nicht nur im Experiment selbst, sondern auch in der Repräsentation des Experiments – die ärztliche Notiz als perspektivisch gelenkte Vermittlungsform des Menschenversuchs maß der experimentellen Entität ‚Mensch‘ nur in den seltensten Fällen Bedeutung bei.[12]

Um den Menschen im Experiment sichtbar werden zu lassen, werden im Folgenden vor allem Versuchsberichte vorgestellt und analysiert, die vor der vivisektionistischen Wende um 1840 veröffentlicht wurden.[13] Anhand von vier Fallbeispielen werden zunächst die epistemischen oder besser: die experimentellen Tugenden der Redlichkeit und Achtung skizziert (1). Danach folgen Überlegungen zum Wandel der Experimentatoreigenschaften ab Mitte des 19. Jahrhunderts, welche den ‚erfolgreichen‘ Versuch an einem Menschen kennzeichneten: Redlichkeit und Achtung wurden abgelöst von einer Sachlichkeit, die den experimentalisierten Menschen hinter Tabellen, Zahlen und Diagrammen verschwinden ließ (2).

---

9 Die historische Dimension der Begriffskomponenten ‚Versuch‘ und ‚Mensch‘ legt es nahe, den Beginn der systematischen experimentellen Erkenntnisproduktion am lebenden Menschen im 18. Jahrhundert anzusiedeln. Vgl. hierzu Pethes u. a. (Hgg.), *Menschenversuche* (Anm. 6), 11–30, sowie Renate Wittern, „Versuche am Tier und am Menschen in der Geschichte der Medizin“, in: Gunther Wanke (Hg.), *Über das Experiment. Vier Vorträge* (Erlanger Forschungen Reihe B Naturwissenschaften und Medizin 25), Erlangen 2000, 9–31.

10 Vgl. hierzu Ulrich Tröhler, *„To Improve the Evidence of Medicine“: The 18th Century British Origins of a Critical Approach*, Edinburgh 2000; Andreas-Holger Maehle, *Drugs on Trial: Experimental Pharmacology and Therapeutic Innovation in Eighteenth Century*, Amsterdam/Atlanta 1999.

11 Vgl. Pethes u. a. (Hgg.), *Menschenversuche* (Anm. 6), 23. Zum Anschluss der Lebenswissenschaften an die ‚exakten‘ Wissenschaften um 1840 vgl. Karl Eduard Rothschuh, *Physiologie. Der Wandel ihrer Konzepte, Probleme und Methoden vom 16. bis 19. Jahrhundert*, Freiburg/München 1968, der diese mit der antivitalistischen, quantitativen und apparativen Richtung der Physiologie seit 1840 vollendet sieht (ebd., 253–270).

12 Vgl. Katja Sabisch, *Das Weib als Versuchsperson. Medizinische Menschenexperimente im 19. Jahrhundert am Beispiel der Syphilisforschung*, Bielefeld 2007.

13 Zur vivisektionistischen Wende vgl. Sabisch, *„Zitation, Legitimation, Affirmation“* (Anm. 1).

1. Redlichkeit und Achtung: epistemische Tugenden 1750–1840

In der Anfangszeit des medizinischen Menschenversuchs ab Mitte des 18. Jahrhunderts richtete sich das Erkenntnisinteresse der Gelehrten vor allem auf das weitgefasste Phänomen der „Lebenskraft".[14] Die damit einhergehenden Praktiken des Elektrifizierens, Galvanisierens und Magnetisierens wurden in unzähligen Versuchen auf ihre medizinische Wirksamkeit hin erprobt.[15] Beispielhaft hierfür seien die Galvanismus-Experimente des Berliner Arztes Ernst Adolf Eschke (1766–1811) genannt, die er im Sommer 1802 an „18 Taubstummen und 12 Harthörigen"[16] anstellte. Die Patienten und Patientinnen wurden über einen Zeitraum von zwei Monaten täglich mehrmals auf beiden Ohren „galvanisiert", um festzustellen, ob der Galvanismus tatsächlich heilende Kräfte besitzt – Eschke bezweifelte dies nämlich. Außerdem mussten die Insassen der Anstalt in regelmäßigen Abständen den „stillen Galvanismus" tragen; eine aus verschiedenen Metallen gefertigte Mütze, die von den Trägern zuweilen als „Narrenhaube" bezeichnet wurde. Eschke berichtete in seiner Abhandlung ausführlich über seine Versuchsreihen, so z. B. über die Experimente an Johann Karl Friedrich Ludwig:

> Am 10ten Junius klagte er bei dem Aufstehen über Brausen im linken Ohre, welches ihn kaum habe schlafen lassen. „Ei", sprach er, „ich gönne dem Professor Galvani Ruhe im Grabe; er soll mir welche im Schlaf lassen!" – Er ward drei mahl galvanisirt. Er nahm die Tafel und schrieb dem Herrn Professor S. – der noch mehrere Personen bei sich hatte – folgende Reime auf: „Noch immer bin ich taub! Die Zeitung streut' uns Staub In die Augen mit der Galvanisterei, O! sie scheint mir bloß zu seyn – Windbeutelei."[17]

Zweifellos zitierte der Experimentator hier den Menschen im Experiment, um seine eigene Meinung über die ‚Galvanisterei als Windbeutelei' zu bekräftigen. Dennoch ist die Zitation der Versuchsperson paradigmatisch für die frühen Experimente mit der Lebenskraft – man denke auch an die ausschweifenden Berichte über magnetisierte und mesmerisierte Frauen[18] –, da sie ebendiese kenntlich werden ließ: Lebende Menschen im Lebenskraft-Experiment wurden dazu angehalten, sich über die ihnen widerfahrenden Reize zu äußern. Die Zitation der Versuchsperson verwies aufgrund ihrer Unmittelbarkeit jedoch auch auf die

---

[14] Johann Christian Reil, „Von der Lebenskraft", in: *Archiv für Physiologie* 1 (1796), 8–162; vgl. auch Rothschuh, *Physiologie* (Anm. 11).

[15] Paola Bertucci/Giuliano Pancaldi, *Electric Bodies: Episodes in the history of medical electricity*, Bologna 2001.

[16] Ernst Adolf Eschke, *Galvanische Versuche*, Berlin 1803, 112.

[17] Ebd., 98.

[18] Allein die traurige Geschichte der Witwe Petersen füllt die Jahrgänge 1821–1823 im *Archiv für den thierischen Magnetismus*. Vgl. hierzu Ingrid Kollak, *Literatur und Hypnose. Der Mesmerismus und sein Einfluss auf die Literatur des 19. Jahrhunderts*, Frankfurt am Main/New York 1997.

Redlichkeit des Experimentators: Dass seine Rede mit seinem Tun übereinstimmt, soll nicht zuletzt durch die Aussagen der Versuchspersonen bekräftigt werden.

Nun gab sich Eschke jedoch nicht mit ‚sprechenden Beweisen‘ zufrieden. Um die Nutzlosigkeit des Galvanismus vollends zu belegen, fügte er seiner Abhandlung folgenden Brief bei:

> Unser lieber Vater und wackerer Erzieher, der Herr Professor Eschke fragt uns heute wieder, ob der Galvanismus etwas geholfen hat. Wir Taubstummen bezeugen, daß wir seit dem 25sten Mai 1802 galvanisirt, geduschbadet und mit Janitscharen-Becken angeschlagen werden; daß es uns aber gar nichts geholfen, sondern viele Schmerzen und einige Unannehmlichkeiten verursacht hat. [...] Das, was wir hier schreiben, ist die Wahrheit. Taubstumme lügen nicht.[19]

Dieser rhetorische Paukenschlag, mit dem das von allen Versuchspersonen unterzeichnete Dokument endet, fungierte als Beweismittel für Eschkes ernüchternde Ergebnisse. Die Figur des Zeugen, die seit Mitte des 17. Jahrhunderts für die Wahrhaftigkeit der Wissenschaft bürgte[20], wurde hier um die Figur des Betroffenen erweitert. Die „viele[n] Schmerzen“ der Versuchspersonen stifteten durch ihre Unmittelbarkeit Evidenz, oder pointierter formuliert: Es sollte der redliche Experimentator sein, der seinem experimentellen Tun durch das direkte ‚Zu-Wort-kommen-Lassen‘ der Versuchspersonen Glaubwürdigkeit verlieh.

Dass der Betroffene bereits ab Mitte des 18. Jahrhunderts Bestandteil des Aufschreibesystems Menschenexperiment war, zeigen die Aufzeichnungen des schottischen Arztes Robert Whytt (1714–1766).[21] Im Jahr 1752 begründete er die Notwendigkeit eines Zeugen folgendermaßen: „Weil die Schriftsteller zuweilen sind beschuldigt worden, als wenn sie Krankheitsgeschichte mit Erdichtungen auszierten, um eine gewisse Theorie zu unterstützen, oder den Werth einer liebgewonnenen Arztney zu erheben“.[22] Whytt fügte also seinen Aufzeichnungen über die „Entdeckung einer sichern Arztney den Stein auszulösen“ einen Brief seiner Versuchsperson bei, „um die Wahrheit des angeführten [sic.] zu bekräftigen“:

---

[19] Eschke, *Galvanische Versuche* (Anm. 16), 159/160.

[20] Ausführlich zum Status des Zeugen in der Wissenschaft vgl. Steven Shapin/Simon Schaffer, *Leviathan and the air pump: Hobbes, Boyle, and the experimental life*, Princeton 1985.

[21] Grundlegend zur Experimentalkultur in Schottland vgl. Maehle, *Drugs on Trial* (Anm. 10); Guenter B. Risse, *New Medical Challenges during the Scottish Enlightenment*, Amsterdam/New York 2005. Das erste bekannte klinische Experiment führte der Schiffsarzt James Lind im Jahr 1747 durch. Zur Bekämpfung des Skorbuts nahm er einen Reihenversuch an zwölf Seeleuten vor und konnte nachweisen, dass „Pomeranzen und Limonen zur See die wirksamsten Mittel wider diese Krankheit wären“ (James Lind, *Abhandlung von dem Scharbock*, Riga/Leipzig 1775, 236). Vgl. hierzu auch Tröhler, *„To Improve“* (Anm. 10).

[22] Robert Whytt, „Ein Versuch über die Entdeckung einer sichern Arztney den Stein auszulösen“, in: ders., *Medicinische Versuche und Bemerkungen, welche von einer Gesellschaft in Edinburgh durchgesehen und herausgegeben werden*, Bd. 5, 2. Teil (1752), 873–979, hier: 884.

Kirkaldy, den 1. des Brachm. 1742: Nach Durchlesung der Geschichte meiner Krankheit, welche von den D. Whytt ist aufgesetzt worden, bezeuge ich zu jedermanns Ueberführung, daß sie in allen Stücken der Wahrheit gemäß ist, und ich gegenwärtig vollkommen von allen Zufällen des Steines so befreyt bin, als ich in meinem Leben noch nicht gewesen. Da. Millar.[23]

Auch an dieser Stelle bezeugte der Mensch im Experiment die wissenschaftliche und moralische Integrität des Experimentators. Redlichkeit war aber keineswegs die einzige Tugend, die durch die ärztliche Notiz vermittelt wurde. So ermahnte Friedrich Hildebrandt im Jahr 1786 seine Kollegen, dass die Unabdingbarkeit des Versuches am Menschen, „so wichtig nun iener fürs ganze Menschengeschlecht ist", nicht dazu berechtige, „auch nur einen einzigen Menschen für die übrigen aufzuopfern".[24] Selbst bei Experimenten an zum Tode bestimmten Verbrechern dürfe man die „Menschlichkeit nicht vergessen".[25] Die Achtung, die der Versuchsperson entgegengebracht werden sollte, lässt sich in vielen Protokollen finden. Im Fall der Experimente von Home und Ramsden aus dem Jahr 1793 wird diese jedoch besonders deutlich. Die beiden Ärzte operierten den 21-jährigen Schiffer Benjamin Clerk am grauen Star. Sie fragten ihn nach dem erfolgreichen Eingriff, ob er „Versuche mit sich unternehmen" lassen würde. Clerk „zeigte sich sehr bereitwillig" und so wurde am 22. Dezember 1793 mit den Sehexperimenten an dem „unvollkommenen Auge" begonnen. Alle Experimente glückten, und die Ärzte waren begeistert von dem „verständigen"[26] jungen Mann. Sie beschlossen, nur noch solche verständige „und von dem Endzweck des Versuchs unterrichtete Personen zu dieser Absicht zu wählen" – denn nur so seien die „Versuche entscheidend".[27]

Die Achtung, die der Versuchsperson hier zuteilwurde, gründete nicht nur auf der von Hildebrandt angemahnten (Mit-)Menschlichkeit, sondern vor allem auf dem Wissen der Versuchsperson, durch das die Experimente erst gelingen konnten. Damit war es die Achtung vor der Versuchsperson, die die Sehversuche epistemologisch wertvoll machte.

Ähnlich verhielt es sich mit den Versuchen des amerikanischen Armeearztes William Beaumont, der von 1825 bis 1832 Verdauungsexperimente an seinem Patienten Alexis St. Martin vornahm.[28] St. Martin wurde am 6. Juni 1822 von einer Muskete verwundet. Beaumont rettete dem Jäger das Leben; es sollte ihm allerdings nicht gelingen, das faustgroße Loch im Leib des Patienten zu schließen.

---

[23] Ebd., 884.

[24] Friedrich Hildebrandt, *Versuch einer philosophischen Pharmakologie*, Braunschweig 1786.

[25] Ebd., 78.

[26] Ebd., 30.

[27] E. Home, „Über die Muskelbewegung", *Archiv für die Physiologie* 2 (1797), 419–448, hier: 421.

[28] William Beaumont, *Neue Versuche und Beobachtungen über den Magensaft und die Physiologie der Verdauung*, Leipzig 1834, 215 f.

St. Martins offener Magen verunmöglichte diesem fortan den Dienst für die *American Fur Company*, und so stellte ihn sein Arzt im April 1823 als Handlanger ein. Zwei Jahre später begann Beaumont dann mit den Versuchen an seinem Angestellten, die ihm den Titel *Father of Gastric Physiology* einbrachten, da er als Erster die Physiologie des Magens unmittelbar durch das Loch im Leib seiner Versuchsperson beobachten und beschreiben konnte. Außerdem bemerkte Beaumont, dass sich Unzufriedenheit und Verdruss nur selten positiv auf die Verdauung der Versuchsperson auswirkten. Denn das stetige Hinein- und Hinausführen von Speisen durch die Wunde war für St. Martin eine durchaus aufreibende Angelegenheit. Diese Unannehmlichkeiten hielten ihn jedoch nicht davon ab, sich zeitlebens mit der Familie Beaumont in Freundschaft verbunden zu fühlen – noch 23 Jahre nach dem Tod seines Arbeitgebers und Arztes verfasste er einen Brief an Beaumonts Sohn Israel, in dem er unter anderem über Magengeschwüre klagte.[29]

Auch hier wird ersichtlich, dass der Erfolg des Experiments auf die Mitarbeit der Versuchsperson zurückzuführen war. Dementsprechend würdigte Beaumont seinen Angestellten – St. Martin erlangte mit den kuriosen Versuchen fast ebensolche Berühmtheit wie Beaumont.

2. Von der Achtung zur Sachlichkeit: der Wandel epistemischer Tugenden ab 1840

Die durch die ärztlichen Protokolle vermittelten Tugenden der Redlichkeit und Achtung gingen mit einer spezifischen Schreibweise einher. So wurde die Versuchsperson ab 1750 durch Zitate, Briefe, Anerkennung oder Lob in das experimentelle Setting eingeflochten. Mit der vivisektionistischen Wende um 1840 änderte sich dies. Der Mensch im Experiment wurde unauffindbar, er wurde anhand von Tabellen und Zahlen quantifiziert. Denn es waren von nun an seine Organe, Flüssigkeiten oder Gliedmaßen, auf die sich das Erkenntnisinteresse des Experimentators richtete. Die Versuchsperson wurde nicht länger als Mensch dargestellt, sondern verschwand hinter Daten und Diagrammen. Die epistemischen Tugenden der Redlichkeit und Achtung wichen somit einer Sachlichkeit, die nicht mehr durch die Anerkennung des experimentalisierten Menschen, sondern durch Messen und Zählen zu überzeugen versuchte.

Der Weg zu dieser Partialisierung und Quantifizierung soll im Folgenden zunächst anhand einer Experimentalanordnung aus dem Jahr 1824 nachgezeichnet werden, die das Verschweigen und Verschwinden des Menschen bereits präludierte. Hier ist die vivisektionistische Wende also noch nicht vollends sichtbar,

[29] Jesse S. Myer, *Life and Letters of Dr. William Beaumont Including Hitherto Unpublished Data Concerning the Case of Alexis St. Martin*, St. Louis 1912.

sie kündigte sich aber bereits an. Ziel dieser in der *Zeitschrift für Physiologie* dokumentierten Versuche, die unter der Leitung des Heidelberger Professors Friedrich Tiedemann (1781–1861) durchgeführt wurden, war die Ermittlung der Zeit, „binnen welcher verschiedene in den menschlichen Körper aufgenommene Substanzen in dem Urin vorkommen".[30] Die Experimente wiesen bereits durch ihre Präsentation auf eine wesentliche Modifikation des Aufschreibesystems Menschenexperiment hin. So komplettierte der Verfasser des Versuchsberichtes, ein Arzt namens Stehberger, seine Aufzeichnungen durch mehrere Tabellen. Über den quantifizierten Menschen im Experiment wird Folgendes verraten: „Es wurden diese Versuche an einem dreizehnjährigen, mit einem angeborenen Blasenvorfall, einer Umkehrung der Blase oder einer Harnblasenspalte (Prolapsus, Inversio vesikä urinariä) behafteten Knaben angestellt, der sich in dem Krankenhause zu Frankenthal befindet."[31]

Auffällig ist hier zunächst die Verwendung der technischen Termini „Prolapsus, Inversio vesicae urinariae", mit denen die Versuchsperson bezeichnet wurde. Dem Mediziner und Wissenssoziologen Ludwik Fleck zufolge beruht die „spezifische Kraft wissenschaftlicher technischer Termini [...] in hohem Maße darauf, das, was sie bedeuten, von der erkennenden Person abzutrennen, also darauf, eine ‚objektive' Bedeutung festzulegen".[32] Die Distinktion des Experimentators von seinem Versuchsmenschen fand damit durch die Verwendung technischer Termini statt. Gleichzeitig führte diese Technisierung zur Partialisierung des Menschen im Experiment. Was interessierte, war die Beschaffenheit der Blase; sie machte den Jungen zur perfekten Versuchsperson. Er sei „zu solchen Versuchen vorzüglich geeignet [gewesen], weil der in den Nieren abgesonderte und durch die freiliegenden Mündungen der Harnleiter beständig abfliessende Harn in jedem beliebigen Augenblicke aufgefangen und untersucht werden kann."[33]

Tiedemann beschloss nun, dem Jungen im anatomischen Hörsaal einen Teelöffel mit Rhabarbertinktur zu verabreichen, um die Verfärbung des Urins gemeinsam mit seinen Studenten beobachten zu können. Stehberger sah sich zu folgendem Kommentar veranlasst: „Um 10 Uhr wurde er [der Knabe, K.S.] in den Hörsaal geführt, wo er bei dem Anblick der grossen Anzahl von Zuhörern eine gewisse Beklommenheit und Aengstlichkeit zeigte".[34] An dieser Stelle ist ersichtlich, dass die frühen epistemischen Tugenden der Redlichkeit und Achtung

---

[30] G.A. Stehberger, „Versuche über die Zeit, binnen welcher verschiedene in den menschlichen Körper aufgenommene Substanzen in dem Urin vorkommen", *Zeitschrift für Physiologie* 2 (1826), 47–61, hier: 47.

[31] Ebd.

[32] Ludwik Fleck, „Das Problem einer Theorie des Erkennens", in: Lothar Schäfer/Thomas Schnelle (Hgg.), *Erfahrung und Tatsache. Gesammelte Aufsätze*, Frankfurt am Main 1983 (1936), 84–146, hier: 121.

[33] Stehberger, *Versuche über die Zeit* (Anm. 27), 47–48.

[34] Ebd., 50.

noch nicht gänzlich verabschiedet wurden. Denn Stehberger notierte zum einen das Befinden des Jungen, zum anderen – und dies kennzeichnet das Protokoll als ein ‚Schwellenprotokoll‘ – berichtete er zu Beginn seiner Ausführungen von einer „Versicherung“ des Professors Tiedemann, dass die Versuche an dem Jungen mit „Vorsicht“ angestellt werden und dem Kranken daraus gewiss „kein Nachtheil erwachsen würde“.[35]

Tiedemann scheint Wort gehalten zu haben. Der Junge musste neben Rhabarber nur noch Kirschen und Heidelbeeren, aber auch Gallus-Säure und „Eisen-Oxydul-Kali“ zu sich nehmen; Terpentin wurde bloß auf der Haut angewendet. Dennoch sah sich Stehberger abermals dazu veranlasst, die Unschädlichkeit der Experimente zu betonen: „Diese [...] hatten übrigens der Gesundheit des Knaben nicht im mindesten geschadet. Er befand sich wohl, ass mit Appetit, schlief gut, und sein Aussehen war nicht geändert.“[36]

So bleibt festzustellen, dass der Junge durch Tabellarisierung und Adressierung als „Prolapsus, Inversio vesikä urinariä“ zwar quantifiziert und partialisiert, aber nicht vollkommen negiert wurde. Die eingangs beschriebene „Rhetorik des Dokumentarischen“ ist in Ansätzen bereits erkennbar, jedoch noch nicht gänzlich ausbuchstabiert. Dennoch präludierte der Versuchsbericht die vivisektionistische Schreib- und Experimentierweise, die ab Mitte des 19. Jahrhunderts die Versuchsperson semantisch und physiologisch zerteilte. Die epistemischen Tugenden der Redlichkeit und Achtung wandelten sich hin zu einer Sachlichkeit, die statt Integration Distinktion als semantisches Mittel einsetzte.

3. Schluss

Dass die Experimentatoren fortan den Menschen im Experiment verschwinden ließen, um den Ansprüchen der objektiven und exakten Naturwissenschaften zu genügen, wird anhand der Versuche des Arztes Robert Bartholow besonders deutlich. Bartholow nahm im Jahr 1874 Elektrizitätsexperimente am Gehirn einer seiner Patientinnen vor. Hinsichtlich der Versuchsperson sah sich Bartholow zu folgenden Notizen veranlasst: „Mary Rafferty, 30, geboren in Irland, zur Zeit wohnhaft in Cincinnati, Hausfrau. Eingewiesen in das Good Samaritan Hospital am 26. Januar 1874. Mary ist eine mittelgroße Frau, nicht besonders gut genährt, debil.“[37] Mary Rafferty erfreute sich bester Gesundheit, bis sich vor dreizehn Monaten ein Geschwür an ihrem Kopf bildete. Bartholow diagnostiziert, dass „der Schädelknochen [...] auf einer Fläche von 5cm Durchmesser ganz ver-

[35] Ebd., 48.

[36] Ebd., 8.

[37] Robert Bartholow, „Experimental Investigations into the Function of Human Brain“, *The American Journal of the Medical Sciences*, April (1874), 305–313; übersetzte und leicht gekürzte Fassung in: Pethes u. a. (Hgg.), *Menschenversuche* (Anm. 6), 588–594.

schwunden“ sei, „wodurch das pulsierende Hirn offen zutage“ trete.[38] Und da bislang nur an Tieren Versuche angestellt wurden, es allerdings höchst wünschenswert wäre zu klären, „inwieweit sich die Erkenntnisse aus den Experimenten mit Tiergehirnen auf die Erklärung menschlicher Hirnfunktionen übertragen lassen“[39], griff Bartholow die Gelegenheit beim Schopf und elektrifizierte das offenliegende Gehirn seiner Patientin mehrmals mit galvanischem Strom aus einer „60er Siemens-und-Halske-Ringbatterie“. Den fünften der insgesamt sieben Versuche beschreibt er wie folgt:

> In den linken hinteren Hirnlappen wurde eine isolierte Nadel eingeführt, bis der nicht isolierte Teil vollständig in der Hirnmasse steckte. In einer Entfernung von 60mm wurde die zweite isolierte Nadel mit der Hirnhaut in Kontakt gebracht. Sobald der Stromkreis geschlossen wurde, zeigten die unteren und oberen Extremitäten der rechten Körperhälfte Muskelkontraktionen.[40]

Nach diesem Experiment fiel Mary Rafferty ins Koma. Nachdem sie das Bewusstsein wiedererlangt hatte, fuhr Bartholow mit den Experimenten fort. Sein Versuchsbericht endet nach dem Tod von Mary Rafferty mit der Autopsie des Leichnams:

> Lediglich das Gehirn wurde untersucht. Die Hirnhaut war an keiner Stelle auf ungewöhnliche Weise mit dem Schädel verwachsen. Die Oberflächenvenen waren gut durchblutet. Über die ganze linke Schädelhälfte verteilt trat grünlich-gelber Eiter aus, und am ganzen Gehirn traten die Adern deutlich hervor. Der Teil des Geschwürs, der oberhalb des linken hinteren Hirnlappens lag, war von der dicken Schicht einer gelblich-weißen Absonderung überzogen, die bis an die linke Seite der Hirnsichel hinabreichte.[41]

Hier zeigt sich die physiologische Vivisektion des Menschen im buchstäblichen Sinne: Mary Rafferty wurde in ihre Bestandteile zergliedert; sie war nichts weiter als Gehirn, wovon nicht zuletzt die Schreibweise Bartholows zeugt, der Mary Rafferty hinter den Begriffen „Hirnhälfte“, „Hirnlappen“, „Hirnhaut“, „Hirnmasse“ oder „Hirnsichel“ verschwinden ließ. Damit entspricht Bartholows Protokoll von 1874 gänzlich der vivisektionistischen Schreib- und Experimentierweise, die ab Mitte des 19. Jahrhunderts die Versuchsperson semantisch – und in diesem Fall auch physiologisch – zerteilte.

---

[38] Ebd., 589.
[39] Ebd., 588.
[40] Ebd., 591.
[41] Ebd., 593.

„daß er sich nicht anlügen lasse“

Über einige sozioepistemische Tugenden des Richters

Ruben Hackler

Alfred Oppler, ein ehemaliger Richter des Preußischen Oberverwaltungsgericht in Berlin, der vor den Nationalsozialisten in die USA flüchten musste, verfasste im Herbst 1942 eine 73-seitige Abhandlung unter dem Titel *Ethics in Public Administration and Individual Ethics*.[1] Der Text ist ein gutes Beispiel dafür, wie ein im Kaiserreich geborener Verwaltungsrichter die Arbeitsethik seines Berufsfeldes verstand. Oppler erwähnt zahlreiche Tugenden, die den Beamten und folglich auch den Richter auszeichnen sollen: Objektivität, Unabhängigkeit, Pflichtbewusstsein, Verantwortlichkeit, Selbstlosigkeit, Neutralität, Treue zu den Gesetzen, Freundlichkeit und Geduld. Ein Problem, das er mehrfach anspricht, auch weil es in den meisten juristischen Lehrbüchern als paradigmatisches Beispiel genannt wird, ist die unbedingte Loyalität von Richtern gegenüber den Verpflichtungen ihres Amts. Diese wird auf die Probe gestellt, wenn sie über Fälle von Verwandten zu entscheiden haben; der naheliegende Verdacht lautet, dass sie befangen sind, ihr Urteilsvermögen in solchen Situationen also geschwächt ist.[2]

Ethics in Public Administration and Individual Ethics ist typisch für das Nachdenken von Juristen über die normativen Grundlagen der Rechtsprechung, denn Oppler nennt Tugenden, von denen einige eine epistemische Funktion haben, ohne dass dieser Aspekt eine systematische Betrachtung erfahren würde.[3] Dass Richter möglichst unvoreingenommen urteilen sollen, ist wenig überraschend, doch auf welche Weise sie diese Forderung in der Praxis umsetzten, bleibt in rechtswissenschaftlichen Texten oft vage. Auch wird nur selten geklärt, in welcher Beziehung die verschiedenen Tugenden zueinanderstehen. Dabei ist leicht

---

[1] Oppler unterrichtete seit Herbst 1941 an der Graduate School of Public Administration der Harvard University. Bei dem Text handelt es sich um ein Vorlesungsmanuskript, Opplers Aufgabe bestand darin, die Studierenden auf Tätigkeiten in der öffentlichen Verwaltung vorzubereiten. Zu seiner Biographie siehe Renate Citron-Piorkowski/Ulrich Marenbach, „Christian Anselm Alfred Karl Oppler. Oberverwaltungsgerichtsrat“, in: dies., *Verjagt aus Amt und Würden. Vom Naziregime 1933 verfolgte Richter des Preußischen Oberverwaltungsgerichts. 14. Lebensläufe*, Berlin 2017, 113–124.

[2] Alfred C. Oppler, *Ethics in Public Administration and Individual Ethics*, Bureau for Research in Municipal Government Harvard University September 1942, 53, 57.

[3] Siehe Ernst-Wolfgang Böckenförde, *Vom Ethos der Juristen*, Berlin ²2011.

zu erkennen, dass Objektivität bei der Beurteilung von Fällen und Treue zu den Gesetzen in Widerspruch geraten können, etwa wenn die Legislative die gesellschaftlichen Entwicklungen nicht genügend berücksichtigt und die Richter gezwungen sind, Tatbestände unter Rechtsnormen zu subsumieren, die aus ihrer Sicht sachfremd sind. In solchen Fällen drängt sich der Verdacht auf, dass die Urteile einer weiteren – von Oppler nicht besprochenen – Tugend der Rechtsprechung zuwiderlaufen: der Gerechtigkeit.[4] Das macht deutlich, wie sehr die Analyse des richterlichen Ethos davon abhängt, auf welche epistemischen Tugenden man eingeht.

Ich möchte im Folgenden epistemische Tugenden des Richters im Kaiserreich und in der Weimarer Republik untersuchen. Dabei konzentriere ich mich auf zwei Aspekte:

1) Zunächst werde ich fragen, welche epistemischen Tugenden des Richters in der bürgerlichen Öffentlichkeit besonders hervorgehoben werden. Dass diese nicht nur in juristischen Fachpublikationen diskutiert wurden, sondern auch für die Öffentlichkeit interessant waren, hing mit dem Machtanspruch der Rechtsprechung zusammen: Richter ordneten die Gesellschaft durch ihre Urteile, die für die direkt Betroffenen mit erheblichen Nachteilen verbunden sein konnten. Im Extremfall drohte ihnen die Todesstrafe. Dazu kommt, dass Richter, anders als viele Wissenschaftler, die in Räumen mit einem stark beschränkten Zugang wie dem Labor oder dem Seminarraum ihrer Arbeit nachgingen, stets vor einem Gerichtspublikum und der Presse agierten, die ihre Entscheidungen aufmerksam beobachteten. Zwar fand nur die Hauptverhandlung vor Publikum statt, doch gab es, außer bei Sittlichkeitsverbrechen, keinen Abschnitt des Gerichtsprozesses, den die streitenden Parteien nicht vor der Öffentlichkeit ansprechen und gegebenenfalls problematisieren konnten.

2) Dann werde ich zwei epistemische Tugenden genauer betrachten, die für Vernehmung von Verdächtigen und Zeugen von erheblicher Bedeutung waren, in der historischen Forschung aber bisher kaum gewürdigt wurden: Scharfsinn und rasche Auffassungsgabe.[5] Anhand dieser beiden Eigenschaften lässt sich eine verbreitete Vorstellung über die richterliche Persona beziehungsweise die Funktionsweise epistemischer Tugenden im Allgemeinen hinterfragen: die Annahme, das Ethos des modernen Richters beruhe auf uneingeschränkt positiven Eigenschaften. Diese Vorstellung deutet sich sogar in den Schriften von Michel

---

[4] Siehe etwa Ludwig Bendix, *Die irrationalen Kräfte der strafrichterlichen Urteilstätigkeit. Dargestellt auf Grund des 56. Bandes der Entscheidungen des Reichsgerichts in Strafsachen*, Berlin 1928.

[5] Das Konzept des Scharfsinns ist bisher fast nicht erforscht. Das *Historische Wörterbuch der Philosophie* verortet es ihn den Feldern Rhetorik und Poetik, auf andere geht es nicht ein. Siehe Grigori Katsakoulis, „Scharfsinn", in: Karlfried Gründer (Hg.), *Historisches Wörterbuch der Philosophie. 8. Band (R–Sc)*, Bern 1992, 1217–1220. Zur Geschichte von Aufmerksamkeitspraktiken während des 19. Jahrhunderts siehe Jonathan Crary, *Aufmerksamkeit. Wahrnehmung und moderne Kultur*, Frankfurt am Main 2002.

Foucault an, der ansonsten einen unbestechlichen Blick für die Machtmechanismen der Justiz hatte. So vertritt er in einer Vortragsreihe unter dem Titel *Die Wahrheit und die juristischen Formen* die These, es habe im modernen Recht eine Entwicklung der juristischen Beweiserhebungstechniken von der „Kraftprobe" (*épreuve*) im Sinne eines physischen Zweikampfs zu der mit wissenschaftlichen Mitteln geführten „Untersuchung" (*enquête*) gegeben.[6] Wie zu zeigen ist, hatten Scharfsinn und rasche Auffassungsgabe die Funktion, die Kraftprobe mit den Verdächtigen und Zeugen zu gewinnen.

Begrifflich schlage ich vor, zwischen epistemischen und sozioepistemischen Tugenden zu unterscheiden. Diese Differenzierung leitet sich aus den spezifischen Mechanismen der Wahrheitsfindung in der Rechtsprechung ab: Während die Erzeugung von Wissen in den einschlägigen Arbeiten zur Geschichte epistemischer Tugenden als Auseinandersetzung mit Texten oder Dingen begriffen wird, lässt sich die Gerichtspraxis nicht darauf reduzieren, da ihre Objekte lebendige Menschen sind. Diese können dem Richter eine ganz andere Art von Widerstand entgegensetzen als etwa die Gegenstände der nach Objektivität strebenden Naturwissenschaftler und Naturwissenschaftlerinnen, deren Erkenntnisideale Lorraine Daston und Peter Galison untersucht haben.[7] Ein entscheidender Unterschied ist, dass Texte zwar falsche Behauptungen enthalten und Dinge trügerisch wirken können, aber nur Menschen in der Lage sind, absichtlich zu lügen, um sich oder andere vor Gericht zu schützen.[8]

Unermüdliche Arbeitslust und andere richterliche Tugenden

Was waren also die epistemischen Tugenden der Rechtsprechung im Kaiserreich und in der Weimarer Republik, denen man in der bürgerlichen Öffentlichkeit besondere Aufmerksamkeit schenkte?[9] Eine Quelle, die einen ersten Überblick erlaubt, ist die *Allgemeine Deutsche Biographie* (ADB), ein Kompendium, das – so der eigene Anspruch – „alle bedeutenderen Persönlichkeiten, in deren Thaten und Werken sich die Entwickelung Deutschlands in Geschichte, Wissenschaft, Kunst, Handel und Gewerbe, kurz in jedem Zweige des politischen und

[6] Michel Foucault, *Die Wahrheit und die juristischen Formen*, mit einem Nachwort von Martin Saar, Frankfurt am Main 2003, 75.

[7] Lorraine Daston/Peter Galison, *Objektivität*, Frankfurt am Main 2007.

[8] Bei Miranda Fricker, *Epistemic Injustice. Power & Ethics of Knowing*, Oxford ²2010, ist der Begriff der sozioepistemischen Tugend ebenfalls nicht zu finden, auch wenn sie sich mit genuin sozialen Phänomenen befasst.

[9] Die Wahrnehmung richterlicher Tugenden in anderen gesellschaftlichen Feldern, insbesondere innerhalb der Linken, soll in meiner gerade im Entstehen begriffenen Dissertation untersucht werden.

des Culturlebens darstellt."[10] In den insgesamt 56 Bänden, erschienen in den Jahren 1875–1912, finden sich gemäß der Onlinesuche in der Berufskategorie „Rechtswissenschaft, Rechtsprechung" 1712 Personeneinträge.[11] Grenzt man die Suche darauf ein, dass das Todesjahr der gewürdigten Personen im 19. oder frühen 20. Jahrhundert liegt, um die Vergleichbarkeit der Einträge zu gewährleisten, verringert sich ihre Anzahl auf 758. Da sich die Darstellungsweise oft sehr ähnelt, teilweise bis in die Formulierungen hinein, habe ich eine Stichprobe mit rund 70 Einträgen gebildet. Die Texte vermitteln einen guten Eindruck davon, welche Eigenschaften Richter und allgemein Juristen besitzen mussten, um in der gebildeten Öffentlichkeit des Kaiserreichs als „bedeutendere Persönlichkeiten" wahrgenommen zu werden.[12]

Richter wurden nur in die ADB aufgenommen, wenn sie einflussreiche politische Ämter bekleidet oder wichtige wissenschaftliche Veröffentlichungen vorzuweisen hatten. Die Prämierung wissenschaftlicher Leistungen war keine Besonderheit der ADB, sie bestimmte das Weltbild vieler Juristen. Dabei wurde Wissenschaftlichkeit oft mit einem intellektualistischen Wissensverständnis gleichgesetzt. Beispiele hierfür sind in den juristischen Methodendiskussionen des 19. Jahrhunderts zu finden, in denen die Gerichtspraxis zum Teil auf die logische, in mentaler Einsamkeit durchgeführte Subsumtion von Tatbeständen unter Rechtsnormen reduziert wurde. Die Formulierung von Gerichtsurteilen konnte deshalb auf ähnliche Weise verstanden werden wie die Interpretation (rechts-)wissenschaftlicher Texte, nicht zuletzt weil beide Tätigkeiten auf hermeneutische Normen angewiesen sind. Wie im nächsten Abschnitt zu zeigen ist, gab es aber gerade auch im Strafrecht Autoren, die die richterliche Urteilspraxis als interaktiv-soziales Geschehen konzipierten. Dies wird allerdings in der ADB, die überwiegend Einträge über Zivilrechtler enthält, nur unzureichend abgebildet. In den ADB-Einträgen lassen sich vier Gruppen (sozio-)epistemischer Tugenden ausmachen, die die Objektivität der Rechtspraxis in ihren verschiedenen Facetten garantieren sollten: 1) Fleiß, oft auch eng mit Pflichtgefühl verknüpft, 2) Scharfsinn und rasche Auffassungsgabe, 3) Gerechtigkeit im Urteilen und Beurteilen und 4) Praxisorientierung in der Verhandlungsführung und bei der Lösung rechtsdogmatischer Probleme.

„Fleiß" und „Pflichtgefühl" sind die mit Abstand am häufigsten genannten Tugenden von Rechtswissenschaftlern und Richtern. Über Friedrich Ortloff

---

[10] Rochus von Liliencron/Franz Xaver von Wegele, „Vorrede", in: Historische Commission der königlichen Akademie der Wissenschaften (Hgg.), *Allgemeine Deutsche Biographie*, Bd. 1, Leipzig 1875, V–XVII, hier: V–VI. In den folgenden Fußnoten ohne Hg. und abgekürzt mit ADB.

[11] https://www.deutsche-biographie.de/extendedsearch (30.09.2018).

[12] Hier wird die maskuline Form verwendet, was darauf zurückzuführen ist, dass sowohl die in der ADB gewürdigten Richter und Rechtswissenschaftler als auch die Autoren der Einträge allesamt Männer waren.

(1797–1868), Präsident vom Oberappellationsgericht in Jena, heißt es, er habe „unermüdliche Arbeitslust und Arbeitskraft“[13] besessen. Der Eintrag zu seiner Person liefert gleich auch eine Erklärung mit, warum „Fleiß“ als sozioepistemische Tugend zu deuten ist: Dank seiner Eigenschaft, auch vor umfangreichen und anspruchsvollen Fällen nicht zurückzuschrecken, also alle seine Kräfte zu mobilisieren, war Ortloff in der Lage, dem Gericht zu „berechtigte[m] Ansehen“ zu verhelfen. Seine Ausdauer, ein an sich nicht rechtspezifisches Vermögen, soll also maßgeblich zur Qualität seiner Gerichtsurteile beigetragen haben.[14]

Die am zweithäufigsten genannte epistemische Tugend von Rechtswissenschaftlern und Richtern ist „Scharfsinn“, eine Eigenschaft, die in der ADB noch eine stark intellektualistisch-verstandesorientierte Konnotation besitzt. So wird über Friedrich von Hahn (1823–1897), Senatspräsident am Reichsgericht und Autor eines einflussreichen Kommentars zum *Allgemeinen Deutschen Handelsgesetzbuchs*, erklärt:

> Nach Laband's Urtheil war seine juristische Construction scharfsinnig, doch frei von willkürlichen und unnatürlichen Fictionen und darum besonders anziehend, weil sie erkennen ließ, wie die Ordnung der äußern Dinge im Einklang steht mit der dem Menschengeist angeborenen Logik.[15]

Nach Albert Teichmann, dem Autor dieses Eintrags, ist der Scharfsinn von Richtern so aufzufassen, dass er ihre Denkprozesse strukturiert, indem er sie anleitet, gesellschaftliche Praktiken wie den Handel unter primär rechtlichen Gesichtspunkten zu betrachten. Logisches Denken allein, das legt das Zitat nahe, wäre dafür nicht ausreichend gewesen; es bedarf eines weitaus komplexeren Urteilsvermögens, das in der Lage ist, zu entscheiden, wie eine „juristische Construction“ zu gestalten sei, ohne dass sie in Schematismus abgleitet. Die Feststellung über von Hahns Scharfsinn bezieht sich auf den erwähnten Kommentar zum Handelsgesetz, also auf dessen wissenschaftliches Werk, war aber leicht als Charakterisierung seiner gesamten Arbeitsweise und damit seiner juristischen Persona lesbar. Der Scharfsinn wird in den ADB-Artikeln auch direkt auf die Tätigkeit von Richtern bezogen. So wird über Eduard Heinichen (1801–1859), den Vorsitzenden des Hamburger Handelsgerichts, gesagt, er habe bei der „Entscheidung von Rechtsprincipien“ im Rahmen der Urteilsfindung seinen „scharfen durchdringenden Geist“[16] unter Beweis gestellt. Was das konkret bedeutete, darüber geben die verhältnismäßig kurzen Artikel jedoch keine Auskunft.

---

13 Karl Schulz, „Ortloff, Friedrich“, in: *ADB 24*, Leipzig 1887, 449–453, hier: 451.

14 Wenn man einfach danach ginge, wie häufig Vokabeln wie „Unermüdlichkeit“, „Gewissenhaftigkeit“ „Gründlichkeit“ in einem Beitrag genannt werden, wäre Levin Goldschmidt als einer der fleißigsten Richter Deutschlands im 19. Jahrhundert zu bezeichnen. Siehe Max Pappenheim, „Goldschmidt, Levin“, in: *ADB 49*, Leipzig 1904, 438–448.

15 Albert Teichmann, „Hahn, Friedrich von“, in: *ADB 49*, Leipzig 1904, 705–706, hier: 706.

16 Werner von Melle, „Heinichen, Eduard“, in: *ADB 11*, 366 f.

In den ADB-Artikeln wird neben dem Scharfsinn von Richtern auf ihre „schnelle Auffassungsgabe“ verwiesen, die eine große Nähe aufwies zu ihrer „Schlagfertigkeit“ im Austausch mit anderen. Sie hatte die Funktion, Gerichtsprozesse möglichst effektiv zu leiten.[17] Während der Scharfsinn die methodisch abgesicherte Interpretation von Handlungen, Indizien und Texten ermöglichen sollte, mussten Richter schlagfertig sein, um nicht die Kontrolle über den Streit der Parteien zu verlieren, was die Qualität ihrer Urteile in Mitleidenschaft gezogen hätte. Die rasche Auffassungsgabe des Richters ist als eine genuin sozioepistemische Tugend anzusehen, da sie die Überprüfung von Aussagen hinsichtlich ihrer Faktizität und Relevanz für die Anklage mit der Koordination von Sprechhandlungen verband.

„Gerechtigkeit“ und „Vorurteilsfreiheit“ sind die in der ADB am dritthäufigsten genannte epistemischen Tugenden von Juristen. Der Begriff der Gerechtigkeit wird auf drei verschiedene Weisen gebraucht: Erstens bezeichnet er die Eigenschaft von Richtern, die Aussagen von allen Beteiligten gleichermaßen vorurteilsfrei zu würdigen und im Zweifelsfalle gegen die Interessen der Mächtigen zu urteilen, auch wenn dies unter Umständen hieß, in politische Auseinandersetzungen verwickelt zu werden. Der bereits erwähnte Friedrich Ortloff wird auch in dieser Hinsicht als Vorbild präsentiert:

> In Allen, die O. kannten, hat die Erinnerung an seinen lauteren und unbestechlichen Wahrheitssinn und seinen geraden und aufrichtigen Charakter dauernd nachgewirkt. [...] Wie er jeder Beeinflussung seines richterlichen Urtheils von oben unzugänglich war, schloß er sich auch gegenüber den unteren Strömungen der stürmischen achtundvierziger Jahre bei allem patriotischen Sinn und voller Würdigung der constitutionellen Regierungsform ernst und streng ab.[18]

Die zweite Bedeutung von Gerechtigkeit bezieht sich darauf, als Anwalt im Zweifelsfalle auch mit der eigenen Partei ins Gericht zu gehen. Heinrich Albert Oppermann (1812–1870), einer der wenigen in der ADB gewürdigten Anwälte, wird ausdrücklich für seine Integrität gelobt, denn er habe es „niemals versäumt, der eigenen Partei den Spiegel vorzuhalten und die Fehler nachzuweisen, deren sie sich schuldig gemacht hat.“[19] Die Integrität von Anwälten kann als eine Unterform der ersten, vor allem mit der Arbeit von Richtern assoziierten Bedeutung von Gerechtigkeit verstanden werden, da sie ebenfalls eine vorurteilsfreie Haltung erforderte. Sie ist als epistemische Tugend zu bezeichnen, denn sie sollte dafür sorgen, dass die Wahrheit das höchste Gut in Gerichtsprozessen blieb, auch wenn die Akteure jeweils einen Sieg über die gegnerische Partei zu erringen versuchten.

---

[17] Siehe hierzu Friedrich Freiherr von Neubronn, „Stabel, Anton“, in: *ADB 35*, Leipzig 1893, 332–337, hier: 334.

[18] Schulz, „Ortloff“ (Anm. 14), 451.

[19] Friedrich Frensdorff, „Oppermann, Heinrich Albert“, in: *ADB 24*, Leipzig 1887, 400–400, hier: 402.

Die dritte Bedeutung von Gerechtigkeit war in erster Linie auf die Interpretation rechtswissenschaftlicher Texte bezogen und lässt sich mit dem „Prinzip der wohlwollenden Interpretation“ (*principle of charity*) vergleichen: „In various versions it constrains the interpreter to maximize the truth or rationality in the subject's sayings.“[20] Ein Rechtswissenschaftler und zeitweiser Richter, der in der ADB für das „Prinzip der wohlwollenden Interpretation“ steht, ist Levin Goldschmidt (1821–1897); er hatte, so wie der bereits erwähnte von Hahn, als Handelsrechtler große Bekanntheit unter seinen Kollegen erlangt. In einem vergleichsweisen langen Text, der mehrmalig Goldschmidts „Gewissenhaftigkeit“ hervorhebt, wird sein Gerechtigkeitssinn wie folgt beschrieben:

> Auch ihm galt das Reich des Wahren zugleich als das der Sittlichkeit, das Erkennen daher nicht nur als eine Bethätigung des Intellects, sondern auch als Mittel der sittlichen Bildung. Seine wissenschaftliche Thätigkeit, wie all sein Handeln, wurde beherrscht von dem kategorischen Imperativ des Pflichtgebots. [...] Er selbst war stets auf das ängstlichste bedacht, niemandem Unrecht zu thun. Wo er auch nur von der Meinung eines Anderen in einer noch so untergeordneten, wissenschaftlichen Frage abwich, that er dies niemals, ohne seine Gründe darzulegen.[21]

Dem Zitat lässt sich entnehmen, dass Goldschmidts Gerechtigkeit gegenüber den Texten anderer Rechtswissenschaftler nicht nur sachlich begründet war, sondern auch auf den Konventionen des höflichen Umgangs miteinander beruhte: Wenn er ihre Aussagen als falsch überführte, achtete er nach Max Pappenheim, dem Autor des Eintrags, darauf, ihnen dennoch mit größtmöglichem kollegialem Respekt zu begegnen. Rechthaberei war für ihn ein Laster. Auch wenn davon auszugehen ist, dass Goldschmidt im Einklang mit seiner bürgerlichen Sozialisation agierte, weshalb er (oder Pappenheim) keinen Grund sah, seine kommunikativen Strategien eigens zu begründen, stellt sich die Frage, welche epistemische Funktion sie für die Praxis der Rechtswissenschaft hatten. Goldschmidt wird, wie viele andere Juristen auch, als ein ganz und gar sympathischer Mensch beschrieben – eine Eigenschaft, die in anderen Einträgen als „Liebenswürdigkeit“[22] bezeichnet wird. Diese Beschreibung ist nicht nur als durchsichtiger Versuch anzusehen, die beschriebene Person in einem guten Licht dastehen zu lassen, sie verweist auch darauf, wie sehr ihr Charakter die Kommunikation mit Studierenden und Kollegen beeinflusste, und damit auch die Erzeugung rechtswissenschaftlicher Erkenntnisse. Am Beispiel von Lehrer-Schüler-Beziehungen lässt sich dies verdeutlichen. Folgt man dem ADB-Artikel über Goldschmidt, war dieser fleißigen Studenten sehr zugewandt, was sich positiv auf ihr Lernverhalten ausgewirkt haben soll:

---

[20] Simon Blackbourn, *The Oxford Dictionary of Philosophy*, Oxford 1996, 62.

[21] Max Pappenheim, „Goldschmidt, Levin“, in: *ADB 49*, Leipzig 1904, 438–448, hier: 446–447.

[22] Albert Teichmann, „Brockhaus, Friedrich Arnold B.“, in: *ADB* 47, Leipzig 1903, 262–263, hier: 263.

Neben den Vorlesungen wandte G. den Uebungen bereits zu einer Zeit, wo deren Werth nur vereinzelt erkannt war, seine volle Aufmerksamkeit zu. Die Anforderungen, die er auch hier an die Theilnehmer stellte, waren nicht gering. Wer aber ernsthaft arbeiten wollte, war gewiß, hier alles zu erhalten, was die umfassende Gelehrsamkeit und die nicht ermüdende Hülfsbereitschaft des Lehrers dem Schüler zu bieten vermag.[23]

Pappenheims Beschreibung lässt erkennen, dass auch eine an sich völlig unspezifische Eigenschaft wie „nicht ermüdende Hülfsbereitschaft" durchaus als ein Faktor in der juristischen Ausbildung und Praxis wahrgenommen wurde. Zwar muss damit noch offen bleiben, ob die gepriesene Liebenswürdigkeit der Rechtswissenschaftler als epistemische Tugenden anzusehen ist, doch wird deutlich, dass sie ihre Erkenntnisfähigkeit positiv beeinflusste. Um bestimmen zu können, ob es sich tatsächlich um eine epistemische Tugend handelt, und nicht nur um eine Funktion in der rechtswissenschaftlichen Praxis, müsste geprüft werden, ob sie eigenständig Wissen generiert. Dieser Aspekt wird ganz am Schluss noch einmal anzusprechen sein.

Die vierte epistemische Tugend von Richtern und generell Juristen ist ihre praktische Haltung bei der Beurteilung prozessualer oder rechtwissenschaftlicher Fragen. Diese Tugend ist jedoch mit einer Einschränkung zu versehen, da sie in den herangezogenen ADB-Artikeln nur sehr selten genannt wird. Das könnte als Effekt der Stichprobe interpretiert werden, deckt sich aber mit der sonstigen (auto-)biographischen Literatur von Richtern und Rechtswissenschaftlern, in der der praxisorientierten Haltung ebenfalls ein vergleichsweise geringer Stellenwert zukommt. Was bedeutete nun die Tugend der Praxisorientierung in der Rechtsprechung? Anton von Stabel (1806–1880), der vor seiner Richtertätigkeit als Anwalt arbeitete und in der ADB als der „bedeutendste Jurist" vorgestellt wird, „den das Großherzogthum Baden bisher besaß",[24] verstand es aufgrund seiner sachlich-pragmatischen Haltung, Gerichtsurteile im Sinne der Betroffenen und im Geiste einer effizienten Rechtsprechung zu fällen, anstatt sich stur auf die Verfahrensgesetzgebung zu berufen:

[Stabels] Einfluß auf die Rechtsprechung des obersten Gerichtshofes war ein mächtiger; er bewegte sich, der ganzen Veranlagung des Mannes entsprechend, in der Richtung der Förderung des materiellen Rechts, des gesunden Menschenverstandes, zu dessen Schutz und Geltendmachung, nicht Verkümmerung, die formalen Vorschriften des Processes bestünden. St. verstand es zugleich, die mündlichen Verhandlungen und Berathungen erheblich abzukürzen, unterzog die Entwürfe zu Entscheidungsgründen genauer Prüfung, nicht selten sie durch selbst ausgearbeitete ersetzend.[25]

[23] Pappenheim, „Goldschmidt" (Anm. 21), 444.
[24] V. Neubronn, „Stabel, Anton von", in: *ADB 35*, Leipzig 1893, 332–337, hier: 332.
[25] Ebd., 334.

Stabel war es ein Anliegen, das materielle Recht gegenüber den „formalen Vorschriften des Processes“ zu stärken, weil diese durch die streitenden Parteien leicht missbraucht werden konnten; der Prozess wurde dadurch unnötig in die Länge gezogen, im Extremfall sogar gänzlich kompromittiert. In einem Aufsatz, der an prominenter Stelle in dem ADB-Eintrag erwähnt wird, kritisiert Stabel die „prozessualischen Bosheit[en]“[26] der Anwälte, die sich in unfairen Manövern und Meineiden manifestieren. Die pragmatische Verhandlungsführung des Richters, geleitet von seinem „gesunden Menschenverstand“, darf als sozioepistemische Tugend bezeichnet werden, denn sie sollte den Anreiz für Verzögerungstaktiken und Falschbehauptungen minimieren und dadurch dem Streben der Parteien nach Wahrheit volle Geltung verschaffen.

Die Praxisorientierung von Rechtswissenschaftlern, die in der ADB öfter erwähnt wird als die von Richtern, richtete sich auf ein anderes Objekt, diente aber einem vergleichbaren Ziel: der Vermeidung einseitiger Sichtweisen, die nur beschränkt wahrheitsfähig sind. Ein Beispiel ist Paul Friedrich von Wyss (1844–1888), ein Rechtswissenschaftler der Universität Basel, den die Herausgeber offenkundig für ‚deutsch‘ genug hielten, um ihm einen Eintrag in der ADB zu widmen. Über ihn heißt es: „Seine Stärke war die dogmatische Untersuchung“ (Erörterung des geltenden Rechts), „ohne doch in eine unfruchtbare Scholastik zu verfallen, wovor ihn sein gesunder, und von früh an in Praxis geübter Verstand bewahrte.“[27] In diesem Fall wird die pragmatische Haltung des Juristen mit seinem Praxiswissen begründet, eine konzeptuelle Engführung, die sich auch in mindestens einem weiteren Eintrag angedeutet findet, aber eben, verglichen mit den anderen sozioepistemischen Tugenden, kein dominantes Schema ist.[28]

Eine Frage ist, wie man die in der ADB beschriebenen Tugenden historisch einordnet und bewertet. Zunächst fällt auf, dass die Autoren keine allgemeinverbindliche Vorstellung davon hatten, in welcher Beziehung die verschiedenen Tugenden zueinanderstanden. Zwar werden in den ADB-Einträgen immer wieder Eigenschaften wie Fleiß und Scharfsinn miteinander verknüpft, aber eine bestimmte Reihenfolge, geschweige denn eine systematische Analyse der epistemischen Tugenden geben sie nicht zu erkennen. Ähnlich verhält es sich mit den rechtwissenschaftlichen Einführungen, Handbüchern und thematische Abhandlungen, in denen die epistemischen Tugenden der Rechtsprechung ebenso wenig einheitlich dargestellt werden. Diese Übereinstimmung ist nicht verwunderlich, denn die Autoren der ADB-Artikel waren größtenteils ausgebildete Ju-

---

[26] Anton von Stabel, „Wahrheit und Lüge im Civilprozeß (§ 5 des Entwurfs einer Anwaltsordnung)“, in: *Jahrbücher des Großherzoglich Badischen Oberhofgerichts* 17 (1847/48), 1–25, hier: 1.

[27] Gerold Meyer von Knonau, „Wyß, Friedrich von“, in: *ADB 44*, Leipzig 1898, 427–427.

[28] Matthiaß [sic], „Schwanert, Hermann“, in: *ADB 54*, Leipzig 1908, 269–270.

risten und orientierten sich entsprechend an dem, was ihnen im Studium und gegebenenfalls in der Berufspraxis vermittelt worden war. Richter sollten möglichst viele sozioepistemische Tugenden besitzen, aber es wurden kaum Anstalten unternommen, ihr Zusammenspiel durch zwingende Vorgaben zu regeln.

Dieser Befund widerspricht Webers Rationalisierungsthese in *Wirtschaft und Gesellschaft*, in der das moderne Recht zu einem paradigmatischen Fall bürokratisch-standardisierten Handelns erklärt wird.[29] Hätte es in der Rechtswissenschaft oder der Justizverwaltung ernsthafte Bestrebungen gegeben, die Praxis der Rechtsprechung derart zu vereinheitlichen, wie Weber annahm, wären die sozioepistemischen Tugenden des Richters ein geeigneter Angriffspunkt für entsprechende disziplinierende Maßnahmen gewesen. Die ADB-Artikel, genauso wie die Nachrufe in juristischen Fachzeitschriften,[30] zelebrieren jedoch gerade nicht die Uniformität der richterlichen Persona, sondern lassen auf ein Streben nach Individualität und gesellschaftlichem Prestige schließen, für das die epistemischen Tugenden ein geeignetes Vehikel waren. Damit lässt sich insbesondere erklären, warum gerade Fleiß in den ADB-Einträgen am häufigsten genannt wird, schließlich war dies eine herausragende Tugend im Leistungsdenken der damaligen Zeit.[31]

Eine mögliche Vorgehensweise wäre nun, die Beschreibungen der genannten Personen mit ihrer tatsächlichen Arbeitsweise zu vergleichen, schließlich kann kein Mensch immer so vorbildlich sein, wie die ADB-Artikel es behaupten. Abgesehen davon, dass ein solcher Beweis aufgrund der Quellenlage vermutlich gar nicht so leicht zu führen wäre, soll es hier nicht darum gehen, Theorie und Praxis der Rechtsprechung derart gegeneinander auszuspielen (auch wenn dies aus ideologiekritischen Gründen verlockend wäre). Man würde damit zunächst einmal nur die idealisierende Vorgehensweise der ADB-Autoren in Frage stellen, aber noch keine Aussage über den Stellenwert der epistemischen Tugenden in der Rechtsprechung treffen. Sinnvoller erscheint es mir hier, anhand einer bestimmten Gruppe von sozioepistemischen Tugenden zu bestimmen, welche Funktion sie in der konkreten Gerichtspraxis hatten.

Sozioepistemische Tugenden des Strafrichters

Die sozioepistemischen Tugenden des Scharfsinns und der schnellen Auffassungsgabe waren nicht bloß für das Zivilrecht wichtig, sie spielten gerade auch im Strafrecht eine unverzichtbare Rolle. Dies lässt sich anhand des *Handbuchs*

---

[29] Max Weber, *Wirtschaft und Gesellschaft. Grundriss der verstehenden Soziologie*, Tübingen ^{5}1972, 503–515.

[30] Siehe etwa den Nachruf auf Adrian Bingner, Senatspräsident im II. Zivilsenat des Reichsgerichts, erschienen in: *Deutsche Juristen-Zeitung* 7 (1902), 264.

[31] Nina Verheyen, *Die Erfindung der Leistung*, Berlin 2018.

für Untersuchungsrichter von Hans Gross zeigen, das in den Jahren 1893–1922 sieben Auflagen erlebte und als eines der erfolgreichsten Kompendien im Strafrecht anzusehen ist.[32] Das *Handbuch* stellt ausführlich die Praxis der Rechtsprechung vor und lieferte damit ein Wissen, das im Studium nur unzureichend vermittelt wurde. Gross erweiterte es immer mehr, was mit dem allgemeinen Bedeutungszuwachs der Kriminalistik, sprich der Entwicklung von Beweis- und Identifizierungsmethoden wie der Daktyloskopie seit dem letzten Drittel des 19. Jahrhunderts zusammenhing – eine Entwicklung, die er, nicht zuletzt durch das *Handbuch*, mit beförderte. An seinem Verständnis der richterlichen Persona und der Vernehmung von Verdächtigen und Zeugen während der Voruntersuchung änderte sich unterdessen kaum etwas. Dies war nun genau das Handlungsfeld des Untersuchungsrichters, in dem er – neben den anderen in der ADB genannten epistemischen Tugenden – stets von seinem Scharfsinn und seiner raschen Auffassungsgabe Gebrauch machen sollte,[33] damit die Hauptverhandlung ohne Verzögerungen oder Pannen geführt werden konnte und das Urteil so wenig Angriffspunkte wie möglich bot, um gegebenenfalls ein Berufungsverfahren zu überstehen.

Die Vernehmung von Beschuldigten und Zeugen in der Voruntersuchung hatte definitionsgemäß unterschiedliche Zielsetzungen: Erstere sollten ihre Tatbeteiligung gestehen, wohingegen letztere aufgefordert waren, mit ihrem Wissen über den von ihnen beobachteten Tathergang zur Aufklärung des Verbrechens beizutragen. In beiden Fällen war das Ziel, möglichst umfassend die Wahrheit über die Tat und die daran beteiligten Personen zu ermitteln, um festlegen zu können, ob es zur Hauptverhandlung kommt oder nicht. Die gerichtliche Wahrheitssuche war generell ein prekäres Unterfangen, denn zum einen musste immer damit gerechnet werden, dass die Verdächtigen ihre Tatbeteiligung verschleiern, um einer Verurteilung zu entgehen. Anders, aber häufig nicht viel besser war es um die Qualität der Zeugenaussagen bestellt, die von der Wahrnehmungsfähigkeit der befragten Personen abhing und darum erheblichen Schwankungen unterlag.[34] Zum anderen war die vormals übliche Inquisitionspraxis, die Einschüchterung und physische Gewalt gestattete, in den meisten deutschen Staaten Mitte des 19. Jahrhunderts aufgehoben worden – eine Änderung des Strafprozessrechts, die die Handlungsmöglichkeiten des Untersuchungsrichters stark einschränkte.[35] Verdächtige hatten seither das Recht, ihre Aussage zu verwei-

[32] Das Buch, das zuerst *Handbuch für Untersuchungsrichter, Polizeibeamte, Gendarmen* hieß, bekam ab der 3. Auflage von 1899 den Titel *Handbuch für Untersuchungsrichter als System der Kriminalistik*, den es fortan behielt. Hier wird, wenn nicht anders angegeben, aus der siebten Auflage, München 1922, zitiert.

[33] Gross, *Handbuch für Untersuchungsrichter* (Anm. 32), 35.

[34] Heather Wolffram, *Forensic Psychology in Germany. Witnessing Crime, 1880–1939*, Basingstoke 2018.

[35] Siehe hierzu allgemein Arthur Henschel, *Die Vernehmung des Beschuldigten. Ein Beitrag zur Reform des Strafprozesses*, Stuttgart 1909.

gern, um sich nicht selbst zu belasten, und dem vernehmenden Richter war es untersagt, sie unter Druck zu setzen oder durch gezielte Falschbehauptungen jedweder Art aus der Reserve zu locken, damit sie sich verraten. Inquisitorische Vernehmungstechniken waren in der Gerichtspraxis zwar weiterhin an der Tagesordnung,[36] sie wurden in der rechtswissenschaftlichen Literatur jedoch nicht mehr ohne Einschränkung beworben.

Einvernahme von Verdächtigen

Gross ist im *Handbuch* sichtlich bemüht, die praktischen Schwierigkeiten und legalen Hindernisse der Wahrheitsermittlung im Rahmen der Voruntersuchung zu adressieren. Das Ziel einer Vernehmung sieht er darin, dass „alles berührt und besprochen wird, was für den vorliegenden Fall von Wichtigkeit ist, und daß nichts übersehen bleibt".[37] Dabei macht er keinen Hehl daraus, wie gering sein Vertrauen in die Aussagen von Verdächtigen ist. Das zeigt sich schon daran, dass er die Techniken der Zeugenbefragung auf rund siebzig Seiten behandelt, für die Vernehmung von Beklagten aber nicht einmal zwanzig Seiten aufwendet. Daraus ist jedoch nicht der Schluss zu ziehen, er habe letztere für praktisch irrelevant gehalten. Ein vollumfängliches Geständnis des Beklagten war weniger wahrscheinlich, aber weiterhin erstrebenswert, weil sich die Verhandlung damit stark vereinfachen und abkürzen ließ.

Wie also sollte der Untersuchungsrichter zu einem Geständnis kommen, ohne die verdächtige Person unter Druck zu setzen? Der erste Vorschlag von Gross zielt darauf, das performative Potential der Verstandesschärfe, die er auch als „Schneidigkeit"[38] bezeichnet, während der Befragung voll auszuschöpfen:

> [Der Vernommene] muß von allem Anfange an das Bewußtsein haben, der UR. [Untersuchungsrichter] beherrsche das vorliegende und gesammelte Material vollständig, er muß die Arbeit des UR. ernst nehmen, muß das Gefühl haben, daß der UR. mit allen gesetzlichen Mitteln die Wahrheit zu erforschen gewillt ist. Daher befleißige sich der UR. einer pedantischen, durch nichts zu verrückenden Wahrheitstreue.[39]

Diese Forderung wird mit Blick auf potentielle Falschaussagen der Vernommenen noch einmal präzisiert: „Darf der UR. auf der einen Seite niemals von der Wahrheit abweichen, muß er andererseits dem Beschuldigten gegenüber den Eindruck zu erwecken wissen, daß er sich nicht anlügen lasse. Die kritiklose

---

[36] Es ist bemerkenswert, wie unverblümt diese Tatsache – immerhin ein Verstoß gegen das Prozessrecht! – in der Fachliteratur zugegeben wird. Siehe Henschel, *Die Vernehmung des Beschuldigten* (Anm. 35), 25.

[37] Gross, *Handbuch für Untersuchungsrichter* (Anm. 32), 78.

[38] Ebd., 35.

[39] Ebd., 145.

Hinnahme jeder noch so plumpen Lüge ist da vom [sic] Schaden."[40] Der Untersuchungsrichter soll seine epistemische Autorität zur Geltung bringen, damit der Vernommene nicht versucht, ihn in die Irre zu führen oder auf eine andere Weise zu überlisten. Für Gross, aber nicht nur für ihn,[41] ist die Einvernahme verdächtiger Personen daher eine agonale Situation, in der der Richter darauf zu achten hat, dass er die Oberhand behält. Die Wahrheit gibt es nicht ohne Konfrontation, außer die vernommene Person legt wirklich aus freien Stücken ein Geständnis ab.

Damit war jedoch nur selten zu rechnen. Da der Untersuchungsrichter keinen Zwang ausüben darf, schlägt Gross eine subtilere Form der Gesprächsführung vor, die darauf zielt, die Vorteile eines Geständnisses für den Beklagten hervorzuheben:

> [Der Untersuchungsrichter] „erweist ihm damit [...] eine Wohltat, denn das Geständnis ist ein Vorteil für den Beschuldigten; seine Tat erscheint in einem milderen Licht, er sichert sich eine geringere Strafe und die Erleichterung des Gewissens ist auch für den Verworfensten ein nicht zu leugnender Gewinn."[42]

Gross mag seinen Ansatz so verstanden haben, dass er allein der Wahrheitsfindung dienlich sei, aber was er vorschlägt, ist nichts anderes als die Manipulation des Vernommenen, der durch ein betont verständnisvolles Auftreten dazu gebracht werden soll, den Standpunkt des Richters als den seinen zu akzeptieren.[43] Der Beschuldigte könnte sich, juristisch betrachtet, einfach auf sein Recht der Zeugnisverweigerung berufen, eine Haltung, die ihm je nach Beweislage zum Vorteil gereichen würde; der im *Handbuch* beschriebene Richter ist jedoch derart an der Wahrheit interessiert, die er als Erfolg seiner Ermittlungsarbeit verbuchen kann, dass er die vernommene Person mit wohlwollend klingenden Worten dazu bringt, ihre Tat zu gestehen. Gross löst den Konflikt zwischen der rechtlichen Situation des Beschuldigten und dem Erkenntnisinteresse des Richters nicht auf, dafür fühlte er sich allem Anschein nach zu sehr seinem Berufsstand verpflichtet.

---

[40] Ebd.

[41] Albert Hellwig, *Psychologie und Vernehmungstechnik bei Tatbestandsermittlungen. Eine Einführung in die forensische Psychologie für Polizeibeamte, Richter, Staatsanwälte, Sachverständige und Laienrichter*, Berlin 1927, 73. Albert Weingart, *Kriminaltaktik. Ein Handbuch für das Untersuchen von Verbrechen*, Leipzig 1904, 10–15, nimmt das Inquisitionsverbot des Richters beim Wort und delegiert die Funktion an Polizeibeamte und Staatsanwälte, die an seiner Stelle energisch auftreten sollen.

[42] Gross, *Handbuch für Untersuchungsrichter* (Anm. 32), 149.

[43] Siehe hierzu die instruktiven Überlegungen von Alexander Fischer, *Manipulation. Zur Theorie und Ethik einer Form der Beeinflussung*, Berlin 2017, 67–74.

Befragung von Zeugen

Bei der Befragung von Zeugen durch den Richter war generell beides gefragt: Scharfsinn und rasche Auffassungsgabe. Der Scharfsinn war erforderlich, da sich Zeugen stets irren konnten und der Untersuchungsrichter dies erkennen musste, um ihre Beobachtungen richtig zu bewerten. Wie die Literaturverweise im *Handbuch* zeigen, studiert Gross aufmerksam die Entwicklung der experimentellen Aussagepsychologie seit dem letzten Drittel des 19. Jahrhunderts, die sich mit der Wahrnehmungs- und Gedächtnisleistung von Zeugen befasst. Gross ist dieser Forschung gegenüber sehr aufgeschlossen, meldet jedoch auch beträchtliche Skepsis an, wie verwertbar die bisherigen Ergebnisse für die Arbeit des Richters seien, da sie zu wenig für die Bewertung des Einzelfalls leisten.[44]

Zeugenaussagen können aus verschiedenen Gründen unzuverlässig sein, für die Frage nach dem Scharfsinn des Untersuchungsrichters ist jedoch einer besonders relevant: Gross stellt die Theorie auf, dass Wahrnehmungen auf Schlüssen beruhen, die den betreffenden Personen verborgen bleiben, weil sie „blitzartig und ohne Überlegung"[45] ablaufen. Seine Überlegungen zur Funktionsweise von Wahrnehmungsvorgängen weisen deutliche Parallelen zu Michael Polanyis Konzept des impliziten Wissens auf.[46] Da Schlüsse, seien sie implizit oder explizit, fehlerhaft sein können, muss der Untersuchungsrichter die Zeugenaussagen stets prüfen. Wahrnehmungsmuster in Frage zu stellen, ist hierbei ein Mittel. Ein Beispiel aus dem *Handbuch* ist, dass man Tippfehler leicht übersehen kann, wenn sie den Lesefluss nicht behindern.[47] Der Richter soll darum die Zeugenaussagen auf Fehlleistungen hin prüfen und sich einen Eindruck von der generellen Wahrnehmungsfähigkeit der befragten Person machen. Denn: „Was leicht erregbare, oft vorzüglich veranlagte Leute durch Phantasie zu leisten vermögen, erreicht das Unglaubliche."[48] Wie Gross festhält, bedarf es in der Voruntersuchung einer „systematische[n] Konstruktion des Falles, [des] scharfe[n] und richtige[n] Auffassen[s] seiner natürlichen Entwicklung." Bezogen auf das Erkennen von Fehlleistungen bedeutet dies, die Zeugenaussagen mit dem bereits gesammelten Wissen über die Tat abzugleichen und festzustellen, wie wahrscheinlich die mit-

---

[44] Gross, *Handbuch für Untersuchungsrichter* (Anm. 32), 76, 161. Siehe auch Hans Gross, *Handbuch für Untersuchungsrichter als System der Kriminalistik*, München [6]1914, 153–155. Zur Ablehnung, die Tätigkeit des Richters an den Ergebnissen der psychologischen Forschung auszurichten, siehe meinen Text „Subjektivierung der Rechtsprechung? Vom *forum internum* zur (Sozial-)Psychologie des Richters im Straf- und Zivilrecht um 1900", in: Andreas Gelhard/Thomas Alkemeyer/Norbert Ricken (Hgg.), *Techniken der Subjektivierung*, Paderborn 2013, 133–148.

[45] Gross, *Handbuch für Untersuchungsrichter* (Anm. 32), 90.

[46] Michael Polanyi, *Implizites Wissen*, aus dem Amerikanischen von Horst Brühmann, Frankfurt am Main 1985.

[47] Gross, *Handbuch für Untersuchungsrichter* (Anm. 32), 83.

[48] Ebd., 121.

geteilten Beobachtungen sind, denn „es unterlaufen die gröbsten Fehler, wenn die Angabe einfach hingenommen und nicht auf ihre Entstehung durch die betreffenden Schlüsse untersucht wird."[49]

Scharfsinn ist auch wichtig, wenn Zeugen den Verdächtigen schützen wollen, etwa indem sie ihm ein falsches Alibi geben. In diesem Fall schlägt Gross vor, die befragte Person durch möglichst viele Fragen in Widersprüche zu verwickeln. Die Basis für dieses Vorgehen ist der Wissensvorsprung des Richters, der durch „eingehendes und wiederholtes Fragen [...] schließlich auf solche Momente [kommt], die vom Zeugen nicht vorher bedacht und mit seinem Komplizen durchbesprochen"[50] worden sind. Während der Beschuldigte, solange er sich ruhig verhält,[51] mit einer gewissen Zurückhaltung seitens des Richters rechnen darf, schließlich soll er ohne Anwendung von Zwang gestehen, werden unaufrichtige Zeugen aktiv überführt. Schon die im *Handbuch* verwendete Sprache deutet darauf hin, dass Zeugen, die vorsätzlich nicht bei den Tatsachen bleiben, ein signifikantes Maß an Aggressivität in der Vernehmung zu erwarten haben. So empfiehlt Gross ein „energisches, oft rücksichtsloses Dreingehen",[52] eine Haltung, die unvermittelt neben seinem Plädoyer zur Gesetzestreue steht. Dass auch Zeugen nicht aussagen müssen, wird lediglich erwähnt und spielt für seine praktischen Überlegungen zur Zeugenbefragung kaum eine Rolle.

Die rasche Auffassungsgabe ist ebenfalls eine zentrale sozioepistemische Tugend der Voruntersuchung, da es zwar prozessrechtliche Vorgaben gibt, diese aber die Wahrheitsfindung nicht garantieren, sondern lediglich bestimmte Handlungen vorschreiben oder verbieten. Die Aufgabe des Richters ist es, in möglichst kurzer Zeit alle relevanten Tatsachen zu sammeln, ohne zu Beginn zu wissen, welche das eigentlich sind und wie diese genau zusammenhängen. Er verfügt zwar über Erfahrungswerte, aber keine unumstößlichen Gewissheiten. Gross warnt darum davor, sich allzu früh auf eine bestimmte Version des Tathergangs festzulegen, da das „unwahrscheinlichst Auftretende [...] später oft zur Tatsache wird."[53] In dieser Situation der epistemischen Unsicherheit muss der Untersuchungsrichter ständig die Wahrnehmungsfähigkeit und die Aufrichtigkeit der Zeugen evaluieren, und zwar im direkten Austausch mit der betreffenden Person. Dies erforderte von ihm neben der von Gross öfter erwähnten „Menschenkenntnis"[54] die Fähigkeit, sich innerhalb kürzester Zeit auf die Zeugen einzustellen, um die Vernehmung taktisch klug führen zu können.

Der Untersuchungsrichter ist bei der Befragung von Personen, die gewillt sind, die Wahrheit zu sagen, auch auf eine rasche Auffassungsgabe angewie-

---

[49] Ebd., 89.
[50] Ebd., 131.
[51] Ebd., 147.
[52] Ebd., 18.
[53] Ebd., 20.
[54] Ebd., 9, 11, 44, 76, 144.

sen, weil ihre Aussagen in eine für die gerichtliche Wahrheitsfindung brauchbare Form gebracht werden müssen. Damit ist nicht die Praxis gemeint, Vernehmungsprotokolle an administrative Schreibkonventionen anzupassen.[55] Die Eingriffe in die Zeugenaussagen geschehen nämlich schon während der Vernehmung selbst. Die befragten Personen sollen nicht in eine bestimmte Richtung gelenkt werden, doch wie Gross ausführt, besteht immer die Möglichkeit, dass sie auf Anhieb keine relevanten Angaben machen können; in solchen Fällen muss der Richter gezielte Nachfragen stellen, geht dabei aber das Risiko ein, die Zeugen zu Aussagen zu animieren, die nicht mit ihren eigenen Beobachtungen übereinstimmen, ohne dass sie sich dieses Unterschieds bewusst wären.[56] Der Richter muss darum den richtigen Zeitpunkt abpassen, um die Befragung zu beenden, auch wenn die Zeugen dann unter Umständen nicht dazu kommen, ihr ganzes Wissen mitzuteilen. Daher sind selbst kooperative Zeugen nicht die natürlichen Verbündeten des Untersuchungsrichters, da es leicht passieren kann, dass sie sich in ihren falschen Annahmen und scheinbaren Beobachtungen gegenseitig bestärken. Die rasche Auffassungsgabe, verbunden mit Scharfsinn, ist das Instrument, um solche (Selbst-)Täuschungsmechanismen zu erkennen und zu durchbrechen.

Wenn man sozioepistemischen Tugenden des Scharfsinns und der raschen Auffassungsgabe analysiert, wird deutlich, dass die eingangs erwähnte These Foucaults, in der modernen Rechtsprechung habe eine Entwicklung von der dyadisch organisierten „Kraftprobe“ zur triadisch verfassten, von einer neutralen Instanz – dem Richter – geleiteten „Untersuchung“ stattgefunden, nicht einfach auf andere Fälle übertragbar ist. Gross verstand sich als Teil einer fortschrittsorientierten Strömung des kriminalistischen Denkens und wollte die „Verwissenschaftlichung des Sozialen“[57] im 19. Jahrhundert für die Gerichtspraxis fruchtbar machen,[58] doch war er weit davon entfernt, die Erzeugung juristischer Wahrheit als einen bürokratisch geregelten, vom Geist reiner Sachlichkeit getragenen Akt zu begreifen. Es fand kein Ablösungsprozess statt, wie Foucault unterstellt, sondern der parallele Einsatz von „Kraftprobe“ und „Untersuchung“, die

---

[55] Peter Becker, „‚Recht schreiben‘ – Disziplin, Sprachbeherrschung und Vernunft. Zur Kunst des Protokollierens im 18. und 19. Jahrhundert“, in: Michael Niehaus/Hans-Walter Schmidt-Hannisa (Hg.), *Das Protokoll. Kulturelle Funktionen einer Textsorte*, Frankfurt am Main 2005, 49–76.

[56] Gross, *Handbuch für Untersuchungsrichter* (Anm. 32), 76, 119–122.

[57] Lutz Raphael, „Die Verwissenschaftlichung des Sozialen als methodische und konzeptionelle Herausforderung für eine Sozialgeschichte des 20. Jahrhunderts“, in: *Geschichte und Gesellschaft* 2 (1996), 165–193.

[58] Siehe hierzu allgemein Richard F. Wetzell, *Inventing the Criminal. A History of German Criminology*, 1880–1945, Chapell Hill 2000; Peter Becker, *Verderbnis und Entartung. Eine Geschichte der Kriminologie des 19. Jahrhunderts als Diskurs und Praxis*, Göttingen 2002.

im *Handbuch* fast bis zur Ununterscheidbarkeit miteinander verschränkt sind. Dass es in der Rechtsprechung weiterhin zu Kraftproben kam, hatte nicht zuletzt einen strukturellen Grund: Die Zeugen in Widersprüche zu verwickeln, diente der Ermittlung einer Wahrheit, die gegen die beschuldigte Person in Anschlag gebracht werden sollte. Die Voruntersuchung fand also *per se* unter agonalen Bedingungen statt. Diese Situation verschärfte sich dadurch, dass die Qualität der Zeugenaussagen gegen Ende des 19. Jahrhunderts zusehends mit Misstrauen betrachtet wurde.

Die Grenzen des Scharfsinns

Nina Verheyen hat jüngst darauf hingewiesen, dass das bürgerliche Tugendverständnis um 1800 auf dem sozialen Gedanken beruhte, anderen zu dienen, anstatt sie zu übertrumpfen.[59] Wenn man die ADB-Artikel über Rechtswissenschaftler und Richter liest, entsteht der Eindruck, als sei diese Auffassung einhundert Jahre später immer noch nicht verschwunden. Das Lebenswerk der in der ADB erinnerten „bedeutenderen Persönlichkeiten“ wird als wertvoller Beitrag zur gesellschaftlichen Entwicklung präsentiert, und auch die häufigen Verweise auf ihre „unermüdliche Arbeitslust“ und „Opferwilligkeit“[60] vermitteln den Eindruck, als hätten sie sich stark für die Allgemeinheit engagiert. Gross wiederum plädierte aus Gründen der „Humanität“ dafür, alle „üblen Folgen der Untersuchungshaft zu beseitigen“,[61] weil darunter auch diejenigen zu leiden hätten, die unschuldig einvernommen werden. Auch für ihn konnte die gerichtliche Wahrheitsfindung also einen Beitrag zum Gemeinwohl leisten: durch die Vermeidung unnötiger Leiden.

Diese positive Selbstwahrnehmung dürfte mit dazu beitragen haben, dass die sozioepistemischen Tugenden des Richters in einem rein positiven Licht wahrgenommen wurden. Dass der aggressive Charakter gerichtlicher Ermittlungsmethoden kaum zur Kenntnis genommen wurde, ist angesichts der hehren gesellschaftspolitischen Ziele, die das Straf- und Zivilecht verfolgte, nicht verwunderlich. Dabei gab es damals jedoch auch Autoren, die dem Scharfsinn des Richters mit Skepsis begegneten (und hier eigentlich ein eigenes Kapitel verdient hätten).

Zum einen ist der linke Anwalt und zeitweise Arbeitsrichter Ludwig Bendix zu nennen, der in den 1920er-Jahren auf eine unter Juristen weit verbreitete *déformation professionnelle* hinwies: ihre Rechthaberei.[62] Seine Kritik lässt sich so deuten, dass eine Tugend wie der Scharfsinn, wenn sie nicht etwa durch den Sinn

---

59 Verheyen, *Erfindung der Leistung* (Anm. 31), 119–126.

60 Schulz, „Ortloff“ (Anm. 13), 451, 452.

61 Hans Gross, „Die Verbesserung der gerichtlichen Voruntersuchung“, in: ders., *Gesammelte Kriminalistische Aufsätze*, Leipzig 1908, 209–213, hier: 209–210.

62 Bendix, *Die irrationalen Kräfte* (Anm. 4), 146. Siehe auch Ludwig Bendix, *Die irratio-*

für Gerechtigkeit kanalisiert wird, ein unzulässiges Eigenleben entwickelt und am Ende bloß noch als Waffe dient, um andere zu „übertrumpfen". Im Mittelpunkt seiner Argumentation stand jedoch der an die konservative Richterschaft gerichtete Vorwurf, durch ihre übermäßige Treue zum Gesetz – das heißt zu bestimmten, aus dem Kaiserreich stammenden Rechtsnormen – die demokratischen Grundprinzipien der Weimarer Republik zu untergraben. Von diesem Standpunkt aus betrachtet ist nicht der Mangel an sozioepistemischen Tugenden zu beklagen, sondern ihr übermäßiger oder auf andere Weise fehlgeleiteter Gebrauch.

Zum anderen wurde im Kontext der Aussagepsychologie eine Kritik des richterlichen Scharfsinns entwickelt, die nicht politisch motiviert war, sondern auf methodischen Erwägungen beruhte. Anlass für diese kritische Auseinandersetzung war die Frage, wie Kinder und Jugendliche vor Gericht zu befragen seien, ohne sie zu ungenauen oder falschen Aussagen zu verleiten. Zwar enthält schon das *Handbuch* ein Kapitel zu diesem Aspekt, doch waren es vor allem Vertreterinnen und Vertreter der Psychologie und der Pädagogik, die die Entwicklung der Wahrnehmungs- und Gedächtnisfähigkeit in der Kindheit systematisch erforschten. Einer der einflussreichsten Autoren in diesem Zusammenhang ist William Stern, der 1926 das Buch *Jugendliche Zeugen in Sittlichkeitsprozessen* veröffentlichte,[63] in dem wesentliche Erkenntnisse und Kontroversen über das Thema seit der Jahrhundertwende rekapituliert werden. Stern führt zahlreiche Negativbeispiele aus der Gerichtspraxis an, um zu belegen, dass Kinder und Jugendliche ganz anders befragt werden müssten als Erwachsene, da sie leichter zu beeinflussen seien:

> Es gibt zweifellos ausgezeichnete Staatsanwälte und Untersuchungsrichter, die Kindern gegenüber nicht den rechten Ton finden, und die bei dem Versuche, ihre bei erwachsenen Zeugen geübte und bewährten Methoden der Vernehmung auf Unerwachsene zu übertragen, Schiffbruch erleiden.[64]

Daher fordert er „pädagogischen Takt"[65] von ihnen, eine Eigenschaft, die in der ABD nur dann vorkommt, wenn es um das Verhältnis von Professoren zu ihren Studierenden geht (aber auch dann oft nicht), im *Handbuch* gar nicht.[66] Scharfsinn und pädagogischer Takt haben zwar beide das Ziel der gerichtlichen Wahrheitsfindung, doch funktionieren sie sehr unterschiedlich: Während ersterer dazu dient, die befragte Person zu durchschauen, sie kognitiv zu überwältigen,

---

nalen Kräfte der zivilrichterlichen Urteilstätigkeit auf Grund des 110. Bandes der Entscheidungen des Reichsgerichts in Zivilsachen, Breslau 1927, 112–113.

[63] William Stern, *Jugendliche Zeugen in Sittlichkeitsprozessen, ihre Behandlung und psychologische Begutachtung. Ein Kapitel der forensischen Psychologie*, Leipzig 1926.

[64] Ebd., 53–54.

[65] Ebd., 54.

[66] Siehe Gross, *Handbuch für Untersuchungsrichter* (Anm. 32), 76. Takt bezeichnet dort „das instinktmäßige Herausfinden des richtigen Vorgehens".

erfordert Letzterer, ihre Perspektive zu übernehmen und sich situativ an sie anzupassen. Der pädagogische Takt weist gewisse Ähnlichkeiten zu der in der ADB hervorgehobenen „Liebenswürdigkeit“ auf, auch wenn der Zweck hier nicht der Austausch mit Studierenden oder Kollegen ist, sondern die möglichst behutsame Vernehmung von „Unerwachsenen“.

Damit waren die immanenten Grenzen des richterlichen Scharfsinns markiert, doch sollte es noch einige Zeit dauern, bis sie durch die flächendeckende Etablierung der Jugendgerichtsbarkeit wirklich anerkannt wurden. In den 1920er-Jahren gab es Juristen, die sich ansatzweise mit den von Stern gesammelten Argumenten auseinandersetzten, doch schwankte ihre Reaktion zwischen unverbindlichem Zuspruch und offener Ablehnung. Ungeachtet der Nachteile, die der Scharfsinn in bestimmten Situationen zeitigte, galt er weiterhin als eine unerlässliche sozioepistemische Tugend der Rechtsprechung. Das deutet darauf hin, dass es sich bei der Rechtsprechung, wie subtil auch immer ihre Mittel waren, um eine „formalisierte Form der Gewalttätigkeit“[67] handelte. Die ADB klammerte diesen Zusammenhang einfach aus, Gross hingegen bewarb das energische und rücksichtslose „Dreingehen“ in verklausulierter Form ganz offen. Eine systematische, auf weitere Quellen abgestützte Erschließung epistemischer Tugenden in der Rechtsprechung müsste dieser Verbindung von Wahrheitsfindung und Gewalt in ihren verschiedenen Facetten Rechnung tragen.

---

[67] Norbert Elias, *Studien über die Deutschen. Machtkämpfe und Habitusentwicklung im 19. und 20. Jahrhundert* (*Gesammelte Schriften*, Bd. 11), hg. v. Michael Schröter, Frankfurt am Main 2005, 104.

Entsagung und Apathie

Goethes epistemische (Un-)Tugenden

Cornelia Zumbusch

Goethes Naturforschung steht bekanntlich quer zu Kants erkenntniskritischer Wende. Anders als Kant, der zwischen analytischen und synthetischen Urteilen und damit zwischen dem in der Erscheinungswelt Vorfindlichen und den die Beobachtung strukturierenden Schemata unterscheidet, geht Goethe davon aus, dass sich in der Natur bestimmte ‚Grund- und Urphänomene' antreffen lassen, die sich keinen Konstruktionsleistungen verdanken.[1] Diese Urphänomene bestimmt Goethe in der *Farbenlehre* als „höhere Regeln und Gesetze, die sich aber nicht durch Worte und Hypothesen dem Verstande, sondern gleichfalls durch Phänomene dem Anschauen offenbaren".[2] Zwar markiert Goethe mit dem Theorem des Urphänomens durchaus die Grenzen der sinnlichen Erfahrung, bezeichnet das Urphänomen doch den Ort, an dem man „die Grenze des Schauens eingestehen" müsse.[3] Gleichwohl behauptet Goethe die reale Sichtbarkeit einer Ordnung der Natur, die sich dem ‚Anschauen offenbaren' soll. Hier stellt sich allerdings die Frage, inwiefern Einsichten, die den Forschenden im Medium der sinnlichen Erkenntnis zufallen sollen, tatsächlich als objektive Tatsachen gelten können.

---

[1] Manfred Kleinschnieder hat in einer der ersten systematischen Darstellungen zu Goethes Wissenschaftstheorie kritisiert, dass Goethe den Grenzwertcharakter seiner Methode verschleiere. Typus oder Urphänomen seien eben nicht empirisch vorfindlich, sondern hypothetisch, oder wie Schiller vermutlich zu Recht bemerkt habe, keine Phänomene, sondern Ideen. Zum Zweiten sei eine solche Theorie, das formuliert Goethe selbst, streng genommen nur als Kunst denkbar. Manfred Kleinschnieder, *Goethes Naturstudien. Wissenschaftstheoretische und -geschichtliche Untersuchungen*, Bonn 1971. Um eine Würdigung der Goethe'schen Epistemologie hat sich, angeregt von Carl Friedrich von Weizsäckers Goethe-Deutung, Christoph Gögelein bemüht: Christoph Gögelein, *Zu Goethes Begriff von Wissenschaft*, München 1972. Gernot Böhme hat Goethes Epistemologie als alternativen Wissenschaftsentwurf diskutiert: Gernot Böhme, „Ist Goethes Farbenlehre Wissenschaft?", in: ders. (Hg.), *Alternativen der Wissenschaft*, Frankfurt am Main 1980, 123–153.

[2] Johann Wolfgang v. Goethe, *Zur Farbenlehre*, in: ders., *Werke. Hamburger Ausgabe in 14 Bänden*, Bd. 13, 11. Aufl. München 1994, 327 (Texte aus dieser Ausgabe werden im Folgenden unter der Sigle HA mit Bandangabe zitiert).

[3] Ebd.

Goethes Epistemologie steht im Horizont eines Problems, das Lorraine Daston und Peter Galison in ihrer Geschichte der Objektivität rekonstruiert haben. Wie Daston und Galison zeigen, avanciert die Objektivität im Verlauf des 19. und 20. Jahrhunderts zu einem zentralen Begriff der Wissenschaftstheorie. Die Durchsetzung der wissenschaftlichen Objektivität als einer neuen „epistemischen Tugend“[4] bedarf indes einiger Vorkehrungen. Im Kontext unterschiedlicher Praktiken beschreiben Daston und Galison unter anderem, wie sich in der zweiten Hälfte des 19. Jahrhunderts die Forderung nach einem „wissenschaftlichen Selbst“ herausbildet: „Objektiv erkennen hieß Subjektivität unterdrücken, also den nachkantischen Kampf des Willens gegen sich selbst durchfechten, Schopenhauers Willen zur Willenlosigkeit praktizieren.“[5]

Hier schließen die folgenden Überlegungen an. Wie ich zeigen möchte, versucht Goethe bereits in den 1790er Jahren, sein Programm einer Empirie, die schon Theorie sei, über eine enge Verbindung von Ethik und Naturforschung abzusichern. Unter den Namen der Entsagung und der Uneigennützigkeit skizziert Goethe das Tugendideal eines Forschenden, der sich um die Ausstreichung aller subjektiven Leidenschaften bemüht. Im zweiten Teil des vorliegenden Aufsatzes möchte ich fragen, ob dieser Entwurf eines leidenschaftslosen Forschersubjekts nicht einem Selbstmissverständnis unterliegt, insofern er in Goethes höchst leidenschaftlich betriebener Naturforschung, insbesondere in der obsessiv verfolgten Farbenlehre, permanent unterlaufen wird. Problematisch an Goethes Epistemologie wäre dann nicht (nur) die epistemische Implikation eines erkennenden Sehens, sondern auch dessen ethische Prämisse einer vollständigen Leidenschaftsfreiheit.

1.

In einem 1792 entstandenen, 1823 unter dem Titel *Der Versuch als Vermittler von Objekt und Subjekt* erschienenen Text liefert Goethe ein bislang kaum kommentiertes Manual epistemischer Tugenden und Laster. Es ist eine Aufzählung von Eigenschaften und charakterlichen Dispositionen, die den Naturforscher entweder unterstützen oder behindern können. Schon bei der Sammlung der Daten bedarf es, so resümiert Goethe, einer Arbeit, die „nicht sorgfältig, emsig, streng, ja pedantisch genug vorgenommen werden“[6] kann. Die Tugenden der Sorgfalt und des Fleißes können aber noch nicht garantieren, dass die zusammengetragenen Phänomene auch die richtige Interpretation erfahren. Denn hier, bei der

[4] Lorraine Daston, Peter Galison, *Objektivität*, Frankfurt am Main 2007, 14.
[5] Ebd., 222.
[6] Goethe, *Der Versuch als Vermittler von Subjekt und Objekt*, HA 13, 20.

Deutung und Zusammenstellung der beobachteten Erscheinungen zu gültigen Regeln und Gesetzen, lauern die eigentlichen Feinde der Forschung:

> Ungeduld, Vorschnelligkeit, Selbstzufriedenheit, Steifheit, Gedankenform, vorgefaßte Meinung, Bequemlichkeit, Leichtsinn, Veränderlichkeit, und wie die ganze Schar mit ihrem Gefolge heißen mag, alle liegen hier im Hinterhalte und überwältigen unversehens den handelnden, so auch den stillen, von allen Leidenschaften gesichert scheinenden Beobachter.[7]

Die erdrückende Reihe dieser mehrmals als „Fehler"[8] bezeichneten Laster, die hier Charakterfehler ebenso wie Fehlerquelle der Forschung meinen, kann letztlich nur durch die Sicherung „von allen Leidenschaften" ausgeglichen werden. Diese Sicherung ist aber insofern prekär, als sie jederzeit von den im Hintergrund noch agierenden Fehlern gestört werden kann. Umso beharrlicher durchzieht Goethes Aufsatz die Beschreibung einer idealen Leidenschaftsfreiheit, mit der man die eigene Fehleranfälligkeit reduzieren könne. Sie wird grundsätzlich nötig, weil das naturforschende Subjekt dazu neigt, die umgebende Natur „in Bezug auf sich selbst"[9] zu sehen. Mit dieser Tendenz aber kommen Begehrlichkeiten und Abneigungen, emotionale Bestimmtheiten und Bezogenheiten ins Spiel, die den Blick auf die Natur verzerren. Diese subjektiven Wertungen müssen ausgeschaltet werden, um die Beobachtungsergebnisse nicht zu verfälschen:

> Eben den Maßstab des Gefallens und Mißfallens, des Anziehens und Abstoßens, des Nutzens und Schadens; diesem sollen sie ganz *entsagen*, sie sollen als gleichgültige und gleichsam göttliche Wesen suchen und untersuchen, was ist, und nicht, was behagt.[10]

Erst der Versuch, allen subjektiven Maßstäben zu *entsagen*, garantiere die erkenntnisfördernde Ruhe. Mit der Rede vom Entsagen bringt Goethe einen Begriff ins Spiel, den er in den 1820er Jahren – insbesondere in *Dichtung und Wahrheit* und in *Wilhelm Meisters Wanderjahren* – zum zentralen Begriff einer Lebenskunst ausbauen wird: Was man bezogen auf diese späte Lebenslehre als notwendige Bindung der „schweifenden Triebe"[11] oder „schmerzvollen Verzicht[] auf die Entfaltung aller Anlagen"[12], in jedem Fall aber als Zurückstellen der individuellen Bedürfnisse im Zeichen „einer gemeinschaftlichen Ethik"[13] re-

---

[7] Ebd., 15.
[8] Ebd.
[9] Ebd., 10.
[10] Ebd., Hervorhebung von C.Z.
[11] Arthur Henkel, *Entsagung. Eine Studie zu Goethes Altersroman*, Tübingen 1954, 146.
[12] Heinrich Macher, „Goethes Entsagungsidee im Lichte der Schillerschen Auffassungen", in: Helmut Brandt (Hg.), *Friedrich Schiller. Angebot und Diskurs*, Berlin 1987, 518–529, hier: 527.
[13] Mauro Ponzi, „Zur Entstehung des Goetheschen Motivs der ‚Entsagung'", *Zeitschrift für Germanistik. N.F.* 7 (1986), 150–159, hier: 156.

spektive eines „sozialen Ethos"[14] und damit als „Resozialisierung des Genies"[15] gedeutet hat, zeigt sich im Bereich der Naturforschung nicht als soziale, sondern als epistemische Tugend. Als aktiv erworbene Gleichgültigkeit den eigenen Präferenzen und Aversionen gegenüber scheint die Entsagung eine wesentliche Voraussetzung dafür zu sein, zu objektiven Erkenntnissen zu gelangen.

Dass im *Versuch als Vermittler* diese Fähigkeit zur Entsagung, gedacht als Verzicht auf eigene Wertungen, als Eigenschaft ‚gleichsam göttlicher Wesen' angesprochen wird, ist ein Symptom von Goethes Spinozalektüre der 1780er Jahre. Die in *Dichtung und Wahrheit* angedeutete Geschichte der Goethe'schen Spinozarezeption ist lang und nicht unkompliziert. Sie beginnt 1774, als der junge Goethe mit seinem Freund Jacobi die Ideen Spinozas diskutiert. Diese intimen Besprechungen stehen im Kontext einer hitzig geführten öffentlichen Debatte, die ein Eintrag über Spinoza in Bayles Wörterbuch angestoßen hatte. Mit Spinoza assoziieren Goethes Zeitgenossen Monismus, Immanenzdenken und die Absage an den Gottesbegriff der orthodoxen Theologie: Wer Spinozist ist, ist Häretiker. Goethe kann aus denselben Gründen bei Spinoza eine Bestätigung für die Idee der Gott-Natur und für die Abwendung von einer anthropomorphen Gottesvorstellung finden.[16] Geäußert hat Goethe diese Sympathie erst spät – allerdings keineswegs mit Blick auf die Naturlehre, sondern im Verweis auf die Ethik des Spinoza. So tritt Goethe in *Dichtung und Wahrheit* dazu an, die von den Zeitgenossen zum Teil „so gefürchtete, ja verabscheute Vorstellungsart"[17] zu verteidigen, indem er die Geschichte seiner Auseinandersetzung mit Spinoza in den 1770er und 1780er Jahren als Geschichte der Aneignung einer heilsamen Lebenslehre erzählt.[18] Die noch in der Phase des Sturm und Drang zur Kenntnis

[14] Marion Schmaus, „Entsagung als ‚Forderung des Tages'. Goethes und Hegels Antwort auf die Moderne", in: Werner Frick/Susanne Komfort-Hein/Marion Schmaus/Michael Voges (Hgg.), *Aufklärungen. Zur Literaturgeschichte der Moderne. Festschrift für Klaus-Detlef Müller zum 65. Geburtstag*, Tübingen 2003, 157–172, hier: 172.

[15] Rüdiger Görner, *Goethe. Wissen und Entsagen – aus Kunst*, München 1995, 88.

[16] Grundlegend zu Goethes Spinozarezeption: Martin Bollacher, *Der junge Goethe und Spinoza*, Tübingen 1969; David Bell, *Spinoza in Germany from 1670 to the Age of Goethe*, London 1984; Jürgen Teller, „Der Prometheus des Ein-und-Alles. Zum Spinoza-Verständnis des jungen Goethe", *Impulse* 8 (1985), 25–42.

[17] Goethe, *Aus meinem Leben. Dichtung und Wahrheit*, HA 10, 77.

[18] In den vierzig Jahren zwischen der ersten Spinozalektüre und ihrer Darstellung in *Dichtung und Wahrheit* lassen sich Arthur Henkel zufolge drei Phasen der Beschäftigung mit Spinoza unterscheiden. Im Juli 1774 finden die Spinozagespräche mit Jacobi statt, die Goethe in *Dichtung und Wahrheit* resümiert. Zwischen diesen Diskussionen und der Arbeit an *Dichtung und Wahrheit* liegt eine zweite Phase der Beschäftigung Mitte der 1780er Jahre. Angeregt durch Jacobis *Über die Lehre des Spinoza in Briefen an den Herrn Moses Mendelssohn* unterzieht Goethe gemeinsam mit Herder und Charlotte von Stein die *Ethik* einer gründlicheren Lektüre – in *Der Versuch als Vermittler* dürfte Goethe indirekte Konsequenzen aus diesen Diskussionen gezogen haben. Die dritte Phase wird schließlich 1811 durch Jacobis Schrift *Von den göttlichen Dingen* angestoßen, der Goethe nach einer erneuten Spinozalektüre im Mai 1812 in einem Brief widerspricht. Die ab 1813 verfassten Spinozastellen

genommene *Ethik* habe bereits zu diesem frühen Zeitpunkt zu einer ersten „Beruhigung“ seiner „Leidenschaften“ geführt, was sich beim Wiederlesen wiederholt habe: „Ich erinnerte mich noch gar wohl, welche Beruhigung und Klarheit über mich gekommen, als ich einst die nachgelassenen Werke jenes merkwürdigen Mannes durchblättert [habe]“, und es sei „dieselbe Friedensluft“, die ihn nun beim erneuten Griff zu Spinoza anwehe.[19] Spinozas Schrift erfüllt für den Leser Goethe einen Zweck, auf den Foucault unter dem Stichwort der *logoi*, der wahren und vernünftigen Reden, hingewiesen hat. Plutarch vergleicht die *logoi* „mit einer Arznei (*pharmakon*), die wir zur Hand haben müssen, um für alle Wechselfälle des Lebens gewappnet zu sein“.[20] Die *logoi* bieten einen Vorrat an guten Sätzen, die auch in schwierigen Lebenslagen das seelische Gleichgewicht zu halten helfen.

Als besonderes *pharmakon*, das Spinozas *Ethik* bereithält, erweist sich für Goethe die „alles ausgleichende Ruhe Spinozas“[21] und vor allem „die grenzenlose Uneigennützigkeit, die aus jedem Satze hervorleuchtete“[22]. Uneigennützig, so legt Goethe es sich mit Spinoza zurecht, habe man vor allem in der Liebe zu sein. Gemeint ist eine Liebe, die keine Rücksicht darauf nimmt, ob sie auch erwidert wird, der es also gleichgültig ist, ob man zurückgeliebt wird. Für Spinoza ist es die Liebe Gottes, die das Modell für eine derartig uneigennützige, von Besitzansprüchen befreite Liebe bieten kann, in die sich auch der Mensch einzuüben habe: „Wer Gott liebt, kann nicht danach streben, daß Gott ihn wiederliebt“[23],

---

in *Dichtung und Wahrheit* betreffen chronologisch betrachtet die erste Phase von Goethes Auseinandersetzung mit Spinoza, stehen aber im Zusammenhang einer erneuten vertieften Auseinandersetzung mit dessen *Ethik*. Siehe Henkel, *Entsagung* (Anm. 11), 119–121, außerdem: Rüdiger Otto, *Studien zur Spinozarezeption in Deutschland im 18. Jahrhundert*, Frankfurt am Main/Berlin/u.a. 1994, 172. Zu Goethes Prometheus-Ode als (unfreiwilligem) Auslöser des Spinozismus-Streits vgl. Hans Blumenberg, *Arbeit am Mythos*, 6. Aufl. Frankfurt am Main 2001, 478–482.

[19] Goethe, *Aus meinem Leben. Dichtung und Wahrheit*, HA 10, 77.

[20] Michel Foucault, „Die Hermeneutik des Subjekts“, in: ders., *Ästhetik der Existenz. Schriften zur Lebenskunst*, übers. von Michael Bischoff/Ulrike Bokelmann/Hans-Dieter Gondek/Hermann Kocyba, hgg. von Daniel Defert/François Ewald, Frankfurt am Main 2007, 123–136, hier: 131. Zu Goethes erinnerter Spinozalektüre in *Dichtung und Wahrheit* im Kontext einer Ethopoetik vgl. Cornelia Zumbusch, *Immunität der Klassik*, Berlin 2011, 233–240.

[21] Goethe, *Aus meinem Leben. Dichtung und Wahrheit*, HA 10, 35. Tatsächlich ist Spinoza der Ansicht, dass der Mensch für ein glückliches Leben seine Affekte zu „mäßigen“ habe. Die nicht zu unterschätzende „Macht des Geistes“ über die Affekte, die Descartes aus Spinozas Sicht nur behauptet, soll in der *Ethik* eine ausführliche Begründung finden: „Die Natur und die Kräfte der Affekte aber, und was dagegen der Geist vermag, nämlich sie zu mäßigen, das hat, soviel ich weiß, noch niemand eindeutig bestimmt.“ Benedictus de Spinoza, *Die Ethik*, übers. von Jakob Stern, Stuttgart 1977, 251. Zu Spinozas Analyse der Affekte und ihrer Therapie vgl. Catherine Newmark, *Passion – Affekt – Gefühl. Philosophische Theorien der Emotionen zwischen Aristoteles und Kant*, Hamburg 2008, 161 und 168–171.

[22] Goethe, *Aus meinem Leben. Dichtung und Wahrheit*, HA 10, 35.

[23] Spinoza, *Die Ethik* (Anm. 21), 655 und 619.

so der Lehrsatz 19 im Buch V *Über die Macht des Verstandes oder die menschliche Freiheit.* Die von Spinoza beschriebene gleichgültige Gottesliebe meint in Goethes Version eine Liebe, die keine Erwiderung erwartet und den glücklos Liebenden deshalb nicht schmerzen kann. Nach Spinoza ist es schließlich Gott selbst, der als vollkommen affektlose Existenz das Vorbild für den uneigennützigen Liebenden bietet: „Gott ist frei von allen Leiden und wird von keinem Affekt der Lust oder Unlust affiziert."[24] Damit erklärt Spinoza die aus dem antiken Stoizismus bekannte Zentraltugend der *apatheia* zur Eigenschaft Gottes: Gott ist *a patheia* – frei von Leiden und Leidenschaften. Diesem Ideal hat der Mensch nachzustreben, auch wenn er es nie ganz erreichen wird.

Was in der Forschung auf die Resignationsnarrative und den vielfach durchexerzierten Liebesverzicht in Goethes späten Romanen bezogen worden ist[25], hat auch eine epistemologische Pointe. Das Ideal einer göttlichen Leidenschaftsfreiheit und überlegenen Gleichgültigkeit hat seine Spur in Goethes Überlegungen zum *Versuch als Vermittler* hinterlassen, wenn es bereits zu Anfang heißt, die Forschenden sollen „als gleichgültige und gleichsam göttliche Wesen suchen und untersuchen, was ist".[26] Wer unbehelligt von subjektiven Trieben und Neigungen forschen will, hat sich der in letzter Instanz Gott vorbehaltenen Affektfreiheit möglichst weit anzugleichen. Wenn die gleichgültige Liebe Gottes hier als zentrale epistemische Tugend profiliert wird, dann begreift Goethe die bei Spinoza entfaltete stoische Zentraltugend der *apatheia* als Haltung des Naturforschers, noch bevor er sie zum programmatischen Begriff eines sozial verträglichen Selbstverhältnisses erhebt.

Dabei handelt es sich in Goethes Adaption um eine Selbsttechnik, die im kritischen Umgang mit sich selbst einzuüben ist. Der Forschende, dies ist dem *Versuch als Vermittler zwischen Subjekt und Objekt* zu entnehmen, muss als „sein eigner strengster Beobachter" agieren und „immer gegen sich selbst mißtrauisch"[27] bleiben. Weil die Laster gemäß der Formulierung Goethes immer „im Hinterhalte liegen"[28], befindet sich das forschende Subjekt im permanenten Krieg mit sich und seinen an der Erkenntnis hindernden negativen Eigenschaf-

---

[24] Ebd., 653.

[25] Das „freche spätere" Wort: „Wenn ich dich liebe, was geht's dich an", das Goethe in *Wilhelm Meisters Lehrjahren* der Philine in den Mund legt, reklamiert er deshalb in *Dichtung und Wahrheit* als seine eigene „Maxime". Goethe, *Aus meinem Leben. Dichtung und Wahrheit*, HA 10, 35. Goethes Entsagung liest Ulrich Fülleborn als „Abschied vom Habenwollen überhaupt und damit zugleich vom subjektivistischen Ich-Verständnis selbst", der in den *Wanderjahren* zum „Verzicht auf die Kultivierung selbstgenügsamer Innerlichkeit" wird. Ulrich Fülleborn, *Besitzen als besäße man nicht. Besitzdenken und seine Alternativen in der Literatur*, Frankfurt am Main 1995, 138 und 149.

[26] Goethe, *Der Versuch als Vermittler von Subjekt und Objekt*, HA 13, 10.

[27] Ebd., 11.

[28] Ebd., 15.

ten – Goethe spricht von „inneren Feinden“[29]. Naturforscher müssen sich offenbar selbst mindestens so streng überwachen wie ihre Gegenstände: Objekt der Beobachtung ist damit nicht nur die äußere Natur, sondern zugleich auch die Natur des Subjekts. Goethes Arbeitstitel des erst 1823 erschienenen Textes lautet nicht zufällig *Kautelen des Beobachters*, Vorsichtsmaßnahmen also, die er in einem Brief an Jacobi vom 29. Dezember 1794 als durchaus aufwändige Arbeit an sich selbst charakterisiert: „dazu gehört eine Durcharbeitung seines armen Ichs, von deren Möglichkeit ich auch sonst nur keine Idee gehabt“ hätte.[30] Erst wenn diese innere Natur ausgeleuchtet und in einer mühsamen Arbeit an sich selbst ausgeschaltet ist, können bleibende Erkenntnisse formuliert werden. Dabei kontaminiert der Text die von allem Subjektiven gereinigte Haltung des Subjekts mit den Gesetzen, die der Forschende den zu Reihen geordneten Phänomenen zuletzt abgewinnen soll: Wenn diese in „Sätze“ gefassten Gesetzmäßigkeiten in Goethes Worten „unerschütterlich stehen“[31] sollen, dann hat die stoische Vorstellung von einer *ataraxia*, der Unerschütterlichkeit, auf die Charakteristik der Erkenntnisse abgefärbt.

Spinoza ist für Goethes Epistemologie in doppelter Weise attraktiv, insofern er sowohl an das spinozistische Immanenzdenken als auch an die Ethik der Gleichgültigkeit anknüpfen kann. Was bei Spinoza in Gestalt der ethischen Maxime der Leidenschaftsfreiheit und der Vorstellung von einem *deus sive natura* weitgehend unverbunden nebeneinander herläuft, geht in Goethes Denken der Natur allerdings eine überaus enge Verbindung ein. Denn die Aufgabe, subjektive Wünsche und Einstellungen aus der Naturbeobachtung zu eliminieren, stellt sich in dieser Dringlichkeit wohl nur in einem epistemischen Arrangement, das Goethe selbst als ‚zarte Empirie‘ bezeichnet und das sich nicht auf das Messen als objektives Verfahren der Datenerhebung, sondern vielmehr auf das subjektive ‚Gewahrwerden‘ verlegt.

Wie nicht zuletzt der 1794 geführte Disput mit Schiller über die Existenz der Urpflanze zeigt, setzt Goethe auf ein intuitives Sehen der Ideen in den natürlichen Erscheinungen. Der in der *Italienischen Reise* erinnerte Moment einer plötzlichen Einsicht in das Gesetz der Metamorphose, die Goethe beim Blick auf die ‚Urpflanze‘ in Palermo 1787 gefasst zu haben vorgibt, erweitert er zur Lehre vom Urphänomen, mit der er die unmittelbare Anschaulichkeit von Naturgesetzen in den Erscheinungen zu umschreiben versucht. Im Vorwort zur *Farbenlehre* ist dies zur Vorstellung vom ‚theoretisierenden Blick‘ geworden: „Jedes Ansehen geht über in ein Betrachten, jedes Betrachten in ein Sinnen, jedes Sinnen in ein Verknüpfen, und so kann man sagen, daß wir schon bei jedem

[29] Ebd., 14.

[30] Zitiert nach: Kommentar zu Goethe, *Der Versuch als Vermittler von Subjekt und Objekt*, HA 13, 565 f.

[31] Goethe, *Der Versuch als Vermittler von Subjekt und Objekt*, HA 13, 19.

aufmerksamen Blick in die Welt theoretisieren."[32] Mit seiner Aufwertung des Auges zum Erkenntnisorgan bei gleichzeitiger entschiedener Abneigung gegen dessen ‚Armierung' durch unterschiedliche Apparaturen, so die hier verfolgte These, manövriert sich Goethe in ein Paradox, das er über die enge Verzahnung von Ethik und Naturforschung zu lösen versucht. Die Maxime, die Freiheit von den Leidenschaften zur idealen Haltung des Naturforschers auszubauen, reagiert auf ein Grundproblem des Goethe'schen Empirismus, in dem die Erkenntnismomente dem Einzelnen buchstäblich zufallen und sich Gesetzmäßigkeiten in subjektiven Anschauungen und Erfahrungen zeigen sollen. Mit der bloßen Forderung nach Entsagung aller Leidenschaften, göttlicher Leidenschaftslosigkeit ist es aber nicht getan. Liest man in Goethes Aufzeichnungen den mitlaufenden Kommentar der ethischen Selbstausbildung mit, dann wird zweierlei deutlich: Es zeigt sich zum einen das Ausmaß der Aufmerksamkeit, die Goethe den ethischen Selbstpraktiken widmet, zum anderen die Vergeblichkeit der Anstrengungen, sich als leidenschaftsloses Forschersubjekt zu modellieren.

2.

Der Text der *Italienischen Reise*, also die 1816/17 im Erstdruck erschienene Aufbereitung der Tagebücher und Briefe aus den Jahren 1786–88, inszeniert dieses Entsubjektivierungsprogramm als individuellen Reinigungsprozess. In der Korrespondenz vom „Zweiten Römischen Aufenthalt" berichtet Goethe den Daheimgebliebenen regelmäßig von den Erfolgen seiner Natur- und Kunststudien, die sich mit Reinigungsvorstellungen verbinden: Sein „Geist reinigt und bestimmt sich"[33], er sei dabei, „mit der größten Ruhe und Reinheit eine eingeborne Leidenschaft befriedigen zu können"[34], er „genieße immer reiner"[35], er

[32] Goethe, *Zur Farbenlehre*, HA 13, 317. Zum Problem des Urphänomens vgl. John Erpenbeck, „Urphänomen", in: Bernd Witte/Theo Buck/Hans-Dietrich Dahnke/Regine Otto/Peter Schmidt (Hgg.), *Goethe-Handbuch*, Bd. 4/2, *Personen, Sachen, Begriffe*, Stuttgart 1998, 1080–1082. Goethes Programm einer ‚zarten Empirie' ist im Zeichen der lebens- und kulturphilosophischen Wendung gegen Kant aufgegriffen worden. Aus der Sicht Simmels geht Goethe nicht hinter Kant zurück, sondern greift über ihn hinaus: Georg Simmel, *Kant und Goethe. Zur Geschichte der modernen Weltanschauung*, Leipzig 1900; Georg Simmel, *Goethe*, Leipzig 1913. Unmittelbare Wirkung hat Simmels Goethelektüre in der sich gerade selbst begründenden Kulturwissenschaft gezeigt. So zieht Walter Benjamin Simmels Diskussion des Goethe'schen Urphänomens für die erkenntnistheoretische Vorrede des Trauerspielbuchs wie auch für die methodologische Fundierung des Passagen-Werks heran. Dazu: Cornelia Zumbusch, *Wissenschaft in Bildern. Symbol und dialektisches Bild in Aby Warburgs Mnemosyne-Atlas und Walter Benjamins Passagen-Werk*, Berlin 2004, 306–332.

[33] Goethe, *Italienische Reise*, HA 11, 352.

[34] Ebd., 396.

[35] Ebd., 397.

„fühle, daß sich mein Geschmack reinigt"[36], und schließlich, in der dritten Person verallgemeinert:

Wenn man nun gleich wieder die Natur ansehn und wieder finden und lesen kann, was jene gefunden und mehr oder weniger nachgeahmt haben, das muß die Seele erweitern, reinigen und ihr zuletzt den höchsten anschauenden Begriff von Natur und Kunst geben.[37]

Auf dieser gereinigten Wahrnehmung, die vom Sehen zum Begriff kommen kann, basiert sowohl das Konzept vom ‚anschauenden Begriff' als auch die verwandte Rede vom ‚lebendigen Begriff', an denen sich Goethes Naturforschung von der *Metamorphose der Pflanzen* bis zur *Farbenlehre* ausrichtet. Bei der Einübung in ein reines Sehen, das ohne apparategestützte Experimentalanordnungen die urphänomenale Idee in der Erscheinung sehen möchte, lernt das Subjekt, sich selbst aus dem Seheindruck auszustreichen. Stolz notiert Goethe: „Da ich neuerdings nur die Sachen und nicht wie sonst bei und mit den Sachen sehe".[38] Die Rede vom Reinigen stützt die entscheidende epistemologische Figur, durch die sich Goethes Naturstudien auszeichnen: Die Reinigung des Geschmacks, des Geistes und der Seele zielt darauf, die Wahrnehmung von allem Subjektiven freizuhalten, um sich einen möglichst objektiven Zugang zu Kunst und Natur zu verschaffen.

Bei seiner Selbstausbildung zu einem von subjektiven Beigaben befreiten Zugang zur Natur beruft sich Goethe wiederum auf Spinoza, der im Brief vom 23. August 1787 in drei Kreuzen zugleich verschwiegen und genannt ist:

So entfernt bin ich jetzt von der Welt und allen weltlichen Dingen, es kommt mir recht wunderbar vor, wenn ich eine Zeitung lese. Die Gestalt dieser Welt vergeht, ich möchte mich nur mit dem beschäftigen, was bleibende Verhältnisse sind, und so nach der Lehre des ††† meinem Geiste erst die Ewigkeit verschaffen.[39]

Mit dem in den drei Kreuzen versteckten Hinweis auf Spinoza, so hat man diese Stelle gelesen, kann Goethe seinen anachronistischen Objektivismus der Naturbetrachtung rechtfertigen, mit dem er Kants transzendentalphilosophische Subjektivierung der Erkenntnis auf methodisch problematische Weise unterbietet.[40]

---

[36] Ebd., 400.

[37] Ebd., 352.

[38] Ebd., 353.

[39] Ebd., 387. Vgl. auch: Hans-Jürgen Schings, „Natalie und die Lehre des †††. Zur Rezeption Spinozas in *Wilhelm Meisters Lehrjahren*", *Jahrbuch des Wiener Goethe-Vereins* 89/91 (1985/87), 37–88.

[40] John Erpenbeck führt die Eigenart von Goethes Naturbegriff auf Spinozas Substanzbegriff zurück, „der Geist und Natur monistisch zusammenschloß und eine Art ‚Selbstorganisation' dieser Substanz annahm." John Erpenbeck, „‚… die Gegenstände der Natur an sich selbst …' Subjekt und Objekt in Goethes naturwissenschaftlichem Denken seit der *italienischen Reise*", *Goethe-Jahrbuch* 105 (1988), 212–233, hier: 222 und 226. Auch Norbert Christian Wolf gibt in der „nach wie vor vernachlässigten besonderen Affinität Goethes

Spinozas Immanenzdenken bildet ohne Zweifel das epistemologische Vorbild für Goethes Beharren auf der Möglichkeit einer *scientia intuitiva*, die das Konzept von einem ‚anschauenden Begriff' legitimiert.[41] Der Verweis auf Spinoza in der *Italienischen Reise* evoziert sowohl dessen erkenntnistheoretische Autorität als auch ein ethisch-diätetisches Programm, das im Dienst der im *Versuch als Vermittler* skizzierten epistemischen Tugendlehre steht – Goethe will „[s]einem Geiste [...] die Ewigkeit verschaffen".[42] Wenn die Transformation des Selbst im Zeichen einer Distanzierung von der „Welt und allen weltlichen Dingen" zur reinen Wahrnehmung und damit zum „höchsten anschauenden Begriff von Natur und Kunst"[43] führen soll, dann wird die gleichsam göttliche Freiheit von störenden Leidenschaften auch hier zur Voraussetzung eines erkennenden Zugangs zur Natur erklärt.

Eingesenkt ist diesem Apathieideal aber das Narrativ einer Infektion, das sich insofern als forschungsleitend herausstellt, als es die Forschungstätigkeit erst in Gang gesetzt hat. So enthält die *Italienische Reise* einen kurzen Text mit dem Titel „Störende Naturbetrachtungen", mit dem Goethe den chronologischen Ablauf der Aufzeichnungen und Korrespondenzen unterbricht, um sich explizit an „Freunde [...] der Naturwissenschaft" zu wenden. In diesem Einschub, der den Ablauf des Reiseberichts der *Italienischen Reise* selbst stört und den Berichtenden vom August 1787 auf den April desselben Jahres zurückspringen lässt, kommt Goethe auf seine *idée fixe*, die „alte Grille" der Urpflanze zu sprechen, die ihm in Palermo beim Gang durch einen öffentlichen Garten überraschend wieder eingefallen sei. Störend sei dieser Einfall gewesen, weil er den poetischen Produktionsfluss unterbrochen – „[g]estört war mein guter poetischer Vorsatz" – und die Aktivitäten auf die naturwissenschaftliche Reflexion umgelenkt habe. Lästig sei er aber auch, weil er sich seither in einen „peinlich süßen Zustand" versetzt sieht, der darum schmerzhaft sei, weil er Unmögliches fordert: „Warum sind wir Neuern doch so zerstreut. Warum gereizt zu Forderungen, die wir nicht erreichen noch erfüllen können!"[44] Zerstreut und gereizt – diese Diagnose steht quer zu der Unterscheidung zwischen epistemischen Tugenden und epistemischen

---

zur monistischen Philosophie Spinozas" den wichtigsten der „epistemologischen Beweggründe" für Goethes neuen naturwissenschaftlichen Objektivismus an. Norbert Christian Wolf, *Streitbare Ästhetik. Goethes kunst- und literaturtheoretische Schriften 1771–1789*, Tübingen 2001, 481 f. Wolf stützt sich weitgehend auf die Rekonstruktionen von Momme Mommsen, „Spinoza und die deutsche Klassik", *Carlton Germanic Papers* 2 (1974), 67–88 und *Carlton Germanic Papers* 3 (1975), 20–39.

[41] Goethe gebe im Rekurs auf Spinoza, so hat es jüngst Eckart Förster gedeutet, eine im Panorama um 1800 durchaus bedenkenswerte Antwort auf die Frage, wie eine – von Kant ja abgewiesene – intuitive Erkenntnis denkbar sei. Eckart Förster, *Die 25 Jahre der Philosophie. Eine systematische Rekonstruktion*, Frankfurt am Main 2011, 257–276.

[42] Goethe, *Italienische Reise*, HA 11, 387.

[43] Ebd., 378.

[44] Ebd., 375.

Fehlern. Denn mit den Zuständen des ‚peinlich'-Schmerzhaften, Zerstreuten und Gereizten wird gerade dasjenige zum Anreiz, was gemäß dem eigenen Programm eigentlich auszuschalten gewesen wäre: Als Reizung werden die störenden affektiven Einstellungen – unter der Überschrift „Störende Naturbetrachtungen" programmatisch gesetzt – zum unverzichtbaren Movens der Forschung.

Goethe sieht sich in „eine leidenschaftliche Bewegung" versetzt, die weniger von ihm als vielmehr von der gemachten Beobachtung und der dabei plötzlich gefassten Hypothese ausgeht. So bekennt Goethe, dass er „von einem solchen Gewahrwerden wie von einer Leidenschaft eingenommen und getrieben worden, und, wo nicht ausschließlich, doch durch alles übrige Leben hindurch [s]ich damit [habe, C.Z.] beschäftigen müssen".[45] Im autobiographischen Rückblick gewinnt diese Leidenschaft den Charakter einer Krankheit, die sich Goethe mehr oder weniger bewusst zugezogen zu haben scheint. So setzt Goethe die Nachwirkungen seines Einfalls – also der Einsicht in die Metamorphose als Grundprinzip aller Pflanzen – in das Bild der Impfung, die eine rastlose Forschungs- und Denktätigkeit provoziert habe: „Die über organische Natur, deren Bilden und Umbilden mir gleichsam eingeimpften Ideen", so resümiert er, „erlaubten keinen Stillstand".[46] Die eingeimpften Ideen, also die wie Krankheiten wirkenden Erkenntnisse, beweisen eine Eigendynamik, der sich der Infizierte nicht entziehen kann. Dieselbe Metaphorisierung einer forschungsleitenden Idee als krankhafter Leidenschaft, die gleichwohl zum entscheidenden Motor des eigenen Forschens und Arbeitens wird, findet sich auch in Goethes *Geschichte der Farbenlehre*: „Ein entschiedenes Aperçu ist wie eine inokulierte Krankheit anzusehen: man wird sie nicht los, bis sie durchgekämpft ist"[47] – so beschreibt Goethe seine beim Blick durch ein Prisma ganz plötzlich gefasste Erkenntnis, dass das Licht rein sei und somit die gesamte Newton'sche Optik auf einem Irrtum beruhe.[48] Auch hier stilisiert Goethe seinen Einfall zu einer Krankheit, die sich – wie schon der Einfall von der Urpflanze – als eine produktive Störung erweisen soll. Interessanterweise macht sich Goethe aber gerade in dieser Selbstbeschreibung dem Konkurrenten Newton gleich, über den er schreibt: „[W]enn wir ein falsches Aperçu, ein eigenes oder fremdes, mit Lebhaftigkeit ergreifen, so kann es nach und nach zur fixen Idee werden und zuletzt in einen völligen partiellen Wahnsinn ausarten".[49] Wenn es weiter heißt, diesen Fehler im Denksystem habe Newton „auf

[45] Ebd., 376.

[46] Ebd., 405.

[47] Goethe, *Geschichte der Farbenlehre*, HA 14, 263.

[48] Diese Episode erzählt Goethe ebd., 259.

[49] Ebd., 153. In der obsessiven Polemik gegen Newtons „partiellen Wahnsinn", d.h. seine These von der prismatischen Brechung des Lichts, das alle Farben enthält, hat Eissler Goethes eigenen „partiellen Wahnsinn" diagnostiziert. Eissler versucht zu zeigen, dass das Licht für Goethe weiblich konnotiert ist, ‚ihre' Reinheit also eine jungfräuliche Unbeflecktheit sei, der Newton mit seiner Farbtheorie Gewalt angetan habe. Kurt R. Eissler, *Goethe. Eine psychoanalytische Studie. 1775–1786*, übers. von Rüdiger Scholz, 2. Aufl. Frankfurt am

seine Schüler fortgepflanzt“[50], dann handelt es sich aus Goethes Sicht bei der herrschenden Meinung um nichts anderes als eine Wahnidee.

Die 1792 programmatisch formulierte Austreibung der störenden Leidenschaften durch die epistemischen Tugenden der Gleichgültigkeit und Entsagung provoziert also in Goethes *Italienischer Reise* und der *Farbenlehre* einen durchaus ambivalenten Begleitdiskurs. Dabei wird die Vorstellung von erkenntnishinderlichen Leidenschaften und forschungsfördernden Tugenden einerseits auf die spinozistisch inspirierte Erkenntnislehre urphänomenaler Erscheinungen bezogen, andererseits kompliziert sich die Verflechtung von epistemologischem und ethischem Programm insofern, als das Forschen selbst zu einer Pathologie wird, der sich nur mit besonderen Hygienemaßnahmen begegnen lässt. Stärker als in dem programmatischen Aufsatz *Der Versuch als Vermittler* kommt in der *Italienischen Reise* sowie der *Farbenlehre* die Widerständigkeit von Affektkonstellationen zum Tragen, die sich in hartnäckiger Konkurrenz zur epistemischen Tugend der Entsagung behaupten. Damit aber steht zuletzt das Modell von der Entsagung als einer epistemischen Tugend selbst auf dem Spiel.

Goethes Darstellung der *Geschichte der Farbenlehre* etwa wird in auffälliger Weise von der Identifikation derjenigen epistemischen Leidenschaften geleitet, die den historischen Erkenntnisprozess behindert, zugleich aber auch vorangetrieben haben. Dabei distanziert sich Goethe keineswegs von seinem eigenen höchst polemischen Impuls gegen Newtons *Opticks*, sondern begründet vielmehr die Relevanz seiner Forschungsarbeiten im steten Rückverweis auf ebenjene leidenschaftlich gefasste Idee. Goethes Versuch, seine – bekanntlich falsche – These von der Reinheit des Lichts wissenschaftlich so zu fundieren, dass sich auch Zeitgenossen davon überzeugen lassen würden, unterliegt dabei Steigerungsformen, die dem im *Versuch als Vermittler* postulierten Entsubjektivierungsprogramm diametral entgegenstehen: „Die Sache lag mir am Herzen“[51], heißt es bereits nach den ersten Beobachtungen. Kurz darauf scheitert eine Korrespondenz mit Lichtenberg, als Goethe „zuletzt dringender ward und das ekelhafte Newtonische Weiß mit Gewalt verfolgte“.[52] Nach mehreren Anläufen, andere von den Ergebnissen seiner subjektiven Versuche durch mühsam konzipierte Experimentierkästen mit schwarzen, weißen und bunten Pappen zu überzeugen, bildet Goethe durchaus eine Haltung der Leidenschaftslosigkeit und Gleichgültigkeit aus – allerdings nicht den eigenen (Vor-)Urteilen, sondern de-

Main 1986, 1264 f. Albrecht Schöne hingegen liest Goethes Kampf für die ‚reine Lehre‘ vor der narrativen Folie von Kirchen- und Ketzergeschichten als Farbentheologie. Albrecht Schöne, *Goethes Farbentheologie*, München 1987. Zu Goethes Newton-Polemik im Rahmen romantischer Naturphilosophie vgl. Frederick Burwick, *The Damnation of Newton. Goethes Color Theory and Romantic Perception*, Berlin u. a. 1986.

[50] Goethe, *Geschichte der Farbenlehre*, HA 14, 152.

[51] Ebd., 262.

[52] Ebd., 263.

nen der gebildeten Öffentlichkeit gegenüber: „Ich gab, ohne mich hierdurch weiter rühren zu lassen, das zweite Stück meiner Beiträge heraus".[53] Bedenkt man, dass Goethe den Text über den *Versuch als Vermittler zwischen Subjekt und Objekt* im Rahmen ebendieser Farbexperimente und damit als konkretes epistemologisches Manual der eigenen optischen Forschung konzipiert hat, dann ist das Auseinandertreten von Goethes epistemischer Tugendlehre einerseits sowie seiner Forschungs- und Kommunikationspraxis andererseits umso auffälliger. Die Beharrlichkeit, mit der Goethe seine subjektive Überzeugung von der Reinheit des Lichts experimentell zu bestätigen versucht hat, zeugt kaum von dem Versuch, den subjektiven Wünschen und Voreinstellungen zu entsagen.

Auch wenn Goethe den *Versuch als Vermittler* als offenbar unvermindert aktuelle Anleitung zu einer angemessenen Forschungshaltung 1823 publiziert, scheinen die einleitenden allgemeinen Bemerkungen zu dem nur zwei Jahre später veröffentlichten *Versuch einer Witterungslehre* (1825) das früh niedergelegte Entsagungspostulat denn auch sanft zu korrigieren:

> Das Wahre, mit dem Göttlichen identisch, läßt sich niemals von uns direkt erkennen, wir schauen es nur im Abglanz, im Beispiel, Symbol, in einzelnen und verwandten Erscheinungen; wir werden es gewahr als unbegreifliches Leben und können dem Wunsch nicht entsagen, es dennoch zu begreifen.[54]

Rezipierbar als Variation auf das Motiv der ‚urphänomenalen' sichtbaren Ideen, die hier als Symbole und damit als Effekte einer indirekten Darstellung dessen, was eigentlich weder sichtbar noch darstellbar ist, ausgewiesen werden, ist in dieser Einleitung zugleich auch das Paradox der Leidenschaften als notwendige Störung, als Anreiz und Verhinderung des Forschens auf den Punkt gebracht. Das Unbegreifliche begreifen zu wollen entpuppt sich als ein Wunsch und damit als eine sinnlich-affektive Einstellung, der sich nicht entsagen lässt.

---

[53] Ebd., 265.

[54] Goethe, *Versuch einer Witterungslehre*, HA 13, 305.

Philologische Redlichkeit: Tugend und Tugendpolitik

Marcel Lepper

1. Begriffsprobleme

Philologische Redlichkeit hat wieder Konjunktur. Wenden sich die literarischen Fächer, spekulationsmüde und desorientiert, konfrontiert mit Rechtfertigungs- und Glaubwürdigkeitsfragen, wieder dem soliden Handwerk, der kuratorischen Arbeit am Text zu?[1] Hat auch in den Philologien ein neobürgerlicher Retro-Chic Einzug gehalten, der Tugendvokabeln gegen die Programme und Phobien der antiautoritären Generationen, auch gegen die Verwischung der disziplinären Konturen mobilisiert?[2] Eine Reihe von Indikatoren spricht dafür: das seit einigen Jahren wiedererwachte Interesse an Textkritik und Edition, an Buchgeschichte und Typographie, an Manuskriptarbeit und historischen Hilfswissenschaften, an den Bereichen der Philologie also, die lange als verstaubt und mechanisch galten, überholt von theoretischen Ansprüchen und interpretatorischer Subtilität. So stellte Dieter Borchmeyer 2005 in einer Rezension zu Thomas Steinfelds *Philologie als Lebensform* fest:

> Die Beschreibung der spezifisch *philologischen Techniken und Tugenden*, vom Sammeln und Vergleichen über Demut und Strenge bis zum Wieder-Holen des Vergangenen als Widerstand gegen die Zeit, gegen die Furie des Verschwindens möchte man jedem als Pflichtlektüre verordnen, der sich mit der Philologie abgeben will.[3]

---

[1] Zum Hintergrund Marcel Lepper, *Philologie. Zur Einführung*, Hamburg 2012, 9–16; 112–129.

[2] Thomas Anz stellte 2007 in einem Interview fest: „Man will zurück zu den philologischen Grundfertigkeiten. Ich verstehe das zum Teil, die Ausflüge der Literaturwissenschaft in andere Disziplinen können durchaus zur Folge haben, dass darüber die eignen Grundkompetenzen vernachlässigt werden. Falsch wäre es aber, Alternativen aufzubauen: grundsolides Handwerk oder Ausweitung der Perspektiven"; Thomas Anz, „„Disziplinen können voneinander lernen. Interview mit Amory Burchard", in: *Der Tagesspiegel*, 25.9.2007, http://www.tagesspiegel.de/wissen/interview-disziplinen-koennen-voneinander-lernen/1051218.html (29.10.2017); allgemeiner als Generationendiagnose die Reportage von Rebecca Erken, „Die Neo-Spießer: Neue Bürgerlichkeit bei Studenten", in: *Der Spiegel*, 7.1.2015, http://www.spiegel.de/stil/spiesser-studenten-entdecken-die-neue-buergerlichkeit-a-1011683.html (29.10.2017).

[3] Dieter Borchmeyer, „Vom Nutzen der Philologie. Zwei Liebeserklärungen an eine bemitleidenswerte Wissenschaft", in: *Die Zeit*, 24.2.2005, http://www.zeit.de/2005/09/Vom_

Auf den Zusammenhang von Techniken und Tugenden wird zurückzukommen sein. Auch wäre differenziert zu fragen, wie bei der Wiederentdeckung der Tugenden gesellschaftliche Veränderungen und epistemische Programme, soziale und wissenschaftliche Praktiken aufeinander bezogen sind. An dieser Stelle soll zu heuristischen Zwecken zunächst der *shortcut* gewählt werden: Wünschen sich, kurz gefasst, die literarischen Fächer in jene Zeit zurück, über die Conrad Bursian (1830–1883) in seiner *Geschichte der classischen Philologie in Deutschland* (1883) schreiben konnte, dass die Wissenschaftlichkeit mit der Einsicht in die eigene Begrenztheit beginne und dass man „in *redlicher Arbeit* von dem Kleinsten anfangen müsse, weil in der Wissenschaft eben nichts klein sei, und das scheinbar Kleine, gering geachtet, auch das Große gefährde"?[4]

Die Aussagen bei Bursian beziehen sich auf Friedrich Ritschl (1806–1876), dessen Bonner und Leipziger Tätigkeit, dessen kompromisslose, anregende und fördernde „Persönlichkeit" und Arbeitsweise in der Forschung wie im Seminar. Redlichkeit, das weiß der Philologe Bursian, ist zuerst ein Begriff aus der Tugend- und Charakterlehre. Seine Problematik liegt darin, dass Annahmen über die Redlichkeit von Handlungen auf die Redlichkeit rekurrieren, die einer Person zugeschrieben wird, solche Zuschreibungen aber ihrerseits auf die Beurteilung von Handlungen bezogen bleiben müssen, wenn sie *on-dits* nicht unkritisch fortschreiben wollen. Dieser klassische Zirkel der Tugendlehre, der nicht nur den Aristoteles-Philologen bekannt ist, wird in der Rede von der ‚philologischen Redlichkeit' mit unterschiedlicher Intensität reflektiert. Zugespitzt gefasst: Ist Redlichkeit ohne kritische Prüfung nicht *feststellbar*, so hilft die Redlichkeits*annahme* dabei, Vertrauen herzustellen und Kritikaufwand zu reduzieren.[5]

Das Grimm'sche *Wörterbuch* hebt unter verschiedenen historischen Verwendungsweisen, die älteren Wörterbücher von Stieler und Frisch einbeziehend, hervor, „Redlichkeit" sei eine „sittliche Eigenschaft", die sich in Relation zu den lateinischen Begriffen *„probitas, honestas, integritas, honestum, sinceritas, candor, ingenuitas"* setzen lasse.[6] Die aktuell gebräuchliche Ausgabe des *Duden* verweist unter dem Lemma ‚Redlichkeit' auf den Tugendbegriff, darüber hinaus auf Einzelbegriffe wie ‚Ehrlichkeit', ‚Rechtschaffenheit', ‚Zuverlässigkeit', ‚Inte-

Nutzen_der_Philologie (29.10.2017); Hervorhebung: M.L.; Thomas Steinfeld, *Der leidenschaftliche Buchhalter. Philologie als Lebensform*, München 2004; und Ottmar Ette, *ÜberLebenswissen. Die Aufgabe der Philologie*, Berlin 2004.

[4] Conrad Bursian, *Geschichte der classischen Philologie in Deutschland*, München 1883, 814–815 (= *Geschichte der Wissenschaften in Deutschland. Neuere Zeit*, Bd. 19); Hervorhebung: M.L.

[5] Zum Hintergrund Barbara A. Misztal, *Trust in Modern Societies: The Search for the Bases of Social Order*, Cambridge 1996; Niklas Luhmann, *Vertrauen: ein Mechanismus der Reduktion sozialer Komplexität*, 4. Aufl. Stuttgart 2000; Martin Hartmann, *Die Praxis des Vertrauens*, Frankfurt am Main 2001; Ute Frevert, *Vertrauensfragen. Eine Obsession der Moderne*, München 2013.

[6] Jacob und Wilhelm Grimm, *Deutsches Wörterbuch*, Leipzig 1893, Bd. 14, Sp. 482–486.

grität', ‚Loyalität', ‚Fairness'.[7] Es ließe sich ergänzen: Wahrhaftigkeit, Gründlichkeit. Redlichkeit heißt, abschattiert gegenüber den genannten Begriffen: Rede und Antwort stehen, Rechenschaft ablegen können über das eigene Tun; etwas aus Überzeugung tun oder Aufgaben treu erfüllen, darum aufrichtig und ohne Einschränkungen Zeugnis ablegen können über die Grundlagen und Grenzen der eigenen Arbeit.

Ist ‚Fairness' eine sportliche Vokabel, deren Karriere in deutschsprachigen Kontexten in der zweiten Hälfte des 20. Jahrhunderts einsetzt, so haftet dem Begriff der ‚Redlichkeit' eine gewisse Patina an: historische Dignität, zugleich Gestelztheit und Zitathaftigkeit. Der *Google Books Ngram Viewer* weist Spitzenwerte für die Verwendungshäufigkeit im mittleren 18. Jahrhundert und eine seitdem abfallende Frequenz aus.[8] Gleichwohl geben philologische Fakultäten und Seminare unter dem Eindruck von wissenschaftlichem Fehlverhalten, aber auch von methodischem Orientierungsmangel dem Begriff der ‚Redlichkeit' seit einigen Jahren wieder einen programmatischen Status.[9] Der Wissenschaftsrat schreibt dem Redlichkeitsbegriff in seinen fächerübergreifenden *Empfehlungen zu wissenschaftlicher Integrität* (2015) eine zentrale Bedeutung zu.[10] Die Frage der Redlichkeit wird dabei als eine Frage des innerakademischen und des gesellschaftlichen Vertrauens in die wissenschaftliche Arbeit formuliert.[11] Man könnte sich mit der entsprechenden Aufforderung zur Selbstverpflichtung begnügen und nach bestem Wissen und Gewissen zur Tagesordnung übergehen. Das mag in zahlreichen der vom Wissenschaftsrat adressierten Fächer auch so

---

[7] Art. „Redlichkeit", in: *Duden online*, http://www.duden.de/rechtschreibung/Redlichkeit (26.9.2016).

[8] Vgl. *Google Books Ngram Viewer* (1700–2000, Korpus: German), http://books.google.com/ngrams/graph?content=Redlichkeit&year_start=1700&year_end=2000&corpus=20&smoothing=3&share=&direct_url=t1 %3B%2CRedlichkeit%3B%2Cc0 (25.9.2016); die Stichprobe über den *Google Books Ngram Viewer* hat ihre Grenzen in der Struktur des Tools sowie im Umfang der zugrunde liegenden Korpora; sie ist allein von heuristischem Wert.

[9] Beispielsweise: http://www.philolfak.uni-freiburg.de/Redlichkeit-in-der-Wissenschaft (26.9.2016).

[10] „Wissenschaftliche Integrität bezeichnet eine notwendige ethische Grundhaltung und eine übergreifende Kultur der *Redlichkeit* in der wissenschaftlichen Arbeit, die es zu wahren und zu fördern gilt"; Wissenschaftsrat, *Empfehlungen zu wissenschaftlicher Integrität. Positionspapier*, Stuttgart 2015, 5; Hervorhebung: M.L., http://www.wissenschaftsrat.de/download/archiv/4609-15.pdf (26.9.2016).

[11] „Angesichts der beständig wachsenden Bedeutung wissenschaftlicher Erkenntnis für Entwicklung und Wohlstand der Gesellschaft muss Vertrauen in ein gemeinsames Ethos der Wissenschaftsgemeinschaft bestehen. Auch wenn der weit überwiegende Teil wissenschaftlicher Arbeit von diesem Ethos getragen ist, untergraben Fälle wissenschaftlichen Fehlverhaltens wie Täuschungen, Manipulationen, Plagiate oder Verschleierungen in Studienarbeiten bis zu Fachpublikationen dieses notwendige Vertrauen und schädigen das Ansehen des Gesamtsystems. Es ist daher eine beständige Aufgabe der Wissenschaft, sich im Sinne von Selbstbeobachtung und Selbstkontrolle um Rahmenbedingungen und Regeln zu bemühen, die wissenschaftliche *Redlichkeit* unterstützen"; ebd.; Hervorhebung: M.L.

sein. Philologisch (wie auch philosophisch) erwacht hingegen der Zweifel an diesem Begriff und seinen Verwendungstraditionen, die notgedrungen mit aufgerufen werden. Ein solcher Zweifel wäre nicht angetan, die Selbstverpflichtung zu demontieren, sondern, im Gegenteil, ein Prophylaktikum gegen eine allzu selbstgewisse und damit folgenlose Übernahme.

Der Ausgangspunkt ist ein philologisch produktives Befremden: Das neue Interesse an der Redlichkeit kann und darf philologisch verwundern – nicht, weil es je erstrebenswert gewesen wäre, programmatisch unredlich zu sein, sondern weil die Rede von der ‚Redlichkeit', je programmatischer sie ausfällt, sich selbst die Frage gefallen lassen muss, wie redlich sie gefasst ist. Dies *erstens*, weil dem Redlichkeitsdiskurs jene Tugenddialektik anhaftet, die dafür sorgt, dass Tugend in Selbstgerechtigkeit, Aufrichtigkeit in Bigotterie, Anstand in Naivität umkippen kann. Neben den Begriffen ‚Ehrlichkeit', ‚Rechtschaffenheit', ‚Zuverlässigkeit' führt der Eintrag ‚Redlichkeit' im *Duden* nicht umsonst den Verweis auf das Lemma ‚Einfalt'; zu denken wäre aber auch an Formen des Rigorismus, die unter dem Vorwand der ‚Redlichkeit' ihre Programme repressiv durchzusetzen versuchen, indem sie Abweichungen pauschal als ‚unredlich' etikettieren.[12] Kann man über andere anerkennend sagen, dass sie ‚redlich' seien, so gerät der Begriff der ‚Redlichkeit' in der Selbstaussage an Verwendungsgrenzen. Der Verweis auf die je eigene „*redliche philologische Arbeit*", traditionell dazu angetan, im Fach und über das Fach hinaus um Vertrauen zu werben, sorgt nicht selten für den gegenteiligen Effekt, für den Zweifel an der Vertrauenswürdigkeit, weil er häufig gerade dort appellativ eingesetzt wird, wo die Beweisführung ins Stocken gerät.[13]

Der Redlichkeitsbegriff steht *zweitens* in einem spezifischen Verhältnis zu disziplinarischen Begriffen, denen nicht nur antiautoritäre Argumentationen zu Recht mit Skepsis begegnen, darunter in philologischen Kontexten des 19. Jahrhunderts zum Begriff der ‚Zucht' (im Sinne von ‚Erziehung').[14] Der Übergang zwischen Selbstdisziplin und Fremddisziplinierung ist bekanntlich soziologisch umstritten.[15] ‚Zucht' meint, durchaus in bester Absicht, zunächst die demütige

---

[12] [Art.] „Redlichkeit" (Anm. 7).

[13] Beispielsweise der Wiener Altphilologe Adolf Primmer (1931–2011) in einem Vortrag 2003: „Ich kann Ihnen das *nicht vorführen*, ich bitte Sie nur, mir zu *glauben*, daß hinter diesen Schlagworten *redliche philologische Arbeit* [...] steckt [...]"; ders., „Der Rudens bei Plautus und Diphilos", in: ders., *Texte zur Handlungsgliederung in Nea und Palliata*, hg. von Matthias J. Pernerstorfer [u. a.], Berlin 2015, 331–348, hier: 334; Hervorhebung: M.L.

[14] Vgl. Hans-Harald Müller/Marcel Lepper (Hgg.), *Interdisziplinarität und Disziplinenkonfiguration: Germanistik 1780–1920*, Stuttgart 2018.

[15] Zu den auseinanderliegenden Positionen bei Max Weber, Michel Foucault und Norbert Elias vgl. Georg Kneer, *Rationalisierung, Disziplinierung und Differenzierung*, Opladen 1996; literaturwissenschaftlich Jens Dreisbach, *Disziplin und Moderne. Zu einer kulturellen Konstellation von Keller bis Kafka*, Berlin 2009; als populärer Ansatz Roy Baumeister [u. a.], *Die Macht der Disziplin*, Frankfurt am Main 2012.

Erkenntnis der eigenen Grenzen und den reflektierten Umgang damit. Eine solche Einsicht, pädagogisch vermittelt, schlägt freilich rasch in Demütigung um. So schreibt Conrad Bursian: „Die *Zucht* begann vor allem damit, jeden mit dem Gefühl seiner eigenen Unzulänglichkeit zu durchdringen".[16] Die „redliche Arbeit" am kleinsten philologischen Detail kann damit als Demut vor den historischen Dimensionen der Textüberlieferung, aber auch als Programm der Selbstverkleinerung verstanden werden.

Auf eine ungute Weise ist der Redlichkeitsbegriff, *drittens*, mit einer Essentialisierung ‚deutscher' (oder, enger gefasst: ‚preußischer') ‚Tugenden' verknüpft – und dies nicht nur in populistischem und chauvinistischem Schrifttum[17], sondern auch in kanonischen Texten wie in Goethes *Venezianischen Epigrammen*, in denen „deutsche *Redlichkeit*" dem Mangel an „Ordnung und *Zucht*" in Italien gegenübergestellt wird.[18] Für die Philologien, deren internationale Traditionslinien in vielfacher Hinsicht auf deutschsprachige Gründungskonstellationen des 18. und 19. Jahrhunderts zurückgeführt werden, ist das nicht unerheblich.[19] ‚Redlichkeit' wird nicht allein nationalcharakterologisch vereinnahmt, sondern in ihrer Relevanz abgewertet, indem sie als eine der sogenannten Sekundärtugenden verhandelt wird, nämlich Pünktlichkeit, Ordnung oder Fleiß. Paradigmatisch für die Ambivalenz einer solchen Begriffsverwendung kann die Rezeptionsgeschichte der Verse „Üb' immer Treu und *Redlichkeit*" aus Ludwig Höltys (1748–1776) Gedicht *Der alte Landmann an seinen Sohn* gelesen werden.[20] Durchaus in aufklärerischer Gesinnung verfasst und im 19. Jahrhundert popularisiert, stehen sie am Ende für repressive Pädagogik, kleinbürgerliche Beschränktheit und politisches Kritikdefizit.[21] Die Hof- und Garnisonkirche in Potsdam spielt die Melodie seit 1797 und wieder seit 1991[22], stündlich im Wech-

---

16 Bursian, *Geschichte der classischen Philologie in Deutschland* (Anm. 4), 815; Hervorhebung: M.L.

17 So in vordergründigen ökonomischen Diagnosen, denen zufolge das in den vergangenen Jahren schwindende Vertrauen in die sogenannten „deutschen Tugenden" den Export und damit den Wohlstand gefährde; unter Bezug auf neuere Studien und ohne erkennbare Zeichen von Ironie Frank Stocker, „Verfall deutscher Tugenden gefährdet Wohlstand", in: *Die Welt*, 22.9.2015, http://www.welt.de/wirtschaft/article133049085/Verfall-deutscher-Tugenden-gefaehrdet-Wohlstand.html (26.9.2016).

18 Johann Wolfgang Goethe, „Venezianische Epigramme" [1790], in: ders., *Frankfurter Ausgabe*, hg. von Karl Eibl, Bd. 1 (*Gedichte 1756–1799*), 444; Hervorhebungen: M.L.

19 Vgl. exemplarisch William Clark, *Academic Charisma and the Origins of the Research University*, Chicago 2006.

20 Ludwig Hölty, „Der alte Landmann an seinen Sohn", in: ders., *Gesammelte Werke und Briefe. Kritische Studienausgabe*, hg. von Walter Hettche, Göttingen 1998, 226; Hervorhebung: M.L.

21 Zur Rezeption und Fehlinterpretation vgl. Hans-Joachim Schoeps, *Üb' immer Treu und Redlichkeit. Preußen in Geschichte und Gegenwart*, Düsseldorf 1978; Helmut Müller, *Üb' immer Treu und Redlichkeit. Kinder- und Jugendbücher der Kaiserzeit*, Frankfurt am Main 1988.

22 Der Spiegel widmete dem eigentümlichen Preußen-Historismus 1991 entsprechend

sel mit dem Choral *Lobe den Herren*, kurioserweise unterlegt mit der Melodie der Papageno-Arie aus Mozarts *Zauberflöte* (1791): „Ein Mädchen oder Weibchen/wünscht Papageno sich" – ganz so, als seien weder die hermeneutischen noch die politischen Querstände am *lieu de mémoire* der Garnisonkirche augen- und ohrenfällig.

Höltys vom Preußen-Kitsch vereinnahmte „Treu und Redlichkeit" ist freilich, wie zu zeigen sein wird, schon im literarischen und philologischen 19. Jahrhundert nicht mehr skepsisfrei zu haben. Wenn sich trotz aller dieser Umstände gegenwärtig in den philosophischen und historischen Fächern international Tendenzen abzeichnen, Tugendbegriffe wie ‚Redlichkeit' entideologisiert, entbanalisiert und wieder ohne Anführungszeichen zu verwenden (dies sowohl auf der Untersuchungsebene als auch mit Blick auf das eigene wissenschaftliche Tun), dann dürfen diese Versuche, auch wenn es reizvoll erscheint, nicht ohne genauere Prüfung mit problematischen Verwendungsweisen in populären Diskursen kurzgeschlossen werden. Angenommen werden sollte stattdessen zunächst, dass Plädoyers für philologische ‚Redlichkeit' vom reflektierten Bemühen um fachliche Ernsthaftigkeit getragen sind.[23]

Das erneuerte Interesse an der – allgemeinen wie spezifisch wissenschaftlichen, darunter auch philologischen – ‚Redlichkeit' fällt, dies kommt hinzu, mit der fruchtbaren Wiederentdeckung von Tugendkonzepten in der Moralphilosophie zusammen (im Anschluss an Philippa Foot, Alasdair MacIntyre u.a.), in der Literatur- und Ideengeschichte (mit Bezug auf aristotelische und ciceronische Traditionen)[24]; mit aktuellen entfremdungstheoretischen und ökologischen Ansätzen in den Sozialwissenschaften, die Maß und Takt, Langsamkeit, Sorgfalt, Hochwertigkeit, Manufaktur, Nachhaltigkeit und Selbstsorge programmatisch machen[25]; schließlich mit Diskussionen nicht nur um wissenschaftliches

---

eine Titelgeschichte mit Referenz auf den Hölty-Vers und das Glockenspiel: „Aktion Sarg und Asche", in: *Der Spiegel*, 12.8.1991, 28–37, http://magazin.spiegel.de/EpubDelivery/spiegel/pdf/13488171 (29.10.2017).

[23] Zum Begriff des philologischen Ernstes vgl. Marcel Lepper, *Goethes Euphrat. Philologie und Politik im West-östlichen Divan*, Göttingen 2016, 143–147.

[24] Unter den neueren Publikationen exemplarisch: Michael DePaul [u.a.] (Hgg.), *Intellectual Virtue. Perspectives from Ethics and Epistemology*, New York 2003; Robert Merrihew Adams, *A Theory of Virtue*, Oxford 2006; Timothy Chappell (Hg.), *Values and Virtues*, Oxford 2006; Rebecca L. Walker [u.a.] (Hgg.), *Virtue Ethics and Contemporary Moral Problems*, Oxford 2007; Christoph Halbig, *Der Begriff der Tugend und die Grenzen der Tugendethik*, Berlin 2013; populär Otfried Höffe, *Lebenskunst und Moral. Oder: Macht Tugend glücklich?*, München 2007; Martin Seel, *111 Tugenden, 111 Laster. Eine philosophische Revue*, Frankfurt am Main 2011.

[25] Vgl. aus unterschiedlichen Perspektiven Richard Sennett, *The Craftsman*, London 2008; Andreas Reckwitz, *Die Erfindung der Kreativität. Zum Prozess gesellschaftlicher Ästhetisierung*, Berlin 2012; zuletzt Hartmut Rosa, *Resonanz. Eine Soziologie der Weltbeziehung*, Berlin 2016.

Ethos, sondern um epistemische Tugenden, in deren Kontext auch der vorliegende Band steht.[26]

Von speziellem philologischen Interesse im Zusammenhang von Redlichkeitsfragen sind die Begriffe der *phronesis* und der *parrhesia*: Die *phronesis* oder *prudentia*, oft übersetzt mit praktischer Klugheit, mit der Fähigkeit zur Abwägung, zur situativen Beurteilung und zum angemessenen Handeln, wird häufig – in aristotelischer, nicht in platonischer Tradition – als ein Können interpretiert, das nicht aus der abstrakten Erkenntnis komme, sondern aus der konkreten Übung.[27] Ging die Philosophiegeschichtsschreibung lange davon aus, dass Klugheitskonzepte spätestens bei Kant in ihrer moralischen Relevanz verabschiedet worden seien, so zeigt die neuere Forschung, dass im späten 18. und frühen 19. Jahrhundert, d. h. zur Zeit der Disziplinarisierung der Philologien, *phronesis*-Konzepte sehr wohl lebendig diskutiert werden.[28] In wissenschaftlichen Kontexten betont der *phronesis*-Begriff den Part der Arbeit, der nicht als bloße Technik vermittelbar ist.[29] Er erfasst, emanzipatorisch gewendet, die Unersetzlichkeit individueller Erfahrung, die Selbstbeobachtung, die Urteilsfähigkeit und das Lernen aus Fehlern; er kann aber auch elitär oder autoritär umschlagen, wenn er die Asymmetrie von Meisterschaft und Lehre festigt. Tugendkonzepte öffnen an der Stelle eine Flanke gegenüber einem Spektrum von Könnerschaft, das von der scheinbar mühelosen Eleganz und Virtuosität bis zur bodenständigen Tüchtigkeit reicht.[30]

Auf ähnliche Weise ambivalent ist im Kontext der Redlichkeit der Begriff der *parrhesia*, der unter Rückgriff auf Michel Foucault ein emphatisches Verhältnis zur Artikulation von Wahrheit erfasst.[31] Geht es im Grundsatz darum, gegen Autoritäten oder Mehrheiten Redefreiheit zu beanspruchen und dafür Risiken, auch massive, auf sich zu nehmen, dann kann ein philologisches Verständnis von *parrhesia* auf humanistische Konzepte der Schrift- und Autoritätenkritik

---

[26] Für den Horizont der Philologien u. a. Gyburg Radke-Uhlmann (Hg.), *Phronesis – die Tugend der Geisteswissenschaften*, Heidelberg 2012; Ralf Klausnitzer/Carlos Spoerhase/Dirk Werle (Hgg.), *Ethos und Pathos der Geisteswissenschaften*, Berlin 2015.

[27] Vgl. Theodor Ebert, „Phronesis. Anmerkungen zu einem Begriff in der Nikomachischen Ethik (VI 5, 8–13)“, in: Otfried Höffe (Hg.), *Aristoteles. Nikomachische Ethik*, 2. Aufl. Berlin 2006, 165–185; Andreas Luckner, *Klugheit*, Berlin 2005, 75–99.

[28] Auf literaturwissenschaftlicher Seite Hendrikje Schauer, *Beobachtung und Urteil. Literarische Aufklärung bei Lessing und Wieland*, Heidelberg 2018, darin die historische und systematische Einleitung zu Phronesis-Konzepten.

[29] *Phronesis* heißt philologisch nicht von ungefähr eine der international bedeutendsten Zeitschriften für das Studium der antiken Philosophie; unter den neueren Publikationen: Radke-Uhlmann, *Phronesis* (Anm. 26).

[30] Zu den Debatten um philologische Tüchtigkeit vgl. exemplarisch Lucian Müller, *Gedanken über das Studium der Classischen Philologie. Supplement zu einer wissenschaftlichen Biographie Ritschls*, Berlin 1878, 48–51.

[31] Zum Hintergrund Petra Gehring/Andreas Gelhard (Hgg.), *Parrhesia. Foucault und der Mut zur Wahrheit*, Berlin 2012.

zurückgreifen, die den politischen Konflikt nicht scheuen. Die *parrhesia* kippt hingegen dialektisch um, wenn sie – in allgemein gesellschaftlichen wie in fachspezifischen Kontexten – von Populisten beansprucht wird, die gegen einen vermeintlichen Konsens und mit Risiken eher für andere als für sich selbst darauf bestehen, dass etwas ‚endlich einmal gesagt werden' müsse. Die Tugend der Redlichkeit wird damit zur Untugend des Missbrauchs des Redlichkeitsbegriffs.[32] Mitgedacht werden muss insofern zu jedem Zeitpunkt der selbstreferentielle Aspekt der Rede von der ‚Redlichkeit'. Wer davon im affirmativen Sinne spricht, formuliert Anforderungen, an denen er sich selbst messen lassen muss. Der inquisitorische, puritanische oder jakobinische Missbrauch jeder, auch wissenschaftlichen Tugendrhetorik (wie auch der Missbrauch der Anprangerung solchen Missbrauchs) können durch eine Problematisierung der Begriffe nicht verhindert, aber doch differenziert ausgeleuchtet und kritisch perspektiviert werden.

Ich möchte im Folgenden, ausgehend vom Begriff der ‚philologischen Redlichkeit', in drei Schritten philologische Tugendkonzepte aus vier Grundlagenschriften des 19. und frühen 20. Jahrhunderts, d. h. aus der Kernphase philologischer Deutungshoheit, knapp skizzieren: aus August Boeckhs *Encyklopädie und Methodologie der philologischen Wissenschaften* (1809–1865; 1877), aus Ulrich von Wilamowitz-Moellendorffs *Geschichte der Philologie* (1921), schließlich aus Friedrich Nietzsches Äußerungen zur wissenschaftlichen, intellektuellen und philologischen Redlichkeit in der Schrift *Morgenröthe* (1881), und, im Abgleich, aus Max Webers *Wissenschaft als Beruf* (1917).

2. Rhetorische Grundlagen

Zu den Leistungen der Philologie – im Sinne des „*Erkennen*[*s*] des vom menschlichen Geist *Producirten*, d. h. des *Erkannten*"[33] – gehört, moralische Konzepte zu rekonstruieren, darunter antike Vorstellungen von den Kardinaltugenden, wie sie etwa bei Cicero in *De officiis* entfaltet werden: Klugheit, Gerechtigkeit, Tapferkeit, Mäßigung. Aus humanistischen Kontexten erbt die Philologie des 18. und 19. Jahrhunderts die Doppelvorstellung von Studium und Erziehungsprogramm, die ihr zu einer zentralen Stellung an Schulen und Universitäten verhilft, zugleich aber eine Fülle von Problemen mit sich bringt: Sie erhebt den Anspruch, nicht nur Zeugnisse der klassischen Antike zu interpretieren, sondern aus ihnen auch synkretistische Erziehungsprogramme ableiten zu können;

---

[32] Vgl. die Attacken auf den vermeintlichen Meinungskonformismus in den heterogenen Kontexten der neuen Rechten, u. a. Thilo Sarrazin, *Der neue Tugendterror. Über die Grenzen der Meinungsfreiheit in Deutschland*, München 2014.

[33] August Boeckh, *Encyklopädie und Methodologie der philologischen Wissenschaften* [1809–1865], hg. von Ernst Bratuschek, Leipzig 1877, 10.

nicht nur über den fachlichen Zusammenhang hinaus bildend zu wirken, sondern über einen solchen Auftrag ihre Hegemonie zu legitimieren. Nichts weniger fordert eine philologische Tradition ein, die sich auf Erasmus, auf Melanchthon, auf Humboldt und Schleiermacher beruft. Das ist auch der Anspruch des humanistischen Gymnasiums im 19. und frühen 20. Jahrhundert.[34]

August Boeckh (1785–1867) entwickelt in seiner für die Philologien des 19. Jahrhunderts prägenden Grundlagenvorlesung, der postum herausgegebenen *Encyklopädie und Methodologie der philologischen Wissenschaften* (1809–1865; 1877) sein Programm; es ist bekanntlich verknappt, beiläufig und wird oft kursorisch am Gegenstand exemplifiziert. Das gilt auch für die Äußerungen zu allgemeinen wie wissenschaftlichen Tugenden und, spezifisch, zur Redlichkeit.[35] Neben allgemeine Erörterungen treten, wie auch später bei Bursian und Wilamowitz, konkrete Porträts, an denen Tugendvorstellungen exemplifiziert werden. Auf den ersten Blick könnte man meinen, Boeckh favorisiere platonische gegenüber aristotelischen Tugendkonzepten:

> [D]as Erkennen selber kommt nicht ohne Willen und Vorsatz zu Stande und ist auch ein Gut, und ein sehr hohes, die theoretische Thätigkeit also der praktischen nicht schlechthin entgegengesetzt; und umgekehrt, ist der Wille ein vernünftiger, vom blinden Triebe, den auch das Thier hat, verschiedener, so wird er durch das Erkennen bestimmt, und darum hat der tiefsinnige Platon, das Theoretische und Praktische minder auseinander reissend, die *Tugend als Erkenntniß* bezeichnet: ja die gesammte praktische Seelenthätigkeit ist der theoretischen dadurch untergeordnet, dass das Ziel der ersteren, das Gute, ein Princip ist, welches nur durch Erkenntniß vollkommen ergriffen werden kann, wenn es auch, aber unbewußt, im Gefühl und Glauben gegeben ist; so wird das Praktische selber Gegenstand der Theorie, und weil das Wahre und das Gute sich nicht widersprechen können, ist ein Widerspruch zwischen der ächten Theorie und der ächten Praxis unmöglich.[36]

Die Ausgabe von Boeckhs *Encyklopädie* verweist auf Boeckhs 1853 gehaltene Universitätsrede *Über das Verhältnis der Wissenschaft zum Praktischen und Positiven*.[37] Dort heißt es:

> [Aristoteles] unterscheidet eine dreifache Seelenthätigkeit, die theoretische oder *erkennende*, die praktische oder *wirkende*, die poetische oder *machende*, und zwar je nach

[34] In dieser Tradition noch James Turner, *Philology: The Forgotten Origins of the Modern Humanities*, Princeton 2014.

[35] Zu beachten ist dabei die komplexe Editionssituation, die bis heute auf nur unzureichende Weise Boeckhs Handschriften berücksichtigt. Vgl. Christiane Hackel/Sabine Seifert (Hgg.), *August Boeckh. Philologie, Hermeneutik und Wissenschaftspolitik*, Berlin 2013.

[36] Boeckh, *Encyklopädie und Methodologie der philologischen Wissenschaften* (Anm. 33), 60; ders., „Über das Verhältnis der Wissenschaft zum Praktischen und Positiven" [1853], in: *Deutsches Museum*, 23.2.1854, 305–320, hier: 310–311; Hervorhebung: M.L.

[37] Unter leicht verändertem Titel August Boeckh, „Über die Wissenschaft, insbesondere ihr Verhältnis zum Praktischen und Positiven" [1853], in: ders., *August Boeckhs Reden gehalten auf der Universität und in der Akademie der Wissenschaften zu Berlin*, hg. v. Ferdinand Ascherson, Leipzig 1859, 81–98.

einer jeglichen Princip und Zweck. Das Princip der *theoretischen* Thätigkeit sind ihm die Gegenstände der Erkenntniß, die Dinge selbst in ihrer Unterschiedenheit vom Subject, und ihr Zweck ist die Erkenntniß, das Theorem selbst, oder was einerlei ist, das Wahre; die *praktische Thätigkeit* hat ihr Princip in dem Subject, in dem Willen desselben und ihr Zweck ist das, was zu thun ist, die Handlung abgesehen vom Werke, die Verwirklichung des Guten oder die *Eupraxie*; die *machende* Thätigkeit hat Geist, Kunst oder ein Vermögen des Subjects zum Grunde und zum Zwecke das Werk. [...] [Aristoteles] hält jedoch diese begründete Dreiheit nicht überall fest, sondern begnügt sich öfter mit dem Gegensatze des Theoretischen und Praktischen, wie mir scheint mit Recht.[38]

Ist die Tugend nun, platonisch, als Erkenntnis des Tugendhaften zu beschreiben oder liegt, aristotelisch, der Schwerpunkt auf der Eupraxie? Gibt es eine Eupraxie des Erkennens oder nur eine Erkenntnis der Eupraxie? Wie das konkret für die eigene philologische Praxis und deren Anspruch auf Redlichkeit zu entscheiden wäre, lässt sich Boeckhs Äußerungen zu einzelnen Figuren der Literatur- und Wissenschaftsgeschichte entnehmen. Über den griechischen Redner Demosthenes schreibt er:

Demosthenes vollendete den gemischten Stil durch die glänzendste Anwendung in der Praxis, indem er ihn jedem Gegenstande in den mannigfachsten Nuancen anzupassen verstand. Seine Hauptkunst ist nicht nur für jeden Gegenstand die richtigen Gesichtspunkte zu fassen und das hervorzuheben, wodurch er, *ohne unredlich zu werden*, seinem Zwecke am besten dient, sondern auch stets den rechten Ton zu treffen.[39]

Nicht von ungefähr ist diese Stelle, aus abstrakten moralphilosophischen Debatten herausgelöst und den konkreten rhetorischen Fall behandelnd, für die spezifischen Probleme der philologischen Redlichkeit instruktiv. Von der Redekunst, die zu den fachlichen Vorstufen der Philologie zählt und in ihr Curriculum eingeht, erbt die Philologie das Problem, dass Technik und Tugend nicht ohne weiteres zusammengedacht werden können. Ein brillanter Redner gerät in den Verdacht, nicht moralisch, sondern nur technisch gut zu sein, und dies nicht erst seit der im *Gorgias* entfalteten platonischen Rhetorikkritik: Geht es ihm um die Wahrheit oder um die Wirkung, um die Überzeugung oder um die Kunst des Überredens?

Die Philologie, die noch nach Definitionen des 18. Jahrhunderts wesentlich als Wortkunst, nicht allein als Wissenschaft am Wort begriffen wird, steht in erster Instanz vor einem ähnlichen Dilemma: Sie muss in Wörtern über Wörter, in Texten über Texte handeln.[40] Noch im Gestus des Antirhetorischen ist ihr

[38] Boeckh, „Über das Verhältnis der Wissenschaft zum Praktischen und Positiven" (Anm. 36), 310.

[39] Boeckh, *Encyklopädie und Methodologie der philologischen Wissenschaften* (Anm. 33), 670–671; Hervorhebung: M.L.

[40] Philologen seien, so heißt es noch bei Zedler, zunächst „diejenigen zu nennen, welche sich in ihrem reden und schreiben einer reinen, zierlichen und wohllautenden art bedienen"; [Art.] „Philologi", in: Johann Heinrich Zedler (Hg.), *Grosses vollständiges Universal-Lexicon Aller Wissenschaften und Künste*, Bd. 27, Leipzig 1741, darin: Sp. 1984.

das genaue Wissen um rhetorische Kunstgriffe so weit zu unterstellen, dass sie in eine schwierige Position gerät: Wählt sie das *genus humile*, läuft sie Gefahr, unterkomplex, einfältig oder verstellt zu wirken; macht sie von den Künsten der Rede ostentativen Gebrauch, handelt sie sich den Vorwurf ein, dass nicht wahr sein kann, was allzu schön aussieht.

In der Rhetorik, speziell in den antiken Lehren zur Gerichtsrede, spielen die Fallrekonstruktion und der Umgang mit Beweisen eine große Rolle. Der Redner kann nur Erfolg erzielen, wenn er seinen Fall möglichst glaubwürdig darstellt. Dabei ist er in der so vorteilhaften wie heiklen Position, privilegierten Zugriff auf die Dokumentation der Sachlage zu haben. Wollen die Zuhörer ihm folgen, müssen sie ihm seine Version glauben. Auf die Schliche kommen sie ihm in der Regel erst, wenn er sich in Widersprüche verstrickt oder wenn eine andere, glaubwürdigere Version vorgetragen wird. Der Philologe, der, textkritisch und hermeneutisch, mit der Konstituierung und Interpretation von Texten befasst ist, hat in ähnlicher Weise privilegierten Zugang zum Material. Wer mit seinen Ergebnissen arbeitet, hat nur selten die Ressourcen, im Detail zu überprüfen, was er mit fachlicher Autorität vorträgt. Wenn es Spezialisten auf seinem Fachgebiet vorbehalten bleibt, sich bei Gelegenheit die Mühe zu machen und seine Ergebnisse zu evaluieren, dann reduzieren sich die Evaluationsmöglichkeiten und -häufigkeiten mit der Ausdifferenzierung der Teilgebiete und der Vervielfältigung der Gegenstände.[41]

Selbstverständlich stehen in der Rhetorik wie in der Philologie Verfahren zur Verfügung, um Plausibilität und Widerspruchsfreiheit in erster Instanz auch ohne eigenständige Rekonstruktion der Sachlage zu überprüfen. Es bleibt aber eine weite Zone, in der die Zuhörer und Leser darauf angewiesen bleiben, dass der Umgang des Philologen mit der Rede im strengen Sinne ‚redlich' ist, d. h., dass er jederzeit genau über das Zustandekommen seiner Ergebnisse Rechenschaft ablegen könnte und sie so nachweist, dass eine Überprüfung möglich wäre. Bei großen kanonischen, aber auch bei randständigen, umstrittenen Werken ist die Frage der philologischen Redlichkeit in der Textkritik zentral. Fachwelt und Publikum müssen sich darauf verlassen können, dass der Philologe redlich gearbeitet hat. Eine große Zahl künftiger Interpretationen wird sich arbeitsteilig auf seine Ergebnisse stützen, ohne sie noch einmal aufgrund der Überlieferungslage neu konstituieren zu können.

Die Rhetorik hat, um diese prekäre Situation aufzulösen, zu einer charakterologischen Lösung gegriffen: Der Redner muss tugendhaft, er muss, wie es bei Cato, später bei Quintilian heißt, ein *vir bonus* (ein ‚guter Mensch', eine ‚vertrauenswürdige Person' oder, in älteren Paraphrasen, ein ‚Ehrenmann') sein; bescheidener gefasst: als solcher anerkannt werden.[42] Fehlt der Rhetorik und der

---

[41] Zur philologischen Reflexion dieses Umstands vgl. Lepper (Anm. 1), 130–145.

[42] Vgl. für die deutsche Philologie den immer noch aktuellen Aufsatz von Rainer Kolk,

Philologie der Zugriff auf den Grad der Tugendhaftigkeit einer Person, fallen Reputation und Charisma in erstaunlichem Umfang ins Gewicht. Die Übergangszone zwischen Technik und Tugend ist damit keineswegs gesperrt: Gehören die Klarheit des Blicks, die Sicherheit des Urteils, die Präzision der Darstellung in den Bereich der praktischen Übung? Wie stark interagieren Annahmen über die Integrität des Philologen mit der Beurteilung seiner Leistungen?

Demosthenes ist nach Boeckh rhetorisch redlich: Er gewichtet zweifellos in seinen Reden, aber er gewichtet ‚richtig', er fasst die „richtigen Gesichtspunkte". Er macht selbstbewussten Gebrauch von seiner Virtuosität, aber er trifft den „rechten Ton". Er ist nicht positionslos; er weiß, wie er, „*ohne unredlich zu werden*", seine Zuhörer von seiner Position überzeugt.[43] Das Lob für die zugleich glänzende wie redliche Praxis des Demosthenes markiert nicht nur ein rhetorisches, sondern auch ein philologisches Ideal. Wo aber steht der, der so über ‚richtig' und ‚redlich' urteilt? Er muss für sich selbst auf nächsthöherer Ebene in Anspruch nehmen, was er Demosthenes zugesteht: Erst die Redlichkeit des Urteilenden ermöglicht seriöse Urteile über die Redlichkeit anderer; sie lebt von Grundlagen, die sie selbst nicht garantieren, sondern nur in sozialen Formen, etwa im Lehrverhältnis, stabilisieren und überprüfen kann.[44]

Ein zweites, prägnantes Tugendporträt bei Boeckh betrifft Tacitus, der für die deutsche Philologie und Geschichtsschreibung seit der frühen Neuzeit, nicht zuletzt für die politische Ideologie des Germanen- und Deutschtums eine Schlüsselrolle spielt.[45]

Aber als nach der Regierung des Domitian der Druck des Despotismus nachliess, fand die lange zurückgehaltene Wahrheit noch einmal einen freimüthigen Ausdruck durch Tacitus. Er gehörte seinem Charakter nach der alten republikanischen Zeit an; Cato-

„Wahrheit – Methode – Charakter. Zur wissenschaftlichen Ethik der Germanistik im 19. Jahrhundert", *IASL* 14 (1989), 50–73.

[43] Boeckh, *Encyklopädie und Methodologie der philologischen Wissenschaften* (Anm. 33), 670–671.

[44] Interessant ist Boeckhs Urteil rezeptionsgeschichtlich, und hier lässt sich mustergültig zeigen, wie Tugendreflexion von Tugendpolitik kaum zu trennen ist: Demosthenes mit seinen Reden gegen Philipp II. von Makedonien ist nicht nur ein Gewährsmann für Cicero in den Reden gegen Marc Antonius und für die Römische Republik. Er wird auch für die Generation der Befreiungskriege gegen Napoleon zur Identifikationsfigur, so für Niebuhr. Die Einschätzung verändert sich im Laufe des 19. Jahrhunderts, nicht zuletzt durch Droysens Hellenismus-Studien: Dort erscheint Demosthenes eher als Idealist auf verlorenem Posten.

[45] Vgl. Christopher B. Krebs, *Negotiatio Germaniae. Tacitus' Germania und Enea Silvio Piccolomini, Conrad Celtis und Heinrich Bebel*, Göttingen 2005; Ingo Wiwjorra, *Der Germanenmythos. Konstruktion einer Weltanschauung in der Altertumsforschung des 19. Jahrhunderts*, Darmstadt 2006; für die Folgezeit Allan A. Lund, *Germanenideologie im Nationalsozialismus. Zur Rezeption der Germania des Tacitus im ‚Dritten Reich'*, Heidelberg 1995.

nische Gesinnung und Sittenstrenge, eine männliche Geistesstärke, Treue, *Redlichkeit*, Freiheitssinn und Patriotismus lagen in seiner innersten Natur.[46]

Tugendhaft erscheint Tacitus, weil er aufrichtig und wahrhaftig spricht und handelt; weil er moralische Festigkeit mit reifem Urteil verbindet. Die Beschreibung des Tacitus konvergiert in hohem Maße mit den Stereotypen vom redlichen, aufrichtigen ‚deutschen Charakter', wie er nicht nur in den Philologien des 19. Jahrhunderts propagiert wird: „[M]ännliche Geistesstärke, Treue, *Redlichkeit*, Freiheitssinn und Patriotismus": Das sind Eigenschaften und Einstellungen, die seit den napoleonischen Kriegen verstärkt als ‚germanische' oder ‚deutsche Tugenden' gefasst werden.

Der „Freimuth" des Tacitus erfüllt freilich nicht vollständig die Kriterien der *parrhesia*: Die „Redlichkeit" des Tacitus habe sich erst zu dem Zeitpunkt Bahn gebrochen, als die Despotie ohnehin nachgelassen habe und die persönlichen Risiken geringer gewesen seien. Boeckh differenziert entsprechend das Tacitus-Urteil:

Zu kraftvoll um dem Drucke der allgemeinen Sittenverderbniss zu erliegen, zu national eingeschränkt um sich durch eine grosse welthistorische Betrachtung der Geschichte über das Elend der Zeit zu erheben, musste sich seine Eigenart in einer schneidenden Opposition gegen sein Zeitalter offenbaren. Daher ist seine Geschichte subjectiv durch Reflexion, sentimental, indem er die Gesunkenheit der Gegenwart erkennt und den Untergang der alten Grösse Roms sehnsüchtig betrauert. Er sieht mit Wehmuth, wie auch tüchtige Charaktere dem Verderben erliegen; um so grösser aber ist seine Begeisterung für die wenigen edlen Geister, welche demselben widerstehen; dieser giebt er sich mit der ganzen Sinnigkeit eines klaren sentimentalen Gemüths hin. So fehlt ihm trotz grosser Unparteilichkeit und Kritik die wahre historische Kunst, welche die Reflexion des Historikers untergehen lässt in der Objectivität der Darstellung.[47]

Anders als der Redner Demosthenes genügt nach Boeckh der Historiker Tacitus den Kriterien der Redlichkeit also nicht im vollen Umfang, gerade weil er, vordergründig betrachtet, besonders redlich agiert: Er steht sich, so aufrichtig wie beschränkt, am Ende selbst im Wege. Wie bei der Beurteilung des Demosthenes stellt sich auch an dieser Stelle die Frage, wie über die Redlichkeit des Tacitus gesprochen werden kann. Boeckh lässt erkennen, dass es um den schmalen Grat zwischen der Wahl der richtigen Gesichtspunkte zum Zwecke einerseits und der polemischen Parteinahme andererseits geht. Boeckh zufolge ist Tacitus, mit den tüchtigen Charakteren der Vergangenheit sympathisierend, zu elegisch gestimmt, um über die Gegenwart ‚redlich', d. h. bei Boeckh auch: selbstkritisch urteilen zu können. Was das für das Lob der ‚redlichen' und ‚tüchtigen' Philologen der Vergangenheit heißt, lässt sich an Schriften der Ära nach Boeckh zeigen.

---

[46] Boeckh, *Encyklopädie und Methodologie der philologischen Wissenschaften* (Anm. 33), 693; Hervorhebung: M.L.

[47] Boeckh, *Encyklopädie und Methodologie der philologischen Wissenschaften* (Anm. 33), 693.

3. Philologische Porträts

Zur Zeit von Ulrich von Wilamowitz-Moellendorff (1848–1931) hat die Philologie, institutionell ausgedehnt und ausdifferenziert, den Zenit ihrer fächerübergreifenden Deutungshoheit überschritten. Heroische Redlichkeits- und polemische Unredlichkeitsprofile zeichnet Wilamowitz in seinem Spätwerk, seiner *Geschichte der Philologie* (1921).[48] Es genügen angesichts des lakonischen Stils dieser Wissenschaftsgeschichte einige Beispiele, um zu zeigen, wie Wilamowitz urteilt: Unredlich ist nach Wilamowitz der Sprach- und Textphilologe Gottfried Hermann (1772–1848), der sich, scheinbar streng, gegen Boeckhs universalen Zugriff wendet, wenn er auf seinem eigenen Feld seinen Vorstellungen allzu freien Lauf lasse:

> In Bion und Moschos, die er [Hermann] ohne Einsicht in die Überlieferung, ohne Prüfung der Verfasserschaft herausgab, erzwang er ganz willkürliche Strophen und gab damit ein übles Vorbild.[49]

Zu Lachmann zitiert Wilamowitz – ist das redlich? – seinen Schwiegervater Theodor Mommsen:

> Emendiert hat er schön, wenn er nur von der Sache etwas verstanden hätte.[50]

Infam ist die Bemerkung zu dem jüdischen Philologen Jacob Bernays:

> Die feine, aber auch raffinierte Darstellung macht jede seiner Schriften zu einem Leckerbissen; man wird aber bedauern, daß er allmählich nur Konfekt auftischte.[51]

Antisemitische Stereotype verbinden sich hier, vorgetragen mit dem Anschein philologischer Redlichkeit, mit einer Aversion gegen intellektuelle Virtuosität. Theodor Mommsen hingegen erscheint in glücklichstem Licht: überzeugt von seiner Arbeit, ohne sich zu verrennen; von weitem Horizont, aber in der konkreten Arbeit handwerklich bescheiden:

> Zuletzt kehrte er zu der Jugendliebe zurück und schrieb als Achtzigjähriger noch das Strafrecht. An seinen kleinen Schriften lernen Philologen, Historiker, Juristen, wie sie ihr Handwerk betreiben sollen.[52]

Wilamowitz, zu diesem Zeitpunkt selbst schon 73-jährig, für sein scharfes Urteil ebenso gefürchtet wie für seine Lernbereitschaft respektiert, kommt am Ende seiner Darstellung zu einer scheinbescheidenen Formel, die erhebliche Gefahren birgt:

---

48 Ulrich von Wilamowitz-Moellendorff, *Geschichte der Philologie* [1921], Leipzig 1959.

49 Ebd., 58.

50 Ebd., 59.

51 Ebd., 64.

52 Ebd., 71.

> Was Philologie ist und sein soll, hat sich aus ihrer Geschichte ergeben. Lehrte uns die lange Reihe von Namen, die an uns vorübergezogen ist, auch was der Philologe sein soll? Verzeichnet sind sie alle, weil sie die Wissenschaft gefördert haben; aber sie waren an Geisteskraft und Charakter sehr verschieden, verschieden in der Richtung ihrer Neigungen und Fähigkeiten. Da wird die bescheidenste Definition wohl die beste bleiben. Treiben mag der Philologe sehr viel Verschiedenes, mag's auch auf verschiedene Weise treiben, aber eins muß er sein, wenn er etwas Bleibendes leisten will: *vir bonus, discendi peritus.*[53]

Der Einsatz der catonischen Formel vom *vir bonus* bestätigt den bei der Boeckh-Auslegung formulierten Befund: Philologische Redlichkeitsvorstellungen bedienen sich bei rhetorischen Tugendkonzepten. Wilamowitz gibt dem Zitat allerdings eine spezifische Wendung, wenn er nicht wie bei Cato den „*vir bonus dicendi peritus*" (so die Überlieferung bei Quintilian, *Inst. orat.* XII, 1), sondern den „*vir bonus, discendi peritus*" als Vorgabe präsentiert: An die Stelle der Bewanderung in der Rede tritt die Erfahrung im Studium.[54] Man könnte übersetzen: Ein Philologe muss redlich und lernerfahren sein. Man hört bei Wilamowitz aber auch andere Töne mit: ein nicht bloß meritokratisches, sondern aristokratisches Standes- und Elitebewusstsein, das die Formel vom *vir bonus*, wie in den philologischen Porträts, zu diskriminatorischen Zwecken zu verwenden weiß.[55]

4. Intellektuelle Redlichkeit

In ostelbisch-ritterliche Vorstellungen vom *vir bonus* als ‚Ehrenmann' passt nicht nur Jacob Bernays nicht hinein, sondern auch Friedrich Nietzsche (1844–1900) nicht. Letzterer, der die von Conrad Bursian beschriebene Ausbildung in philologischer Redlichkeit bei Friedrich Ritschl durchlaufen hat, aber aus der professionellen Beschränkung ausgebrochen ist, profiliert auch und gerade nach der Kontroverse mit Wilamowitz[56] ein Konzept „philologischer Redlichkeit" gegenüber der konventionellen Gelehrsamkeit des 19. Jahrhunderts, wie Christian Benne gezeigt hat.[57] Redlichkeit heißt für Nietzsche Wahrhaftigkeit und Gründlichkeit im nicht mehr nur fachlichen Denken, sondern auch radikale Rücksichtslosigkeit gegenüber anderen und sich selbst, Unanfälligkeit für Bequem-

---

[53] Ebd., 80.

[54] Zum Topos in den Philologien nach 1900 vgl. William Calder III, „Vir bonus, discendi peritus", *The American Journal of Philology* 108 (1987), H. 1, 168–171.

[55] Zur Frage des Antisemitismus bei Wilamowitz vgl. Richard Pohle, *Platon als Erzieher. Platonrenaissance und Antimodernismus in Deutschland*, Göttingen 2017, 165–166.

[56] Dokumentiert bei Karlfried Gründer (Hg.), *Der Streit um Nietzsches ‚Geburt der Tragödie'*, Hildesheim 1969.

[57] Christian Benne, *Nietzsche und die historisch-kritische Philologie*, Berlin/New York 2005, 27.

lichkeiten oder vorgefundene Lösungen. Was Nietzsche in *Morgenröthe. Gedanken über die moralischen Vorurtheile* (1881) einfordert, stößt sich im rhetorischen Gestus von der Philologie ab, lebt gleichwohl im Kern seinerseits noch aus dem Konzept ‚philologischer Redlichkeit', wie es Bursian fast zeitgleich für Ritschl konturiert. Obwohl Nietzsche das Fach zu diesem Zeitpunkt längst verlassen hat, kombiniert der Absatz „Die Philologie des Christenthums" weit ausgreifende kulturkritische Diagnosen und antiklerikale Tiraden mit durchaus fachlicher Polemik gegen unredliche Textkritik:

> *Die Philologie des Christenthums.* – Wie wenig das Christenthum den Sinn für *Redlichkeit* und Gerechtigkeit erzieht, kann man ziemlich gut nach dem Charakter der Schriften seiner Gelehrten abschätzen: sie bringen ihre Muthmaßungen so dreist vor wie Dogmen und sind über der Auslegung einer Bibelstelle selten in einer *redlichen Verlegenheit.* Immer wieder heißt es ‚ich habe Recht, denn es steht geschrieben –' und nun folgt eine unverschämte Willkürlichkeit der Auslegung, daß ein Philologe, der es hört, mitten zwischen Ingrimm und Lachen stehen bleibt und sich immer wieder fragt: ist es möglich! Ist dies ehrlich? Ist es auch nur anständig? – Was in dieser Hinsicht immer noch auf protestantischen Kanzeln an *Unredlichkeit* verübt wird, wie plump der Prediger den Vorteil ausbeutet, daß ihm hier Niemand ins Wort fällt, wie hier die Bibel gezwickt und gezwackt und die Kunst des Schlecht-Lesens dem Volke in aller Form beigebracht wird: das unterschätzt nur der, welcher nie oder immer in die Kirche geht.[58]

Die Attacken auf die – nicht nur protestantischen – Kirchen drehen die pädagogische Annahme der Philologien des 19. Jahrhunderts um: Hatten letztere nicht nur, rhetorisch gedacht, den guten Menschen zur Voraussetzung des guten Philologen gemacht, sondern bildungsprogrammatisch angenommen, dass ein guter Philologe auch, mit Tradition und Methode ausgestattet, ein guter Mensch sein müsse, so schließt Nietzsche von zweifelhafter Praxis in Textkritik und Hermeneutik auf die Schwäche des gesamten christlichen Erziehungsprogramms. Wirkt die Paraphrase von ‚redlich' mit ‚ehrlich' oder ‚anständig' erstaunlich konventionell, so gibt Nietzsches Formulierung von der *„redlichen Verlegenheit"* den philologischen Anforderungen eine eigene Wendung. ‚Redlich' im strengen Sinn ist demnach keineswegs, wer treuherzig Rede und Antwort stehen kann, sondern eher der, dem die vorschnelle Antwort schwerfällt. Der Begriff der *„Verlegenheit"* ruft nicht nur den philosophischen Terminus, sondern auch die rhetorische Figur der *aporia* auf, die den Zweifel und das Nichtwissen nobilitiert. Dieser Zweifel scheint freilich der Empörung des Philologen zu fehlen, die sich in dem Absatz Bahn bricht. Das Lachen über evidente Fehlinterpretationen erscheint nur dann als redlich, wenn es kein schadenfrohes Gelächter ist. Wo kippt die Anprangerung der Unredlichkeit selbst in die Kanzelrede: „ich habe Recht, denn es steht geschrieben –"? Wer würde

[58] Friedrich Nietzsche, *Morgenröthe. Gedanken über die moralischen Vorurtheile* [1881], in: ders., *Kritische Gesamtausgabe*, hg. von Giorgio Colli/Mazzino Montinari, Bd. V.1, Berlin 1971, Buch I, § 84, 75; Hervorhebungen: M.L.

dem ins Wort fallen, der, wie in *Morgenröthe*, durch keine disziplinären oder gattungsspezifischen Standards mehr gebunden, seinen rhetorischen Künsten freien Lauf lässt?

Nimmt der ehemalige Philologe Nietzsche für sich die Geste der *parrhesia* in Anspruch, dann geht er nicht nur mit anderen hart ins Gericht, sondern fordert ebenso harte Selbstprüfung, die ihre christliche Genealogie nicht genau genug kenntlich macht:

> Nie Etwas zurückhalten oder dir verschweigen, was gegen deinen Gedanken gedacht werden kann! Gelobe es dir! Es gehört zur ersten *Redlichkeit des Denkens*. Du musst jeden Tag auch deinen Feldzug gegen dich selber führen. Ein Sieg und eine eroberte Schanze sind nicht mehr deine Angelegenheit, sondern die der Wahrheit, – aber auch deine Niederlage ist nicht mehr deine Angelegenheit.[59]

Das rhetorische Tugendregime wird in der Selbstanrede internalisiert, wenn es nicht mehr nur um die „Redlichkeit" der Rede, sondern „des Denkens" geht. Nietzsche führt einen wesentlichen Punkt ein, der in den rhetorischen Redlichkeitskonzepten fehlt: die Prüfung nicht allein der Verfahren und Ergebnisse, sondern der Motive und des Selbst. Hatte Boeckh darauf gesetzt, dass der Philologe anders als der Redner dann redlich ist, wenn er in seinen Rekonstruktionen den Gegebenheiten so gerecht wie möglich zu werden versucht, so enttarnt Nietzsche die Vorstellung der uninteressierten, unmotivierten Arbeit als bequemen Schwindel und gelehrten Irrtum. Gleichwohl kommt auch Nietzsche um die „Wahrheit" als Forderung, die Partikularinteressen übersteigt, nicht umhin, wenn er den *vir bonus*, der bloß auf Reputation und Anerkennung setzt, verabschiedet.

Nietzsches Pathos der Entpersönlichung erweist sich als neue, mustergültige heroische Pose. Dreißig Jahre später kann Max Weber (1864–1920) erstaunlich ähnlich ansetzen, wenn er in dem Vortrag *Wissenschaft als Beruf* 1917 nicht von der „Redlichkeit des Denkens", sondern von „intellektueller Rechtschaffenheit" spricht und damit, während sich die Philologie als Leitdisziplin auf dem Rückzug befindet, einen nunmehr gesellschaftswissenschaftlichen Standard setzt.[60] Webers Formel vom „Opfer des Intellekts" erfasst dabei religionssoziologisch, was Nietzsche polemisch beschreibt, und ist in ihrem historischen Kontext keineswegs abstrakt, sondern eminent politisch:

> Denn ein solches Opfer des Intellekts zugunsten einer bedingungslosen religiösen Hingabe ist sittlich immerhin doch etwas anderes als jene Umgehung der *schlichten intellektuellen Rechtschaffenheitspflicht*, die eintritt, wenn man sich selbst nicht klar zu werden den Mut hat über die eigene letzte Stellungnahme, sondern diese Pflicht durch schwächliche Relativierung sich erleichtert. Und mir steht sie auch höher als jene Kathederpro-

---

[59] Ebd., Buch IV, § 370, 246; Hervorhebung: M.L.

[60] Zu Nietzsches Bedeutung für Max Weber vgl. u.a. Michael Sukale, *Max Weber. Leidenschaft und Disziplin*, Tübingen 2002, 487–488.

phetie, die sich darüber nicht klar ist, dass innerhalb der Räume des Hörsaals nun einmal keine andere *Tugend* gilt als eben: *schlichte intellektuelle Rechtschaffenheit.*[61]

5. Philologische Skepsis

„Üb' immer Treu und *Redlichkeit*": Das ist der sozialgeschichtliche Soundtrack nicht nur zu preußischen Disziplinarisierungsprogrammen des 19. Jahrhunderts. Das ist auch die Melodie für die Philologien zwischen August Boeckh und Ulrich von Wilamowitz-Moellendorff.[62] Sprengt Nietzsche das disziplinäre Programm, verdankt sich sein Konzept intellektueller Redlichkeit immer noch in erstaunlichem Umfang den philologischen Grundlagen. Radikaler fällt aus poetischer, nicht aus philologischer Perspektive die Kritik zur gleichen Zeit bei Theodor Fontane (1819–1898) aus – etwa in Dialogen wie diesem aus *L'Adultera* (1880):

> „Jott", sagte Christel, „en bißchen anders is es immer. Un sie war auch bloß von Neu-Cölln an's Wasser, un die Singuhr immer jrade gegenüber. Aber die war nich schuld mit *‚Ueb' immer Treu und ‚Redlichkeit'.*"
>
> „Ach, meine gute Christel, Treu und Redlichkeit! Danach drängt es jeden, jeden, der nicht ganz schlecht ist. Aber weißt du, man kann auch treu sein, wenn man untreu ist. Treuer als in der Treue."[63]

Wenn dort, wo die Tugend programmatisch wird, auch die Scharfrichterei, die Bigotterie und das Denunziantentum an Boden gewinnen, dann ist philologische Skepsis überall dort angebracht, wo allzu schnell von ‚philologischer Redlichkeit' die Rede ist. Die Rekonstruktion von philologischen Redlichkeitskonzepten bei

---

[61] Max Weber, *Wissenschaft als Beruf* [1917], mit einem Nachwort von Friedrich Tenbruck, Stuttgart 1995, 45; Hervorhebungen: M.L.

[62] Historisch-semantisch hat Höltys „Treu' und Redlichkeit" mit den preußischen Inszenierungen des 19. Jahrhunderts freilich wenig zu tun: Der alte Landmann wendet sich in dem Gedicht ermahnend an seinen Sohn. Die Verse „Üb' immer Treu und Redlichkeit" rahmen die Darstellung lasterhaften Verhaltens – Lüge, Habgier, Diebstahl, Trunksucht – und rufen zur Standhaftigkeit und Unerschütterlichkeit auf. Das Gegenbild zum tugendhaften Landmann ist keineswegs bloß der benachbarte Bösewicht, sondern der Vertreter von Institutionen, der seine Macht missbraucht. Vergeltung verspricht bei Hölty kein himmlisches Tribunal, sondern der irdische Spuk, die unterdrückte Gewissensinstanz, die Ruhelosigkeit noch im Grab. Hölty, der in Göttingen Theologie und Philologie studiert hat und sich in seiner Lyrik auf Shaftesbury, Klopstock und den gleichaltrigen Gottfried August Bürger bezieht, kann in dem Landmann-Gedicht keine Naivität unterstellt werden. Die pastorale Szene bringt nicht bloß die poetologischen Topoi von Dichterruhm, Grabmal und Blumen zusammen. Sie nutzt auch das pastorale Genre als Korrektiv gegenüber kompromittierten institutionellen Strukturen.

[63] Theodor Fontane, *L'Adultera* [1882], in: ders., *Das erzählerische Werk. Große Brandenburger Ausgabe*, hg. von Gotthard Erler. Bd. 4, hg. von Gabriele Radecke, Berlin 1998, 110; Hervorhebung: M.L.

Boeckh, Wilamowitz, Nietzsche und Weber hat gezeigt, dass zwischen einem affirmativen und einem skeptischen Redlichkeitsverständnis unterschieden werden muss: auf der einen Seite eine selbstbewusste Handwerklichkeit, die in der Ignoranz ihrer eigenen Motive und Grenzen technisch tadellos sein mag, aber intellektuell unredlich ist; auf der anderen Seite eine Denkhaltung, die, wenn sie sich von Zünftigkeit, Pausbäckigkeit und Subalternität degoutiert zeigt, nicht immer genau genug achtgibt, dass sie gegenüber ihren eigenen Redlichkeitsvoraussetzungen skeptisch bleibt. Wie weit hatten sie getragen, als sie, nicht allein fachlich, sondern intellektuell ernsthaft gefordert gewesen waren? Schwerer als der Verlust der Deutungshoheit im Fächerkanon traf die deutschen Philologien in der ersten Hälfte des 20. Jahrhunderts das weitreichende Versagen des humanistischen Tugendprogramms, auf das sie bildungspolitisch über ein Jahrhundert lang hingearbeitet hatten. Es dauerte bis in die 1960er Jahre, bis das „Nicht-darüber-reden-Wollen", die „Scheu vor dem konkreten Gespräch" über die Rolle der deutschen Philologien im Nationalsozialismus ins Gespräch gebracht werden konnten.[64] Wie leicht lässt sich Redlichkeit fordern, wie schwer ist sie zu halten: Bis heute schreibt die Philologie an ihrer Schamgeschichte – und stellt heiklerweise fest, dass sie auch dabei ohne einen Redlichkeitsanspruch nicht auskommt, vor dessen Verführungskraft allenfalls unermüdliche Skepsis bewahren mag.

---

[64] „Ist philologische Redlichkeit, die wir von unsern Studenten verlangen, manipulierbar?", fragte Karl Otto Conrady, „Germanistik in der Diskussion. Über einige Prinzipien der Auseinandersetzung mit ihrer Vergangenheit", in: *Die Zeit*, 29.1.1965, http://www.zeit.de/1965/05/germanistik-in-der-diskussion (29.10.2017).

Perspektiven der Wissenschaftsforschung

Objektivität und Unparteilichkeit

Epistemische Tugenden in den Geisteswissenschaften*

Lorraine Daston

Einleitung: Objektivität versus Gerechtigkeit

Seit über einem Jahrhundert definiert man die Beziehungen zwischen Geistes- und Naturwissenschaften überwiegend als Gegensätze: *Humanities* versus *Sciences*, ideographisch versus nomothetisch, interpretierend versus erklärend, vergangenheits- versus zukunftsorientiert. Diese Gegensätze wurden in den Festreden von Dilthey, Windelbrand, Helmholtz und anderen führenden Köpfen deutscher Universitäten zementiert; sie reflektierten dabei das wachsende Prestige sowie die zunehmende Macht der Naturwissenschaften im letzten Viertel des 19. Jahrhunderts. Seither dominieren auch innerhalb der Geschichte und Philosophie der Wissenschaften Untersuchungen zu den Naturwissenschaften: eine vergleichbare Geschichte der Geisteswissenschaften ist gerade erst im Begriff, geschrieben zu werden, wobei es bislang noch keine entsprechende Epistemologie der Geisteswissenschaften gibt. Nichtsdestotrotz sind die Geschichten der Natur- und Geisteswissenschaften mindestens seit dem 16. Jahrhundert eng miteinander verflochten, und zwar auf unterschiedlichen Ebenen: jener der Methoden, der Institutionen, der Ideen sowie der epistemischen Tugenden. Objektivität ist eine der epistemischen Tugenden, die von beiden reklamiert wird. Im Verlauf des 19. Jahrhunderts taucht sie sowohl in den Geistes- als auch in den Naturwissenschaften auf. Zumindest in einigen Bereichen der Geisteswissenschaften geht ihr jedoch eine ältere epistemische Tugend voraus: die der Unparteilichkeit.

Ich werde mit Nietzsche beginnen, der die Pointe dieses Aufsatzes in einem lapidaren Satz zusammengefasst hat: „Objectivität und Gerechtigkeit haben nichts miteinander zu thun."[1] Gerechtigkeit – im Sinne von Unparteilichkeit – ist ein

---

* Der Aufsatz erschien zuerst unter dem Titel „Objectivity and Impartiality. Epistemic Virtues in the Humanities", in: Rens Bod, Jaap Maat, Thijs Weststeijn (Hgg.), *The Making of the Humanities. Vol. 3: The Modern Humanities*, Amsterdam 2014, 27–41. Die Übersetzung erfolgte in Rücksprache mit der Autorin, der Abdruck der Übersetzung mit freundlicher Genehmigung der Amsterdam University Press.

[1] Friedrich Nietzsche, „Vom Nutzen und Nachteil der Historie für das Leben" („Un-

juristischer Wert, der aus der Antike überliefert ist, wohingegen Objektivität einen ziemlich modernen wissenschaftlichen Wertmaßstab bezeichnet. Nietzsche bewunderte die Strenge des unparteiischen Mannes, der sich mit Blick auf jene, die er beurteilte und richtete, selbst einzuschätzen und zu bewähren hatte, und er verhöhnte die Anmaßungen des ‚objektiven' Historikers: „Ja man geht so weit anzunehmen, dass der, den ein Moment der Vergangenheit *gar nichts angehe*, berufen sei ihn darzustellen. So verhalten sich häufig Philologen und Griechen zu einander: sie gehen sich gar nichts an — das nennt man dann wohl auch ‚Objectivität'!"[2] – Ich berufe mich auf Nietzsche als meinen Kronzeugen, war er doch selbst ebenso ein hervorragender Spross wie ein beißender Kritiker jener neuen Institutionen wissenschaftlicher Gelehrsamkeit und Forschung, die in den Geisteswissenschaften zur Herausbildung epistemischer Tugenden wie jener der Objektivität geführt haben.[3]

In unserer heutigen Zeit werden die Wörter ‚unparteiisch' und ‚objektiv' praktisch synonym verwendet, vor allem von Historikern. Mein Ziel ist es nun zu zeigen, dass diese den Historikern so teuren Tugenden selbst ihre Geschichten haben, die voneinander unterscheidbar und untereinander nicht immer harmonisch sind. Wie Nietzsche bemerkte, wurden die Spannungen zwischen Unparteilichkeit und Objektivität gerade während des 19. Jahrhunderts akut, als die Disziplin der Geschichte zu einer selbstbewussten ‚objektiven' Wissenschaft avancierte. Um für die Geschichtsschreibung die Unterschiede zwischen dem Ziel der Unparteilichkeit und jenem der Objektivität deutlich werden zu lassen, werde ich zunächst kurz ausführen, wie Unparteilichkeit von Historikern des 18. und 19. Jahrhunderts propagiert und gelehrt worden ist, vor allem im zunehmend unbeständigen Kontext nationaler Geschichtsschreibung. Ich werde dann auf die Objektivität zurückkommen und zu zeigen versuchen, dass diese vor allem bestimmten anzuwendenden Techniken und Einstellungen bezüglich der Gegenstände der Geschichtsschreibung vorbehalten war. Sowohl die Techniken als auch die Einstellungen treten besonders klar in den von Klassischen Philologen und Historikern geführten langwierigen Debatten über die Reden des Thukydides hervor: Beging dieser Verrat an den eigenen methodologischen Prinzipien, wenn er die von ihm wiedergegebenen Reden so frei rekonstruierte? Am Ende werde ich auf die von Nietzsche aufgeworfene Frage zurückkommen, wie die asketische Religion der Objektivität im 19. Jahrhundert die Historiker ergriff.

zeitgemäße Betrachtungen II", 1874), in: ders., *Sämtliche Werke. Kritische Studienausgabe in 15 Bänden*, hg. von Giorgio Colli und Mazzino Montinari, München/Berlin 1980, Bd. 1, 243–334, hier: 290.

[2] Ebd., 293.

[3] Zur Definition ‚epistemischer Tugenden' sowie zur Herausbildung von Objektivität in den Naturwissenschaften vgl. Lorraine Daston, Peter Galison, *Objectivity*, New York 2007.

Unparteilichkeit

Für das gebildete Publikum des 18. Jahrhunderts bestand der hauptsächliche Nutzen der Geschichte in den wahrhaften Lebensbeschreibungen sowie in den Schilderungen von Ereignissen, die sowohl als moralische Richtlinien als auch als praktische Anleitungen präsentiert wurden. Diesem rhetorischen, humanistisch geprägten Modell zufolge schulte die Geschichte mithilfe von Beispielen (*exempla*) sowohl das Urteilsvermögen als auch den persönlichen Charakter. Anspruchsvollere, philosophisch orientierte Formen der Geschichtsschreibung suchten auch nach universellen, verallgemeinerbaren Prinzipien, dies vor allem im Bereich der Politik sowie der menschlichen Natur. Die Unparteilichkeit dieser Art von Geschichtsschreibung war oft wörtlich gemeint: nicht Partei zu ergreifen für eine der Seiten, deren Worte und Taten geschildert wurden. Oft wurde das von Tacitus stammende Motto zitiert: *sine ira et studio* – ohne Zorn und Eifer. Dabei implizierte Unparteilichkeit auf Seiten des Historikers in keiner Weise Wertneutralität. Vielmehr bestand der Zweck der Unparteilichkeit gerade darin, zu belastbaren Schlussfolgerungen über moralische Angelegenheiten zu gelangen, die in den Kriegen und politischen Konflikten der Vergangenheit erkennbar waren, so wie der Zweck juristischer Unparteilichkeit darin bestand, in straf- und zivilrechtlichen Angelegenheiten zu einem gerechten Urteil zu gelangen.[4] Adam Smith ging so weit, Unparteilichkeit zur Grundlage aller Moralität zu erklären: „Wir sind bestrebt, unser eigenes Verhalten so zu untersuchen, wie wohl jeder andere gerechte und unparteiische Betrachter dies täte."[5] In Schriften des 18. Jahrhunderts zur ‚Sittengeschichte' wird die Metapher der Unparteilichkeit allmählich im Sinne einer Fähigkeit verstanden, sich die Perspektive von anderen zu eigen zu machen: Adam Smiths Ethik der Unparteilichkeit fordert, dass wir „unsere Position ändern".[6]

Dieses perspektivische Verständnis der Unparteilichkeit war nicht notwendigerweise relativistisch. So bietet zum Beispiel Edward Gibbons *The Decline and Fall of the Roman Empire* (1776–1788) eine sorgsame und ausgewogene Darstellung der Moral und des Charakters germanischer „Barbaren". Die Lebendigkeit seiner Beschreibungen rührt dabei zu einem guten Teil von seinen Versuchen her, die Welt aus der Perspektive der Goten und Vandalen zu sehen, was über die von Tacitus angestellten Beobachtungen weit hinausgeht:

---

[4] Zu den Parallelen zwischen juristischer und historischer Unparteilichkeit im englischen Recht der Frühmoderne vgl. Barbara Shapiro, „The Concept of Fact: Legal Origins and Cultural Diffusion", *Albion* 26 (1994), 227–252, bes. 235.

[5] Adam Smith, *The Theory of Moral Sentiments* (1759), hg. von David D. Raphael und Alexander L. Macfie, Oxford 1976, 110.

[6] Ebd., 135.

Die träge Seele, durch ihr eigenes Gewicht bedrückt, verlangte ängstlich nach neuen und mächtigen Eindrücken; und Krieg und Gefahr waren die einzigen Vergnügungen, die ihrem heftigen Temperament angemessen waren. Der Ruf, der den Deutschen zu den Waffen greifen ließ, erklang in seinen Ohren wohltuend. Er erweckte ihn aus einer unbequemen Lethargie, veranlasste ihn dazu, sich aktiv zu betätigen. Durch strenge Exerzitien des Körpers und stürmische Empfindungen des Geistes stellte er in ihm wieder einen lebendigeren Sinn für seine Existenz her.[7]

Gibbons empathische Fähigkeit, sich die Seelenzustände eines deutschen Kriegers zu vergegenwärtigen, implizierte allerdings in keiner Weise Sympathie. Auch trübte diese Fähigkeit das aufgeklärte Urteilsvermögen des Historikers über den Zustand der deutschen Zivilisation (oder eher: über deren Abwesenheit) nicht:

Zu Tacitus' Zeit waren die Deutschen den Umgang mit Schrift nicht gewohnt; Schreibfähigkeit ist jedoch das Prinzip, das zivilisierte Völker von einer Herde Wilder unterscheidet, die zu Wissen und Reflexion nicht fähig sind. [...] Sie verbrachten ihr Leben in einem Zustand des Unwissens und der Armut, wobei einige diesen Zustand zu einer virtuosen Einfalt zu verklären trachteten.[8]

Ich habe absichtlich eine Passage über die Deutschen gewählt. Die hitzigsten Debatten im 19. Jahrhundert über historische Unparteilichkeit involvierten französische und deutsche Historiker. Diese beschuldigten sich wechselseitig, die Kämpfe der Gegenwart mit Waffen aus der Vergangenheit zu führen – sehr oft mit jenen aus den Begegnungen zwischen germanischen und romanischen Stämmen in der Antike sowie im Mittelalter. Zu den bösartigsten dieser Konfrontationen gehört jene zwischen zwei angesehenen Althistorikern – Numa Denis Fustel de Coulanges und Theodor Mommsen – über die Nationalität der Bewohner von Elsass-Lothringen im Zuge des Deutsch-Französischen Krieges. In zwei Briefen an eine Mailänder Zeitung im August 1870 argumentierte Mommsen auf der Grundlage von „Sprache" und „Rasse",[9] dass die Elsässer von deutscher Nationalität seien. Im Oktober 1870 antwortete Fustel empört:

Ich wundere mich darüber, dass ein Historiker wie Sie so tut, als wüsste er nicht, dass weder die Rasse noch die Sprache die Nationalität ausmacht. Das Vaterland ist das, was man liebt. Es mag sein, dass das Elsass von der Rasse und der Sprache her deutsch ist, doch von der Nationalität und dem Vaterlandsgefühl her ist es französisch.

---

[7] Edward Gibbon, *The Decline and Fall of the Roman Empire* (1776–1788), 3. Bde., London 1993, Bd. 1, 246.

[8] Ebd., 242–243.

[9] Die Mobilmachung der preußischen Armee erfolgte vom 15. Juli 1870 bis zum 6. August 1870, das Elsass wurde von deutschen Truppen überrannt. Theodor Mommsen veröffentlichte in der Mailänder Zeitung *La Perseveranza* zwei an die italienische Bevölkerung gerichtete Briefe: am 10. August 1870 „La Guerra" und am 20. August 1870 „La Pace". Der Status von Elsass-Lothringen wurde im zweiten Brief diskutiert. Vgl. Lothar Wickert, *Theodor Mommsen. Eine Biographie*, 4 Bde., Frankfurt am Main 1959–1980, Bd. 4, 170–179.

Fustel warf Mommsen sowie der preußischen Armee vor, Nationalität zwangsweise durch Eroberung einzuführen.[10] Es handelte sich dabei um einen Streit von Mann zu Mann in einer Angelegenheit, welche auf beiden Seiten des Rheins nationalistische Gefühle aufkommen ließ. In etwas raffinierterer Form finden sich Hinweise der Polemik allerdings auch in historischen Arbeiten, die thematisch auf den ersten Blick kaum etwas mit dem Deutsch-Französischen Krieg zu tun hatten. In einer Notiz von 1877 zur Frage, ob deutsches Recht im 5. Jahrhundert eine Landaufteilung zwischen Römern und Barbaren erlaubte, verfuhr Fustel in seiner philologischen Analyse ganz akribisch, und seine Schlussfolgerung – dass die Burgunder auf keinen Fall ihr Land gegen die eindringenden Deutschen abgetreten hatten – war mit aller wissenschaftlichen Vorsicht formuliert. Doch schlich sich in den Schlussabschnitt eine Bemerkung ein, die eher für das Europa von 1872 als für jenes von 472 relevant war:

> Es war bequem zu sagen, die Deutschen seien als Sieger gekommen, hätten den Boden der Besiegten konfisziert und ihn per Los dann wieder aufgeteilt. Mit derart vagen und falschen Verallgemeinerungen kann man sich nicht mehr zufriedengeben.[11]

In der 1872 publizierten Rezension eines Buches über die Ursprünge des Deutschen Reiches[12] wiederum hält Fustel – nachdem er deutsche Historiker ihres Patriotismus und französische Historiker ihrer sklavischen Germanophilie bezichtigt hatte – mit Befriedigung Folgendes fest: Das besprochene Buch zeige, dass „Germanien als zivilisierte Nation das Werk Roms sowie Galliens war", der „intellektuelle, soziale und moralische Fortschritt" habe sich nicht „durch eine innere Entwicklung der germanischen Rasse ergeben" und sei „nie die Frucht indigener Arbeit" gewesen.[13]

Selbstverständlich war sich Fustel darüber im Klaren, dass derartige Empfindungen schlecht zur gerühmten Unparteilichkeit der Geschichtsschreibung passten. Er sehnte sich durchaus nach jenem „Charme der vollkommenen Unparteilichkeit, welche die Keuschheit der Geschichtsschreibung" sei. Doch machte er schon im nächsten Atemzug deutlich, dass die unparteiische, also „keusche Geschichtsschreibung" seiner Ansicht nach jene „wahre französische Wissenschaft von früher" war: „jene so ruhige, so hohe, von unseren Benediktinern und unse-

---

[10] Numa Denis Fustel de Coulanges, „L'Alsace est-elle allemande ou française. Réponse à M. Mommsen. Professeur à Berlin. Paris, 27 octobre 1870", zitiert nach: François Hartog, *Le XIXe siècle et l'histoire. Le cas Fustel de Coulanges*, Paris 1988, 376–382, hier: 378–379.

[11] Fustel de Coulanges, „Les lois germaniques indiquent-elles un partage des terres entre Barbares et Romains" (1877), in: Camille Jullian (Hg.), *Nouvelles recherches sur quelques problèmes d'histoire*, Paris 1891, 279–305, hier: 305.

[12] Jules Zeller, *Origines de l'Allemagne et de l'Empire germanique*, Paris 1872.

[13] Fustel de Coulanges, „De la manière d'écrire l'histoire en France et en Allemagne depuis 50 ans", *Revue des Deux Mondes* (1er septembre 1872), zitiert nach: Hartog, *Le XIXe siècle* (Anm. 10), 382–392, hier: 391.

ren Akademien praktizierte Gelehrsamkeit".[14] Was auch immer man jedoch von der Unparteilichkeit der benediktinischen Historiker halten mag, die reinen, ruhigen Zeiten waren in jedem Fall für immer vorbei. In einem kriegerischen Zeitalter wie dem seinen mussten sich sogar Wissenschaft und Bildung kämpferisch geben. Außerdem konnte Fustel es sich nicht verkneifen, darauf hinzuweisen, dass es die deutschen Historiker waren, die mit dem Unfug, im Namen des *Vaterlandes* zu schreiben, begonnen hatten. Für sie sei die Geschichtswissenschaft – und Fustel insistierte ebenso hartnäckig wie seine deutschen Kollegen darauf, dass es sich um eine Wissenschaft handle – kein Selbstzweck gewesen, sondern ein Mittel, um nationale Interessen zu fördern.

Fustel lag gar nicht so weit daneben, als er deutsche Historiker wie Wilhelm von Giesebrecht eines schrillen Patriotismus in ihren wissenschaftlichen Werken bezichtigte.[15] Als der Nationalstaat zum Protagonisten historischer Narrative avancierte, wurde die Indienstnahme der Vergangenheit für nationalistische Interessen zu einer konstanten Versuchung. Dieser Versuchung konnte allerdings auch widerstanden werden: Leopold von Ranke etwa stellte sich in seiner *Geschichte der romanischen und germanischen Völker* von 1824 die großen Nationen des lateinischen Christentums vor: Franzosen, Spanier, Italiener, Deutsche, Österreicher, Engländer, Niederländer. Allerdings insistierte er auf ihrer wesentlichen Einheit (trotz des Umstands, dass sie untereinander im untersuchten Zeitraum, also zwischen 1494–1514, permanent Krieg führten); und er überließ in seiner Erzählung den einzelnen Nationen jeweils nacheinander die Hauptrolle, vorausgesetzt er konnte, wie es in dem berühmten Satz heißt, „zuweilen die Hand Gottes über ihnen" erkennen.[16]

Zur folgenden Generation deutscher Historiker gehörten allerdings Namen wie Heinrich von Sybel und Georg Gervinus, die Rankes Doktrin der Unparteilichkeit explizit ablehnten, und dies obwohl sie die neuen Methoden, die mit Niebuhr und Ranke eng verknüpft waren, einhellig begrüßten. Die öffentliche Verteidigung seiner Dissertation an der Berliner Universität im Jahr 1838 stellte Sybel unter das Motto *Cum ira et studio*, und später kritisierte er die von seinem Lehrer Ranke einstudierte Neutralität als kalt und farblos – und wohl sogar als feige.[17] Gervinus ermahnte in seiner Geschichte der deutschen Literatur die Geschichtswissenschaft, sie solle das Leben mit beiden Händen begreifen, wobei er

[14] Ebd.

[15] Vgl. ebd., 387. Wilhelm von Giesebrecht, *Geschichte der deutschen Kaiserzeit*, 6 Bde., Braunschweig 1860–1895.

[16] Leopold von Ranke, *Geschichten der romanischen und germanischen Völker von 1494 bis 1514* (1824), Leipzig ^{2}1874, VIII (Vorrede).

[17] Vgl. Heinrich von Sybel, *Über den Stand der neueren deutschen Geschichtsschreibung* (1856), zitiert nach: Wolfgang J. Mommsen, „Objektivität und Parteilichkeit im historiographischen Werk Sybels und Treitschkes", in: Reinhart Koselleck, Wolfgang J. Mommsen, Jörn Rüsen (Hgg.), *Objektivität und Parteilichkeit in der Geschichtswissenschaft*, München 1977, 134–158, hier: 137.

die Größe Machiavellis als Historiker gerade in dessen politischem Engagement sah – eine Position, die Ranke als unwissenschaftlich disqualifizierte. Gervinus behauptete seinerseits, dass die von Ranke so sehr gerühmte Unparteilichkeit schlicht ein Zeichen politischer Impotenz sei.[18] Friedrich Nietzsche und Heinrich von Treitschke fanden noch strengere Worte für das, was sie mit Blick auf die Unparteilichkeit als selbstauferlegtes Eunuchentum der Rankeschule ansahen. Allerdings glaubten bis auf Nietzsche, auf den ich zurückkommen werde, all die Genannten, sogar der politische Hitzkopf Treitschke, dass historische Objektivität von wesentlicher Bedeutung und eine der größten Leistungen der Geschichtsschreibung des 19. Jahrhunderts sei. Diese Position hat die Nachfolger verwirrt und verzweifelt zurückgelassen.[19] Im nächsten Abschnitt werde ich zu erklären versuchen, wie es für diese Historiker möglich war, Objektivität anzustreben und gleichzeitig Unparteilichkeit als Kriterium über Bord zu werfen.

Objektivität

Es wäre höchst irreführend zu behaupten, dass sich die Historiker des 19. Jahrhunderts über die Bedeutung von ‚Unparteilichkeit' oder ‚Objektivität' – und erst recht über deren Verhältnis zueinander – einig gewesen wären. Gerade weil diese Wörter ebenso wie die durch sie repräsentierten Ideale und Praktiken für das Ethos der Historiker so zentral waren (wobei sie ebendeshalb in der Polemik auch so unvermeidlich waren), wiesen sie verschiedene Gewichtungen und Schattierungen auf. Hier kann ich dem Spektrum an Positionen nicht gerecht werden. Ich konzentriere mich deshalb auf jene Kernbedeutungen der Objektivität, die unter den Historikern des 19. Jahrhunderts weithin akzeptiert waren, auch wenn diese sich ansonsten keineswegs einig waren. Im Zentrum dieser Bedeutungen standen die neuartigen Praktiken des wissenschaftlich verfahrenden Historikers. Obwohl nicht alle, ja vielleicht keine der entsprechenden Methoden für Ranke und seine Schüler völlig neu waren (Fustel ging davon aus, dass allesamt zuvor schon von den Benediktinern und Mabillon erfunden worden waren), wurden sie von den meisten Historikern des 19. Jahrhunderts doch so aufgefasst, dass sie ihre Disziplin endgültig auf eine solide wissenschaftliche Grundlage stellten. Gewissermaßen an den Rändern der Kernbedeutung von Objektivität befand sich der etwas vagere, aber gleichwohl stark empfundene Wert der wissenschaftlichen Zurückhaltung. Diese wachte genau darüber, wie

---

[18] Vgl. Jörn Rüsen, „Der Historiker als ‚Parteimann des Schicksals'. Georg Gottfried Gervinus und das Konzept der objektiven Parteilichkeit im deutschen Historismus", in: Koselleck et al., *Objektivität und Parteilichkeit* (Anm. 17), 77–124, hier: 80–85.

[19] Wolfgang J. Mommsen beispielsweise kommt zu dem Schluss, dass Sybel ein oberflächlicher Denker und Treitschke eine gespaltene Seele gewesen sei. Vgl. Mommsen, „Objektivität und Parteilichkeit" (Anm. 17), 138, 146–147.

weit die vorliegenden Belege in die eine oder andere Richtung interpretiert oder nicht interpretiert werden konnten.

Gustav Droysens Stellungnahme in seinem einflussreichen *Grundriss der Historik* (1867) ist in diesem Zusammenhang besonders aufschlussreich. Denn Droysen verteidigte die historische Objektivität, indem er zum einen den historischen Positivismus à la Henry Herbert Buckle (der, basierend auf statistischen Daten, nach deterministischen Gesetzen der Geschichte suchte), zum anderen die historische Romantik à la Macaulay und Michelet zurückwies. Droysen tat den Kult der ‚reinen Tatsachen' als Aberglauben, die Suche nach deterministischen Gesetzen in der Geschichte als irreführend und den Glauben, die Geschichte könne zu unvermittelten Wahrheiten über die Vergangenheit führen, als nachgerade verbrecherisch naiv ab. Es war die große Errungenschaft der ‚historischen Kritik' nach Niebuhr, gezeigt zu haben, dass Historiker die Vergangenheit nur dunkel durch einen Spiegel erhaschen können, durch fragmentarische Quellen, von denen jede durch eine eigene unvollständige und voreingenommene Perspektive geprägt ist. In der Freilegung dieser Perspektiven bestand die Essenz der *Quellenkritik*, wie Droysen sie verstand: erstens zu bestimmen, wovon die Quellen handelten; zweitens zu ermitteln, durch welche ‚Färbungen' der herrschenden Vorstellungen ihrer Zeit und ihres Ortes sie geprägt waren; und drittens davon die individuellere ‚Färbung' vonseiten der Person zu unterscheiden, die die Quelle geschrieben hat. *Quellenkritik* war die systematische Praxis der Identifikation, Kontextualisierung und Kritik. Nichts an einer Quelle verstand sich von selbst; sie musste behutsam, von allen Seiten und gegen den Strich gelesen werden. Jeder, der davon ausging, dass historische Tatsachen für sich selbst sprechen, oder der Quellen als durchsichtige Fenster in die Vergangenheit ansah, wurde *ipso facto* als unverschämter Amateur gebrandmarkt – und als gefährlich subjektiv eingestuft, da in diesem Fall Bedeutung auf die opaken Quellen nur projiziert werden konnte. Selbst mit Hilfe der *Quellenkritik* waren die Risiken des Subjektivismus groß, und Droysen empfahl weitere Regeln, um die historische Interpretation vor den Flügeln der Phantasie zu bewahren.[20]

Der Ursprung der historischen Objektivität lag in den *Techniken* der historischen Kritik. So wie in den Naturwissenschaften die mechanische Objektivität zu einer Fetischisierung rigider Verfahren und Protokolle führte, erforderte Objektivität in der Geschichtsschreibung disziplinierte Achtung vor den Methoden. Die ‚objektive' Wahrheit der Vergangenheit war für immer unerreichbar, aber die Methoden des Historikers – und vor allem dessen Bewusstsein von den Grenzen dieser Methoden – qualifizierte die wissenschaftliche Geschichtsschreibung als gleichwohl objektiv. Im Gegensatz zur Kunst, die ihren Gegenstand als ein glattes, harmonisches Ganzes darstellen sollte, haben nach Droysen die

---

[20] Vgl. Johann Gustav Droysen, *Grundriss der Historik* (1867, zuletzt 1882), hg. von Erich Rothacker, Halle 1925, 5, 18–19.

empirischen Wissenschaften, die Geschichtsschreibung eingeschlossen, „keine strengere Pflicht, als die Lücken festzustellen, die in den Objekten ihrer Empirie bedingt sind, die Fehler zu kontrollieren, die sich aus ihrer Technik ergeben, die Trageweite der Methoden zu untersuchen, die nur innerhalb der ihnen wesentlichen Schranken richtige Resultate ergeben können."[21]

Der objektive Historiker dürfe nicht der Versuchung erliegen, vorschnell zu verallgemeinern oder auf Kosten der mühevoll gewonnenen Tatsachen, die aus den Archiven geborgen und durch *Quellenkritik* geläutert wurden, zu unterhalten oder auf erbauliche Wirkung abzuzielen. Natürlich erhob Droysen keinen Einwand gegen einen eingängigen Schreibstil an sich, allerdings missbilligte er die leidenschaftliche Prosa von Michelet, der die Vergangenheit mit seiner eigenen Subjektivität ausfüllte. Derartige „subjektive" Auffassungen mussten durch „objektive Maße und Kontrollen" eingeschränkt werden.[22] Ranke, dessen legendäres Seminar für die Historiker die Wiege all dieser „objektive[n] Maße und Kontrollen" war, verzichtete auf jegliches Ansinnen, Geschichte lebendig und erbaulich darzustellen: Das ist der Hintergrund seiner berühmten Erklärung, er wolle in allem, was er tut, „bloß zeigen, wie es eigentlich gewesen" sei – sogar um den Preis von Schilderungen, die „oft hart, abgebrochen, ermüdend" erscheinen mussten.[23]

Wenn es so ist, dass historische Objektivität sich in den Methoden der historischen Kritik artikulierte, dann wird verständlicher, inwiefern es politisch engagierten Historikern wie Sybel und Treitschke gleichzeitig möglich war, Unparteilichkeit abzulehnen und Objektivität zu bejahen. Beide bekräftigten ganz grundsätzlich ihre Treue zu den Methoden: Auch wenn diese nicht die Gesamtheit der Geschichtsschreibung ausmachten, bildeten sie doch deren feste wissenschaftliche Grundlage. Sybel drängte den Historiker dazu, sowohl politisch und künstlerisch als auch wissenschaftlich zu agieren, doch während der Historiker als Schriftsteller der Phantasie freien Lauf lassen könne, habe der Historiker als kritischer Forscher die „Pflicht, jede Einwirkung seiner subjektiven Stimmungen zurückzudrängen".[24] Und so sehr wiederum Treitschke die Eunuchen der Unparteilichkeit für ihre Weigerung, die Geschichte in den Dienst des Lebens zu stellen, verspottete, so sehr ließ er doch keinen Zweifel daran aufkommen, dass die anspruchsvollen Standards der Forschung an den ursprünglichen Quellen objektiv genannt zu werden verdienten und die Grundlage jeder Art von Geschichtsschreibung sein sollten, die diesen Namen wert war.[25] Rankes Verpflich-

---

[21] Ebd., 81.

[22] Ebd., 84.

[23] Ranke, *Geschichten* (Anm. 16), VII–VIII (Vorrede).

[24] Heinrich von Sybel, „Georg Waitz. An die Redaktion der Kölnischen Zeitung", in: *Vorträge und Abhandlungen von Heinrich von Sybel*, München, Leipzig: Verlag von R. Oldenbourg 1897 (= *Historische Bibliothek*, Bd. 3), 309–314, hier: 311. Vgl. hierzu auch Mommsen, „Objektivität und Parteilichkeit" (Anm. 17), 140.

[25] Vgl. Mommsen, „Objektivität und Parteilichkeit" (Anm. 17), 140, 156.

tung darauf, die Vergangenheit gemäß ihren eigenen Bedingungen zu verstehen, verlangte nach einer nüchternen Selbstlosigkeit; sie folgte dem Vorsatz, „mein Selbst gleichsam auszulöschen".[26] Die objektiven Historiker, die ihr Handwerk in Rankes Seminar gelernt hatten, kämpften darum, ihre eigene Subjektivität zu überwinden, ihr nicht zu frönen. Diese Strenge forderte einen Preis: den Verlust des größten Teils wenigstens der deutschen Leseöffentlichkeit, denn diese – so beklagte Droysen, was ihm unerklärlich war – „wollte lesen, nicht studieren".[27]

Thukydides vor Gericht

Für Historiker war Thukydides immer schon der Säulenheilige ihrer Disziplin. Besonders aufschlussreich ist es deshalb zu beobachten, wie Thukydides selbst von Klassischen Philologen und Historikern des späten 19. sowie des 20. Jahrhunderts vor dem Gericht der Objektivität beurteilt wurde. Es waren zwei Fragen, beide zum berühmten *Methodensatz* in Buch 1.22 der *Geschichte des Peloponnesischen Krieges*, um die herum die Diskussion um historische Objektivität Eingang in die Forschungen zu Thukydides fand: 1. Inwiefern strebte Thukydides von sich aus und bewusst die Standards einer objektiven Geschichtsschreibung an? 2. Hielt er selbst, insbesondere im Bericht der von ihm wiedergegebenen Reden, an diesen Standards fest? Die schiere Menge an Tinte, die gelehrte Forscher in den verschiedenen modernen europäischen Sprachen über die richtige Darstellung des *Methodensatzes* verfließen ließen, lässt einen bei der Wahl einer der vielen Übersetzungen zurückhaltend werden. Da jedoch eine Grundvorstellung von dem, was Thukydides sagte, die Voraussetzung für ein Verständnis der gelehrten Aufregung ist, gebe ich hier die Übersetzung von Georg Peter Landmann als Orientierungspunkt wieder:

> Was nun in Reden hüben und drüben vorgebracht wurde, während sie sich zum Kriege anschickten, und als sie schon drin waren, davon die wörtliche Genauigkeit wiederzugeben war schwierig sowohl für mich, wo ich selber zuhörte, wie auch für meine Gewährsleute von anderwärts; nur wie meiner Meinung nach ein jeder in seiner Lage etwa sprechen mußte, so stehn die Reden da, in möglichst engem Anschluß an den Gesamtsinn des in Wirklichkeit Gesagten. Was aber tatsächlich geschah in dem Kriege, erlaubte ich mir nicht nach Auskünften des ersten besten aufzuschreiben, auch nicht ‚nach meinem Dafürhalten', sondern bin Selbsterlebtem und Nachrichten von andern mit aller erreichbaren Genauigkeit [*akribeia*] bis ins einzelne nachgegangen. Mühsam war diese Forschung, weil die Zeugen der einzelnen Ereignisse nicht dasselbe über dasselbe aussagten, sondern je nach Gunst oder Gedächtnis.[28]

[26] Leopold Ranke, „Vorwort", in: ders., *Englische Geschichte, vornehmlich im 16. und 17. Jahrhundert* (1859–1868), zitiert nach: Rudolf Vierhaus, „Rankes Begriff der historischen Objektivität", in: Koselleck et al., *Objektivität und Parteilichkeit* (Anm. 17), 63–76, hier: 63.

[27] Droysen, *Grundriss* (Anm. 20), 79.

[28] Thukydides, *Geschichte des Peloponnesischen Krieges*, griechisch-deutsch, übersetzt

Man sollte nicht vergessen, dass die Terminologie von Objektivität und Subjektivität, die mit Blick auf diese Passage regelmäßig verwendet wurde, im mittleren 19. Jahrhundert immer noch neuartig anmutete, auch wenn sie danach schnelle und breite Verwendung fand. In der 1846 erschienenen Pionierarbeit *Beiträge zur Erklärung des Thukydides* von Franz Wolfgang Ullrich, der die These formulierte, Thukydides habe sein Geschichtswerk (mit einem Bruch bei V.25) in zwei Teilen abgefasst, kommen die Worte „objektiv" und „Objektivität" noch gar nicht vor. Ullrich übersetzte Thukydides' *akribeia* (ἀκρίβεια) mit „genaue Sorgfalt".[29] Spätere Forschungsarbeiten zum Aufbau des Werkes – und vor allem jene, die sich mit der Frage nach der Authentizität der wiedergegebenen Reden beschäftigten – strotzten in den Analysen des Methodenkapitels 1.22 von den Begriffen „Objektivität" und „Subjektivität".[30] Rankes „wie es eigentlich gewesen" war wohl ein absichtliches Echo auf die zitierte Stelle bei Thukydides.[31] Die umfassende und vor allem unreflektierte Einführung dieser modernen Begriffe in die Analyse dessen, was Thukydides an der betreffenden Stelle bezüglich der Wiedergabe von Taten und Reden gemeint haben mag, ist vor dem Hintergrund der peniblen philologischen Analyse jedes einzelnen Wortes und jeder grammatikalischen Konstruktion der Passage umso verblüffender. Jede Bedeutungsnuance und jede syntaktische Verschiebung wird mit den mächtigen Instrumenten der Klassischen Philologie von Gelehrten mit einer Prinzessin-auf-der-Erbse-Empfindlichkeit für Anachronismen und editorische Eingriffe erforscht. Aber das Rahmenwerk von Objektivität und Subjektivität, das um 1900 kaum ein Jahrhundert alt ist, wird ohne mit der Wimper zu zucken übernommen.

In diesen Arbeiten aus dem späten 19. und frühen 20. Jahrhundert zu den historischen Methoden Thukydides' wurden die Antworten auf die erste Frage – Inwiefern strebte Thukydides die Standards einer objektiven Geschichtsschreibung an? – meist bejaht oder als bereits positiv beantwortet vorausgesetzt. So

---

und mit einer Einführung und Erläuterung versehen von Georg Peter Landmann, München 1993, 1. Teil (Buch I–IV), 31–33.

[29] Franz Wolfgang Ullrich, *Beiträge zur Erklärung des Thukydides*, Hamburg 1846, z. B. 128–130.

[30] Die meisten der bahnbrechenden Werke waren tatsächlich auf Deutsch verfasst. Einen Überblick über die Literatur verschaffen u. a. folgende Arbeiten: Otto Luschnat, „Thukydides", in: *Paulys Realencyclopädie der classischen Altertumswissenschaft*, neue Bearbeitung, Supplementband 12, Stuttgart 1970, 1085–1354; William C. West III, „A bibliography of scholarship on the speeches in Thucydides, 1873–1970", in: Philip A. Stadter (Hg.), *The Speeches in Thucydides. A collection of original studies with a bibliography*, Chapel Hill 1973, 124–166. Grundlagenwerke zur Frage nach Komposition und Authentizität der Reden sind: Eduard Meyer, *Thukydides und die Entstehung der wissenschaftlichen Geschichtsschreibung*, Wien 1913; Eduard Schwartz, *Das Geschichtswerk des Thukydides*, Bonn 1919; Wolfgang Schadewaldt, *Die Geschichtsschreibung des Thukydides. Ein Versuch*, Berlin 1929.

[31] Vgl. Konrad Repgen, „Über Rankes Diktum von 1824: ‚Bloss sagen, wie es eigentlich gewesen'", *Historisches Jahrbuch* 102 (1982), 439–449.

rühmt Max Pohlenz um 1919 Thukydides für „die erstmalige Festlegung einer objektiven Richtschnur“ in seinem *Methodensatz* – und dies im willkommenen Gegensatz zu Herodots notorischen Freiheiten in der Wiedergabe vergangener Taten wie auch Reden.[32] August Grosskinsky stimmte in seiner Heidelberger Dissertation von 1934 mit diesem (wenn auch nur mit diesem) Aspekt der Interpretation von Pohlenz überein: Thukydides widersetze sich der „subjektiven Willkür Herodots“ und habe zumindest in seiner Wiedergabe der Taten (*erga*) in der Geschichte des Peloponnesischen Krieges eine „völlige Ausschaltung jeder Subjektivität“ angestrebt.[33] Sogar jene Klassischen Philologen, die das unbehagliche Empfinden hatten, dass Thukydides sich dem modernen Glauben an Objektivität womöglich nicht verschrieben hätte, fanden sich in jenem Vokabular gefangen. In seiner Berliner Dissertation von 1936 über das, was als die ‚Thukydideische Frage‘ bekannt werden sollte, beklagte Harald Patzer, dass „die modernen Begriffe ‚frei‘ und ‚subjektiv‘“ für viele Missverständnisse darüber verantwortlich seien, wie Thukydides die von ihm geschilderten Reden wiedergab. Doch war es ihm unmöglich, sich vom akkumulierten Gewicht der Kommentare freizumachen, die sich am Gegensatz von Objektivität oder Subjektivität der Reden orientierten.[34]

Tatsächlich lag einer der Hauptgründe, warum die zweite Frage – Hielt Thukydides selbst, insbesondere im Bericht der von ihm wiedergegebenen Reden, an diesen Standards fest? – zur ‚Thukydideischen Frage‘ erhoben werden konnte, darin, dass die Unterscheidung zwischen ‚subjektiv‘ und ‚objektiv‘ für Historiker um die Jahrhundertwende herum unausweichlich geworden war. Bereits in der Antike mag gemurmelt worden sein, dass Thukydides den Rednern eigene Worte in den Mund legte.[35] Doch sein Wert und seine Integrität als His-

---

[32] Vgl. Max Pohlenz, „Thukydidesstudien 1–3“, in: *Nachrichten von der Gesellschaft der Wissenschaften zu Göttingen* 1919 bzw. 1920, 95–138 (1919), 56–68, 68–82 (1920), zitiert nach: August Grosskinsky, *Das Programm des Thukydides*, Berlin 1936 (= *Neue Deutsche Forschungen. Abteilung Philologie*, Bd. 3), 26–27.

[33] Grosskinsky, *Programm* (Anm. 31), 35, 45.

[34] Vgl. Harald Patzer, *Das Problem der Geschichtsschreibung des Thukydides und die Thukydideische Frage*, Berlin 1937 (= *Neue Deutsche Forschungen. Abteilung Philologie*, Bd. 6), 36–37.

[35] Vgl. Dionysios von Halikarnassos, *On Thucydides*, hg. und übers. von William Kendrick Pritchett, Berkeley 1975, Kapitel 34–49, [Seiten] 26–49. Allerdings beschäftigte sich Dionysios überwiegend mit der Rhetorik des Stils und der Diktion in den Reden und nicht mit der Genauigkeit der wörtlichen Wiedergabe dessen, was tatsächlich gesagt worden war. Er kritisiert Thukydides nicht dafür, dass er den Rednern eigene Worte in den Mund gelegt hätte, sondern dafür, dass er beispielsweise im sogenannten ‚Melierdialog‘, dem Dialog zwischen den Vertretern Athens und jenen von Melos, die falschen Worte verwendete: „Solche Wörter waren für orientalische Monarchen geeignet, die sich an die Griechen wandten, untauglich waren sie jedoch, wenn sie von den Athenern an die Griechen gerichtet wurden, die sie von den Medern befreiten, denn Gerechtigkeit ist das normale Verhalten zwischen zwei Gleichen zueinander, Gewalt aber ist das Gesetz der Starken gegen die Schwachen“ (Kapitel 39, [Seite] 31, dazu auch Kapitel 41, [Seite] 33).

toriker standen kaum je auf dem Spiel. Ebenso wenig waren seine Methoden bei früheren Gelehrten Gegenstand intensiver Prüfung: Erst im späten 19. Jahrhundert scheint Kapitel 1.22 zum *Methodenkapitel* bzw. zum *Methodensatz* geworden zu sein. Die Beschäftigung mit der Authentizität der Reden und der Objektivität der Methode – auch die Zuordnung Thukydides' zu einer Methode – spiegelten die Anliegen der Historiker und Philologen des späten 19. und frühen 20. Jahrhunderts wider. Für meine Zwecke ist die Antwort auf die Frage, ob Thukydides die Reden tatsächlich erfand und, wenn ja, wie und wozu, nicht relevant: Mein Interesse gilt der plötzlich aufkommenden Dringlichkeit der Frage sowie deren Verstrickung mit dem vergleichsweise neuen Wert der Objektivität, insbesondere der Objektivität von Methoden. Um es einfach, vermutlich zu einfach zu sagen: Wie weit Objektivität, als Gegensatz zur Unparteilichkeit, das Ethos der Historiker dominierte, zeigen die Kämpfe der Gelehrten, die sich darum bemühten, den überragenden Ruf von Thukydides als Historiker (und ich habe bislang noch keinen Kommentator gefunden, der geglaubt hätte, dieser Ruf wäre unverdient) mit dem in Einklang zu bringen, was sie inzwischen als ‚subjektive' Praktiken anzusehen begonnen hatten.[36]

Eine neue Religion

Die Schwierigkeiten, mit denen diese und andere Klassische Philologen in der Beantwortung solcher *questions mal posées* – Versuchte Thukydides, objektiv zu sein? Hatte er Erfolg damit? – konfrontiert waren, resultierten aus der Diskrepanz zwischen epistemischen Werten, die verschiedene Bedeutungen haben und zu unterschiedlichen Praktiken führen. Unparteilichkeit mag auf genaues Zitieren verzichten können; Wahrheit mag ohne *Quellenkritik* auskommen. Das Erstaunliche an der Objektivität liegt darin, wie sie es geschafft hat, unter den Werten der Historiker in einer vergleichsweise kurzen Zeit so bestimmend zu werden, dass sie alle anderen in sich aufnehmen konnte. Erneut ist es Nietzsche, der hier einen Schlüssel liefert. Was Nietzsche an der historischen Objektivität am meisten verabscheute, war der Anschein der frommen Selbsttäuschung. Seine Vorwürfe von „Aberglauben" und „Mythologie" bilden ein Echo auf die Vorwürfe protestantischer Reformer gegen das Papsttum. Diese wiederum wurden von den aufklärerischen Philosophen gegen Religion überhaupt gewendet. Im Kult der historischen Objektivität witterte Nietzsche einen falschen Glauben:

---

[36] In jüngerer Zeit haben einige Thukydides-Spezialisten bezweifelt, dass ‚Objektivität' eine geeignete Kategorie sei. Vgl. bes. Jacqueline de Romilly, „Die Objektivität in der griechischen Geschichtsschreibung", in: Werner Becker, Kurt Hübner (Hgg.), *Objektivität in den Natur- und Geisteswissenschaften*, Hamburg 1976, 41–51, hier: 46.

Was, es gäbe keine herrschenden Mythologien mehr? Was, die Religionen wären im Aussterben? Seht euch nur die Religion der historischen Macht an, gebt Acht auf die Priester der Ideen-Mythologie und ihre zerschundenen Kniee! Sind nicht sogar alle Tugenden im Gefolge dieses neuen Glaubens? Oder ist es nicht Selbstlosigkeit, wenn der historische Mensch sich zum objectiven Spiegelglas ausblasen lässt?[37]

Es bleibt das Rätsel, wie die neue Religion der geschichtlichen Objektivität (wenn es sich denn um eine Religion handelt) in so kurzer Zeit so viele Konvertiten gewinnen konnte, versprach sie doch das Gegenteil von Unsterblichkeit. Es ist ein wahrhaft Nietzscheanisches Problem, denn die fragliche Religion hatte einen starken Beigeschmack von Askese, von geballter Selbstbeherrschung, in der die Beredsamkeit der Methode und die Methode der Analyse von Irrtümern untergeordnet wurde. Die Gefolgsleute dieser neuen und entschieden unbequemen Religion historischer Objektivität wurden fast alle in jenem neuartigen Forschungsseminar ausgebildet, das von den reformierten deutschen Universitäten eingeführt wurde und bis zum Ende des 19. Jahrhunderts in der gesamten gelehrten Welt eine breite Nachahmung fand. Es war in Wirklichkeit das Forschungsseminar, das die Disziplinen disziplinierte. Das Forschungsseminar bildete den Hauptantrieb hinter der Verbreitung der Fachgesellschaften und Zeitschriften. In den Seminaren lernten die Schüler, dass *Wissenschaftlichkeit* Methode bedeutete, und Methode wiederum bedeutete das Erlernen esoterischer Techniken durch langwierige, anstrengende Übung und Anwendung. Ob die fragliche Technik darin bestand, Paläografie im philologischen Seminar in Berlin oder Fehleranalyse im Physikseminar in Königsberg zu lernen: Das handwerkliche Wissen, das durch die enge Beziehung von Professoren und Studenten weitervermittelt wurde, glich nichts anderem so sehr wie einer Lehre bei einem Meister. Das glanzvolle Substantiv *Wissenschaft* reichte von der Assoziation der Charakterbildung bis zu jener einer Kulturleistung, doch das nüchternere Adjektiv *wissenschaftlich* bezog sich fast ausnahmslos auf die mühevollen, schwer verständlichen Techniken – jene sehr planvollen ‚Forschungsmethoden', die ein Stück Arbeit, ob es sich nun um ein Experiment oder um eine Edition handelte, als objektiv beglaubigten.

Fleiß, Aufmerksamkeit gegenüber kleinsten Details, Hingabe an die Technik, ein Ethos der Verantwortung und Genauigkeit sowie die Gewohnheiten der gemeinsamen Diskussion vereinte den seminarerprobten Physiker mit dem seminarerprobten Philologen. Alle hatten den allmählichen Übergang von der Wiederholung des Bekannten (Überprüfung der Archivquellen, Hervorrufung einer chemischen Reaktion) zum Unbekannten erfahren; alle hatten „ein gegenseitiges Nehmen und Geben zwischen Lehrern und Schülern" erlebt, und alle hatten, wie der Philologe Hermann Diels es ausdrückte, „unsichtbare Fäden des Vertrauens zwischen den Teilnehmern eines solchen Thiasos" gefühlt.[38] *Thiasos* (θίασος) be-

[37] Nietzsche, „Vom Nutzen und Nachteil der Historie für das Leben" (Anm. 1), 309.

[38] Hermann Diels, „Die Organisation der Wissenschaft", in: Wilhelm Lexis et al. (Hgg.),

deutet im Altgriechischen Unterschiedliches: Die Bedeutungen reichen von einer Bacchantischen Feier bis zu einer Truppe von Kriegern, und zweifellos spielte der virtuose Hellenist Diels in seiner Beschwörung des Seminars mit all diesen Bedeutungen. Der kleinste gemeinsame Nenner von *Thiasos* bildet die Zugehörigkeit zu einer Gruppe von Eingeweihten, vor allem einer religiösen Bruderschaft, und es war dieser Sinn der Zugehörigkeit, in dem man die außerordentliche Macht des Credos der historischen Objektivität suchen muss. Das neue Glaubensbekenntnis der historischen Objektivität wurde in Seminaren wie jenen Rankes, als dieser auf den Lehrstuhl an der Universität Berlin berufen wurde, aufgegriffen und in die Tat umgesetzt. Das Seminar traf sich jahrzehntelang in seiner eigenen Wohnung, und zwar täglich, nur an Weihnachten wurde eine Ausnahme gemacht, als „die Assistenten rituell rebellierten, um mit ihren Familien zu Hause zu bleiben, zum größten Missfallen von Ranke".[39]

Schlussfolgerung: intensiv desinteressiert

Die Verwandlung der hemmungslosesten Subjektivität in reinste Objektivität gehört in der Geschichte wissenschaftlicher Neugierde zu den größten Merkwürdigkeiten. Das heißt auch: Das intensive Interesse an den Objekten der wissenschaftlichen Forschung verwandelt sich in ein Desinteresse an allem anderen. Dazu gehört auch das Desinteresse an seinen Nächsten und Liebsten, wobei dieses nur die radikalste Ausprägung eines extrem fokussierten Interesses darstellt, das den Rest des Universums ausschließt und den ganzen Verstand, jedes Gefühl und alle Energie wie einen mächtigen bleistiftdünnen Laserstrahl auf *einen* Punkt richtet. Die entsprechende Gleichgültigkeit gegenüber 99,9 % des restlichen menschlichen und natürlichen Universums wird oft mit Uneigennützigkeit oder eben Objektivität gleichgesetzt.

Zerstreutheit, Geistesabwesenheit und Desinteresse bilden die Kehrseite jenes Interesses mit laserähnlicher Fokussierung und Intensität. Um Desinteresse handelt es sich jedoch nur insofern, als es exzentrisch ist: Der Weise, der Gelehrte und der Wissenschaftler ziehen es vor, zugunsten ihrer eigenen spannenden Beschäftigungen alles zu vernachlässigen, was die überwiegende Mehrheit der Menschen sonst interessiert. Ihre Ruhe und Unbestechlichkeit gegenüber weltlicher Belohnung wie Ruhm und Reichtum, dem behaglich-heimischen Wohlgefühl in einer vertrauten Umgebung, sogar gegenüber dem Egoismus eines selbstbewussten Ichs

---

Die allgemeinen Grundlagen der Kultur der Gegenwart, Berlin/Leipzig 1906 (= *Die Kultur der Gegenwart. Ihre Entwicklung und ihre Ziele*, hg. von Paul Hinneberg, Teil 1, Abt.1), 591–649, hier: 613.

[39] Kasper Risbjerg Eskildsen, „Leopold von Ranke, la passion de la critique et le séminaire d'histoire", in: Christian Jacob (Hg.), *Lieux de savoir. Espaces et communautés*, Paris 2007, 462–482, hier: 474.

rührt nicht von empfundenen und dann tapfer abgewehrten Versuchungen her – sie ringen nicht wie der heilige Antonius in der Wüste gegen die bekannten Dämonen der menschlichen Begierden, denn ihre Begierden wurden in andere Kanäle, ihre Aufmerksamkeit wurde auf andere Gegenstände gelenkt. Alle Ökonomien der Aufmerksamkeit sind zutiefst moralisch aufgeladen. Eine Sache zu beachten bedeutet *ipso facto* eine andere zu vernachlässigen. Dabei *signalisiert* Aufmerksamkeit nicht nur Wertschätzung, sie *verschafft* den von ihr bevorzugten Gegenständen, von denen sich ihre – nicht von ungefähr so genannten – Liebhaber, Amateure und Verehrer obsessiv anziehen lassen, auch einen Wert.

Obsession ist der am wenigsten gesellige Geisteszustand. Erst in den letzten rund hundert Jahren ist es üblich geworden, monomane wissenschaftliche Betätigungen so zu denken, dass diese im Kontext und nicht einfach auf Kosten einer Gemeinschaft erfolgen. In den Labor- und Feldwissenschaften ist kollektive Forschung eine übliche Forschungspraxis, doch wurde ‚Big Science' von Gelehrten insbesondere in der Klassischen Philologie und Geschichte vorangetrieben. Es waren die Physiker und Chemiker, die das Seminarmodell des persönlichen Unterrichtens fortgeschrittener Studenten der Philologie in Göttingen und Berlin des frühen 19. Jahrhunderts bewusst nachahmten; es waren die Mitglieder der Physikalisch-Mathematischen Klasse der Preußischen Akademie der Wissenschaften, die im späten 19. Jahrhundert ihre Kollegen in der Philosophisch-Historischen Klasse um deren große, kollektive Projekte wie Theodor Mommsens *Corpus Inscriptionum Latinarum* beneideten.[40]

Ungeachtet ihrer asozialen (wenn nicht gar antisozialen) Nebenbedeutungen wurde Objektivität sowohl in den Naturwissenschaften als auch in den Geisteswissenschaften in den persönlichen kleinen Gemeinschaften des Seminars, der Forschergruppe oder der Konferenz anerzogen und gepflegt. Die Selbstdisziplin jenes Subjekts, das wissenschaftliche Objektivität begründet, passte besonders gut zur Rhetorik der Selbstaufopferung im Namen der Gemeinschaft – aber auch zu jener der asketischen Virtuosität, die Bewunderung und Ehrerbietung verlangt. Wie im Fall der frühen christlichen Heiligen forderte die Askese der Objektivität ein Publikum, was Nietzsche nur allzu gut erkannte.

Aus dem Amerikanischen von Sandro Zanetti

---

[40] Vgl. R. Steven Turner, „The Prussian Universities and the Concept of Research", *Internationales Archiv für Sozialgeschichte der deutschen Literatur* 5 (1980), 68–93; David Cahan, „The Institutional Revolution in German Physics, 1865–1914", *Historical Studies in the Physical Sciences* 15 (1985), 1–65; Kathryn M. Olesko, *Physics as a Calling. Discipline and Practice in the Königsberg Seminar for Physics*, Ithaca, NY 1991; William Clark, *Academic Charisma and the Origins of the Research University*, Chicago 2006; Conrad Grau, *Die Preußische Akademie der Wissenschaften zu Berlin*, Berlin 1993, 195; Rüdiger vom Bruch, „Mommsen und Harnack. Die Geburt von Big Science aus den Geisteswissenschaften", in: Alexander Demandt, Andreas Goltz, Heinrich Schlange-Schöningen (Hgg.), *Theodor Mommsen. Wissenschaft und Politik im 19. Jahrhundert*, Berlin 2005, 121–141.

Geisteswissenschaftliche Genauigkeit

Zwischen epistemischer Tugend und medialer Praktik

Markus Krajewski

1. Die Messlatte

Wenn am 22. Juni 1799 die Türen eines Stahlschranks im französischen Nationalarchiv in Paris vor einem Stab aus reinem, südamerikanischem Platin sorgsam verschlossen werden, dann entzieht man in diesem dreifach gesicherten Safe ein Objekt den Wahrnehmungen und Verwendungen, das trotz seiner Eskamotierung fortan eine besondere, wissenschaftliche wie ökonomische Wirkung zu entfalten vermag. Versiegelt und verwahrt wird das sogenannte *mètre des archives* oder Urmeter. Benannt nach dem griechischen μέτρον (métron) für Vers- oder Silbenmaß, lanciert die Académie des sciences damit den exklusiven Maßstab aller Maßstäbe für physikalische Längen, inauguriert ihn mit universeller und ewiger Gültigkeit, um allen künftigen Längenmessern als Vorbild und Referenzgröße zu dienen.

Vorausgegangen ist diesem feierlichen Ab- und Verschluss eine aufwendige, siebenjährige Feldforschung, innerhalb deren die beiden Astronomen und Geographen, Méchain und Delambre, den kontinentalen Meridianabschnitt zwischen Dünkirchen und Barcelona ab 1792 mit dem bewährten Verfahren der Triangulation aufnehmen, um so einen exemplarischen Teil, einen Bruchteil des Erdumfangs, empirisch zu überprüfen und die Gesamtlänge des Meridians mit der seinerzeit zur Verfügung stehenden Akkuratesse, namentlich auf drei Nachkommastellen der alten Maßeinheit *ligne* genau, festzustellen. Dass dieses gewagte Unternehmen allen Widrigkeiten zum Trotz nicht scheitert, ist nur der Hartnäckigkeit und Durchsetzungskraft der beteiligten Forscher und der alle politischen Vorbehalte überwindenden Strahlkraft der Idee selbst zu verdanken, einen neutralen Maßstab für die ganze Welt zu erschaffen. So zumindest lautet die offizielle Lesart des französischen Gründungsmythos moderner Raum-Zeit-Vorstellungen. Geknüpft an die Herstellung des Meters als Wissenschaft wie Welt vereinigende Idee ist neben der politischen Einheits-Botschaft auch eine Vision für die Zukunft, nämlich die Geschicke des Handels maßgeblich zu vereinfachen durch standardisierte Längen, Zeiteinheiten, Gewichte, Münzen, Währungen. Das Meter und sein System der Einheiten projektieren damit eine justierende Maßnahme der Ökonomie, nicht zuletzt um künftige Geschäfte und Profite messbar, berechenbar und prognostizierbar zu machen.

Ein genauerer Blick auf die weniger offiziöse, profanere Version dieser Fallgeschichte legt dagegen einige überraschende Aspekte frei. Die Karriere von Normierungsvorstellungen, die kraft ihrer geschickten Definition universelle Gültigkeit und Dauer beanspruchen, die von eigens dafür eingerichteten Institutionen verwaltet, verifiziert und verfeinert werden, um damit dem wissenschaftlichen wie technischen Fortschritt ein wichtiges Fundament zu geben, stellt sich als schulbildend und – buchstäblich – maßgeblich für die Natur- und Ingenieurswissenschaften seit dem 19. Jahrhundert heraus. Auf diesen Standards und ihren Institutionen wie dem Bureau International des Poids et Mesures oder der Physikalisch-Technischen Reichsanstalt werden ganze Weltbilder errichtet. Allein das Urmeter, Ausgangspunkt und Referenzgröße zahlreicher moderner Maßeinheiten, hätte längst schon, und zwar im Sommer 1799, gleich bei seiner Grundlegung, einer Korrektur unterzogen werden müssen. Das Urmeter war nämlich zu ungenau. Vom ersten Moment an genügte der Maßstab aller Maßstäbe nicht seinen Grundvoraussetzungen.[1] Das Meter erwies sich als 0,002 m zu kurz. Einer der beiden Geometer, Pierre Méchain, glaubte schon während der Durchführung, sich bei der Meridianbestimmung in Barcelona vermessen zu haben.[2] Seine (Sternen-)Karte erwies sich im Zusammenspiel von Terrain und astronomischen Daten an einer bestimmten Stelle nördlich von Barcelona als fehlerhaft. Dem Medium der Messung, das die erhaltenen Daten speicherte, der Karte, mangelte es an Genauigkeit.

Heute kommt dem Urmeter als Prototyp weder wissenschaftliche noch praktische Bedeutung zu. Die vielen Maßnahmen am Stab, um exakte Kopien zu fertigen, haben die Enden des Platins abgenutzt, seine Länge ist nicht mehr dieselbe wie noch zu Beginn, das Material erwies sich als temperaturanfälliger als erwartet, und überdies zeigte sich schon nach einigen Jahrzehnten die Genauigkeit selbst nicht mehr ausreichend, mit der man den Prototyp aus der Theorie des Erdumfangs heraus entwickelt hatte. Schon 1889 wird das Urmeter ersetzt durch einen zweiten Prototyp, diesmal aus einer Platin-Iridium-Mischung, die man für weniger anfällig hält. Doch auch diesem Duplikat des Unikats ist keine lange Dienstdauer gegeben, 1960 ersetzt man es durch eine neue physikalische Definition der Länge, die nicht mehr auf den Erdumfang und ein konkretes Ob-

---

[1] Ken Alder, *Das Maß der Welt. Die Suche nach dem Urmeter*, München 2003, 327 f.

[2] Edwin Danson, *Weighing the world. The quest to measure the Earth*, Oxford 2006, 239: Seit seiner Abreise aus Barcelona nährten sich Méchains Zweifel, ob die Messung stimmte, weil der Abgleich mit einem Fixstern eine signifikante Abweichung aufwies. Der tatsächliche Grund für die fehlerhafte Messung sollte sich allerdings erst später herausstellen: Die Gravitation in den vermessenen Gebirgen, den Pyrenäen und dem Zentralmassiv, weicht infolge der höheren Masse von den ungebirgigen Gegenden ab, so dass die Lotbestimmung bei der Triangulation leichte Deviationen aufweist. Vgl. ebd., 241.

jekt, sondern auf die Wellenlänge eines Elementarteilchens abstellt, was wiederum kein Vierteljahrhundert später, 1983, durch die bis heute gültige Festlegung ersetzt wird, in der man den Meter mit Hilfe der Zeit und der Vakuumlichtgeschwindigkeit definiert. Das mit einem Ewigkeitsanspruch inaugurierte Urmetermodell unterliegt demnach innerhalb von weniger als 200 Jahren gleich drei fundamentalen Veränderungen, die die Länge des Meters zwar unverändert lassen, das Medium des Maßstabs hingegen grundlegend transformieren. Nur das Objekt ‚Urmeter' selbst bleibt davon unberührt. Es ist immer noch der uneinsehbare, platingegossene Zeuge eines Messfehlers, der vermutlich ewig seiner Korrektur harren wird.

Hätte Pierre Méchain, der wegen seiner Gewissenhaftigkeit und wissenschaftlichen Sorgfalt für diese Expedition ausgewählt worden war, den Fehler, dessen Vorhandensein zur Gewissheit wurde, gleich zu korrigieren versucht, wären nicht nur ihm jahrelange Selbstzweifel und Prokrastinationen während der andauernden Mission, sondern auch seinem Kompagnon Delambre eine buchlange Erklärung erspart geblieben[3], wie der Irrtum von Méchain, der darüber verstarb, überhaupt einzuordnen und zu rechtfertigen sei. Schließlich wäre die gesamte offiziöse Historiographie dieser revolutionären Errungenschaft nicht auf einem Messfehler begründet und damit nicht – bis heute – faktisch falsch.

Méchain, der die Triangulationen zwischen Paris und Barcelona übernahm, war bekannt für seine skrupulöse Detailversessenheit, seine Sorgfalt und Penibilität in wissenschaftlichen Handlungen. Man hatte ihn für diese Mission auserkoren, weil er als wissenschaftlicher Pedant galt, dem die Genauigkeit seines Handelns Antriebskraft wie Schlüssel zum Erfolg darstellte. Doch Méchain hatte sich ausgerechnet beim Herstellen der grundlegenden Maßeinheit vermessen. Welche Rolle die Pedanterie im Vollzug wissenschaftlicher Handlungen einnimmt – wirkt sie produktiv oder hemmend, ist sie innovativ oder sachwaltend –, soll im vierten Abschnitt anhand einer Fallgeschichte betrachtet werden. Zuvor allerdings gilt es, die Verfahren der Genauigkeit ihrerseits genauer zu betrachten, um sie als wissenschaftliche Handlungen einzuordnen, als Methoden, die nicht nur zwischen verschiedenen Disziplinen sich ähneln oder voneinander abweichen, sondern sich ebenso zwischen unterschiedlichen Kategorien entfalten: Handelt es sich bei Genauigkeit um eine epistemische Tugend, oder handelt es sich um ein Medium, das durch seinen Einsatz zu verfeinerter Erkenntnis führt?

---

[3] Jean-Baptiste Joseph Delambre/Pierre F. A. Méchain, *Base du système métrique décimal, ou Mesure de l'arc du méridien compris entre les parallèles de Dunkerque et Barcelone, exécutée en 1792 et années suivantes*, Bd. 3, Paris 1806–1810.

2. Genaue mediale Praktiken

Die sogenannte Maßverkörperung, das konkrete Objekt namens Urmeter, wird nicht allein zum Ausgangspunkt des physikalischen wie technischen Maßwesens, sondern zum Medium in einer inzwischen klassischen Definition, insofern es drei wesentlichen Aspekten eines Mediums als Erkenntnisinstrument genügt[4]: Erstens, die *Denaturierung der Sinne* erfolgt, indem nicht mehr das willkürliche Körpermaß königlicher Ellen als Vorbild dient, sondern ein als unveränderlich gedachter geographischer Bezug, eine Naturkonstante. Zweitens, die *Herstellung einer grundlegenden Selbstreferenz*: Durch die Setzung zum Ausgangspunkt aller Längenmaßstäbe muss sich jede Messung fortan auf diesen Platinstab beziehen, der in seiner anzustrebenden Unveränderlichkeit hingegen nur sich selbst als Maßstab hat. Drittens, die *Erzeugung eines anästhetischen Feldes*: Das Urmeter entfaltet seine Wirkung, ohne dabei selbst noch in Erscheinung zu treten, es wirkt anästhetisch, indem es sich der Wahrnehmung entzieht. Es bleibt versiegelt im Stahlschrank in Paris, und doch wird seitdem (fast) überall auf der Welt in Metern gemessen.

> Der kritische Punkt einer historischen Medienanalyse liegt nicht in dem, was Medien sichtbar, spürbar, hörbar, lesbar, wahrnehmbar machen, er liegt weniger in einer Ästhetik der Daten und Nachrichten, sondern in der anästhetischen Seite dieses Prozesses.[5]

Es kommt also vielmehr darauf an, mit dem Sichtbaren zugleich die Differenz zum Unsichtbaren zu beobachten und das derart Ausgeblendete aus anderem Blickwinkel zu analysieren. So wie das Urmeter zu einem Medium wird, so wie sich das Maß in seiner Platin-Iridium-Verkörperung zu einem Instrument oder Maßstab transformiert, mit dessen Hilfe sich möglichst exakte Messungen durchführen lassen, so erfordert die Transformation selbst ein bestimmtes Maß an Genauigkeit, das sowohl beim Messen beziehungsweise Triangulieren des Meridians als auch bei anderen medialen Praktiken zum Tragen kommt, wo mit Hilfe eines Vergleichsmaßstabs ein Abgleich erfolgt. Mit einem Satz: Genauigkeit basiert auf Medien, denen je spezifische Gebrauchsformen und Verwendungslogiken innewohnen.

Historisch gesehen ist Genauigkeit ein überraschend junges Konzept. Das „jetzt geläufige abstractive subst. zu genau, während genauheit fast vergessen ist“[6], heißt es im Grimmschen Wörterbuch, womit auf eine gerade erst stattfindende, neue Verwendung von ‚Genauigkeit‘ zuungunsten der früheren ‚Genauheit‘ verwiesen wird. Entsprechend übersichtlich und kurz ist die Liste der Be-

---

[4] Vgl. Joseph Vogl, „Medien-Werden: Galileis Fernrohr“, *Archiv für Mediengeschichte* 1 (2001), 115–123.

[5] Vogl, „Medien-Werden“ (Anm. 4), 118.

[6] Jacob Grimm/Wilhelm Grimm, *Deutsches Wörterbuch*, Bd. 5, Leipzig 1854 ff., Sp. 3359.

legstellen des Begriffs, die kaum über die Goethezeit zurückreicht. Nicht anders verhält es sich mit dem Vorgänger ‚Genauheit', die ebenso keine weitreichende Tradition besitzt, sondern erst in der Aufklärung für den lateinischen Begriff *scrupulositas* (ängstliche Genauigkeit) in Verwendung kommt. Genauigkeit wird derweil auf zwei Weisen gebraucht, wobei die Konzepte *inopia*, *penuria*, also der Mangel auf der einen Seite, und *diligentia*, Fleiß auf der anderen, die Semantik der Verwendungsweisen bestimmen. Abzugrenzen ist das Konzept hingegen von eng verwandten, etymologisch wie verwendungspraktisch jedoch anders gelagerten Begriffen wie Exaktheit, Akkuratesse, Präzision oder Akribie, wenngleich diese Begrifflichkeiten oftmals als Synonyme anzutreffen sind.[7] Kurz gefasst (so der (exakte) Wortlaut von ›Präzision‹): Exaktheit und Präzision erscheinen häufig mit mathematischen und technischen Verfahren assoziiert, die messend empirische oder numerische Werte analytisch erheben und verwenden.

Die vergleichsweise junge Tradition des Begriffs verwundert weniger, wenn man bedenkt, dass die Episteme des Kongruenten, des Trefflichen und des Exakten, nicht zuletzt im mathematischen Kontext, erst zu Beginn des Klassischen Zeitalters die bis dato vorherrschende Episteme der Ähnlichkeit abgelöst haben.[8] Erst im Zuge der Aufklärung sowie der damit verbundenen Blüte wissenschaftlicher, mechanischer, aber auch handwerklicher Praktiken (man denke nur an die Werkstatt-Kupferstiche in der *Encyclopédie*) finden Begriffe wie Exaktheit, Präzision und ihre Verwandten eine breitere Verwendung. Um 1800, im Zuge der Französischen Revolution, der Ausbildung von Nationalstaaten und ihrer für das Selbstverständnis zentralen Technikaffirmation beginnt sich Genauigkeit als wissenschaftliches Phänomen zunehmend mit der einen, naturwissenschaftlichen Seite im zeitgleich sich vollziehenden Trennungsprozess von Natur- und Geisteswissenschaften zu assoziieren. Während bei Goethe etwa ‚Genauigkeit' auch im künstlerischen Prozess nicht selten noch als Qualitätsmerkmal von Mimesis, als Würdigung besonders gelungener Nachahmung, etwa in der Malerei, auftritt, konzentrieren sich die Verwendungsweisen im Laufe des 19. Jahrhunderts zunehmend auf den technischen und naturwissenschaftlichen Bereich, was sich nicht zuletzt in der französischen Bezeichnung der *sciences exactes* oder *sciences dures* spiegelt.

So unverzichtbar sich die den modernen, mathematischen Modellen und Konzepten verpflichteten Naturwissenschaften auf präzise Methoden stützen,

---

[7] Vgl. zu den unterschiedlichen Etymologien und Begriffsgeschichten Markus Krajewski, „Genauigkeit. Zur Ausbildung einer epistemischen Tugend im ‚langen' 19. Jahrhundert", *Berichte zur Wissenschaftsgeschichte* 39 (2016), 211–229; sowie Kathryn M. Olesko, „The Meaning of Precision: The Exact Sensibility in Early Nineteenth-Century Germany", in: M. Norton Wise (Hg.), *The Values of Precision*, Princeton 1995, 103–134, hier 105 f.; und Kathryn M. Olesko, „Precision & Accuracy", in: J. L. Heilbron (Hg.), *Oxford Companion to the History of Modern Science*, New York 2003, 672–673.

[8] Vgl. Michel Foucault, *Die Ordnung der Dinge*, Frankfurt am Main 1974.

so unirritiert herrscht die Tendenz, sich auf ihre Tradition der „exacten Wissenschaften" zu berufen. Gemäß dieser bilden sich Verfahren und Praktiken der Wissensgenese heraus, die insbesondere – befördert durch die Metrologie im 19. Jahrhundert und ihre perfektionierten Präzisionsmessverfahren – eine Vorstellung von gesteigerter Genauigkeit hervorbringen, die maßgeblich zur heutigen Dominanz der *hard sciences* beitragen. Mathematik scheint Härte zu implizieren. Ebenso bemerkenswert wie der naturwissenschaftliche Siegeszug des Attributs ‚exakt' bleiben allerdings die zeitgleichen Bemühungen seitens der (formell) ‚nicht-exakten' Wissenschaften, die unabhängig von ihren Antipoden den Begriff der Genauigkeit zu einem Leitkonzept, etwa in den Geschichtswissenschaften oder der Philologie, erheben. Parallel zur zunehmenden Spaltung zwischen den Natur- und Geisteswissenschaften[9] vollzieht sich eine eigene Entwicklung von Praktiken der Genauigkeit in den hermeneutisch, philologisch, historiographisch arbeitenden Disziplinen. So formiert sich etwa infolge des Germanistentags 1846 im Frankfurter Römer eine Debatte zwischen den Brüdern Grimm, Karl Lachmann und Moriz Haupt, die zentral um philologische Genauigkeit kreist. Mit seiner Maxime, „zeigen, wie es eigentlich gewesen"[10], gibt Leopold von Ranke bereits 1824 die Leitlinie vor, an der sich die Historiographie künftig zu orientieren habe. Wie genau diese Rekonstruktion von Realität erfolgen soll, bleibt jedoch zunächst noch Rankes Betriebsgeheimnis, das sich später erst als eine exakte Buchführung mit Listen und als eine spezifische Diagrammatik mit Karteikarten herausstellen wird.[11] Diese Praktiken des Exzerpierens, Kopierens, Paraphrasierens, Umformulierens und Weiterschreibens sind kulturtechnische Operationen der geisteswissenschaftlichen Erkenntnisgenese, die zumeist implizit auf Verfahren der Genauigkeit zurückgreifen, etwa im Vergleich von Stellen, im Treffen oder Einhalten semantischer Ebenen beim Paraphrasieren, oder auch bei der notwendigen Kontrolle von buchstäblichen Übernahmen. In welcher Weise die Einhaltung einer weder normativ noch quantitativ näher spezifizierten Genauigkeit in diesen Kontexten erfolgt, gilt es im Folgenden mit dem Konzept der „epistemischen Tugenden" zu erläutern.

---

[9] Vgl. als Kronzeugen und Protagonisten gleichermaßen Wilhelm Dilthey, *Einleitung in die Geisteswissenschaften. Versuch einer Grundlegung für das Studium der Gesellschaft und der Geschichte* (Wilhelm Diltheys Gesammelte Schriften 1), Leipzig/Berlin 1922.

[10] Leopold von Ranke, *Geschichten der romanischen und germanischen Völker von 1494 bis 1514* (1824), 2. Aufl. Leipzig 1874, VII (Vorrede). Vgl. hierzu auch den Aufsatz von Lorraine Daston in diesem Band.

[11] Anthony Grafton, *Die tragischen Ursprünge der deutschen Fußnote*, München 1998, 61 f.; sowie Mario Wimmer, „Rankes Quellen", *HISTORICUM Zeitschrift für Geschichte*, Special Issue „Leopold Ranke" (2015), 48–65.

3. Kleine Tugendlehre

Einen mit besonderem Fokus auf die Naturwissenschaften, nichtsdestoweniger fächerübergreifend argumentierenden und theoretisch fruchtbaren Ansatz haben Lorraine Daston und Peter Galison in ihrem wissenschaftshistorischen Standardwerk zur Geschichte der *Objektivität* vorgelegt, in dem sie das Konzept der epistemischen Tugend vorschlagen. Ausgehend von Abbildungen in naturwissenschaftlichen Atlanten entwickeln sie eine Reihe von *epistemischen Tugenden*, die beim Entwurf, der Anfertigung und Einordnung der Bilder als Evidenzen eine leitende Rolle übernehmen. Diese Geschichte von „schwer greifbaren abstrakten Normen [wie] ‚Wahrheit', ‚Objektivität' und ‚Urteilsvermögen'"[12] wird dabei nicht allein über die Genese und Verwendungsweise von wissenschaftlichen Bildkompendien vom 18. Jahrhundert bis heute erzählt, sondern ebenso als eine historische Rekonstruktion ihrer konkreten Umsetzungen in Forschungsroutinen und Praktiken des Beobachtens, Aufzeichnens und Erkennens dargestellt. In einem derart historischen Bogen lassen sich „klar umrissene epistemische Tugenden unterscheiden – nicht nur Wahrheit und Objektivität, sondern auch Gewißheit, Genauigkeit, Wiederholbarkeit –, von denen jede ihren eigenen historischen Weg und ihre spezifischen wissenschaftlichen Praktiken verfolgt hat".[13] Die Geschichte dieser Verfahren und der dabei zum Einsatz kommenden Medien und medialen Praktiken ist freilich nicht auf die Naturwissenschaften beschränkt, sondern lässt sich ebenso – nachgerade „symmetrisch" (im Sinne von Bruno Latour) – in den Methoden der Gelehrsamkeit und den dazu gehörenden medialen Praktiken geisteswissenschaftlicher Forschungsroutinen und Darstellungsformen eruieren. Doch bevor die Bezüge zwischen naturwissenschaftlichen und geisteswissenschaftlichen Genauigkeitsvorstellungen anhand einer Fallgeschichte in den Blick gerückt seien, gilt es zu fragen, was mit dem Konzept einer erkenntnisstiftenden Tugend aufgerufen wird.

Die Vorstellung von Tugend geht zurück auf den griechischen Begriff ἀρετή (*arete*), was so viel heißt wie ‚gut sein'. Eine ontologische Fragerichtung gibt bereits Sokrates vor, wenn er einerseits von einer Pluralität der Tugenden (etwa Tapferkeit und Gerechtigkeit) spricht, andererseits nach dem Seinsstatus dieser Eigenschaften oder Verhaltensformen fragt. Entscheidend bei dieser analytischen Einordnung bleibt das Charakteristikum, dass Tugenden immer schon auf einem spezifischen Wissen beruhen. Die ἀρεται sind immer schon ἐπιστῆμαι, wie Aristoteles diesen Befund überliefert.[14] „Der Gerechte ist dem-

[12] Lorraine Daston/Peter Galison, *Objektivität*, Frankfurt am Main 2007, 27.

[13] Ebd., 35.

[14] Aristoteles, *Nikomachische Ethik*, V, 13, 1144 b, in: ders., *Werke in deutscher Übersetzung*, Bd. 6, Akademie Verlag, Berlin, 1999, S. 138 f.; *Eudemische Ethik*, I, 5, 1216 b, in: ders., *Werke in deutscher Übersetzung*, Bd. 7, Akademie Verlag, Berlin, 1984, S. 11; *Magna*

nach durch ein Wissen ausgezeichnet, ebenso wie der Tapfere." Mithin findet sich also bereits in der sokratischen Philosophie eine explizite „Intellektualisierung der Tugenden"[15], die schon in der Vorsokratik und in der Sophistik angestoßen wurde. Die Tugenden selbst beziehen sich aber noch auf viele weitere Bereiche, so sind sie bei einem Baumeister festzustellen, dessen ‚Gutsein' beim Errichten seiner Gebäude gewürdigt wird, oder auch bei einem Arzt, der sein Handwerk versteht. Insofern also dieses Tugend-Wissen keineswegs der Kopfarbeit vorbehalten bleibt, sondern von einer „Art des praktischen Wissens ist, wie es für ein spezielles Fach (eine τέχνη) typisch" erscheint[16], lässt sich kaum eine auf das Gelingen ausgelegte Handlung finden, die nicht von einem bestimmten Wissen gesteuert und verbunden mit einem ethischen – tugendhaften – Anspruch ihrerseits als epistemisch einzustufen wäre. Mit anderen Worten: In der sophistischen Auffassung von Ethik wäre ‚epistemische Tugend' ein Pleonasmus, weil eine Tugend immer schon eine engste Beziehung zum Wissen und seiner Genese *in actu* unterhält.

So verschieden die Wissensformen erscheinen, die bei der Ausübung von ethisch angeleiteten Handlungen involviert sind, so unterschiedlich sind die tugendhaften Aspekte, die solche Prozesse begleiten. Und doch herrscht – angefangen bei Platon – an Systematisierungsversuchen von jeher kein Mangel. Eine der wichtigeren Unterteilungen in Haupt- und Nebentugenden geht auf die Spätantike, namentlich auf Ambrosius, zurück, der vier der hervorragenden Verhaltensformen hervorhebt: Besonnenheit (σωφροσύνη, temperantia), Tapferkeit (ἀνδρεία, fortitudo), Weisheit (φρόνησις, sapientia) und Gerechtigkeit (δικαιοσύνη, iustitia). Über die Kirchenväter Ambrosius, Hieronymus und Augustinus werden sie tradiert bis in die Scholastik, wo sie von Thomas von Aquin zu einer Morallehre ausgestaltet werden.

In einer Synopse der antiken Philosophie und der vorausgehenden Theologie verbindet er sie mit den drei theologischen, also dezidiert christlichen Tugenden Glaube, Liebe, Hoffnung und begründet durch Einbeziehung der göttlichen Gnade das System der scholastischen Tugendlehre oder Ethik. An seiner Darstellung orientieren sich in der Folge alle weiteren, modifizierenden Behandlungen der Kardinaltugenden.[17]

Ihre für die gesamte abendländische Geistesgeschichte bedeutsame Charakteristik als „Kardinaltugenden" erhalten sie, wenn Thomas konzediert: „Eine

---

moralia I, 1, 1182 a, in: ders., *Werke in deutscher Übersetzung*, Bd. 8, Akademie Verlag, Berlin, 1983, S. 5 f.

[15] Beide Zitate bei Peter Stemmer, „Tugend. I. Antike", in: Joachim Ritter/Karlfried Gründer (Hgg.), *Historisches Wörterbuch der Philosophie*, Bd. 10: St–T, 1532–1548, Basel/Stuttgart 1998, 1536; vgl. auch ebd. für die Einordnung der antiken Tugendlehre insgesamt.

[16] Stemmer, „Tugend" (Anm. 15), 1536.

[17] Ulrich Klein, „Kardinaltugenden", in: Joachim Ritter/Karlfried Gründer (Hgg.), *Historisches Wörterbuch der Philosophie*, Bd. 4: I–K, 695–696, Basel/Stuttgart 1998, 695 f.

Tugend heißt kardinal als Haupttugend, weil in ihr die anderen Tugenden befestigt sind wie die Tür in der Angel."[18] Man könnte es auch in kulturtechnischer Perspektive formulieren: Im Sinne eines Dreh- und Angelpunkts sitzen die Haupttugenden an den entscheidenden Positionen, die wie eine innen/außen regulierende Tür den Zugang zur Erkenntnis erschließen – oder eben verriegeln.[19]

Überträgt man die Charakteristika einer klassischen Tugendlehre auf moderne erkenntnistheoretische Prozesse, wie es etwa W. Jay Wood mit seinem Konzept der *intellectual virtues* vorgeführt hat[20], so geraten nahezu zwangsläufig die großen Fundamentalkategorien der Wissenschaft – neben der Objektivität und Gewissheit also etwa Wahrheit oder Originalität und darüber hinaus vielleicht gar Eleganz als Stilmerkmal wissenschaftlicher Forschungstätigkeit – in den Fokus eines wissenschaftshistorischen Fragebereichs. Doch während etwa Wahrheit seit den Anfängen der antiken Epistemologie in ihrer langen oder Objektivität – dank der überraschenden Befunde von Daston/Galison – in ihrer vergleichsweise kurzen Geschichte ihrerseits historisiert sind, stehen historiographisch vergleichbare, synoptische wie systematische Arbeiten zur Geschichte der Genauigkeit noch aus. Versucht man daher, Genauigkeit in dieses Syntagma epistemischer Tugenden einzureihen, erweist sie sich in ihren verschiedenen Spielformen (Präzision, Exaktheit, Akribie, Angemessenheit) einerseits ebenfalls als vergleichsweise junge Kategorie, auch wenn sie das wissenschaftliche Denken ebenso selbstverständlich formte wie etwa die Wahrheit. Andererseits ist eine historische oder auch systematische Einordnung der Funktionsweise von Genauigkeit, ihr Wechselspiel mit medialen Praktiken oder im Gebrauch von Werkzeugen im wissenschaftlichen Erkenntnisprozess insbesondere der Geistes- und Sozialwissenschaften bislang weitestgehend unterentwickelt.[21]

---

[18] Thomas von Aquin, *Quaestiones disputatae de virtutibus*, quaestio 1, articulus 12 ad 24: „virtus aliqua dicitur cardinalis, quasi principalis, quia super eam aliae virtutes firmantur, sicut ostium in cardine".

[19] Zur Tür als Kulturtechnik vgl. Bernhard Siegert, „Zur Materialität des Symbolischen", *Zeitschrift für Medien- und Kulturforschung* 1 (2010), 151–170.

[20] Vgl. William Jay Wood, *Epistemology. Becoming intellectually virtuous*, Downers Grove Ill 1998, 33 ff.

[21] Einige Eckpunkte der Forschungsliteratur im Überblick: Für die klassischen Naturwissenschaften vgl. Norton M. Wise, *The Values of Precision*, Princeton 1995; Dieter Hoffmann/Harald Witthöft (Hgg.), *Genauigkeit und Präzision in der Geschichte der Wissenschaften und des Alltags* (PTB-Texte 4), Bremerhaven 1996; Alder, *Das Maß der Welt* (Anm. 1); Graeme J. N. Gooday, *The Morals of Measurement. Accuracy, Irony, and Trust in Late Victorian Electrical Practice*, Cambridge 2004; für erste Ansätze in den Geisteswissenschaften siehe etwa Bernd W. Seiler, „Exaktheit als ästhetische Kategorie", *Poetica* 5 (1972), 388–433, und Hans Heinz Holz, „Genauigkeit – was ist das? Wandel des Konzeptes zwischen Antike und Neuzeit", *Berichte zur Wissenschaftsgeschichte* 25 (2002), 81–92.

Die nachfolgende Fallgeschichte soll zum einen vor der Folie der naturwissenschaftlichen Mess- und Vergleichsverfahren, wie sie etwa beim (Ur-)Meter zur Anwendung gelangen, die geisteswissenschaftlichen, und das heißt hier, die exakten Prozeduren historiographischer Praxis aufzeigen, die nicht minder auf möglichst exakte Vergleichsoperationen setzen. Als zentrales Element der Vergleichsprozesse erscheint hier die Kartei, die das Medium des Speicherns und Prozessierens historischer Fakten darstellt und darüber selbst zum Maßstab des Wissens über Technik gerät. Zum anderen aber lässt sich an dieser Geschichte ebenso die Kehrseite wissenschaftlicher Tugend erahnen, also wie eine übersteigerte Genauigkeit den Grad zum ‚Gutsein' verlässt, und wie die Tugend unter dem Einsatz einer exzessiven Präzision, die ihren Maßstab verabsolutiert, das heißt, die Kartei mit ihren historischen Fakten jeglicher Vergleichbarkeit enthebt, in ein *epistemisches Laster*, die Pedanterie, umschlägt.

4. Ein Pedant zeigt Härte

Wenn den Naturwissenschaften tatsächlich ein Merkmalbündel zukommt, das mit ‚hart', empirisch grundiert, anwendbar und nicht zuletzt als ‚exakt' gekennzeichnet wird, ist es dann umgekehrt naheliegend, die Geisteswissenschaften mit ihrem Gegenteil, also mit Attributen wie ‚inexakt' oder ‚weich', ‚sanft' oder ‚ungenau' zu charakterisieren, wie Jacob Grimm das nicht ohne ironischen Unterton am Frankfurter Germanistentag 1846 vorführt?[22] Zumindest das Merkmal der Exaktheit taucht im Profil der Kulturwissenschaften seit dem 19. Jahrhundert kaum mehr auf. Dass die verschiedenen kulturwissenschaftlichen Methodiken von Recherchieren, Lesen, Exzerpieren, Paraphrasieren, Urteilen, Deuten, Beschreiben und Narrativieren in ihrer Ausübung nichtsdestoweniger auf spezifische Vorstellungen von wissenschaftlicher Genauigkeit zurückgreifen, ist einerseits selbstverständlich, und sie folgen dabei einer je eigenen fachlichen Spezifik, um den Anforderungen einer jeweiligen Disziplin zu genügen. Andererseits bleibt fraglich, ob und in welchen Bereichen die allzu einfache Zuschreibung von Eigenschaften wie ‚hart' und ‚weich' auf die *two cultures* überhaupt trägt. Untersuchungen zu epistemologischen Verfahren und Modellen in den *sciences* haben kürzlich insbesondere jene Elemente hervorgehoben, die jener dichotomen Sichtweise des 19. Jahrhunderts zufolge exklusiv der anderen Seite, den *humanities*, zukommen. So hebt beispielsweise Hans-Jörg Rheinberger die wichtige Funktion der Unschärfe im naturwissenschaftlichen Erkenntnisprozess hervor, die sich gar zu regelrechten Forschungsparadigmen ent-

[22] Jacob Grimm, „Ueber den Werth der ungenauen Wissenschaften", in: ders., *Kleinere Schriften*, Bd. 7, Berlin 1884, 563–566, hier 563 ff.

wickelt, etwa beim ‚Prinzip der gemäßigten Schlampigkeit', wie es einer der Begründer der Molekularbiologie, Max Delbrück, vorgeschlagen hat.[23]

Die folgende Fallgeschichte zeigt, wie bei der Herausbildung einer neuen Disziplin, der Technikgeschichtsschreibung um 1900, umgekehrt Kategorien wie Exaktheit und Präzision als zentrale Motive in Anschlag gebracht werden. Es mag schon der thematischen Bezüge wegen naheliegen, dass sich die Historiographie der Technik auf Leitvorstellungen wie Exaktheit oder gar ‚peinlichste Genauigkeit' beruft (siehe unten), allerdings mit dem Unterschied, dass diese Prinzipien hier nicht bei der Fertigung von Stahlschrauben Anwendung finden, sondern beim Studium und Nachweis von Quellen für die Technikgeschichtsschreibung gleichermaßen Geltung beanspruchen. Und schließlich soll mit diesem Beispiel gezeigt werden, wie die grundlegende Praktik des Maßnehmens und Vergleichens, sei es an einem Prototyp wie dem Urmeter oder an einem Prototyp wie einer technikhistorischen Datenbank, gleichermaßen einem medialen Umgang genügt, bei dem eine spezifische Logik von Genauigkeit, namentlich die gegen null gehende Differenz zum Vorbild, nach Verwirklichung strebt.

Was heißt es, ein Objekt wie eine historische Quelle, eine technische Entwicklung, eine sprachliche Beschreibung oder auch ein Bild unter der Maßgabe von höchster Genauigkeit zu erfassen, zu konstruieren, zu repräsentieren und dadurch zugleich in spezifischer Weise schon theoretisch zu modellieren? Welche Medien (sowie Praktiken, Artefakte, Verfahren, methodische Leitvorstellungen) kommen bei der Herstellung und Darstellung einer solchen Repräsentation zum Einsatz? Setzt Genauigkeit im Zuge von gelehrten Forschungsroutinen auf eine idealisierende Arbeitsweise, ist sie also ein Stilideal, das sich allenfalls approximativ erreichen lässt? Welche Rolle spielen die Kulturtechniken, die in den eher unspektakulären Praktiken einer täglichen Forschungsroutine zum Einsatz kommen, also etwa beim Entziffern, Vergleichen, Abwägen, Bemessen, Einordnen, Klassifizieren, Beobachten? Und welche Wirkungen übt der Wunsch nach Genauigkeit auf die zu wählenden Modelle und theoretischen Annahmen aus, mit denen ein Gegenstand oder eine Gesetzmäßigkeit historiographisch konstruiert wird?

Abseits der berühmten historiographischen Schulen, im Umfeld von Theodor Mommsen in Berlin oder im Kontext von Karl Lamprecht in Leipzig, formieren sich zur Jahrhundertwende 1900 personell kleine, im Gegenstand dafür umso ehrgeizigere und großangelegte Unternehmungen, Geschichte und insbesondere Technikgeschichte zu schreiben. Jenseits einiger, im Schutz von Hochschulen ermöglichter Projekte, etwa von Theodor Beck in Darmstadt bzw. Zürich, oder (semi-)privater Arbeiten, etwa von Ludwig Darmstaedter in Berlin, gilt es im Folgenden den Blick zu lenken auf ein Projekt, das sich abseits der professionel-

---

[23] Vgl. Hans-Jörg Rheinberger, „Präzision und Unschärfe im Umgang mit Forschungsobjekten", in: Florian Dombois/Yeboaa Ofosu/Sarah Schmidt (Hgg.), *Genau – leicht – konsequent: ein dreifaches Rendezvous der Künste und Wissenschaften*, Basel 2009, 43–50, hier 53.

len Pfade, gleichsam in der Provinz des Denkens abspielt. Ihr Protagonist ist Ingenieur kraft eigener Ernennung, der historiographische Autodidakt Franz Maria Feldhaus, der in einem von Megalomanie nicht ganz freien Langzeitprojekt versucht, mit einem ausgeklügelten Karteisystem nichts weniger als eine vollständige Sammlung aller technischen Artefakte und damit verbundenen historischen Ereignisse an einem Ort zusammenzutragen.

Aus den Annalen der eigenen Disziplin blieb er bis vor kurzem weitestgehend getilgt, nichtsdestoweniger muss er als der maßgebliche Mitbegründer einer professionalisierten Technikgeschichtsschreibung in Deutschland gelten. An ihm misst man sich wie am weggesperrten Urmeter. Ohne einschlägige Ausbildung in einer technischen Disziplin oder in der Geschichtsschreibung beginnt Feldhaus (1874–1956) ab 1904 damit, Daten von technikhistorischem Interesse zu rezipieren und akribisch auf speziell dazu entworfenen Karteikarten festzuhalten. Denn ihm schwebt vor, etwas ganz Neues zu errichten, das jeden bis dato unternommenen Versuch, Technikgeschichte zu schreiben, sprengt. Das Ziel seines ungeheuren Projekts, das die Bezeichnung „Weltgeschichte der Technik" trägt, besteht darin, ein ebenso vollständiges wie allumfassendes Verzeichnis technischer Artefakte und historischer Ereignisse von der Vorzeit bis zur Gegenwart, vom Fernen Osten bis zur Neuen Welt zu versammeln; ein Verzeichnis, das jedes Datum und kleinste Fragment auflistet, das „irgendwie technisch-historisch aussieht".[24] Dieses Unterfangen soll mit „peinlichster Genauigkeit"[25] erfolgen.

In dieser ersten Hälfte des 20. Jahrhunderts wird Feldhaus (nach eigenen Angaben) 3807 Artikel sowie 36 eigenständige Monographien verfasst haben. Viele dieser Monographien sind Firmenschriften, etwa für die Hersteller von Badewannen oder Bleistiften, mithin also Auftragsarbeiten, mit denen ihr Verfasser einen nicht geringen Teil seiner Einkünfte zu bestreiten vermag. Gemessen an ihrer Verbreitung oder dem Kriterium eines Nachdrucks sind es vor allem seine Lexika, die Feldhaus zu einer größeren Rezeption verholfen haben, also etwa das *Lexikon der Erfindungen und Entdeckungen auf den Gebieten der Naturwissenschaften und Technik in chronologischer Übersicht* (1904), *Die Technik der Vorzeit, der geschichtlichen Zeit und der Naturvölker* (1914), das noch postum 1970 in erweiterter Auflage nachgedruckt wird, sowie *Die Technik der Antike und des Mittelalters* (1930). Zunächst professionalisiert Feldhaus seine Recherchen administrativ, indem er zu jedem Datum oder Artefakt, jeder Person oder jedem Phänomen, das ‚irgendwie technisch-historisch aussieht', eine eigene, mit einem speziellen Vordruck versehene Karteikarte einrichtet.[26] Das System – mit heutigen informatischen Termini – funktioniert nach dem Prinzip einer relationalen Datenbank: Jede elementare

---

[24] Franz Maria Feldhaus, „Archiv. ‚Geschichte d. Technik, e.V.'" *Geschichtsblätter für Technik, Industrie und Gewerbe* 2 (1927), 158.

[25] Franz Maria Feldhaus, „Geschichte der Technik", *Geschichtsblätter für Technik, Industrie und Gewerbe* 1 (1927), 1–20, hier 14.

[26] Vgl. Abb. 1 sowie Feldhaus, „Geschichte der Technik" (Anm. 25), 8.

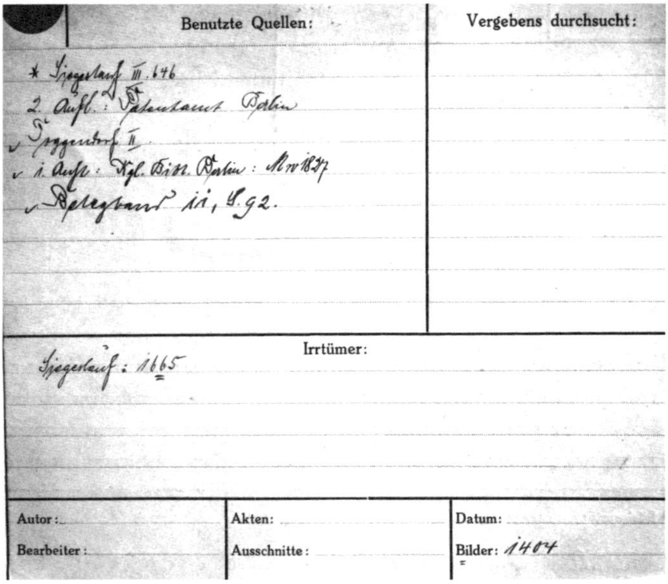

Abb. 1: Die Irrtümer an den Wurzeln packen:
Sachkarte zum Thema „Projektionsapparat“,
Jahr: 1685, Siegerlauf irrt um zwei Jahrzehnte: 1665.

Information, hier also eine technische Gegebenheit wie beispielsweise die Badewanne, wandert in eine eigene Zelle, das heißt auf eine eigene Karteikarte. Auf dieser versammelt Feldhaus jedoch nicht nur die üblichen Histörchen, Anekdoten, bibliographischen Angaben, Bearbeiter etc. Hier klebt er nicht nur seine Zeitungsausschnitte und Florilegien auf.[27] In seinem Bestreben, vollkommen ‚exakt‘ zu arbeiten, geht Feldhaus noch einen entscheidenden Schritt weiter. Auf eigens entworfenen Feldern namens „Irrtümer“ richtet sich Feldhaus einen ‚kritischen Apparat‘ ein (vgl. Abb. 1). Vorausschauend lässt er Platz zur Korrektur.

In zahlreichen Dissertationen werden in den letzten Jahren geschichtliche Fragen der Wirtschaft, des Verkehrs, des Gewerbes oder des Handwerks angeschnitten. *Vergleiche* ich das dort Gesagte mit dem Inhalt meiner Zettelkästen, dann finde ich stets Fehler, Lücken oder doch ungenaue Angaben.[28]

Wo, so bleibt zu fragen, entdeckt Feldhaus die Unstimmigkeiten: in den Dissertationen oder aber in den eigenen Zettelkästen? Denn schließlich sind seine

[27] Vgl. zur Geschichte der Zeitungsausschnittsammlung Anke te Heesen/Juliane Vogel, *Papieroperationen. Der Schnitt in der Zeitung* (Neue Freunde 2), Stuttgart 2004; und Anke te Heesen, *cut and paste um 1900. Der Zeitungsausschnitt in den Wissenschaften* (Kaleidoskopien 4), Berlin 2002.

[28] Feldhaus, „Geschichte der Technik“ (Anm. 25), 4 (Hervorh. M. K.).

ersten Bücher gleichfalls nicht frei von Fehlern. So wie das Urmeter als Maßstab zu ungenau ist, unterliegt Feldhaus' Kartei als Medium der Technikgeschichtsschreibung einer aus Faktenfehlern resultierenden Unschärfe.

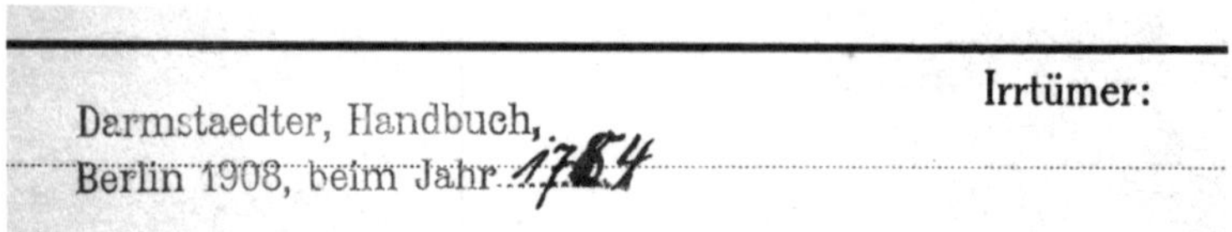

Abb. 2: Fehlerserien, ihrerseits korrigiert: Aus ‚1754' wird ‚1764'.

„Dass meine Kalender und Bücher Fehler enthalten, weiß ich haargenau. Ich habe sogar auf meinen Karteikarten eine besonders vorbedruckte Rubrik: ‚Fehler'."[29] Diese Rubrik nimmt zwar bereitwillig auch die eigenen auf, bevorzugt jedoch die Irrtümer der anderen – wie ein Blick in die Sachkartei noch heute unschwer belegt.[30] Denn Feldhaus räumt mit Vorliebe dem fremden Fehler kontinuierlich, Karte für Karte, eine eigene Systemstelle ein. Gelegentlich, wenn sich die Unstimmigkeiten wie im *Handbuch der Geschichte der Naturwissenschaften und der Technik* von L. Darmstaedter häufen, lohnt es sich gar, eigens einen Stempel anzufertigen, der dann nur noch, mit handschriftlich beigefügter Jahreszahl, aufgedrückt werden muss (vgl. Abb. 2).

Aus dem konstatierten Mangel an Exaktheit und dem daraus resultierenden Vorwurf an seine Antagonisten, namentlich den Technikhistoriker des Vereins Deutscher Ingenieure (VDI), Conrad Matschoß[31], leitet Feldhaus unterdessen eine Legitimation seiner eigenen Arbeit ab, einen Grund zur Herstellung von einschlägigen Lexika und Übersichtsdarstellungen.

> Zu verstehen ist das [die hohe Fehlerquote], wenn man bedenkt, daß es ein Nachschlagewerk über die Geschichte alles dessen, was zur Technik gehört, nicht gibt. Wissenschaftlich zu entschuldigen ist das auf die Dauer aber nicht.[32]

Und um diese Unentschuldbarkeit auch entsprechend ahnden zu können, registriert Feldhaus ebenso die Leerstelle. Denn auf der Karteikarte, Feldhaus' materielles Korrelat seiner Pedanterie, stehen nicht nur die Texte aus der eigenen Schreibmaschine aufgelistet, sondern hier können oder sollen vor allem jene Au-

---

[29] Brief von Feldhaus an Matschoß, 27.8.1925, HA-RWTH Aa, Akte 13267, 25. Die Korrespondenz von Feldhaus befindet sich im Hochschularchiv der RWTH Aachen, abgekürzt als HA-RWTH Aa.

[30] Die Karteien befinden sich heute im Archiv des *Deutschen Technikmuseums Berlin.*

[31] Vgl. Wolfgang König, „Männer machen Technikgeschichte. Die ‚Matschoß-Feldhaus-Kontroverse' als Exempel früher Technikgeschichte zwischen Wissenschaft, Kommerz und Rivalität", in: Conrad Matschoß (Hg.), *Männer der Technik. Ein biographisches Handbuch* (Klassiker der Technik), Düsseldorf, Reprint 1985/1925, V–XIV.

[32] Feldhaus, „Geschichte der Technik" (Anm. 25), 4.

toren kritisiert werden, die ein technisches Faktum übersehen oder missachtet haben. Nicht anders ist die breite Spalte mit dem Titel „Vergebens durchsucht:" oder „Nicht erwähnt in:" zu erklären, die der Referenz auf die Textstelle der eigenen Publikationen gegenübergestellt ist und damit gewissermaßen eine doppelte Buchführung in die immer längere Liste der Technikgeschichtsdaten einführt. Feldhaus verbucht im Plus, Matschoß dagegen (stets) im Minus. Der ‚kritische' Vorstoß, das Mäkeln und Verbessern der wissenschaftlichen Gegner ist somit – in Form des Karteikartenvordrucks – technisch implementiert. Das *System Feldhaus* weiß seinen Korrekturmechanismus immer schon eingebaut.

Was genau versteht Feldhaus derweil unter seiner oftmals beschworenen ‚quellenkritischen' Methode? Sein Verfahren besteht aus zwei Schritten. Zum einen lokalisiert er die Quellen der Technikgeschichte noch an den entlegensten Orten, in Archiven, Patentämtern, Zeitungen, Zeitschriften, Nachschlagewerken, Nachlässen und Akten, aber auch auf Rechercheiresen in ganz Europa, um sie sodann getreu als Exzerpte, rubriziert und mit Querverweisen verzettelt, in die eigene Sammlung seiner Karteikarten zu überführen. Zum anderen besteht das ‚Kritische' der Methode darin, das Gefundene mit dem vorhandenen Wissen der Kartei zu *vergleichen*, stets nach Fehlern fahndend, um die Differenzen festzuhalten. Das kann etwa durch die minimale Richtigstellung von Jahreszahlen wie im ‚fehlerhaften' Buch von Darmstaedter erfolgen, aber auch durch die direkte Korrektur der Funde, als Redaktion am Text selbst. So verbessert Feldhaus beispielsweise eine in der Rubrik ‚Weltsprache' eingeklebte Notiz über Johann Schleyers *Volapük* wie folgt (Zusätze von Feldhaus in eckigen Klammern, vgl. auch Abb. 3):

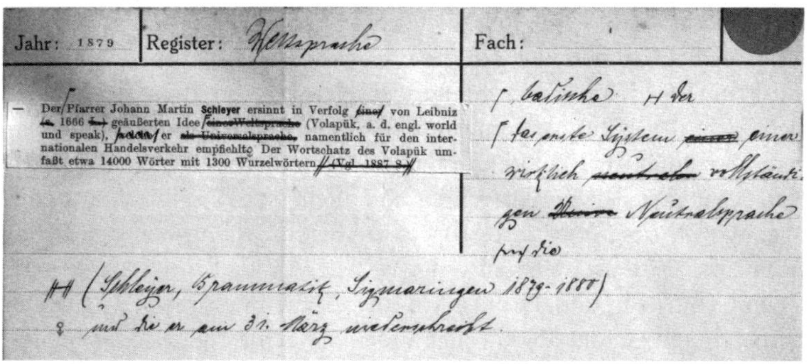

Abb. 3: Quellenkritik auf Karteikarten

Der [badische] Pfarrer Johann Martin **Schleyer** ersinnt in Verfolg ~~einer~~ [der] von Leibniz (~~s.~~ 1666 ~~L.~~) geäußerten Idee ~~einer Weltsprache~~ [das erste System einer wirklich ~~neutral~~ vollständigen ~~Unive~~ Neutralsprache] (Volapük, a. d. engl. world und speak), ~~welche~~ [die] er ~~als Universalsprache~~ namentlich für den internationalen Handelsverkehr empfiehlt [und die er am 31. März niederschreibt]. Der Wortschatz des Volapük umfaßt etwa 14 000 Wörter mit 1300 Wurzelwörtern. (~~Vgl. 1887 S.~~) [Schleyer, Grammatik, Sigmaringen 1879–1880]

Feldhaus will es ganz genau (notiert) wissen. Abgesehen von eher idiosynkratischen Anwandlungen wie ‚welche' durch ‚die' zu ersetzen, versucht er, mit strenger Pedanterie die unbedarfte Notiz zu präzisieren: Zunächst wird Schleyers Herkunft weniger oberingenieurs- als oberlehrerhaft im Badischen verortet. Bei Leibniz kann man – nun mit feiner Differenzierung – nicht von ‚einer', sondern nur von *der characteristica universalis* sprechen, die zumal nicht *Welt*-, sondern *Universal*sprache heißen muss. Erst Schleyers Anspruch kann unter den Bedingungen eines sich ausweitenden Weltverkehrs in der zweiten Hälfte des 19. Jahrhunderts auf eine ‚wirklich vollständige', neutrale *Welt*sprache abzielen. Mit spitzer Feder bleibt noch die bibliographische Angabe zu ergänzen, und einmal mehr verfällt Feldhaus dem für ihn charakteristischen Datumsfetischismus mit seiner etwas zweifelhaften Anmerkung, Schleyer habe die Sprache, gleichsam in einem Akt genialischer Schreibwut, samt ihrer 14 000 Wörter an einem einzigen Tag, dem 31. März 1879, ‚niedergeschrieben'.

„Ein Technikerlexikon muss die technischen Leistungen der Männer kritisch und, weil der Stoff fast neu ist, mit peinlichster Genauigkeit so aufführen, daß der interessierte Leser die Leistung nachschlagen kann."[33] Und diese Exaktheit erhebt Feldhaus weniger aus Verlegenheit als vielmehr kraft fester Überzeugung zur Leitidee seines Lebenswerks. Die Genauigkeit wird zur alleinigen Bedingung, zum Paradigma und Dogma des ansonsten scheinbar voraussetzungsfreien Großprojekts. „Das Programm für die Geschichte der Technik ist lang und breit genug; es kommt nur darauf an, daß von allen, die sich hier betätigen, *exakt* gearbeitet wird."[34]

Feldhaus' Methode der Quellenkritik basiert also auf Genauigkeit durch Besser-Wissen, oder – mit feiner, nun kritischer Nuancierung – auf Besserwisserei, die oftmals allein an den vier Ziffern einer Jahreszahl festgemacht wird. Nicht umsonst führt Feldhaus eine umfangreiche Jahres- und Tagesdatenkartei, mit der sich leicht die Richtigkeit einzelner Datumsangaben überprüfen lässt. Eine sophistische Unterscheidung kann dann auch zu jenem systematischen Trick werden, gegenüber den Konkurrenten und allen voran Conrad Matschoß stets über genug *kritische Masse* zu verfügen, um deren Zeitangaben ständigen Korrekturen und Kritikastereien zu unterwerfen: Feldhaus differenziert nämlich zwischen Geburtstag und Tauftag von historischen Personen[35], was demnach stets einen guten Grund abgibt, den anderen Nachlässigkeit oder Fehler vorzuwerfen. Die Problematik dieser Berichtigungskaskaden besteht jedoch weniger in der Frage, welcher Quelle denn nun Glauben zu schenken sei, als in der ausbleibenden Erörterung, warum diesem und nicht einem anderen Datum der

---

[33] Franz Maria Feldhaus, „Ein Buch über die Leistungen der Techniker und Erfinder", *Geschichtsblätter für Technik, Industrie und Gewerbe* 1 (1927), 13–22, hier 14.

[34] Feldhaus, „Geschichte der Technik" (Anm. 25), 2 (Hervorh. M. K.).

[35] So berichtet es seine Tochter Herrad Feldhaus, die einige Jahre als Schreibkraft an der Kartei mitgearbeitet hat, in einem Gespräch mit dem Verfasser.

Vorzug gegeben wird. Denn Feldhaus verzichtet weitestgehend auf die Beschreibung von systematischen Zusammenhängen, auf Kausalverbindungen, diskursive Verknüpfungen oder Überträge – von Erklärungen jenseits technischer Funktionsmechanismen ganz abgesehen. Die Geschichte der Technik auf Karteikarten entsteht hier somit stets als Zusammenspiel von einer Person und einem Artefakt zu einem möglichst genau eruierbaren Datum, das es unter bisweilen erheblichem Rechercheaufwand ausfindig zu machen gilt.

Wenngleich Feldhaus seine Methode der Exaktheit kämpferisch, gleichsam mit wehenden Korrekturfahnen, bis weit in die Gefilde der Pedanterie treibt, steht er mit diesem Ideal einer wissenschaftlichen Methodik in seiner Zeit keineswegs allein. Insbesondere im Zentrum seines Untersuchungsgebiets, der Technik und den daran gelagerten ‚exakten' Wissenschaften, stellt sie ein regelrechtes Forschungsprogramm dar, institutionalisiert etwa in der von Hermann von Helmholtz und Werner Siemens 1887 gegründeten *Physikalisch-Technischen Reichsanstalt*, dem Tempel der Messtechnik in Charlottenburg, wo die Präzision von Messungen, die daran geknüpften Vergleichsprozesse sowie die Sicherung von Genauigkeit zu einem der Hauptaufgabenbereiche zählen. Darüber hinaus verfolgen auch geisteswissenschaftliche Disziplinen, angeleitet vom antiken griechischen Ideal der ἀκρίβεια, ein solches Analyseparadigma, in dem sich Exaktheit zu dem Topos der modernen Philologie um 1900 entwickelt.[36]

Wenn Genauigkeit als epistemische Tugend eine Wirkung ausübt auf die Forschungsroutinen, so lässt sich dies nicht zuletzt anhand einer weitergehenden Vorstellung identifizieren, die Genauigkeit im Detail des historischen Wissens noch ausweitet auf den Fundus und die Begrenzungen dieses Wissens. Denn der Anspruch grenzenloser Genauigkeit wird noch von einem anderen, nicht weniger unbescheidenen Moment durchzogen, namentlich dem ungeheuren Anspruch auf Vollständigkeit des Versammelten. Die vorgegebene Exaktheit kann Feldhaus nur einlösen, wenn sie sich nicht allein auf die zeitliche Einordnung einer Erfindung bezieht. Das wäre viel zu wenig. Die Maßgabe vollständiger Genauigkeit impliziert bei ihm ferner, *alles* aufzulisten, also das Ideal von Vollständigkeit ebenso in der Gesamtheit der Dokumente, in der schieren Anzahl der Einträge zu erreichen. Feldhaus formuliert in seinen Vorworten daher stets ein kurzes Pamphlet des idealistischen Sammlers, der glaubt, aus dem Potential des kleinsten Datums vielleicht noch eine gute Idee ableiten zu kön-

[36] Das wiedererweckte Interesse an der Messkunde im späten 19. Jahrhundert, dem die Reichsanstalt letztlich ihre Gründung verdankt, wird durch altphilologische Studien initiiert, namentlich von August Boeckh zur antiken Numismatik. Vgl. Jost Lemmerich, *Mass und Messen. Ausstellung aus Anlass der Gründung der Physikalisch-Technischen Reichsanstalt am 28. März 1887*, Braunschweig/Berlin 1987, 8; sowie Krajewski, „Genauigkeit" (Anm. 7); zur Rolle der Exaktheit als Leitkategorie der Philologie vgl. etwa Holger Dainat, „Überbietung der Philologie. Zum Beitrag von Wilfried Barner", in: Christoph König/Eberhard Lämmert (Hgg.), *Literaturwissenschaft und Geistesgeschichte 1920 bis 1925*, Frankfurt am Main 1993, 232–239.

nen: „Kein Gedanke, der Nutzen verspricht, darf unbeachtet bleiben."[37] Damit reiht sich der Chronist der Technik in eine Galerie von Zeitgenossen ein, die sich einem grenzenlosen Positivismus überlassen, sich eifrig noch den kleinsten Nebensächlichkeiten widmen, um so die reine Anzahl, die Macht des Faktischen zur Geltung zu bringen. Ihnen bleibt keine aufzuzeichnende Entität zu gering. Die epistemische Tugend droht, sich unterderhand in ein epistemisches Laster zu verkehren.

In einer spezifischen Hinsicht kommt der Feldhaus'schen Methode jedoch ein unzweifelhafter Innovationscharakter zu. Sie kann in ihrer Lasterhaftigkeit auch tugendhaft sein. Mit seiner formelhaften Devise, alles zu sammeln, was ‚irgendwie technisch-historisch aussieht', bezieht Feldhaus nämlich nicht nur die in Manuskripten, Patentschriften, Akten und Büchern hinterlassenen schriftlichen Zeugnisse technischer Apparate ein. Vielmehr erweitert er seinen Sammlungsbereich wie selbstverständlich um Abbildungen. Auch auf Schaltpläne, technische Zeichnungen, Blaupausen, flüchtige Skizzen etc. legt er Wert, denn schließlich sind dies jene Aufzeichnungsformate, mit deren Hilfe ‚das Technische' üblicherweise entsteht. Und solche Funde sind nicht allein an den einschlägigen Regalen technischer Bibliotheken zu machen. Feldhaus plädiert daher für eine ungleich breitere Materialbasis.

> Die Geschichte der Technik steckt nicht nur in technischen Handschriften und Büchern, sondern sie muss mühsam aus der Kunstgeschichte, der Familiengeschichte, der Ortsgeschichte, der Völkerkunde, der Kulturgeschichte usw. herausgeklaubt werden.[38]

Feldhaus geht sogar noch weiter und fordert ausdrücklich ein historiographisches Moment ein, das man heute unter dem Begriff *Medienmaterialismus* fassen würde. In seinem ‚bösen Brief' an Matschoß bemängelt er, dass jener „kaum die erhaltenen Originalapparate" erwähne, denn diese seien zur Veranschaulichung der spezifischen Funktionsweise schließlich „überaus wertvoll".[39] Und an anderer Stelle beweist er eine regelrecht visionäre Einsicht in die Unerlässlichkeit, sich auch als Historiker mit der Praxis technischer Objekte, also mit den Dingen selbst zu befassen. Wenn Feldhaus für die Geschichte der Technik fordert, „die doch einmal ein wesentlicher Eckpfeiler der kommenden Geschichtsschreibung sein wird, weil wir den Einfluß der Realien künftig beachten müssen"[40], so bezieht diese Akzentuierung den Umstand mit ein, dass sich Vergleiche nicht nur anhand von Buchstaben und Skizzen, sondern auch mit Hilfe der Realien, den technischen Objekten und den damit verbundenen Instrumenten und Medien

---

[37] Franz Maria Feldhaus, *Der Laie als Erfinder. Eine soziale Skizze*, Berlin 1919, 9; 27.8.1925, HA-RWTH Aa, Akte 13267, 20.

[38] Brief von Feldhaus an Matschoß, 27.8.1925, HA-RWTH Aa, Akte 13267, 20.

[39] Ebd., 16.

[40] Brief von Feldhaus an den Rektor der TH Aachen, 7.11.1935, HA-RWTH Aa, Akte 13267, 12.

verwirklichen lassen. Genauigkeit als epistemische Tugend mobilisiert einen unmittelbaren Bezug zu Medien und Dingen.

5. Vergleichsbilanz

Genauigkeit ist weder eine feste Größe, auf die man sich im wissenschaftlichen Erkenntnisprozess stets gleich berufen kann, noch handelt es sich um eine Universalie, die frei von einer historischen Genese als immer schon vorhanden anzusehen wäre. Man könnte sie hingegen als eine Referenz begreifen, die sich in einem Feld bewegt, das einerseits von ihrer normativen Vorstellung als einer epistemischen Tugend bestimmt wird, die neben Wahrheit, Objektivität und Originalität zu den Kardinaltugenden des Wissenschaffens zu zählen ist. Wie der kurze Ausflug in die Geschichte der Tugendlehren jedoch gezeigt hat, sind diese normativen Idealvorstellungen andererseits stets sehr konkret grundiert durch Verfahren und Handlungsweisen, die in jeweils eigenen Repräsentationsformen Genauigkeit überhaupt erst herstellen, sie also operativ sowohl berücksichtigen als auch zugleich erzeugen. Denn Tugenden sind stets an ein praktisches Wissen gekoppelt, an Verfahren – im Sinne einer τέχνη, die Kunst und Handwerk, ein bestimmtes ästhetisches, formsensitives Wissen verbinden mit Praktiken –, die unter Einsatz weiterer Medien zur Produktion von Genauigkeit beitragen.

Dem Ensemble von Fragen, wie je nach Fachdisziplin eine spezifische Vorstellung von Genauigkeit den Weg der Erkenntnisfindung beeinflusst, in welchen Repräsentationen, Medien und operativen Formen sie auftritt, um mittelbar die Resultate und nicht zuletzt die Methodenbildung der Disziplin selbst zu modifizieren, sollte anhand der karteitechnischen Prozesse von Franz Maria Feldhaus vorgeführt werden; vor allem dem Vergleichen und Korrigieren als mediale Praktiken der Genauigkeit galt dabei die Aufmerksamkeit. Zudem sind beide Verfahren, insbesondere aber das Vergleichen, als Kulturtechnik zu verstehen[41], weil nicht zuletzt ästhetische Aspekte eine Rolle spielen: So wie Feldhaus den Eintrag zu Schleyers *Volapük* stilistisch und rhetorisch überarbeitet (Abb. 3), das Faktenwissen also in eine entsprechende sprachliche Form kleidet, um den Eintrag auf der Karteikarte dadurch noch genauer zu gestalten, so wirkt im Vollzug dieser Korrekturen, im Vergleichen mit dem imaginierten Ideal von Fakten und Form der Bezug zum Gutsein, zum Genausein als Referenz mit bei der Ausarbeitung.

Durch den Fokus auf die Kulturtechniken rücken vor allem die Vollzüge der Handlung in die Aufmerksamkeit, also das Machen und Verfertigen, die Hand-

[41] Vgl. dazu Harun Maye, „Was ist eine Kulturtechnik?“, *Zeitschrift für Medien- und Kulturforschung* 1 (2010), 121–135; sowie zu den ästhetischen Elementen von Kulturtechniken Markus Krajewski, „The Power of Small Gestures. On the Cultural Technique of Service“, *Theory, Culture & Society* 6 (2013), 94–109.

griffe, die sich als kultur- und erkenntnisstiftende Kunstgriffe erweisen. Die Kulturtechnik Vergleichen erweist sich dabei als mediale Praktik, weil die Bezugnahme des Vergleichs über ein bestimmtes Medium erfolgt, das die Relationierung von unterschiedlichen Fakten ermöglicht und prozessiert: die Kartei. Sie ist das Medium, bei der Genauigkeit epistemisch produktiv wird, und zwar im Abgleich von Fakten, beim Messen an einem Maßstab, an dem wie beim Urmeter Maß angelegt wird als Referenzgröße. Feldhaus zielt auf Genauigkeit in Form medialer Praktiken oder kulturtechnischer Operationen an seinem historiographischen Material. Im Medium der Kartei akkumuliert und vernetzt er das Faktenwissen, bringt es in neue Verbindungen zueinander und sichtet es zugleich kritisch. Das heißt, bei der Eingabe prüft er die Daten auf Fehler und Irrtümer seiner Kontrahenten, indem er sie mit seinen eigenen Notizen vergleicht. Das differenzierte Karteisystem wird damit selbst zum Maßstab des technikhistorischen Wissens, indem jeder Neuzugang im Fundus einem peniblen Vergleich mit dem Vorhandenen unterzogen wird. Das System hat dem Fehler und seiner Korrektur eine eigene Systemstelle eingeräumt (Vordruck auf der Karteikarte). Der Kartei bleibt damit ihr eigener Selbstkorrekturmechanismus eingebaut. Sie dient als Medium der Genauigkeit, da sie sich fortwährend selbst im Gebrauch optimiert. Mit seiner Kartei lanciert Franz Maria Feldhaus daher den exklusiven Maßstab aller Maßstäbe für technikhistoriographische Arbeiten; er inauguriert ihn mit umfassender Gültigkeit, getragen von einem Paradigma ‚peinlichster Genauigkeit', um allen künftigen Technikhistorikern als Vorbild und Referenzgröße zu gelten.

In welcher Weise sich die Vorstellungen eines ‚exakten' Arbeitens wiederum auch *zwischen* den Disziplinen ähneln, worin sie differieren und wie sie wechselseitig aufeinander einwirken, um dabei bisweilen sogar über die sich vertiefende Kluft der *two cultures* zwischen Natur- und Geisteswissenschaften hinwegzuhelfen, sollte nicht zuletzt mit den spezifischen und zugleich ähnlichen Formen des Vergleichens vorgeführt werden: bei Feldhaus und seinen historiographischen Methoden einerseits und bei Méchain und Delambre und ihren Meridiantriangulationen andererseits, womit zwei verschiedene Vergleichsverfahren ihrerseits zum Vergleich gebracht sind.[42] Karte (Meridianbestimmung) und Kartei (Weltgeschichte der Technik) sind die Medien der jeweiligen Genauigkeitsgenese, deren Gutsein, deren Optimierung, deren Besserwerden durch detaillierteres Wissen in beiden Fällen die zentralen Bestrebungen ausmachen. In beiden Fällen erweist sich das Streben nach Genauigkeit, ihre *Einhaltung* in Form einer epistemischen Tugend, an der man sich orientiert, ebenso wie ihre *Hervorbrin-*

---

[42] Zur Problematik des Vergleichens als epistemischer Operation vgl. Christine Bischoff, „‚Äpfel mit Birnen …'. Zur kulturwissenschaftlichen Praxis und Problematik des Vergleichens", *Alltag, Kultur, Wissenschaft. Beiträge zur Europäischen Ethnologie* 3 (2016), 11–33; Helga Lutz/Jan-Friedrich Missfelder/Tilo Renz (Hgg.), *Äpfel und Birnen. Illegitimes Vergleichen in den Kulturwissenschaften*, Bielefeld 2006.

gung durch mediale Praktiken des Korrigierens und Vergleichens als jeweilige Verhaltensmaßnahme des Gutseins, also des Besser-Wissens, sei es der besseren Quellenkenntnis, der genaueren Nachweise, der intimeren Einsicht in die verzwickte Faktenlage, im größeren Überblick über die historischen Kontexte, oder sei es beim präziseren Messen, beim genaueren Beobachten oder dem exakteren Abgleichen von Daten auf den Instrumenten und ihrer Übereinstimmung und Justierung in die Theorie.

„Die Quellen haben ein Vetorecht"

Implikationen, Chancen, Probleme eines Topos

Sandro Zanetti

Von Hans Blumenberg ist die bemerkenswerte Kennzeichnung von Begriffen überliefert, wonach sich deren Einsatz und Gebrauch anthropologisch, aus dem Vorgang des Fallenstellens, erhellen lasse: Ein Begriff müsse, damit mit ihm etwas begriffen werden kann, größer, umfassender sein als das zu Begreifende.[1] So wie eine Falle in ihrem Gesamtausmaß weiter sein muss als das, was mit ihr gefangen werden soll, so muss ein Begriff, Blumenberg zufolge, einen gewissen Spielraum aufweisen, damit das, was mit ihm begriffen werden soll, überhaupt erfasst werden kann. Begriff und Falle werden in diesem Modell als gleichermaßen zukunftsorientiert gedacht. Sie erweisen sich letztlich als sinnvoll oder brauchbar allein durch das, was sie, nachdem sie einmal eingeführt oder aufgestellt worden sind, zu erfassen in der Lage sind. Unbestimmtheit ist demzufolge für die Funktionsweise eines Begriffs so lange kein Problem, wie der Spielraum dessen, was durch ihn begriffen werden kann, nicht so groß wird, dass jeder mögliche Inhalt sogleich wieder aus ihm entweichen kann oder genauso gut mit einem anderen Begriff erfasst werden könnte.

Gelegentlich werden Begriffe – oder sind es doch bloß Wörter, Wendungen? – in die Welt gesetzt, von denen nicht ganz klar ist, was man mit ihnen genau begreifen möchte. Bemerkbar wird dann, dass die Metaphorik des ‚Greifens' und des ‚Griffs' im ‚Begreifen' und im ‚Begriff' als solche fragwürdig ist. Denn nicht immer geht es bei Begriffen um etwas zu Begreifendes. Vergleichbares wäre für das ‚Konzept' – abgeleitet aus ‚concipere', ‚ergreifen', aber auch ‚empfangen' – zu sagen. Begriffe können sich auch als Projektionsflächen herausstellen. Gerade dann allerdings können sie attraktiv werden – wenn sich also die Falle, in Blumenbergs Bild, primär als Attraktor für den Fallensteller selbst (und nicht unbedingt für eine schon vorab definierte Beute) erweist. Das gilt für Verwendungen von Begriffen, die wie beispielsweise der Begriff ‚Diskurs' aus einem Wort bestehen, ebenso wie für den Einsatz begriffsähnlicher Wendungen, die mehrere Wörter umfassen. Zu letzteren ist die Rede vom ‚Vetorecht der Quellen' zu

---

[1] Vgl. Hans Blumenberg, *Theorie der Unbegrifflichkeit*, aus dem Nachlass hg. v. Anselm Haverkamp, Frankfurt am Main 2007, 11–12.

zählen. Sie besagt, dass es im Hinblick auf historische Quellen zwar eine Interpretationsoffenheit auf der Ebene der Urteile gibt, zu denen man über historisch bezeugte Ereignisse oder Tatsachen gelangen kann; die Offenheit soll jedoch dadurch begrenzt sein, dass Aussagen, die den Quellen offenkundig widersprechen, als unzulässig zu gelten haben.

Die Rede vom ‚Vetorecht der Quellen' ist ihrerseits denkbar weit interpretierbar. Sie enthält keine positive Bestimmung dessen, was historische Forschung auszeichnen soll; sie richtet sich ausschließlich darauf, welche Grenze *nicht* überschritten werden darf. Indem sie eine Grenze markiert und zugleich ein mitgedachtes Überschreitungsverbot impliziert, weist sie normativen Charakter auf. Die aufgerufenen Normvorstellungen sind jedoch nicht spezifisch für die Geschichtswissenschaft allein. Es erstaunt deshalb nicht, dass die Rede vom ‚Vetorecht der Quellen' weit über den Kreis der Fachhistoriker hinaus Attraktivität gewonnen hat. Letztlich versucht die Rede einen Minimalkonsens wissenschaftlicher Forschung überhaupt, sofern sie es mit überlieferten Zeugnissen zu tun hat, auf den Punkt zu bringen. Die Rede vom ‚Vetorecht der Quellen' impliziert nicht nur die Hoffnung, sondern im Prinzip auch das Versprechen, durch eine Beweisprobe wissenschaftliches von nichtwissenschaftlichem Verhalten unterscheiden zu können. Gleichzeitig ist das Versprechen offen genug, unterschiedliche methodologische Einstellungen und Entscheidungen gegenüber überlieferten Zeugnissen nicht von vornherein auszuschließen.

Im Folgenden soll erörtert werden, welche Implikationen die Rede vom ‚Vetorecht der Quellen' mit sich führt. Offenkundig kommt ihr eine bestimmte Funktion zu. Diese besteht zunächst schlicht darin, sich zu einem bestimmten wissenschaftlichen Ethos zu *bekennen*. Sie hat Teil an jenem Diskurs über epistemische Tugenden, der sich in wissenschaftlichen Selbstzuschreibungen artikuliert. Die Rede vom ‚Vetorecht der Quellen' begegnet inzwischen allerdings so oft und wird häufig vollkommen reflexartig bemüht,[2] dass man sie als Topos bezeichnen muss. Klar ist dabei ihre Bekenntnisfunktion: Sie soll eine ernsthafte wissenschaftliche Haltung signalisieren. Klärungsbedürftig dagegen erscheinen gerade deshalb ihre methodologischen und epistemologischen Implikationen. Oder um es direkter zu sagen: Wer vom ‚Vetorecht der Quellen' spricht und dieses angenommene Recht zu respektieren vorgibt, stellt sich automatisch auf die richtige Seite wissenschaftlichen Handelns, ohne dass er dafür mit besonders viel Einspruch rechnen muss. Doch was ist damit gesagt?

Geprägt hat die Redewendung Reinhart Koselleck in seinem Aufsatz „Standortbindung und Zeitlichkeit. Ein Beitrag zur historiographischen Erschließung der geschichtlichen Welt", der zuerst 1977 in einem von Koselleck zusammen

[2] Seit der Prägung der Wendung durch Koselleck weist die Kurve der relativen Verwendungshäufigkeit steil nach oben, wie etwa eine Recherche via N-Gram Viewer von Google schnell deutlich macht (auch mit den entsprechenden Belegen).

mit Wolfgang J. Mommsen und Jörn Rüsen herausgegebenen Band zum Thema *Objektivität und Parteilichkeit in der Geschichtswissenschaft* erschienen ist. Zwei Jahre danach wurde er auch in Kosellecks Aufsatzsammlung *Vergangene Zukunft. Zur Semantik geschichtlicher Zeiten* aufgenommen. Kosellecks Aufsatz ist der Versuch, die Diskussion rund um die Fragen, ob Geschichtsschreibung objektiv sein kann und, wenn ja, in welcher Weise, ihrerseits zu historisieren.[3] Ebenso strebt Koselleck eine Historisierung der Diskussion an, ob Parteilichkeit im wissenschaftlichen Urteil über die Vergangenheit ein Problem und, wenn ja, ein lösbares sei.[4]

Koselleck bemüht sich um eine historische Rekonstruktion der Einsicht, dass historische Forschung standortgebunden sei, eine Einsicht, die sich zunächst im 18. Jahrhundert bei Johann Martin Chladenius in dessen Theorie der „Sehepunkte“, also der Perspektivität jeglichen Wissens, formuliert findet und die danach, in der historischen Sattelzeit ‚um 1800‘, bei einer Reihe von Theoretikern um eine zeitliche Perspektivierung erweitert wird. Erst zu diesem Zeitpunkt, so Koselleck, wird die Gegenwart und somit auch die Gegenwart eines Geschichtsschreibers ihrerseits als eine historisch veränderliche und durch die spezifische Vorgeschichte jeweils mitbedingte Gegenwart begreiflich – eine Einsicht, die notwendig auch die jeweilige Geschichte, die zu einer Gegenwart hinführt, als eine gegenwärtig und künftig immer wieder von neuem zu perspektivierende Geschichte ausweist.

In dem mit „Theoretischer Ausblick“ überschriebenen Schlusskapitel seines Aufsatzes wendet Koselleck sich schließlich der Frage zu, was man aus der historisch unabweisbar gewordenen Einsicht in die Standortgebundenheit historischer Forschung für Schlüsse im Hinblick auf die Frage nach Objektivität und Parteilichkeit in der geschichtswissenschaftlichen Praxis ziehen sollte. In der Nachfolge Hegels und anderer Gewährsmänner bemüht Koselleck sich schließlich darum, eine Unterscheidung zu treffen zwischen a) historischen Tatsachen, die unabhängig von ihrer jeweiligen Beurteilung erkannt und anerkannt werden sollten, und b) Urteilen, die standortgebunden möglich, aber auch legitim seien. Es ist diese Unterscheidung, die der Passage vom ‚Vetorecht der Quellen‘ vorausgeht und diese zu begründen versucht. Hier die Passage im Wortlaut:

---

[3] Die Historisierung konzentriert sich allerdings vor allem auf das späte 18. und frühe 19. Jahrhundert. Dabei wäre gerade der weitere Verlauf des 19. Jahrhunderts für die gesamte Diskussion rund um Objektivität und Parteilichkeit zentral. Vgl. hierzu ausführlich den Aufsatz von Lorraine Daston in vorliegendem Band.

[4] In den 1970er Jahren wird der Begriff der Parteilichkeit auch als Denunziationsbegriff gegen eine marxistisch orientierte Geschichtsschreibung eingesetzt. Insgesamt stehen im ‚Kalten Krieg der historischen Forschung‘, der Deutungen und Methoden, immer auch (obschon oftmals nur implizit) die Konsequenzen zur Diskussion, die auf der Ebene der Theoriebildung bzw. Ideologie aus dem Zweiten Weltkrieg zu ziehen (oder nicht zu ziehen) sind.

Streng genommen kann uns eine Quelle nie sagen, was wir sagen sollen. Wohl aber hindert sie uns, Aussagen zu machen, die wir nicht machen dürfen. Die Quellen haben ein Vetorecht. Sie verbieten uns, Deutungen zu wagen oder zuzulassen, die aufgrund eines Quellenbefundes schlichtweg als falsch oder als nicht zulässig durchschaut werden können. Falsche Daten, falsche Zahlenreihen, falsche Motiverklärungen, falsche Bewußtseinsanalysen: all das und vieles mehr läßt sich durch Quellenkritik aufdecken. Quellen schützen uns vor Irrtümern, nicht aber sagen sie uns, was wir sagen sollen.[5]

Nun weiß Koselleck darum, dass die rein negative Bestimmung, wonach Quellen „uns" zwar bestenfalls „vor Irrtümern" schützen, uns jedoch nicht gleichzeitig „sagen" können, „was wir sagen sollen", sich etwas dürftig ausnimmt. Das von Karl Popper her bekannte Falsifikationsprinzip[6] wird hier in abgewandelter Form ins Spiel gebracht. Es bleibt allerdings auf unsicheren Boden gestellt, weil nicht ganz klar ist, wer oder was in der gesamten Anordnung denn eine falsche Aussage tatsächlich als solche entlarven können soll. Wer sind „wir", die wir „uns" durch die Quellen hindern lassen sollen, „Aussagen zu machen, die wir nicht machen dürfen" – und wer oder was sagt „uns", was wir machen und nicht machen „dürfen"? Welche Agenten und Prozeduren, welche Normvorstellungen und Tugenden sind am Werk, wenn es darum geht, das „Vetorecht" der „Quellen" zu behaupten, zu erkennen, zu begründen oder einzufordern? Wer oder was sagt zuletzt, oder zuerst, dass möglicherweise etwas nicht stimmt?[7]

Eine Antwort auf dieses Problem hat Koselleck nicht parat, es sei denn die, dass Geschichtswissenschaft unbedingt der Theoriebildung bedürfe, um überhaupt weiterführende Einsichten formulieren zu können. In Kosellecks Worten: „Das, was eine Geschichte zur Geschichte macht, ist nie allein aus den Quellen ableitbar: es bedarf einer Theorie möglicher Geschichten, um Quellen überhaupt erst zum Sprechen zu bringen."[8] Ist das eine Verlegenheitslösung? Die Theorie jedenfalls, die Koselleck hier in Aussicht stellt, ist eben bloß in Aussicht gestellt; sie bleibt, auch in den wenigen Sätzen, die danach kommen, Postulat.[9] Mit ande-

---

[5] Reinhart Koselleck, „Standortbindung und Zeitlichkeit. Ein Beitrag zur historiographischen Erschließung der geschichtlichen Welt", in: ders., *Vergangene Zukunft. Zur Semantik geschichtlicher Zeiten*, Frankfurt am Main 1989, 176–207, hier: 206.

[6] Vgl. Karl R. Popper, *Logik der Forschung*, siebente, verbesserte und durch sechs Anhänge vermehrte Auflage, Tübingen 1982, 14–17.

[7] Die Rede vom Vetorecht ist bei Koselleck selbst schillernd und jedenfalls *auch* auf die Persönlichkeit des forschenden Subjektes anwendbar. Darauf deutet eine Stelle in einem Brief Kosellecks an Christian Meier vom 8. Mai 2005 hin, die Meier in seiner Gedenkrede auf Koselleck zitiert: Es gebe, so Koselleck, auch ein „Vetorecht der je persönlichen Erfahrung". Zitiert nach Christian Meier, „Gedenkrede auf Reinhart Koselleck", in: Neithard Bulst/Willibald Steinmetz (Hgg.), *Reinhart Koselleck 1923–2006. Reden zur Gedenkfeier am 24. Mai 2006* (Bielefelder Universitätsgespräche und Vorträge 9), Bielefeld 2007, 31.

[8] Koselleck, „Standortbindung und Zeitlichkeit" (Anm. 5), 206.

[9] Allenfalls der Hinweis darauf, dass die geforderte Theorie eine „Theorie möglicher Geschichten" sein sollte, gibt eine Ahnung davon, in welche Richtung das Unternehmen zielen könnte. Denkbar jedenfalls ist, dass geschichtswissenschaftliche Theoriebildung da-

ren Worten: Das mögliche, aber gleichzeitig als ‚Bedarf' ausgewiesene positive Komplement zum ‚Vetorecht der Quellen'[10] fehlt. Und mehr noch: Die durchgängig in Kategorien des Sollens, Dürfens sowie des Verbots eingespannte Rede vom ‚Vetorecht der Quellen' erscheint nun ihrerseits in einem zwiespältigen Licht, da Koselleck selbst einräumt, dass Quellen für das, was Geschichte sein soll, erst durch eine Theorie „zum Sprechen" gebracht werden können...

Also, so lässt sich folgern, ist auch das ‚Vetorecht der Quellen' eine bloße Behauptung, solange es nicht Historikerinnen und Historiker gibt, die Quellen tatsächlich, auch und gerade im Sinne ihres Vetorechts, zum Sprechen – in diesem Fall zum *artikulierten Einspruch* – bringen. Oder noch schlimmer: Die Unterscheidung von Tatsache und Urteil wird im Grunde nichtig, wenn die Feststellung einer historischen Tatsache aufgrund von Quellen voraussetzt, dass man bereits zu einem Urteil darüber gekommen sein muss, was eine Quelle, indem man sie theoriegeleitet erst zum Sprechen bringen muss, eigentlich besagen soll... Man kann das alles noch weiter zuspitzen und sagen: ‚Es gibt' schlicht und ergreifend kein ‚Vetorecht der Quellen', solange man den Quellen ein solches Recht nicht einräumt und *zugesteht*. Nötig ist ein zumindest implizites Zugeständnis. Nicht zuletzt geschieht genau dies in dem Moment, in dem jemand davon *spricht*, *dass* es ein ‚Vetorecht der Quellen' *gibt* – und zwar geschieht dies unabhängig davon, ob es in dem Moment auch ein Bewusstsein darüber gibt, dass der Akt der Zusprache als solcher bereits ein Akt der Setzung ist. Faktisch hat man es in Kosellecks Aufsatz exakt mit einer derartigen Doppelung von Zusprache und Setzung zu tun. Denn das ‚Vetorecht der Quellen' wird nicht einfach als Hilfskonstrukt ins Feld geführt, sondern es wird, indem es auf- und ausgerufen wird, zugleich als *vorausgesetzt*, als *gegeben* und somit schlicht als *gültig* – „Die Quellen haben ein Vetorecht" – angenommen.

Sprechakttheoretisch hat man es hier mit einem sprachlich artikulierten, einem performativ bewerkstelligten Versuch einer Rechtssetzung zu tun, der sich selbst als rechtssetzend unsichtbar machen möchte.[11] Koselleck gibt an einer anderen Stelle seines Aufsatzes übrigens klar zu verstehen, dass von so etwas wie

rin besteht, in der Auseinandersetzung mit Quellen jeweils unterschiedliche Geschichten zu erwägen, zu erfinden, ins Spiel zu bringen, um vor dem Hintergrund von Alternativverläufen zum Gegebenen einen Sinn für das Tatsächliche, wenn man so will, Objektive zu gewinnen. Vgl. hierzu aber auch weiterführend: Reinhard Koselleck, „Die Theoriebedürftigkeit der Geschichte" (1972), in: ders., *Zeitschichten. Studien zur Historik*, mit einem Beitrag von Hans-Georg Gadamer, Frankfurt am Main 2000, 298–316.

[10] Die Wendung ‚Vetorecht der Quellen' wird hier wie bereits zuvor und wie auch im Folgenden als Abkürzung für den Satz „Die Quellen haben ein Vetorecht" genommen. Dies auch deshalb, weil es genau diese Wendung ist, die für die Koselleck-Rezeption bestimmend geworden ist und letztlich den Topos mitbegründet hat.

[11] Man könnte auch sagen, dass Koselleck gar nicht erst die Frage nach der Rechtfertigung (bzw. Rechtfertigbarkeit) der Setzung stellt, sondern voraussetzt, dass die Setzung als solche bereits gerechtfertigt ist. Was hier zur Diskussion steht, ist allerdings nicht so sehr die Frage der Rechtfertigbarkeit der Setzung. Denn diese dürfte zumindest von ihrer Stoß-

einer selbständigen Anspruchserhebung vonseiten einer Quelle her nie die Rede sein kann, d.h. dass eine „Quelle" – ohnehin ein problematischer Begriff – gar keine „Quelle", sondern bloßer „Überrest" wäre, wenn sie nicht durch einen Akt der fragenden Bezugnahme vonseiten eines forschenden Subjektes oder einer Interpretationsgemeinschaft zu einer solchen erst gemacht wird:

Jede Quelle, genauer jeder Überrest, den wir erst durch unsere Fragen in eine Quelle verwandeln, verweist uns auf eine Geschichte, die mehr ist oder weniger, jedenfalls etwas anderes als der Überrest selber. Eine Geschichte ist nie identisch mit der Quelle, die von dieser Geschichte zeugt. Sonst wäre jede klar fließende Quelle selber schon die Geschichte, um deren Erkenntnis es uns geht.[12]

Standortgebundenheit, so lässt sich daraus folgern, ist bereits in dem Moment forschungsbestimmend, in dem jemand einen Überrest *als* Quelle gelten lässt – und das setzt voraus, dass etwas *für jemanden* überhaupt als Quelle *infrage* kommt.

Jeder Sprech- oder Schreibakt, der mit dem bloßen Hinweis auf ein ‚Vetorecht der Quellen' den forschungsbestimmenden Standort bereits markiert oder gar legitimiert zu haben glaubt, lässt außer Acht, dass der Rekurs auf das scheinbar voraussetzungslose Vorhandensein eines Vetorechts ebenso wie schon auf die vermeintlich schlichte Gegebenheit einer Quelle gerade verdeckt, worauf es ihm möglicherweise ankommt: die Offenlegung der erkenntnisleitenden Faktoren in ihrem bestenfalls nachprüfbaren Bezug zu den Belegen, auf die sich das entsprechende Vorhaben stützt. Damit ist keineswegs gesagt, dass die Rede vom ‚Vetorecht der Quellen' sinnlos oder gar verwerflich wäre. Doch Sinn ergibt diese Rede – gerade im Hinblick auf die Frage nach ihrem Potential für eine kritische Funktionsanalyse der Praktiken, die als Ausweis epistemischer Tugenden bestimmt werden können – erst dann, wenn die entsprechenden Implikationen, die in ihr selbst unausgesprochen bleiben, aber doch am Werk sind, explizit gemacht werden. Das wäre dann ein Explikationsprozess, den man selbst als Kennzeichen einer bestimmten epistemischen Tugend bestimmen könnte: die der Offenlegung der leitenden Fragen und Einstellung sowie der möglichen Grenzen eines Vorhabens.

Bleiben wir einen Moment bei den Grenzen: Ein Problem der Ausführungen Kosellecks zum ‚Vetorecht der Quellen' besteht darin, dass sie zwar selbst von einer Grenze handeln: Es ist die Grenze, die durch das Vetorecht markiert sein soll und die vonseiten eines Forschersubjektes (oder mehrerer davon) durch Falschaussagen nicht überschritten werden soll. Die Grenze wird aber nicht weiter erörtert, sondern im Grunde bloß behauptet. Die Ausführungen setzen voraus, dass es bei jeder historischen Forschungsarbeit so etwas wie eine Quelle – oder eben einen Überrest – schlicht *gibt*. Ihr jeweiliger bzw. überhaupt möglicher Sta-

richtung her kaum strittig sein. Vielmehr geht es darum, dass die einzelnen Elemente und Aspekte der Setzung selbst klärungsbedürftig erscheinen.

[12] Koselleck, „Standortbindung und Zeitlichkeit" (Anm. 5), 204 f.

tus wird nicht eigens diskutiert. Des Weiteren scheint die Annahme leitend zu sein, dass wissenschaftliches Verhalten sich letztlich hinreichend als hermeneutisches Verhalten, als bestenfalls richtig *interpretierendes* Verhalten eines Forschers, einer Forscherin oder einer *scientific community* gegenüber ihrer Quelle oder ihren Quellen bestimmen lässt. Die genannten „Deutungen“ im Verbund mit der ebenfalls erwähnten „Quellenkritik“ weisen in diese Richtung, ebenso der angemeldete Bedarf nach einer „Theorie möglicher Geschichten“, wobei der Bedarf, wie oben ausgeführt, zugleich das Eingeständnis impliziert, dass die Diskussion an diesem Punkt noch nicht abgeschlossen ist.

Wie jedoch wäre die Diskussion weiterzuführen? Drei Fragenkomplexe bleiben in Kosellecks Ausführungen im Wesentlichen unbeantwortet oder zumindest unterbelichtet. Ihre Klärung soll in der zweiten Hälfte dieses Aufsatzes wenigstens ansatzweise erfolgen. Zurückgegriffen wird dabei u. a. auf einige weiterführende Momente in Michel Foucaults Konzept von ‚Archäologie‘ und ‚Kritik‘:

1) Was sind Quellen/Überreste? Wie sind sie zu denken? Welchen Status weisen sie auf? Welche Prozeduren gehen ihnen voraus? Was sind die materiellen und institutionellen Bedingungen der Möglichkeit von Quellen/Überresten? Welche Art von Kritik (als Praxis) setzt die Klärung derartiger Bedingungen voraus?
2) Wer tritt den Quellen/den Überresten gegenüber? Wer ist das von Koselleck heraufbeschworene „wir“? Worin bestehen die Handlungen dieses „wir“? Und wie könnte man dieses „wir“ bestenfalls definieren? Was wäre wichtig für dieses „wir“ im Hinblick auf seine womöglich kennzeichnenden epistemischen Tugenden?
3) Wie ist das *Verhältnis* von „uns“ zu den Quellen/Überresten zu denken? Welche Möglichkeiten sind hier denkbar? Und welche davon könnte man (heute) mit dem Begriff der epistemischen Tugenden am ehesten in Verbindung bringen?

ad 1) Historische Überlieferung ist nicht selbstverständlich. Die Spuren dessen (*alles* dessen...), was im Laufe der Zeit getan und gemacht worden ist, sind zu einem guten Teil, wohl zum Großteil, verschwunden. Das ist zwar eine bekannte Tatsache, die Erinnerung daran verdient gleichwohl wachgehalten zu werden. Dazu gehören auch folgende Implikationen: Sofern eine Aufbewahrung nicht gleichsam automatisch geschieht (was mit den gegenwärtigen Umbrüchen durch digitale Techniken immer öfter der Fall zu sein scheint, aber wer kennt schon die Zukunft?), bedarf es vielfältiger Anstrengungen, damit das vorläufig Überlieferte auch langfristig zugänglich und rezipierbar bleibt. Die Geschichte der Institutionen, insbesondere der Archive, gibt Auskunft darüber. Was in einem kulturellen Kontext als Überrest dauerhaft geworden ist, hat ‚sich‘ kaum je ‚von selbst‘ erhalten. Vielmehr wurde es durch entsprechende Prozeduren (Auswahlprozesse, Lagerungstechniken, Durchsetzung von Ordnungssystemen etc.) sowie in der Regel durch dahinterstehende Institutionen (gelegentlich auch durch individuelle Sammlungen) haltbar *gemacht.*

Von ‚Überresten' zu sprechen, bringt den Vorteil mit sich, implizit auf die Unselbstverständlichkeit, dass aus früheren Zeiten überhaupt etwas übriggeblieben ist bzw. nach wie vor übrigbleibt, aufmerksam zu machen. Unter den Begriff der ‚Tradition' wären demnach jene ‚Reste' zu fassen, die willentlich aufbewahrt werden. Das Bild der ‚Quelle' suggeriert dagegen eine schlichte Vorhandenheit der entsprechenden Überreste, die aus besagten Gründen zweifelhaft ist. Koselleck vermerkt das Problem. In der konkreten historischen Arbeit – Stichwort ‚Quellenkritik', darüber hinaus aber wäre eben auch von einer ‚Institutionen-' und ‚Archivkritik' zu sprechen – bleibt dieses Problem allerdings stets von neuem zu vergegenwärtigen. Das gilt für die Geschichtswissenschaft ebenso wie für die Geschichtstheorie und – wohl mehr noch – für die Produktion von Geschichtsbildern im öffentlichen Raum. Der Status von ‚Überresten' ist grundsätzlich problematisch. *Kritik* wiederum ist der Prozess, in dem die Frage, was ein Überrest besagt, auf die Frage zurückgeführt wird, was er überhaupt besagen *kann* oder *soll.*[13]

ad 2) So wie Quellen nicht einfach vorliegen, sondern als Folgen von in der Regel komplexen und oftmals kontingenten Überlieferungsprozeduren zu beschreiben sind, so bilden auch „wir" – und das heißt zunächst: alle möglichen Rezipientinnen und Rezipienten eines überlieferten Zeugnisses – nicht eine fraglos vorauszusetzende Gemeinschaft von Zusammengehörigen oder gar Gleichgesinnten. Selbst und gerade eine *scientific community* kann als gegebenes Faktum nicht einfach vorausgesetzt werden. Stattdessen geht es auch hier darum, dass ein derartiges „wir" stets historischen – im Bereich der Wissenschaft insbesondere institutionellen sowie damit verbundenen konzeptuellen – Voraussetzungen unterliegt, und diese Voraussetzungen sind (zumindest in vielerlei Hinsicht) kontingent. Aus dieser Kontingenz zu folgern, die Regeln, nach denen sich eine *scientific community* formiert, seien ihrerseits kontingent oder würden gar eine beliebige Interpretierbarkeit historischer Zeugnisse motivieren, wäre jedoch schlicht falsch.[14] Das Gegenteil trifft zu: Gerade weil „Denkkollektive", um ei-

[13] Wenn Koselleck in der Einleitung seiner Habilitationsschrift die Möglichkeit skizziert, „die Details der Sonderfälle, aus denen sich die Wirklichkeit zusammensetzt, ins Exemplarische überhöhen zu können", dann bewegt er sich genau auf der Grenze zwischen dem, was eine „Quelle" besagen kann, und dem, was sie – möglicherweise – besagen soll. Reinhart Koselleck, *Preußen zwischen Reform und Revolution. Allgemeines Landrecht, Verwaltung und soziale Bewegung von 1791 bis 1848*, Stuttgart 1967, S. 18.

[14] Es geht hier um nichts Geringeres als um die Konjunktur und die implizite Verkürzungslogik des Relativismusvorwurfs sowie des damit verbundenen ‚Postmoderne-Bashings'. Die Aufarbeitung der Geschichte sowie der blinden Stellen dieses Vorwurfs ist ein veritables Forschungsdesiderat. Erste wichtige Hinweise sind dem Artikel von Philipp Sarasin zur ‚Unbeliebigkeit' von Fakten zu entnehmen: „#Fakten. Was wir in der Postmo-

nen Begriff von Ludwik Fleck ins Spiel zu bringen, auf historisch kontingenten Voraussetzungen beruhen, sind sie bestrebt, die „Entstehung und Entwicklung einer wissenschaftlichen Tatsache“[15] an Kriterien und Standards zu überprüfen, die kollektiv *geteilt* werden können.[16] Auch die Rede vom „Vetorecht“ bewegt sich nicht unabhängig von solchen Kriterien und Standards, sondern ist selbst der Versuch, diese fassbar zu machen.

ad 3) Das Verhältnis von „uns“ zu den Quellen/Überresten erweist sich notwendig als geprägt durch die jeweiligen Vorgeschichten auf beiden Seiten. Auch hier jedoch gilt: Gerade der Voraussetzungsreichtum bringt es mit sich, dass Legitimationen für bestimmte Interpretationsakte nicht einfach als ‚gegeben‘ betrachtet werden können. Ein verlässliches methodologisches Instrumentarium in der Interpretation historischer Zeugnisse muss vielmehr immer erst errungen werden. Die Rede vom ‚Vetorecht der Quellen‘ ist selbst ein Beispiel für ein solches Ringen. Bloß bleibt in der Rede vom ‚Vetorecht‘ gerade der Umstand unreflektiert, *wie* genau man sich das Verhältnis von „uns“ zu den Quellen/Überresten denken soll: Wer spricht? Aufgrund welcher Zugeständnisse, Vorannahmen und Zuschreibungen kann oder soll von einem Vetorecht die Rede sein?

Diese Fragen müssen nicht unbeantwortet bleiben. Ein erster Schritt zu einer besseren – oder überhaupt einer – Fundierung der Rede vom ‚Vetorecht der Quellen‘ besteht darin, in kritischer Absicht die Unselbstverständlichkeit und den Voraussetzungsreichtum dieser Rede selbst anzuerkennen. Dazu gehört zum einen eine Rückbesinnung auf die Tatsache, dass diese Rede nur innerhalb einer Rezeptionssituation und einer darin operierenden Gemeinschaft von Rezipientinnen und Rezipienten Sinn ergibt, die wissen wollen, wie (im Einzelnen oder überhaupt) mit übriggebliebenen Resten einer Vergangenheit umzugehen ist. Die Art und die Absichten eines solchen Wissenwollens lassen sich – zumindest dem Anspruch nach, *de facto* aber auch in den konkreten Schritten einer Analyse – explizit machen. Zum anderen gehört zur Anerkennung der Unselbstverständlichkeit und des Voraussetzungsreichtums der eigenen „Standortgebundenheit“, aus der heraus die Rede vom ‚Vetorecht der Quellen‘ ihre Legitimität zu gewinnen sucht, die Anerkennung der *jeweiligen* Spezifität der Überlieferungs-

---

derne über sie wissen können“, 22.5.2017, http://geschichtedergegenwart.ch/fakten-was-wir-in-der-postmoderne-ueber-sie-wissen-koennen/(18.3.2018). Ferner: Sylvia Sasse und Sandro Zanetti, „#Postmoderne als Pappkamerad“, 11.6.2017, http://geschichtedergegenwart.ch/postmoderne-als-pappkamerad/ (18.3.2018).

[15] So der Titel des gleichnamigen Buches: Ludwik Fleck, *Entstehung und Entwicklung einer wissenschaftlichen Tatsache. Einführung in die Lehre von Denkstil und Denkkollektiv* (1935), Frankfurt am Main 1980.

[16] In Kosellecks Terminologie wäre hier von einem „Erfahrungsraum“ zu sprechen, der sich auch *innerhalb* der Wissenschaften und ihren Tätigkeiten als prägend erweist. Vgl. Reinhart Koselleck, „‚Erfahrungsraum‘ und ‚Erwartungshorizont‘ – zwei historische Kategorien“, in: ders., *Vergangene Zukunft. Zur Semantik geschichtlicher Zeiten*, Frankfurt am Main 1989, 349–375.

lage, in der etwas Vergangenes, aber Übriggebliebenes (die Quelle...) für eine Gegenwart Bedeutung gewinnen kann.

Wie oben ausgeführt, besteht ein Problem der Rede vom ,Vetorecht der Quellen' darin, dass sie die Suggestion befördert, die „Quellen" würden praktisch von sich aus Ansprüche erheben oder sogar selbst ihr Recht einklagen – wobei darüber schnell vergessen geht, dass ein derartiges Recht nur aus der Perspektive der Rezeption heraus postuliert werden kann. Außerdem ist es problematisch, dass in einem solchen Modell das schiere Vorhandensein der jeweiligen Quelle, selbst wenn man sie nur als Überrest gelten lässt, immer schon als gegeben gesetzt ist.[17] Wie lassen sich diese Fallstricke umgehen oder vermeiden? Eine Möglichkeit besteht darin, anstatt von einem ,Vetorecht der Quellen' schlicht von einer ,Widerständigkeit des überlieferten Materials' auszugehen.

Michel Foucault tut dies, wenn er diese Widerständigkeit[18] in seinem Modell von Archäologie als ,Intransparenz des Monuments' deklariert:

> Die Archäologie [...] behandelt den Diskurs nicht als *Dokument*, als Zeichen für etwas anderes, als Element, das transparent sein müßte, aber dessen lästige Undurchsichtigkeit man oft durchqueren muß, um schließlich dort, wo sie zurückgehalten wird, die Tiefe des Wesentlichen zu erreichen; sie wendet sich an den Diskurs in seinem ihm eigenen Volumen als *Monument*. Es ist keine interpretative Disziplin, sie sucht nicht einen ,anderen Diskurs', der besser verborgen wäre. Sie wehrt sich dagegen, ,allegorisch' zu sein.[19]

Überlieferte Materialien aus der Vorzeit einer Gegenwart, also Überreste, müssten demzufolge nicht vordringlich hermeneutisch auf das hin befragt werden, was sie „uns" als „Quellen" – d. h. als „Dokumente" (abgeleitet von lat. *docere*) in dem von Foucault kritisierten Sinne eines zu interpretierenden Hintersinns – *lehren* oder „uns" – im Sinne ihres ,Vetorechts' nach Koselleck – zu sagen *verwehren*.

Die überlieferten Materialien müssten vielmehr zunächst als jene, wie Foucault schreibt, „dokumentarische Masse" verstanden werden, von der sich „eine Gesellschaft [...] nicht trennt". In Foucaults Worten:

---

[17] Die mangelnde Einsicht in die Fragwürdigkeit der Gegebenheitsannahme wird bei Koselleck nicht durch die beiläufig vorgenommene Unterscheidung von „Quelle" und „Überrest" wettgemacht, auch wenn mit Blick auf die „Quelle" die Einsicht in den dialogisch-konstruktiven Charakter ihres Besagenkönnens (durch das *Fragen* des Historikers) aufschlussreich ist.

[18] Eine Parallele ergibt sich hier zu dem, was Ludwik Fleck „Widerstandsaviso" nennt: „So entsteht *die Tatsache*: *zuerst ein Widerstandsaviso im chaotischen anfänglichen Denken, dann ein bestimmter Denkzwang, schließlich eine unmittelbar wahrzunehmende Gestalt.* Und sie ist immer ein Ereignis denkgeschichtlicher Zusammenhänge, immer ein Ergebnis bestimmten Denkstiles." Fleck, *Entstehung und Entwicklung einer wissenschaftlichen Tatsache* (Anm. 15), 124. Hier anschließend wäre die Frage weiter zu diskutieren, in welcher Weise bestimmte ,Denkstile' – und somit auch ,Stile' im sprachlichen Ausdruck – innerhalb eines ,Denkkollektivs' als ,Tugenden' oder ,Untugenden' anzusehen sind.

[19] Michel Foucault, *Die Archäologie des Wissens*, aus dem Französischen übersetzt von Ulrich Köppen, Frankfurt am Main 1973, 198.

Geschichte ist eine bestimmte Art für eine Gesellschaft, einer dokumentarischen Masse, von der sie sich nicht trennt, Gesetz und Ausarbeitung zu geben.[20]

Eine solche ‚archäologische' Sicht der Dinge ist wesentlich nüchterner als jeder Umgang mit „Quellen", der diese als Lehr- und Wahrheitsproben nicht nur über die aus ihnen abzuleitende Geschichte zu verstehen sucht, sondern auch und wohl zunächst über das forschende Subjekt, das sich – wie die Rede vom Vetorecht impliziert – in ein quasivertragliches Verhältnis zu ihnen setzen soll.

Will man den Begriff der epistemischen Tugend aus der impliziten Konzeption des Forschungsprozesses herleiten, auf die Kosellecks Ausführungen hinauslaufen (oder die ihnen zugrunde liegt), dann wäre zu sagen, dass es sich um eine Tugend handelt, die ihren Bewährungsort in den hermeneutischen Entscheidungen einzelner Subjekte findet, die ihrerseits einer Wissenschaftsgemeinschaft („wir") angehören. Dagegen ist die Position des forschenden Subjekts in Foucaults Konzeption von Anfang an eher so bestimmt, dass sie nicht durch ein hermeneutisches Vertragsverhältnis zwischen Quelle und Deutungsinstanz definiert ist. Leitend ist vielmehr eine Haltung, die im Hinblick auf überlieferte Materialien einerseits nach deren (im weitesten Sinne) institutionellen Bedingungsmöglichkeiten fragt, andererseits nach den seriellen Qualitäten, die sich durch eine Masse von Dokumenten (oder eben: Monumenten) hindurchziehen. Diese seriellen Qualitäten bilden den Steigbügel für den Foucault'schen Diskursbegriff, wobei sie zugleich eine Verbindung zur *longue durée* der Annales-Schule aufrechterhalten. Das forschende Subjekt stellen diese Qualitäten vor die Aufgabe, einzelne Elemente „zu isolieren, zu gruppieren, passend werden zu lassen, in Beziehung zu setzen und als Gesamtheiten zu konstituieren".[21]

Die von Foucault privilegierte ‚archäologische' Haltung gegenüber überlieferten Materialien verzichtet nicht nur darauf, die vorgefundenen Materialien im Modus des ‚Dokuments' als *lehrend* aufzufassen. Der Verzicht geht vielmehr so weit, die Materialien selbst überhaupt nicht mehr – oder nicht primär – als *sprechend* aufzufassen. Die damit einhergehende Kritik an einem lebendigen, alles durchwirkenden Logos artikuliert sich bei Foucault im Begriff des ‚Monuments' sowie im damit korrespondierenden Konzept der ‚Archäologie'. Entsprechend ergäbe es im Kontext der Ausführungen Foucaults auch kaum Sinn, von einem ‚Vetorecht der Quellen' zu sprechen (es sei denn, man betonte an diesem Recht, dass es ‚an sich' stumm wäre…). Nicht nur, dass der Begriff, oder eher noch, das Bild der ‚Quelle' schief wäre. Auch die mit der ‚Quelle' für gewöhnlich verbundene Annahme, dass die Vergangenheit ‚uns' überhaupt etwas sagt, sagen soll oder zu sagen verbietet, könnte nicht einfach vorausgesetzt werden.

Zwischen den untersuchten Gegenständen (den überlieferten Materialien) und ihrer Rezeption gibt es Foucault zufolge keine Transparenz der Kommu-

---

[20] Ebd., 14–15.
[21] Ebd.

nikation.[22] Entsprechend gibt es auch keine Bindekräfte – keine Gesetzgebung, keinen Anspruch und also kein Vetorecht –, die man aufseiten der Materialien selbst oder der auf sie gerichteten Verfahren der Forschung als selbstverständliche Gegebenheiten vorauszusetzen oder gar zu akzeptieren hätte. Foucault zögert in anderem Zusammenhang nicht, die „Haltung“, die in einer methodischen Zurückweisung von verhaltenssteuernden Scheinselbstverständlichkeiten besteht, als „Tugend“ zu bezeichnen – und zwar als Tugend der „Kritik“.[23] Foucault zufolge besteht die Tugend der Kritik in ihrem Grundimpuls zwar in einer „Kunst“: in der Kunst, sich nicht auf eine bestimmte Weise „regieren“ zu lassen.[24] Strukturanalog dazu verhält sich allerdings die für die archäologisch verfahrende Forschung kennzeichnende Skepsis gegenüber jeder Art von ‚Lehre‘, die im historischen ‚Dokument‘ angelegt sein oder aus ihm herausgezogen werden können soll (*historia magistra vitae*...).[25]

Das heißt nun in keiner Weise, dass historische Forschung nach Foucault einen Freipass erhält, um beliebige Aussagen über vergangene Epochen zu machen. Die Tugend der Kritik impliziert im Gegenteil, dass man gar nicht vorsichtig genug darin sein kann, Aussagen darüber zu treffen, wie es früher – dem berühmten Satz Leopold von Rankes folgend – „eigentlich gewesen“ ist.[26] In dieser Skepsis treffen sich im Übrigen die ansonsten sehr unterschiedlichen historiographischen Projekte von Koselleck und Foucault, die darüber hinaus allenfalls noch über ihre jeweilige Aufmerksamkeit gegenüber historischer Semantik vergleichbar sind (Begriffsgeschichte bzw. Diskursanalyse). Die Skepsis geht allerdings auch bei Foucault nicht so weit, dass es unmöglich wäre, „falsche Daten, falsche Zahlenreihen, falsche Motiverklärungen“[27] als solche zu erkennen und

---

[22] In dieser Hinsicht übrigens gibt es eine auf den ersten Blick überraschend anmutende Parallele zwischen historischen Materialien und dem gesamten Feld der Literatur, für das eine verwandte Unselbstverständlichkeit der Kommunikation geltend gemacht werden könnte. Vgl. hierzu: Michel Foucault, „Das Leben der infamen Menschen“ (1977), übersetzt von Hans-Dieter Gondek, in: Michel Foucault, *Schriften*, hg. v. Daniel Defert und François Ewald unter Mitarbeit von Jacques Lagrange, Frankfurt am Main 2003, Bd. 3, 309–332.

[23] Michel Foucault, *Was ist Kritik?* (frz. 1990), aus dem Französischen von Walter Seitter, Berlin 1992, 9.

[24] Die einschlägigen Stellen lauten: „Es gibt etwas in der Kritik, das sich mit der Tugend verschwägert. Ich möchte Ihnen gewissermaßen von der kritischen Haltung als Tugend im allgemeinen sprechen.“ Ebd., 9. „Als erste Definition der Kritik schlage ich also die allgemeine Charakterisierung vor: die Kunst nicht dermaßen regiert zu werden.“ Ebd., 12.

[25] Zu diesem Topos wiederum hat Koselleck selbst geforscht. Vgl. Reinhart Koselleck, „Historia Magistra Vitae. Über die Auflösung des Topos im Horizont neuzeitlich bewegter Geschichte“, in: ders., *Vergangene Zukunft. Zur Semantik geschichtlicher Zeiten*, Frankfurt am Main 1989, 38–66.

[26] Leopold von Ranke, *Geschichten der romanischen und germanischen Völker von 1494 bis 1514* (1824), 2. Aufl. Leipzig 1874, VII (Vorrede). Vgl. hierzu auch den Aufsatz von Lorraine Daston in diesem Band.

[27] Koselleck, „Standortbindung und Zeitlichkeit“ (Anm. 5), 206.

einer Kritik zu unterziehen.[28] Um eine solche Kritik zu praktizieren, reicht es jedoch im Anschluss an Foucault aus, die materiellen Indizien der untersuchten „dokumentarischen Masse“ auszuwerten. Von einer derart implikationsreichen und darüber hinaus mystifikationsanfälligen Annahme wie der eines ‚Vetorechts der Quellen‘ muss nicht eigens ausgegangen werden, auch wenn sich die damit zu erzielenden Hilfestellungen im Umgang mit historischen Materialien als pragmatisch äußerst sinnvoll erweisen können.

Aus einer materialorientierten ‚archäologischen‘ Perspektive wäre bloß zu ergänzen, dass Kritik mehr und anderes umfassen muss als traditionelle „Quellenkritik“. Als epistemische Tugend impliziert Kritik immer auch eine *gegenwärtige* Infragestellung der *eigenen* Stellung im Verhältnis einerseits zu dem, was vorliegt (Überlieferung), und andererseits zu dem, was darüber bereits gesagt worden ist oder zu sagen bleibt (Öffentlichkeit). Eine solche Infragestellung wiederum lässt sich nicht delegieren. Sie lässt sich nicht aufheben in einer (z. B. ‚wissenschaftlichen‘) Rückvergewisserung, die von außen her erfolgen sollte oder auch nur könnte. Vielmehr erfordert sie eine Bereitschaft zur Selbsttransformation[29] – und das heißt: Mut.

[28] Allenfalls besteht zwischen dem von Foucault vor allem in seinen späten Äußerungen betonten Anspruch, durch das Schreiben und Lesen von Büchern eine „Erfahrung“ der Transformation zu machen, und den ganz basalen wissenschaftlichen „Methoden“ eine Spannung – eine Spannung, die allerdings gerade als eminent produktiv bestimmt werden könnte. Vgl. hierzu weiterführend: Michel Foucault, „Gespräch mit Ducio Trombadori“ (1978), übersetzt von Horst Brühmann, in: Michel Foucault, *Schriften*, hg. v. Daniel Defert und François Ewald unter Mitarbeit von Jacques Lagrange, Frankfurt am Main 2005, Bd. 4, 51–119, hier: 55.

[29] Diesen Gedanken führt weiter aus: Judith Butler, „Was ist Kritik. Ein Essay über Foucaults Tugend“, in: Rahel Jaeggi/Tilo Wesche (Hgg.), *Was ist Kritik?*, Frankfurt am Main 2009, 221–246, bes. 227–228.

Epistemische Untugenden

Über wissenschaftliches Fälschen im moralischen Sinne

Martin Doll

Im Zusammenhang mit erkenntnistheoretischen Fragen trifft man immer wieder auf das Problem, wie die Beziehung zwischen Erkenntnis*subjekt* und Erkenntnis*objekt* gedacht werden muss. Im klassischen – und zu Recht vielfach infrage gestellten – Sinne wird der Erkenntnisprozess begriffen als das Entdecken einer der Erkenntnis vorgängigen Wahrheit. Im Folgenden soll es dagegen darum gehen, wie unter dem Thema der ‚epistemischen Tugenden' die bislang vernachlässigten normativen Aspekte guter wissenschaftlicher Praxis ans Licht gebracht werden können, die eher mit den Beziehungen zwischen den Erkenntnis*subjekten* untereinander zu tun haben, um im Anschluss daran wiederum die Überschneidungen zwischen beiden Aspekten, also zwischen den Subjekt-Objekt- und den Subjekt-Subjekt-Relationen zu thematisieren.[1] Der Tugendbegriff soll hier in einem eher neuzeitlichen moralischen Sinne Anwendung finden. Folgt man den Ausführungen im *Historischen Wörterbuch der Philosophie*, entsteht dieser erst sehr spät in der (Begriffs-)Geschichte der ‚Tugend' und in Ablösung von den Systemen aristotelischer, stoischer oder christlicher Tugend-Ethik: „Tugendhaft" bedeutet dieser Definition zufolge „‚gut', ‚richtig', ‚moralisch', ‚geboten', und der Ausdruck ‚die Tugend' bringt oft nicht mehr als die Beständigkeit in einem wie auch immer fundierten richtigen oder moralischen Handeln zum Ausdruck".[2]

Die nachstehenden Ausführungen berühren somit zeitspezifische Fragen der Wissenschaftsethik bzw. – wie es Lorraine Daston formuliert – bestimmte „moralische Ökonomien der Wissenschaften".[3] D.h., untersucht werden die Quel-

[1] Martin Gierl differenziert so zum Beispiel in der Historie anhand von Johann Gottfried Büchners Ausführungen über den Unterschied zwischen einem Fehlgehen des Verstandes und einem Fehlgehen des Willens (Martin Gierl, *Pietismus und Aufklärung. Theologische Polemik und die Kommunikationsreform der Wissenschaft am Ende des 17. Jahrhunderts*, Göttingen 1997, 547; vgl. dazu auch Marian Füssel, „‚Charlataneria Eruditorum'. Zur sozialen Semantik des gelehrten Betrugs im 17. und 18. Jahrhundert", *Berichte zur Wissenschaftsgeschichte* 27 (2004), 119–135, hier: 125).

[2] Otfried Höffe/Christoph Rapp, „Tugend (Neuzeit)", in: Joachim Ritter/Karlfried Gründer u. a. (Hgg.), *Historisches Wörterbuch der Philosophie*, Bd. 10, Basel 1999, 1554–1570, hier: 1554.

[3] Lorraine Daston, „Die moralischen Ökonomien der Wissenschaft", in: dies., *Wunder,*

len dezidiert darauf hin, wie bestimmte Wissenspraktiken zu einem bestimmten Zeitpunkt in der Geschichte daran gemessen wurden, ob sie dem Kollektivwohl oder dem Wohlergehen der Gruppe der Wissenschaftler dienlich waren. Es handelt sich also um eine diskursgeschichtliche Untersuchung von epistemischen Tugenden anhand historischer Bestrebungen zur Aufdeckung wissenschaftlichen Fehlverhaltens. Analysiert werden erstens epistemische Subjekt-Objekt-Bezüge anhand von Monita, die sich „auf den Umgang mit dem Wissen beziehen", und zweitens ethische Subjekt-Subjekt-Bezüge anhand von Beanstandungen, die das „Fehlverhalten in der Gelehrtengemeinschaft betreffen".[4]

Es wird also weniger um den Umgang mit Erkenntnisobjekten gehen (z. B. die Notwendigkeit strenger Beweisführung), sondern eher um moralische Prinzipien wissenschaftlicher Kommunikation (wie die Forderung nach Unparteilichkeit in der Darstellung[5]). Der Tugendbegriff soll dabei Verwendung finden, um sich der Frage nach einer ‚guten' Wissenschaft vornehmlich aus der Perspektive einer zeitgenössischen Praxeologie zu nähern, d. h. zu fragen, inwiefern an bestimmten explizit formulierten epistemischen (Un-)Tugenden genau abzulesen ist, welche gute wissenschaftliche *Praxis* – oder genauer: welche Kommunikationspraxis – man zu verfolgen hatte. Was eine in diesem Sinne ‚gute' Praxis ausmacht, ist dabei nicht absolut zu bestimmen, sondern jeweils aus den zeitspezifischen Diskursen herauszuarbeiten. Dieses Prozedere läuft zwar Gefahr, internalistisch vorzugehen, insofern lediglich den ausdrücklich thematisierten Tugenden in den zeitgenössischen Diskursen nachgegangen wird und bestimmte (Alltags-)Praktiken und deren Existenzbedingungen aus dem Blick geraten. In der Fokussierung auf die Selbstbeschreibungen innerhalb des Wissenschaftssystems entgeht diese Vorgehensweise aber der viel schwerer wiegenden Problematik, in der Betrachtung der historischen wissenschaftlichen Praxis aus einer heutigen Perspektive, d. h. in einem vorgreifenden Anachronismus, moralische Urteile zu fällen, die nicht durch das Quellenmaterial verbürgt sind.

Nun lässt sich fragen, wie man sich die zeitgenössische Wissenschaftspraxis analytisch zugänglich machen könnte. Man könnte darüber nachdenken, Laborbücher oder Protokolle von Experimenten auszuwerten, wie dies Rheinberger bzw. Shapin und Schaffer getan haben[6], oder diskursanalytisch Dokumente der Wissenschaftsgeschichte auf Tugenddiskurse hin zu analysieren. Hier soll ein dem letztgenannten Zugang verwandter Ansatz gewählt und gleichsam metho-

Beweise und Tatsachen. Zur Geschichte der Rationalität, Frankfurt am Main 2003, 157–184, hier: 157 f.

[4] Gierl, *Pietismus* (Anm. 1), 547.

[5] Vgl. dazu auch Daston, „Ökonomie" (Anm. 3), 163.

[6] Vgl. Hans-Jörg Rheinberger, *Experimentalsysteme und epistemische Dinge. Eine Geschichte der Proteinsynthese im Reagenzglas*, Göttingen 2001 und Steven Shapin/Simon Schaffer, *Leviathan and the Air-Pump. Hobbes, Boyle, and the Experimental Life*, Princeton, NJ 1985.

disch umgestülpt werden. Denn er besteht darin, „über Bande" vorzugehen, und zwar über die Analyse eines eigentümlichen Fälschungsfalls bzw. seiner Diskursivierung und seines wissenshistorischen Kontexts. Dazu sollen methodisch zwei Vorannahmen gemacht werden:

1. Fälschungen verdanken ihre Geltungsmacht oder ihren Wert einer möglichst weitgehenden Kongruenz mit bestehenden oder zumindest akzeptablen Praktiken. Im Zusammenhang mit Fälschungen ist daher nicht die Frage zu stellen, ob es sich um eine Fälschung eines Echten handelt, sondern was sie zu einem bestimmten Zeitpunkt echt erscheinen lässt und warum sie bei der Aufdeckung diesen Status wieder verliert. Als Untersuchungsgegenstände können Fälschungen dann Auskunft über Eigenschaften und Wissenspraktiken geben, die etwas – beispielsweise ein Schriftstück, ein wissenschaftliches Objekt, einen daran geknüpften theoretischen Schluss – zu einem gegebenen Zeitpunkt zu einem Gegenstand eines akzeptierten Sprechens werden lassen.
2. Mit jedem Vorwurf der Fälschung wird nicht nur ihrem ‚Urheber' nachträglich ein Betrugsbewusstsein unterstellt, sondern auch ihr fundamentaler Gegensatz implizit mitgeäußert. Prämisse sämtlicher folgender Überlegungen ist daher, dass Fälschungen dann als solche zu begreifen sind, wenn sie explizit als Fälschung benannt und in den Kontext von Betrug, Täuschung, Verstellung und Irreführung gerückt werden. An den Reaktionen auf eine Fälschung und den dabei in Anschlag gebrachten Differenzkriterien lassen sich dann meist direkt oder *ex contrario* thematisierte zeit- und diskursspezifische Gegenentwürfe ablesen, zum einen im Allgemeinen: der Wahrheit, der Authentizität, der Originalität, des Autorisiertseins und der Faktizität, zum anderen im Besonderen: des epistemischen Objekts oder der autorisierten Äußerungsinstanz. Im Folgenden soll insbesondere derjenige Gegenentwurf in den Blick genommen werden, den man als epistemische Tugend fassen könnte.

Weiter oben war davon die Rede, dass der Ausdruck „tugendhaft" mit zeitspezifischen Vorverständnissen von einem wie auch immer fundierten richtigen oder moralischen Handeln zu tun habe. Anhand von Fälschungsfällen und Betrugsvorwürfen lässt sich, so die hier vertretene analytische These, *ex negativo* ablesen, welche – vorher vielleicht unausgesprochen gebliebenen – (moralisch) richtigen wissenschaftlichen Praktiken oder Verhaltensweisen nachträglich oder sogar *mit* der Fälschung, spätestens aber bei ihrer Aufdeckung eingefordert wurden. In diesem Zusammenhang ist ein konkreter Fall aufschlussreich, und zwar die sogenannten Würzburger Lügensteine sowie die dazugehörige *Lithographiae Wirceburgensis* aus dem Jahr 1726. Daran kann gezeigt werden, wie diese als eine frühe Form des Fakes oder des *Hoax* dazu gedacht waren, eine bestimmte Wissenschaftspersönlichkeit im 18. Jahrhundert zu desavouieren, und wie sehr in diesem Fall auch Verhaltensnormen guter wissenschaftlicher Praxis, kurz: ‚epistemische Tugenden', thematisch wurden.

„Wunder des Autors der Natur" – Die ‚Würzburger Lügensteine' (1726) in der Lithographiae Wirceburgensis

Die Geschichte der Fälschung ist schnell rekapituliert: Im Juni 1725 brachten drei „Eivelstatter junge Leut" dem fürstbischöflichen Leibarzt Dr. Johann Bartholomäus Adam Beringer, der an der Universität Würzburg Botanik und Anatomie, später auch allgemeine und spezielle Therapie sowie Chemie las, drei Figurensteine, die sie angeblich auf einem Berg zehn Kilometer südöstlich von Würzburg ausgegraben hatten.[7] Diese zeigten erhabene Figuren wie eine strahlenumkränzte Sonne und Würmer.

Abb. 1: Ausstellungsstücke, Mainfränkisches Museum Würzburg

[7] Vgl. dazu ausführlicher: Martin Doll, *Fälschung und Fake. Zur diskurskritischen Dimension des Täuschens*, 2. Aufl. Berlin 2015. Die dortigen Ausführungen werden hier mit einem Schwerpunkt auf „epistemische Tugenden" vertieft und weiterentwickelt. Vgl. auch Anonym, „Verhör-Protokolle vom 15. April und 11. Juni 1726", *Abhandlungen des Naturwissenschaftlichen Vereins Würzburg* 4.1 (1963), 121–129, hier: 121. Die Protokolle, die von Heinrich Kirchner erst 1934 im Würzburger Staatsarchiv aufgefunden wurden, sind diplomatisch getreu wiedergegeben. Als weitere Quellen, die Licht in die Spekulationen um die ‚Lügensteine' brachten, werden ein Brief von Eckharts, der 1780 veröffentlicht wurde, und Beringers eigene Andeutungen angeführt (vgl. Heinrich Kirchner, „Die Würzburger Lügensteine im Lichte neuer archivalischer Forschung", *Zeitschrift der Deutschen Geologischen Gesellschaft* 87 (1935), 607–615; Johann Georg von Eckhart, „Schreiben an Herrn Aug. Joh. Hugo, Kön. Großbritannischen Hofrath und Leibmedicus" (1727), *Historisch-diplomatisches Magazin für das Vaterland und angrenzende Gegenden* 1.2 (1780), 159–168); vgl. auch zur Person Beringers: Franz Xaver von Wegele, *Geschichte der Universität Würzburg* (1882), Bd. I, Aalen 1969, 411. Für den Einstieg in die Quellenrecherche lieferten die aufschlussreichen Ausführungen aus kulturwissenschaftlicher Perspektive von Anne-Kathrin Reulecke, auch wenn ihnen hier nicht in allen Punkten Recht gegeben wird, wertvolle Hinweise (vgl. Anne-Kathrin Reulecke, „Fälschung am Ursprung. Johann Beringers ‚Lithographiae Wirceburgensis' (1726) und die Erforschung der natürlichen Welt", *Trajekte. Zeitschrift des Zentrums für Literaturforschung* 4.7 (2003), 39–44).

Abb. 2: Ausschnitt aus *Lithographiae Wirceburgensis*, Tafel II

Auf diese erste ‚Entdeckung' hin wurden die ‚Finder' von Beringer gegen Entlohnung beauftragt, weitere Steine zu bergen. So wurde, wie Beringer schreibt, auf dem „Wunderberg" im Laufe von sechs Monaten die beachtliche Zahl von etwa 2000 Figurensteinen sichergestellt. Später stellte sich jedoch heraus, auch weil der Fall sogar justiziabel wurde, dass die Steine keineswegs Fundstücke, sondern Artefakte waren, mit denen Beringer entgegen vieler Kolportagen nicht von seinen eigenen Studenten, sondern von zwei Kollegen – J. Ignaz Roderique, Professor für Geographie, Algebra und Analysis an der Universität Würzburg, und Johann Georg von Eckhart, dort Hof- und Universitätsbibliothekar[8] – aufs Glatteis geführt worden war. Diese hatten drei ‚Lieferanten' beauftragt, von Roderique verfertigte Steine nachzubearbeiten, sie zum Teil an der ‚Fundstelle' zu vergraben oder direkt Beringer unterzuschieben. Ein Jahr später veröffentlichte Beringer seine berühmt gewordene Abhandlung über die Figurensteine, die *Lithographiae Wirceburgensis*, in der er anhand seiner „fossilen" Gegenstände eine ganze Reihe an zeitgenössischen Erklärungen durchspielt.[9]

[8] Von Eckhart ist auch bekannt dafür, das später sogenannte *Hildebrandslied* das erste Mal bekannt gemacht zu haben, weil er u.a. die ersten 14 Zeilen in einem in Fachkreisen als bezeichnenderweise wenig getreu geltenden Faksimile (eine Fälschung?) herausgegeben hat. Er hielt es noch für ein Bruchstück eines niederdeutschen Prosaromans; es findet sich in: Johann Georg von Eckhart, *Commentarii de rebus Franciae orientalis et episcopatus Wirceburgensis*, Bd. 1, Wirceburgi 1729, 864; vgl. auch Christian Wilhelm Michael Grein, *Das Hildebrandslied nach der Handschrift von Neuem herausgegeben, kritisch bearbeitet und erläutert nebst Bemerkungen über die ehemaligen Fulder Codices der Kasseler Bibliothek*, 2. Aufl. Kassel 1880, 3; vgl. auch „Hildebrandslied", in: *Meyers Großes Konversations-Lexikon*, Bd. 9, Leipzig 1907, 325.

[9] Der damalige Begriff der ‚Lithographie', der für die wissenschaftliche Untersuchung

Nach heutigen – oder zumindest: späteren – Begriffen lässt sich der Vorfall als Fake oder *Hoax* beschreiben. In seiner kritischen Abhandlung über den Niedergang der Wissenschaft in England definiert zum Beispiel Charles Babbage 1830 das ‚Hoaxing', das man auch als Spottfälschen übersetzen könnte, mit der bereits angedeuteten temporalen Komponente des vorübergehenden Aufschubs der Aufdeckung: „[T]he deceit is intended to last for a time, and then be discovered, to the ridicule of those who have credited it".[10] Der Effekt der Desavouierung, den die Entlarvung der Täuschung für denjenigen zur Folge hat, der sich hat täuschen lassen, sorgt dafür, dass das Fake nicht nur humorvoll-scherzhafte, sondern auch sehr ernsthafte Implikationen mit sich führt.[11]

Einer der jungen Mittäter im Fall Beringer, die als Zuträger fungierten, berichtet entsprechend von einer Zusammenkunft im Hause von Roderique, wo „sie sambtlich ein Gelächter undt Freudt gehabt, daß Herr Doctor Behringer mit diesen Steinen hindtergangen wordten".[12] Ähnlich schildert vor Gericht ein anderer Beteiligter eine mitgehörte Unterredung bei von Eckhart, bei der davon gesprochen wurde, „daß sie den Herrn Doctorem Behringer, weiln er so hoffärtig seie und sie alle verachtete, bei seiner hochfürstlichen Gnaden verklagen wollten".[13]

Die ‚Lügensteine' im Kontext der Gelehrtenkritik

Der Begriff „hoffärtig" aus dem Zitat liefert einen interessanten Hinweis darauf, dass sich das Fake in den Kontext der sich im 17. und 18. Jahrhundert entwickelnden Konjunktur der Gelehrtenkritik, z. B. an Hochmut und Standesdünkel, stellen lässt.[14] Verbunden mit der Ausdifferenzierung des gelehrten Publikationswesens, der Expansion der Printmedien sowie der Professionalisierung der Naturwissenschaften erschien im Zeitraum von 1680 bis 1730 – mit einem Schwerpunkt auf der Zeit zwischen 1705 und 1717[15] – eine Vielzahl von Veröf-

von mineralischen Objekten stand, unterscheidet sich vom heute für Steindruckverfahren geläufigen Wortgebrauch. Er wird im Folgenden in diesem historischen Sinne verwendet.

[10] Charles Babbage, „Reflections on the Decline of Science in England, and on Some of its Causes" (1830), in: ders., *Works of Babbage*, Bd. VII, hg. v. Martin Campbell-Kelly, London 1989, 85–93, hier: 90.

[11] Vgl. z. B. zu den komplexen Implikationen der Sokal-Affäre: Doll, *Fälschung und Fake* (Anm. 7), 273–296.

[12] Anonym, „Verhör-Protokolle" (Anm. 7), 127. Die unterschiedliche Schreibweise von ‚Behringer' oder ‚Beringer' zieht sich durch viele Quellen.

[13] Ebd.

[14] Vgl. zu dieser Kontextualisierung: Reulecke, „Fälschung" (Anm. 7), 40.

[15] Vgl. die grafische Darstellung bei Leonard Forster, „‚Charlataneria eruditorum' zwischen Barock und Aufklärung in Deutschland", in: Sebastian Neumeister/Conrad Wiedemann (Hgg.), *Res Publica Litteraria. Die Institutionen der Gelehrsamkeit in der frühen Neuzeit*, Wiesbaden 1987, 203–220, hier: 220; vgl. auch 205 f.; Martin Gierl schreibt, dass

fentlichungen über die ‚Charlatanerie' oder den gelehrten Betrug. In diesen Publikationen wurden, wie Marian Füssel schreibt, im weitesten Sinne Wissenspraktiken kritisiert, „die auf eine als illegitim wahrgenommene Status- und Prestigeerhöhung des Gelehrten abzielten".[16]

Solcherlei epistemische Untugenden beschreibt zum Beispiel Johann Burkhard Mencke in seinen berühmten, 1716 auf Deutsch publizierten und gleich in mehrere Sprachen übersetzten *Zwey Reden über die Marcktschreyerey der Gelehrten*.[17] Im selben Band findet sich ein pseudonymisierter zeitgenössischer Kommentar des Theologen Christoph August Heumann[18], der gleichermaßen über die „schändlichen Sitten" und „Laster der Gelehrten" klagt, „die der Gelehrsamkeit selbst zum Nachtheil gereichen".[19] Als Fall eitler Pseudogelehrsamkeit galt zu dieser Zeit nicht nur das Fälschen[20], sondern unter anderem auch das Plagiieren[21], die ‚Marktschreyerey', die ‚Windmacherey', die ‚Vielschreiberei' und eben nicht zuletzt die ‚Hoffährtigkeit'.[22] Es geht in diesem Zusammenhang also insgesamt um die Frage nach Sein und Schein[23], um die Vorschrift, man möge seine wissenschaftlichen Ergebnisse aufrichtig präsentieren und sich dabei nicht überhöhen.[24] Mencke bemängelt z. B. die Ununterscheidbarkeit von Scharlatanen und Ärzten. Bei letzteren sei „die Charlatanerie so gewöhnlich und einheimisch [...], daß es sehr schwer fällt, einen rechten ehrlichen Medicum von einem Marktschreyer und Betrüger zu unterscheiden".[25]

„sich in der Zeit von 1680 bis 1730 mehrere hundert Texte mit den Un- und Eigenarten der Gelehrten auseinandergesetzt haben" (Gierl, *Pietismus* (Anm. 1), 546; vgl. auch Füssel, „Charlataneria" (Anm. 1), 129).

[16] Füssel, „Charlataneria" (Anm. 1), 125; die im Folgenden ausgewerteten und direkt eingesehenen aussagekräftigen Quellen verdanken sich den Hinweisen aus dem genannten Artikel.

[17] Zur Person Menckes siehe Gierl, *Pietismus* (Anm. 1), 559 f.

[18] Zu der Auflösung des Pseudonyms vgl. Füssel, „Charlataneria" (Anm. 1), 121.

[19] Pseudonymus, „Sebastian Stadels Send-Schreiben an Johann Musen-Freund. Von der Marktschreyerischen Eitelkeit der Gelehrten", in: Johann Burkhard Mencke, *Herrn Joh. Burckhardt Menckens Zwey Reden von der Charlatanerie oder Marcktschreyerey der Gelehrten*, Leipzig 1716, 235–274, hier: 237.

[20] Mencke, *Charlatanerie* (Anm. 19), 143.

[21] Heumann verurteilt etwa Plagiarius und Bücher-Dieb, die versuchen, „durch einen gelehrten Diebstahl [...] fremden Ruhm an sich zu bringen" (Pseudonymus, „Send-Schreiben" (Anm. 19), 266).

[22] Anonym, „Verhör-Protokolle" (Anm. 7), 127.

[23] Vgl. zum allgemeineren historischen Kontext: Forster, „Charlataneria" (Anm. 15), 207.

[24] Füssel, „Charlataneria" (Anm. 1), 122. In einer etwa zur gleichen Zeit kursierenden Schrift von Michael Lilienthal wird dies insbesondere unter dem Thema des „gelehrten Machiavellismus" angegriffen. Auch Mencke rekurriert darauf. Gemeint ist damit „das Bestreben, mit unlauteren Mitteln nach mehr Ruhm und Ansehen zu streben, als den Verdiensten entspricht" (Gierl, *Pietismus* (Anm. 1), 561).

[25] Mencke, *Charlatanerie* (Anm. 19), 206.

Abb. 3: Frontispiz Johann Burkhard Mencke,
Zwey Reden von der Charlatanerie oder Marcktschreyerey der Gelehrten (1715)

Dies zeigt sich auch im Frontispiz der lateinischen Erstveröffentlichung, das unter der *inscriptio* des verballhornten Latinismus „muntus fuld tezibi" („Die Welt will betrogen sein") eine falsch verstandene Wissenschaft emblematisch in den Kontext der Quacksalberei rückt. In der *pictura* ist eine Wanderbühne zu sehen, auf der ein opulent kostümierter Scharlatan seine Medizin feilbietet; rechts vorne findet gerade ein Verkauf durch einen Diener statt. Das Bühnengeschehen ist flankiert von Figuren, die an die Commedia dell'arte bzw. an das italienische Volkslustspiel erinnern: links vorne eine Art Arlecchino in charakteristischer Flickenkostümierung mitsamt Hutfeder, der mit seinem Holzschwert (*batte*) auf einen Gaukler im Handstand einschlägt; im Bühnenhintergrund eine

Art Bajazzo oder Possenreißer (Pagliaccio) (beide Figuren werden traditionell als tollpatschig, aber auch als einfallsreich und wendig typisiert).[26] Sowohl die Bühnenfiguren als auch der Verweis auf das Schaustellergewerbe brachten zum damaligen Zeitpunkt ein vernichtendes Urteil zum Ausdruck, da die *Dramatis Personae* als verschlagen und unehrenhaft galten und das Darstellergewerbe in der untersten Hierarchie aller Berufsgruppen angesiedelt war.[27]

Wenn im Buch selbst von ‚Marktschreyerey', ‚Windmacherey', ‚Hoffährtigkeit' und ‚Vielschreiberei' die Rede ist, so lässt sich das im Sinne einer zeitgenössischen epistemischen Tugendlehre *ex negativo* als ein Plädoyer für Mäßigung, Demut und Selbstlosigkeit im Kommunikationsverhalten lesen.[28] Denn die Beispiele Menckes haben einen normativen, präskriptiven Charakter: Es werden, wie der bereits zitierte Kommentator Heumann bekräftigt, „die Liebhaber guter Wissenschafften dadurch angetrieben, sich entweder ihre eigene Unanständigkeit abzugewöhnen oder sich vor ihrer Vorgänger Thorheiten in Acht zu nehmen, aus Furcht derer von satyrischen Federn zu erwartenden Straffen".[29]

Als allgemeine Vorschrift ließe sich aus dem zeitgenössischen Diskurs ableiten, dass ein guter Wissenschaftler jemand ist, der in einer Art Selbsttechnologie seine Eigeninteressen im Dienste der Wissenschaft zurückstellt oder zumindest im Zaum hält: Heumann spricht etwa von „geziemender Bescheidenheit", verbunden mit dem Ideal, dass der Wissenschaftler mit der Art, seine Gedanken zu präsentieren, „seines Nächsten Nutzen umb so viel destomehr befördern möge".[30] Sämtliche Vorgehensweisen, die dieser impliziten Norm des opportunen Selbstverhältnisses widersprechen, werden als übertrieben gebrandmarkt, z. B. die Unart unter Wissenschaftlern, „ihre vorhabende Wissenschaft übermäßig heraus[zu]streichen".[31] Es geht also eher um das Tadeln der Kommunikationsform als um den Inhalt. Und es geht dabei zugleich um das richtige Maß, d. h. um eine gewisse Gradualität in der Bewertung wissenschaftlich korrekten Auftretens, weil ab einer bestimmten Intensität Tugend in Untugend umzuschlagen droht. Denn alle Praktiken, die kritisiert werden, gehören – sobald man sie als

---

[26] Diese Typisierung steht im Einklang damit, dass die Commedia dell'arte spätestens seit dem 16. Jahrhundert in Deutschland geläufig ist und laut Günther Hansen 1707 sogar „zum ersten Male ein Harlekin auf einem deutschen Theaterplakat genannt ist" (Günther Hansen, *Formen der Commedia dell' Arte in Deutschland*, Emsdetten 1984, 30; vgl. auch 10, 27, zu seinem Auftauchen auf dem Quacksalberpodium, vgl. 48 f. u. 59; vgl. zum „Stammbaum des Arlecchino": David Esrig, *Commedia dell'arte. Eine Bildgeschichte der Kunst des Spektakels*, Nördlingen 1985, 94).

[27] Vgl. dazu auch Füssel, „Charlataneria" (Anm. 1), 121.

[28] Vgl. zur zeitgenössischen Anmahnung der Tugend der *modestia*, die als „Manierlichkeit der Sitten" der Sünde sowohl des Hochmuts (*superbia*) als auch der Eigenliebe (*philautia*) gegenübergestellt wurde: Forster, „Charlataneria" (Anm. 15), 209.

[29] Pseudonymus, „Send-Schreiben" (Anm. 19), 237.

[30] Ebd., 243.

[31] Ebd., 272.

interesselos und gemäßigt versteht – zum Alltag eines jeden Wissenschaftlers dieser Zeit. Das heißt im Einzelnen:

1. Jeder Wissenschaftler (und, wie Mencke auch selbst betont, selbst die Magister) sind dazu berufen zu lehren und ihr Wissen rhetorisch gekonnt weiterzuvermitteln. Geht dies jedoch über das geduldete Maß hinaus, indem eine Vorlesung zum Beispiel zu öffentlichkeitswirksam[32] und unmäßig unterhaltsam gerät, so wird daraus „Marktschreyerey" oder „Windmacherey".
2. Wissenschaftliche Thesen sollen diskutiert und zur Not in Zweifel gezogen werden. Wird die Kontroverse darüber jedoch übertrieben, d.h. zu persönlich und emotional, so sieht der Kommentator darin ein „unnützes Wort-Gezäncke"[33] und eine egomane „Disputations-Sucht"[34], die nur mit der Absicht verbunden sei, „öffentlich zu erweisen, was sie vor unüberwindliche Kämpfer seyn".[35]
3. Jeder Wissenschaftler wird (so auch der Anlass der Rede) mit Titeln ausgestattet. Gehe man jedoch damit hausieren oder übertreibe es durch allerlei hinzugefügte „Ehren-Titul", so wird daraus „Hoffährtigkeit", „Tittel-Sucht" und „Prahlerey".[36]
4. Die Wissenschaft lebt davon, dass gelehrte Bücher geschrieben und rezipiert werden. Wird hingegen ohne maßvolle Rhetorik ausschweifend argumentiert und vor allem zu viel publiziert, so wird das Geschriebene zu „abgeschmackten Possen"[37] bzw. die lange Publikationsliste zum Zeichen der „Schreibsucht"[38], einzig verbunden mit dem eitlen Dünkel, „daß ihre unnütze Arbeit in den Buchläden vorne anliegen und ihr unwürdiger Namen in allen Bücher-Registern sein offte wiederholet werden möge".[39]

---

[32] Johann Georg Schlosser empfiehlt in seiner Schrift daher zur Sicherheit, das Wissenschaftliche „wieder nach und nach dem Publikum zu entziehen" (Johann Georg Schlosser, *Ueber Pedanterie und Pedanten, als eine Wahrnung für die Gelehrten des XVIII Jahrhunderts*, Basel 1787, 28; vgl. auch Füssel, „Charlataneria" (Anm. 1), 135); Martin Gierl erklärt dies historisch damit, dass sich zum damaligen Zeitpunkt die gelehrte Öffentlichkeit mehr und mehr dem Publikum geöffnet habe (Gierl, *Pietismus* (Anm. 1), 561).

[33] Pseudonymus, „Send-Schreiben" (Anm. 19), 269.

[34] Ebd., 270.

[35] Ebd., 268 f.; Gierl, *Pietismus* (Anm. 1), 553 f.

[36] Mencke, „Charlatanerie" (Anm. 19), 17, 20; vgl. zu Titelmissbrauch auch: Pseudonymus, „Send-Schreiben" (Anm. 19), 248–255.

[37] Mencke, *Charlatanerie* (Anm. 19), 56.

[38] Ebd., 44.

[39] Ebd., 45. Mencke kritisiert etwa „hochtrabende Worte und Figürliche Redens-Arten" als „ungeschickte Weitläufftigkeiten" (ebd., 134). Und Heumann spricht in seiner Stilkritik von „Rätsel-Scribenten", die dafür sorgten, dass die „falschen [...] Dinge vor wichtige Geheimnisse angesehen [...], so bald man selbige mit unverständlichen und von dem gemeinen Brauch abgehenden Worten vorträget" (Pseudonymus, „Send-Schreiben" (Anm. 19), 264 f.).

Alle genannten Punkte stimmen in der grundsätzlichen Kritik überein, dass sich der Präsentierende gegenüber dem Präsentierten übermäßig in den Vordergrund rückt. Diese Missbilligung von Eitelkeit lässt sich mit der pietistischen Tradition in Verbindung bringen: „Aus Gottlosigkeit entsteht Hochmut, der Ruhmbegierde nach sich zieht", fasst Martin Gierl etwa die Argumentation des zeitgenössischen Kritikers Gottlieb Spizel zusammen.[40] Man kann all diese Vorhaltungen so auch als Tadel an einer nicht erkenntnis-, sondern affektgeleiteten Wissenschaftspraxis verstehen. Mencke schreibt an einer Stelle davon, dass man sich nicht nur „aus Armut des Verstandes" täuschen, „nicht die Wahrheit sagen kann", sondern auch, „wenn ein blinder Affekt die Augen verblendet".[41]

Ähnlich verurteilt auch Heumann die Schul-Scharlatane, bei denen „Begierde und Hoffnung des Gewinstes regieren".[42] Anders gesagt: Es wird davor gewarnt, Opfer seiner – nicht ausreichend von der Vernunft oder vom Glauben gezügelten – Temperamente zu werden.[43] Daraus lässt sich aber keine generelle Ablehnung von Affekten ableiten, denn diese sind für Mencke durchaus notwendig:

> So wenig ein Wasser ohne Bewegung vor der Fäulniß kan bewahret werden, so wenig könnte die Machine des Leibes ohne Bey-Hülff der Begierden in dem gehörigen Wesen erhalten werden. Ob auch gleich der Mißbrauch sehr groß, kan doch hingegen durch deren rechten Gebrauch viel herrliches und Lob-würdiges ausgerichtet werden.[44]

Vielmehr geht es – wie schon angedeutet – um ein Plädoyer für Mäßigung im Sinne von Ausgewogenheit, wie Mencke wiederum an anderer Stelle betont: „Die übrigen Weltweisen, nehmlich des Pythaghoras, Plato und Aristoteles Nachfolger hielten davor, man könne zwar Affecten haben, müsse aber selbige im Zaum zu halten wissen."[45] Und auch Heumann kritisiert wiederum Mencke, in seinen Pauschalverurteilungen nicht genug „zwischen dem geziehmenden Ehr-Geitz und der verhaßten Groß-Sprecherey" unterschieden zu haben.[46]

---

[40] Gierl, *Pietismus* (Anm. 1), 551; vgl. auch Füssel, „Charlataneria" (Anm. 1), 128); vgl. zum vonseiten frommer Christen als Sünde gekennzeichneten Hochmut der Gelehrten im 17. Jahrhundert: Forster, „Charlataneria" (Anm. 15), 203 f.

[41] Mencke, *Charlatanerie* (Anm. 19), 148.

[42] Pseudonymus, „Send-Schreiben" (Anm. 19), 270.

[43] In seiner Dissertation *De logomachiis eruditorum* verurteilt der Basler Theologie Samuel Werenfels im Zusammenhang mit der Logomachie mit Nachdruck Disputationsverfahren, weil sie nur den Affekten Raum böten und Aggressionen beförderten (vgl. Gierl, *Pietismus* (Anm. 1), 554 f.). Umgekehrt betont Georg Paul Hönn in der Vorrede zu seinem *Betrugs-Lexicon*: „Ich stehe unter dem Schutz Gottes, […] schreibe auch daher ganz ohne Affecten." (Georg Paul Hönn, „Vorrede", in: ders., *Betrugs-Lexicon, worinnen die meisten Betrügereyen in allen Ständen nebst denen darwider guten Theils dienenden Mitteln entdecket*, 3. Aufl. Coburg 1724, o.S.)

[44] Mencke, *Charlatanerie* (Anm. 19), 182.

[45] Ebd., 184.

[46] Pseudonymus, „Send-Schreiben" (Anm. 19), 242; vgl. auch Martin Gierl, „Wissenschaft und die Geschichte gelehrter Ehre. Zwischen Irrtum und Betrügerei", *Gegenworte. Hefte für den Disput über Wissen* 2 (1998), 64–69, hier: 65.

Auch das Beringer-Fake lässt sich vor dem Hintergrund dieser pietistischen Moral[47] als Abstrafen für ein Fehlverhalten betrachten. Fakes finden ausdrücklich bei Mencke als kritische Instrumente zur Aufdeckung von „großsprecherischen Marktschreyern" unter den Altertumsforschern – „Partisans des Alterthums", „Antiquitäten-Krähmer[n]", „Ober-Zunft-Meistern in dieser Wissenschaft"[48] – Erwähnung. In diesem Zusammenhang erwähnt er sogar eine Anekdote, die dem Fall Beringers fast in allen Details gleicht. So sei beispielsweise Athanasius Kircher von zwei Jünglingen ein mit phantastischen Figuren versehener vermoderter Stein untergeschoben worden: „Dieser sprang, so bald er den Stein gesehen, vor Freuden in die Höhe, und wußte ohne Verzug alle Circul, Creutze und übrigen merckwürdigen Figuren so geschickt und künstlich auszulegen, daß nichts darüber sein konnte."[49]

Einer anderen Kolportage zufolge habe man ihm ein chinesisches Seidenpapier „mit viel wunderlichen Zügen" gebracht, und als Kircher begonnen habe, dies auszulegen, habe man ihm das Blatt vor den Spiegel gehalten, so dass in lateinischer Schrift zu lesen gewesen sei: „Trachte dem nicht nach, was eitel ist, und verderbe die Zeit nicht mit unnützen Grillen."[50] Es handelte sich somit, genauer betrachtet, um ein pietistisch sanktioniertes Aufdecken von Scheinheiligkeit, kurz: um eine Art religiös gestatteten Betrug für einen moralisch-erzieherischen Zweck. Auf dieselbe Weise sollte Beringer desavouiert werden, um ihn durch die Aufdeckung nicht nur – wie zitiert – für seine Hoffärtigkeit zu strafen,

---

[47] Da die Universität zu Würzburg seinerzeit einem Fürstbischof unterstand und die Ordinarien sowohl der theologischen als auch der philosophischen Fakultät ausschließlich mit Jesuiten besetzt waren, bedarf dieser Hinweis auf den Pietismus einer Erklärung. Interessanterweise waren nämlich beide an dem Fake beteiligten Kollegen Beringers (zum Teil auch nur vorübergehend) zum Katholizismus übergetreten – ein Konvertitentum, das in den einschlägigen Personenbeschreibungen ambivalent eingeschätzt wird. So deutet Wegele an, dass dies bei Johann Georg von Eckhart, „[v]on Geburt Protestant und bisher einem protestantischen Fürstenhause dienend", 1724 ein taktischer Schritt gewesen sein mag; zumindest fällt seine Berufung nach Würzburg in dieselbe Zeit (Franz Xaver von Wegele, „Eckhart, Johann Georg von", in: *Allgemeine deutsche Biographie*, hg. v. Bayerische Akademie der Wissenschaften. Historische Kommission, Bd.5 [Von der Decken–Ekkehart], Leipzig 1877, 627–631, hier: 628; vgl. a. Wegele, *Geschichte der Universität Würzburg* (Anm. 7), 402). Johann Ignaz de Roderique trat 1717 in den Jesuitenorden ein, schied aber 1725 wieder aus. Er erhielt also im selben Jahr seine Berufung nach Würzburg, als er gerade dem Orden „nicht mehr angehörte" – Wegele bezeichnet entsprechend seine „Verwendung an der Universität zu Würzburg" als eine „Anomalie" (Wegele, *Geschichte der Universität Würzburg* (Anm. 7), 406 f.; vgl. a. Johann Jakob Merlo, „Roderique, Johann Ignaz de", in: *Allgemeine deutsche Biographie*, hg. v. Bayerische Akademie der Wissenschaften. Historische Kommission, Bd. 29 [v. Rodde–v. Ruesch], Leipzig 1889, 22–23). Es steht zu vermuten, dass in dem Fall auch Missgunst zum Tragen kam, denn bezeichnenderweise bekleideten im Gegensatz zu Beringer beide keine ordentlichen Professuren (vgl. Wegele, *Geschichte der Universität Würzburg* (Anm. 7), 402 u. 406).

[48] Mencke, *Charlatanerie* (Anm. 19), 77, 80 f.

[49] Ebd., 83.

[50] Ebd., 84; vgl. auch Reulecke, „Fälschung" (Anm. 7), 40.

sondern ihm auch zum Vorwurf machen zu können, dass er die Steine nicht sofort als gefälscht erkannt hatte.

Dadurch ist bei dem Fall Beringer ein weiterer – wiederum im Zusammenhang mit Fälschungen häufig anzutreffender – Topos der Gelehrtenkritik berührt, nämlich der Vorwurf der „Leichtgläubigkeit".

Von der moralischen Gelehrtenkritik zur Epistemokritik

Wie bei vielen Fälschungsfällen steht hier nämlich nicht nur der Fälscher im Verdacht, ein Betrüger zu sein, sondern auch der Getäuschte, nicht ausreichend Gebrauch von der Vernunft gemacht zu haben. Auch bei Mencke sind die „[l]eichtgläubigen Männer" thematisiert, die „wieder den Augenschein" eine Fälschung für echt befunden hätten, woran eine Schwäche besonders deutlich werde, nämlich „daß wer leicht glaube, leicht betrogen werde".[51]

Um sich nicht diesem Verdacht auszusetzen, galt als Zeichen guter wissenschaftlicher Praxis und auch als Werkzeug zum Erkennen gelehrter Betrüger allgemein ein Grundwissen über die relevanten Autoren und deren Schriften. Fehle dieses, könne man „nicht gäntzlich mißbilligen | wenn dergleichen Scribenten mit dem Critischen Griffel so lange verfolget werden; biß sie sich besser darinn legitimieret | und das Jus illius Civitatis mit grösserm applausu von neuem erhalten haben".[52] In diesem Zusammenhang muss man sich jedoch vergegenwärtigen, dass die Paläontologie – wörtlich übersetzt: die Lehre vom alten Seienden – zum Zeitpunkt, als Beringer seine Abhandlung verfasst hat, noch nicht ausdifferenziert war oder, mit Foucault gesprochen, die „Schwelle der Wissenschaftlichkeit"[53] noch nicht überschritten hatte. Entsprechend war sie zu Beginn noch nicht ausschließlich auf die Wissenschaft von den Organismen vergangener Zeitalter beschränkt, als deren Begründer häufig Georges Cuvier (1769–1832) angeführt wird. Als ‚Fossilien' galten zu Beringers Zeit vielmehr alle mineralischen Objekte, die ungewöhnliche Formen aufwiesen und aus der Erde – wie der lateinische Stamm *fossilis*, der für ‚gegraben' steht, besagt – geborgen wurden.[54] Die Erforschung von deren Entstehung und Bildung hatte die sogenannte Lithologie bzw. Litho- oder Petrographie zur Aufgabe.

---

[51] Ebd., 143.

[52] Nikolaus Hieronymus Gundling, *Kurtzer Entwurff Eines Collegii über die Historiam Literariam vor die Studiosos Juris, samt einer Vorrede/Darinnen er sein Vorhaben deutlicher entdecket*, Halle 1703, Vorwort unpaginiert, zit. n. Füssel, „Charlataneria" (Anm. 1), 127.

[53] Michel Foucault, *Archäologie des Wissens*, übers. v. Ulrich Köppen, Frankfurt am Main 1973, 266.

[54] Vgl. Jon M. Mallatt, „Dr Beringer's Fossils: A Study in the Evolution of Scientific World View", *Annals of Science* 39 (1982), 371–380, hier: 372.

Wenige Jahrzehnte zuvor hatte man unerklärliche oder kuriose Objekte, darunter auch Figurensteine, sogar noch in Wunderkammern bestaunt. Einen besonderen Stellenwert erhielt dabei die Gleichartigkeit zwischen natürlichen und künstlerischen Formen. Anfang des 18. Jahrhunderts wurden jedoch die natürlichen Gegenstände von den Artefakten systematisch getrennt. Auf diese Weise wurde der Weg bereitet für deren (vor)wissenschaftliche Betrachtung: Spätere Naturforscher der Aufklärung spotteten schon über ihre Vorgänger, die die Figurensteine noch mit Kunstwerken einer schaffenden Natur gleichgesetzt hatten.[55]

Vor dem Hintergrund dieser Umbruchphase ist Beringers „lithologische" Konzeptualisierung der ihm untergeschobenen Figurensteine besser zu verstehen. Sie ist Dokument einer Zeit, in der feststehende formale wissenschaftliche Kriterien zur Untersuchung von Gesteinsstrukturen noch nicht existierten. Stattdessen gab es eine Reihe noch unbewiesener Spekulationen. Schon siebzig Jahre nach Erscheinen der *Lithographiae Wirceburgensis* begründet Ernst Wilhelm Martius Beringers Irrtum mit „den dunklen Begriffen, die zur selbigen Zeit noch in manchen Fächern der Naturgeschichte unter den Deutschen herrschten".[56]

So war auch die Beschäftigung mit Fossilien zu Zeiten Beringers noch nicht Aufgabe eines bestimmten Fachwissenschaftlers, sondern wurde u. a. von Philosophen, Astronomen, Medizinern, Botanikern und Historikern geleistet[57], sogenannten *Virtuosi*, die als „learned dilettantes" zwar in ihrem eigenen Fach – z. B. als anerkannte Ärzte oder Theologen – autorisierte Spezialisten, in anderen Disziplinen jedoch Autodidakten waren.[58] Sie zählten zu den Liebhabern bestimmter, noch nicht in gleichem Maße wie anerkannte Wissenschaften formalisierter, codierter und reglementierter Wissensgebiete und standen daher immer im Verdacht der ‚Pedanterey'. Der ‚Pedant' galt als Person, die „hochmüthig ist, und mit nichtswürdigen Dingen umgehet"[59] und die im Gegensatz

---

[55] Lorraine Daston/Katharine Park, *Wonders and the Order of Nature: 1150–1750*, New York 1998, 260, 280 f., 286 f. u. 300 f.

[56] Ernst Wilhelm Martius, *Wanderungen durch einen Theil von Franken und Thüringen. In Briefen an einen Freund*, Erlangen 1795, 301; vgl. dazu auch: Josef Weiss, „Die Würzburger Lügensteine", *Abhandlungen des Naturwissenschaftlichen Vereins Würzburg* 4.1 (1963), 107–136, hier: 107; und die Anmerkungen in: Johann Bartholomäus Adam Beringer, *The Lying Stones of Dr. Johann Bartholomew Adam Beringer Being his Lithographiae Wirceburgensis*, übers. u. mit Anm. v. Melvin E. Jahn u. Daniel J. Woolf, Berkeley/Los Angeles 1963, 5.

[57] Vgl. Johann Bartholomäus Adam Beringer, *Lithographiae Wirceburgensis, ducentis lapidum figuratorum, a potiori insectiformium, prodigiosis imaginibus exornatae specimen primum* (1726), übers. nach der von Melvin E. Jahn u. Daniel J. Woolf veröff. Übertr. ins Englische von Herbert und Heide Vossmerbäumer [Masch.], Würzburg 1988, 27–36.

[58] Vgl. Beringer, *Lying Stones* (Anm. 56), 1; vgl. auch Birgit Niebuhr/Gerd Geyer, *Beringers Lügensteine: 493 Corpora Delicti zwischen Dichtung und Wahrheit*, Bd. II, Würzburg 2005, 15.

[59] „Charlatanerie", in: Johann Georg Walch (Hg.), *Philosophisches Lexicon*, Reprograf.

zum ‚Charlatan' weniger andere betrog, sondern vielmehr, „indem sie die eitle Einbildung grosser Weißheit aufbläset"[60], sich selbst täuschte. Genau diesem Vorwurf war Beringer durch die Fälschung (und, wie zitiert, ja schon davor) ausgesetzt.

In seinen Ausführungen lässt sich diesbezüglich auch ein bestimmter Rechtfertigungsdruck gegenüber den zeitgenössischen Salongelehrten nachweisen. Vor dem Hintergrund, dass noch nicht entsprechend scharfe Grenzziehungen eines seriösen Sprechens über ausgegrabene Steine stattgefunden hatten, musste er, so scheint es, fortwährend die Rechtmäßigkeit seiner Lithologie verteidigen: „Zu welchem Zwecke, fragen sie, starren wir mit Auge und Verstand gebannt auf kleine Steine und Figurensteine, auf kleine Abbilder von Tieren und Pflanzen, den Abfall von Berg und Fluß, den wir durch Zufall zwischen Unrat und Sand an Land und am Meer gefunden haben?"[61]

Spuren dieses Drucks vonseiten einer – wenn man so will – „diskursiven ‚Polizei'"[62] finden sich auch in Form von Absicherungen gegen den ‚Charlatanerie'-Verdacht: Die meisten Kapitel zeugen von einer emphatischen Betonung der Belesenheit des Autors und seiner Kenntnisse der bekannten und angesehenen Lithographen und ihrer Theorien. An zwei Stellen findet sich eine deutliche Abkehrbewegung von ‚Vielschreiberei' und ‚Windmacherey'. Kursorische Argumentationen und Verweise begründet Beringer etwa mit der Furcht, den Eindruck zu erwecken, „Worte und Zeit nur aus Kurzweil zu verschwenden".[63] Um „eine prägnante Dissertation mit nackten Tatsachen vorzulegen", weist er ferner zurück, seinen „Text, wie es viele tun, zu verlängern, beispielsweise mit Fußnoten, Zitaten und langen Abschweifungen".[64]

Um eventuellen Vorwürfen zuvorzukommen, geht Beringer gegen die Verächter empirischer Naturforschung[65], „die Seichtheit jenes habgierigen und ro-

---

Nachdruck d. Ausg., 4. Aufl. Leipzig 1775, Bd. I, Hildesheim 1968, 552. Die Definition ist sehr nahe an derjenigen in der *Encyclopédie*: „[L]e pédant surfait des bagatelles qu'il prend sincèrement pour des choses admirables. [...] Le pédant est dupe des choses & de lui-même" (Denis Diderot, „Charlatanerie", in: ders. u. a. (Hgg.), *Encyclopédie, ou Dictionnaire raisonné des sciences, des arts et des métiers*, Bd. VII, 3. Aufl. Paris u. a. 1778, 399; vgl. auch Forster, „Charlataneria" (Anm. 15), 209 f.).

[60] Pseudonymus, „Send-Schreiben" (Anm. 19), 241.

[61] Beringer, *Lithographiae Wirceburgensis* (Anm. 57), 11; vgl. auch Stephen Jay Gould, „The Lying Stones of Würzburg and Marrakech", *Natural History* 107.4 (1998), 16–21, 89 f.

[62] Foucault, *Archäologie* (Anm. 53), 37.

[63] Beringer, *Lithographiae Wirceburgensis* (Anm. 57), 70; Übers. modifiziert.

[64] Ebd., 101.

[65] Füssel erwähnt ausdrücklich die Vorbehalte, die zu dieser Zeit allgemein gegenüber Experimenten vorherrschten und die experimentell arbeitenden Wissenschaftlern, sogenannten „Wissenschaftlichen Schaustellern", den Verdacht der ‚Charlatanerie' eintrugen (vgl. Füssel, „Charlataneria" (Anm. 1), 128). Im 17. Jahrhundert erschien auch eine Reihe literarischer Satiren wie z. B. Samuel Butlers *The Elephant in the Moon*, die mit dem Habitus des Virtuoso zugleich experimentell vorgehende Wissenschaften im Allgemeinen angriffen

hen Haufens von Akademikern [...], die die Lithologie als sinnlose Beschäftigung angreifen", vorwiegend im ersten Kapitel zum Angriff über und kritisiert die deduktiv verfahrenden Denker, „die notwendiges Experimentieren schlichtweg umgingen".[66] Im Gegenzug rühmt er jene Gelehrte, die empirisch arbeiteten, „angetrieben von einer erhabeneren Hingabe zur Naturgeschichte, ohne Rücksichtnahme auf Vornehmheit und ohne das Niedrige, womit sie sich beschäftigen, für unter ihrer Würde zu halten".[67] Damit verbindet er ein regelrechtes Plädoyer für die „hehre Wissenschaft" der „Pflege der Lithographie, die bislang von so wenigen geschätzt und von so vielen entsprechend vernachlässigt wurde".[68]

Diese Aussagen über das ‚notwendige Experimentieren' und über die Beschäftigung mit dem Niedrigen, mit denen sich Beringer absichert, lassen sich als Symptom der konfliktreichen Ambivalenzen verstehen, die aus der zunehmenden Ausdifferenzierung und Professionalisierung der Naturwissenschaften seiner Zeit resultierten.[69] Folgt man Lorraine Dastons allgemeinen Überlegungen zu den „moralischen Ökonomien der Wissenschaft" im 17. Jahrhundert, wandten sich die Naturforscher der wissenschaftlichen Akademien zu dieser Zeit vornehmlich den Einzeldingen zu.[70] Da die Universitäten in erster Linie als Orte der Lehre galten, fand Forschung im heutigen Sinne hauptsächlich in den Gelehrtengesellschaften oder Akademien statt.[71] Entsprechend geläufig waren Warnungen und Vorwürfe, die Einzelbeobachtungen nicht vorschnell „scholastisch" zu verallgemeinern und zu theoretisieren. Daston spricht sogar von einem „Bannfluch gegenüber verfrühter Theoretisierung"[72] und betont in diesem Zusammenhang, dass sich die Gelehrtengesellschaften oder Akademien geradezu ostentativ von der „in ihren Augen pedantischen und streitsüchtigen *universitären* Scholastik ab[grenzten]".[73]

(vgl. Thomas Brandstetter, „Elefanten im Mond. Der prekäre Status des wissenschaftlichen Instruments", *Berichte zur Wissenschaftsgeschichte* 27 (2004), 109–118).

[66] Beringer, *Lithographiae Wirceburgensis* (Anm. 57), 16 u. 27.

[67] Ebd., 2; vgl. a. 48.

[68] Ebd., iv u. 16.

[69] In einem anderen 1713 publizierten Werk von Michael Lilienthal (*De Machiavellismo Literario*) kommen diese Ambivalenzen ebenfalls sehr deutlich zur Anschauung. Die darin thematisierten Maßregelungen betreffen zum Beispiel nicht nur die Untugend, zu viel, sondern auch zu wenig zu publizieren; darüber hinaus sind sowohl diejenigen, die nicht kritikfähig seien, als auch auf der anderen Seite diejenigen, die vorschnell ihre These revidierten, Gegenstand seiner Kritik (vgl. dazu Gierl, *Pietismus* (Anm. 1), 563 f.).

[70] Vgl. Daston, „Ökonomie" (Anm. 3), 169.

[71] Vgl. Momme v. Sydow/Stefan Rabanus/Patricia Steinfeld in Zusammenarbeit mit der Bundesfachschaftentagung Philosophie (Hgg.), „Akademien der Wissenschaft – Tempel des Geistes?", in: *Studienführer Philosophie. Portal zur Philosophie an deutschen Hochschulen und ihrem Umfeld*, http://www.philos.de/Institutionen/Akademien.html (22.12.2015).

[72] Vgl. Daston, „Ökonomie" (Anm. 3), 172.

[73] Ebd.; Herv. M.D.; Shapin/Schaffer, *Leviathan* (Anm. 6), 73.

Es scheint somit, als nähme diese Diskussion im 18. Jahrhundert keine Außenperspektive auf das Universitätssystem mehr ein, sondern sei in ihrem Inneren selbst angekommen. Dies schlägt sich zum Beispiel darin nieder, dass Mencke bzw. Heumann das übermäßige „Gezänck" im universitären Disput infrage stellten. Bei Beringer wird die Ambiguität noch deutlicher: Einerseits beschäftigte er sich (nach dem Vorbild der Gelehrtengesellschaften) mit außergewöhnlichen Einzeldingen und interessierte sich wie die Forscher in den Akademien für „Phänomene, deren Fremdartigkeit alle Theorien gleichermaßen vor ein Rätsel stellten".[74] Andererseits wagte er es, in Abgrenzung zum im Akademiesystem üblichen Vorgehen *induktiv* vorzugehen und Verallgemeinerungen bzw. Theorien anzubieten. Er verscherzte es sich so einerseits mit seinen universitären Kollegen, weil er, obwohl Universitäten zum damaligen Zeitpunkt eher Orte der Lehre waren, so „hoffärtig" war zu forschen; er verscherzte es sich aber auch mit den Gelehrten der Akademien, die sich als Träger der Forschung verstanden, weil er – vielleicht zu früh – wieder zu induktiven Methoden fand, die damals noch nicht allgemein wissenschaftlich anerkannt waren und eher später zum wissenschaftlichen Standard des 18. und 19. Jahrhunderts avancierten.[75] Zugleich verscherzte er es sich mit den Naturphilosophen, die ihre spekulativen Schlüsse vom Allgemeinen auf das Besondere, bei denen sie ohne Ansehung konkreter Gegenstände auskamen, infrage gestellt sahen.

Diese fehlende Anerkennung von mehreren Seiten mag vielleicht dafür gesorgt haben, dass die Echtheit der Steine und vor allem Beringers ‚wissenschaftliche' Betrachtungen – d. h. der Versuch, in einem kaum formalisierten Wissensgebiet systematisch vorzugehen, sich in großem Umfang auf repräsentative Erkenntnisgegenstände zu beziehen und von diesen ausgehend wissenschaftliche Schlüsse zu ziehen – bereits vor ihrer Veröffentlichung in Zweifel gezogen wurden: Wie bereits erwähnt, war den zeitgenössischen Salongelehrten das persönliche Ausgraben durch Forscher als nicht allgemein anerkannte empirische Methode fremd. Es ließe sich daher mutmaßen, dass das Fake nicht nur ins Werk gesetzt wurde, um Beringers ‚Hoffärtigkeit' im Umgang mit anderen Gelehrten bloßzustellen, sondern auch, um seine nicht allgemein akzeptierte (induktive) Forschungsmethode zu diskreditieren. Was man auf diese Weise als ‚Untugend' zu verunglimpfen beabsichtigte, wurde erst später anerkannte wissenschaftliche Praxis. Erst gegen Ende des 18. Jahrhunderts wurde mit Cuvier und

---

[74] David Hume wird dieses Interesse Mitte des 18. Jahrhunderts massiv kritisieren und „die starke Neigung der Menschheit zum Außergewöhnlichen und Wunderbaren […]" als charakteristisch für „ungebildete und ungesittete Nationen" betrachten. Im Gegensatz dazu hätten die „Klugen und die Weisen" alle Wundergeschichten aus ihrem Denken verbannt (David Hume, „Of Miracles", in: ders., *An Enquiry Concerning Human Understanding* [1772], hg. v. Thomas Birch, Bd. 5, Hildesheim 1966, 153, zit. n. Lorraine Daston, „Die kognitiven Leidenschaften", in: dies., *Wunder, Beweise und Tatsachen. Zur Geschichte der Rationalität*, Frankfurt am Main 2003, 77–97, hier: 92).

[75] Vgl. dazu auch Daston, „Ökonomie" (Anm. 3), 173.

seinen Zeitgenossen die organische Theorie für Fossilien verbindlich. Etwa in derselben Zeit wurde, verbunden mit der entsprechenden Institutionalisierung, das Erkenntnissubjekt des Paläontologen hervorgebracht, der mit eng umgrenzten Methoden eine präzise wissenschaftliche Praxis zu verfolgen hatte.[76] Damit entstanden neue Tugenden und Untugenden – und Fälschungen, anhand deren man die transformierte zeitgenössische moralisch-epistemische Praxis von Neuem herausarbeiten könnte.

---

[76] Martin J. S. Rudwick schreibt über diese Umwälzungen, dass es angesichts der Vielfalt an Naturphänomenen ein Forschungsdesiderat an Klassifikationen und einfachen Naturgesetzen gegeben habe. In dieses Forschungsmilieu habe Cuvier perfekt gepasst, weil seine Forschungsprinzipien schließlich perfekt dazu geeignet gewesen wären, der vergleichenden Anatomie ein schlichtes und präzises Instrumentarium zur Verfügung zu stellen (vgl. Martin J. S. Rudwick, *The Meaning of Fossils. Episodes in the History of Palaeontology*, London 1972, 103; s. auch zur endgültigen Anerkennung der organischen Theorie: 105; vgl. auch Othenio Abel, „Paläontologie und Paläozoologie", in: Richard von Hertwig/ Richard Wettstein (Hgg.), *Abstammungslehre: Systematik, Paläontologie, Biogeographie*, Leipzig/Berlin 1914 (Die Kultur der Gegenwart, Teil 3, Abt. 4, Bd. 4), 303–395, hier: 313–327 u. Georges Cuvier, *Recherches sur les ossemens fossiles de quadrupèdes, où l'on rétablit les caractères de plusieurs espèces d'animaux que les révolutions du globe paroissent avoir détruites*, Paris 1812). Als konkretes Beispiel für zu Beringers Zeiten noch fehlende Richtlinien wäre anzuführen, dass er, indem er die Finder fürstlich entlohnte, der für spätere Ausgrabungen gängigen Grundregel, „für irgendwie fälschbare Einzelfunde keine Sonderbelohnungen auszusetzen", noch nicht folgte. „Das Gegenteil", schreibt Padtberg, „verlockt die Arbeiter fast unweigerlich, solche einträgliche Funde selbst herzustellen" (August Padtberg, „Die Geschichte einer vielberufenen paläontologischen Fälschung. Beringers Lithographiae Wirceburgensis", *Stimmen der Zeit. Monatsschrift für das Geistesleben der Gegenwart* 53.104 (1923), 32–48, hier: 46).

Agnotologie

Ein fehlender Ausdruck zur Beschreibung der kulturellen Produktion von Unwissen (und dessen Erforschung)*

Robert N. Proctor

> *Ahnungslosigkeit ist mehr als nur ein weißer Fleck auf der mentalen Landkarte eines Menschen. Sie hat Konturen und Zusammenhang, und ich bin überzeugt, daß sie auch nach eigenen Gesetzen funktioniert. Daher sollten wir dem Grundsatz, über das zu schreiben, was wir kennen, vielleicht als logische Ergänzung anfügen, daß wir mit unserer Ahnungslosigkeit und ihren Möglichkeiten, eine gute Story zu ruinieren, vertraut werden müssen.*
>
> Thomas Pynchon, *Spätzünder*

> *Unser Produkt sind Zweifel.*
>
> Tabakunternehmen Brown & Williamson, internes Memo, 1969

Philosophinnen und Philosophen lieben es, über Wissen zu sprechen. Ein ganzes Fachgebiet inklusive dazugehöriger Professuren und bedeutungsschwerer Konferenzen widmet sich Überlegungen zu diesem Thema. *Epistemologie* ist ein ernstes Geschäft, das an Universitäten auf der ganzen Welt gelehrt wird: Es gibt eine „moralische" und eine „soziale" Epistemologie, eine des Heiligen, eine der Geheimzimmer, eine der Familie. Allerdings ist es bemerkenswert, wie wenig wir über das Unwissen wissen.[1] Es gibt noch nicht einmal eine etablierte Be-

---

* Dieser Aufsatz erschien zuerst unter dem Titel „Agnotology. A Missing Term to Describe the Cultural Production of Ignorance (and Its Study)", in: Robert N. Proctor, Londa Schiebinger (Hgg.), *Agnotology: The Making and Unmaking of Ignorance*, Stanford 2008, 1–33. Die Übersetzung und die Kürzungen erfolgten in Rücksprache mit dem Autor, der Abdruck mit freundlicher Genehmigung der Stanford University Press.

[1] Zwei bedeutende Ausnahmen: Peter Wehling, „Weshalb weiß die Wissenschaft nicht, was sie nicht weiß? Umrisse einer Soziologie des wissenschaftlichen Nichtwissens", in: ders., Stefan Böschen, *Wissenschaft zwischen Folgenverantwortung und Nichtwissen. Aktuelle Perspektiven der Wissenschaftsforschung*, Wiesbaden 2004, 35–105, sowie Michael Smithson, „Toward a Social Theory of Ignorance", *Journal for the Theory of Social Behavior* 15 (1985), 151–172. Eine frühere Diskussion im Geiste des Funktionalismus findet sich in

zeichnung für seine Erforschung (wobei wir hoffen, dies zu ändern), keine angesagten Konferenzen oder schicken Webseiten. Besonders bemerkenswert ist dies, wenn man sich vergegenwärtigt, a) wie viel Unwissen es gibt, b) wie viele Arten davon existieren und c) wie folgenreich es für unser Leben ist.

Dieser Beitrag möchte dafür argumentieren, dass es hierzu in der Tat Vieles zu wissen gibt. Das Unwissen hat sowohl viele Freunde als auch viele Feinde und spielt überall, von der Propaganda der Wirtschaftsverbände über Militäreinsätze bis hin zu den Sprichwörtern, die man Kindern erzählt, eine große Rolle. Rechtsanwälte denken viel darüber nach, da es im Rahmen von Produkthaftungs- und Schadenersatzfällen immer wieder zum Thema wird. Häufig lautet da die Frage: „Wer wusste wann worüber Bescheid?" Das Unwissen hat viele interessante Stellvertreter und überlappt sich in unzähligen Hinsichten mit *Geheimhaltung*, *Dummheit*, *Gleichgültigkeit*, *Zensur*, *Desinformation*, *Glauben* und *Vergesslichkeit* (so wie es auch von ihnen allen generiert wird), alles Dinge, die von den Wissenschaften aufgegriffen worden sind.

Meist wird Unwissen wie folgt betrachtet (oder banalisiert): als etwas zu Berichtigendes, als eine Art natürliche Abwesenheit oder Leere, in der sich das Wissen bisher noch nicht ausgebreitet hat. Als Lehrende sind wir natürlich dazu verpflichtet, Wissen zu vermehren. Aber Unwissen ist mehr als eine Leere – und noch nicht einmal immer etwas Schlechtes. Niemand muss oder will immer alles wissen, und bestimmt wissen wir alle etwas, von dem wir lieber nicht wollen, dass andere es auch wissen. Ein grundlegendes Prinzip liberaler Staaten lautet, dass Allwissenheit gefährlich sein kann und manche Dinge besser privat bleiben sollten. Das Recht auf Privatsphäre ist im Grunde eine Art sanktioniertes Unwissen: Liberalen Regierungen bleibt es verwehrt (oder sollte es verwehrt bleiben), alles zu wissen; Untersuchungsbeamte brauchen eine richterliche Anordnung. Auch die Geschworenen bei Gericht sollen unwissend bleiben, da Wissen eine Form von Voreingenommenheit sein kann. Außerdem gibt es ein tugendhaftes Unwissen in Form des Widerstands gegen gefährliches Wissen (oder seine Einhegung).[2]

Ich möchte das Unwissen als etwas thematisieren, das mehr ist als das „noch nicht Gewusste" oder dessen sich immer weiter zurückziehende Frontlinie. Wir müssen über die bewusste, unbewusste und strukturelle Herstellung von Unwissen nachdenken und über seine unterschiedlichen Ursachen und Bestätigungsmechanismen, ob sie durch Nachlässigkeit, Vergesslichkeit, Kurzsichtigkeit, Auslöschung, Geheimhaltung oder Unterdrückung konstituiert sind.

W.E. Moore, M.M. Tumin, „Some Social Functions of Ignorance", *American Sociological Review* 14 (1949), 787–795.

[2] Die Philosophin Julia Driver vertritt die Auffassung, dass eine Spielart der Bescheidenheit darin besteht, den tatsächlichen eigenen Verdiensten gegenüber ignorant zu sein. Ähnlich kann auch Nachsicht heißen, die Fehler anderer nicht zu bemerken – oder sie bewusst zu übersehen. Vgl. hierzu ihre Studie *Unease Virtue*, Cambridge, UK 2001.

Im Wesentlichen geht es darum, die *Natürlichkeit* des Unwissens, seiner Ursachen und seiner Verteilung in Zweifel zu ziehen. Warum haben so wenige Amerikaner von der „Nakba“ gehört? Warum entging den Epidemiologen die weite Verbreitung der Pellagra unter Afroamerikanern zu Beginn des 20. Jahrhunderts?[3] Wie konnte die Erforschung der reproduktiven Auswirkungen des Alkohols aus der Zeit des Ersten Weltkriegs „wissenschaftlich uninteressant“ werden?[4] Warum haben die Genetiker der Gegenwart eine „kollektive Amnesie“ mit Blick auf Francis Galton entwickelt?[5]

Bestimmte Arten der Forschung machen es erforderlich, dass wir Differenzierungen vornehmen. Etwas „zerlegen“ und „in Teile untergliedern“ steckt implizit in der Etymologie des Wortes *scientia*, das vom protoindoeuropäischen Wort *skein* abstammt und über das lateinische *seco* und *scindo* (schneiden) zu engl. *scissors* (Schere), *schism* (Schisma), *scat* (Ausscheidungen/Kot) und *skin* (Haut) geworden ist. Es muss ebenso viele Arten des Unwissens wie des Wissens geben – vielleicht sogar mehr, wenn man sich bewusstmacht, wie gering unser Wissen im Vergleich zur unermesslichen Weite unseres Unwissens ist. Und obwohl Unterscheidungen wie diese etwas Willkürliches an sich haben, will ich zur Eröffnung der Diskussion doch drei davon vornehmen: Unwissen als *ursprünglicher Zustand* (oder als Ressource), als *verlorengegangener Bereich* (oder selektive Entscheidung) und als bewusst fabrizierte und *strategische List* (oder aktives Konstrukt). Natürlich gibt es auch andere Möglichkeiten, hier Unterscheidungen vorzunehmen.

Unwissen als ursprünglicher Zustand

Hierbei handelt es sich womöglich um die Art und Weise, wie Wissenschaftler normalerweise über unser Thema nachdenken: Unwissen ist wie Kansas, ein toller Ort, um von dort wegzukommen. Das Wissen erwächst aus dem Unwissen wie eine Blume aus fruchtbarem Boden, doch die Bewegung verläuft dabei stets nur in eine Richtung. Hier kann Unwissen allerdings auch Wissen *hervorrufen*, insofern wir stets darum bemüht sind, es zu zerstören – Fakt für Fakt. Das Unwissen besitzt sowohl eine Onto- als auch eine Phylogenese: Säuglinge sind

---

[3] Harry Marks, „Misunderstanding Pellagra: Gender, Race and Political Economy in Early-20th-Century Epidemiology“, History of Science Colloquium, Welch Medical Library, *JHMI* (2001).

[4] Das fetale Alkoholsyndrom wurde etwa um 1900 entdeckt und geriet dann im Zuge der Diskreditierung seines eugenischen Bezugsrahmens in Vergessenheit. Vgl. Philip J. Pauly, „How Did the Effects of Alcohol on Reproduction Become Scientifically Uninteresting?“, *Journal of the History of Biology* 29 (1996), 1–28.

[5] David Reich, „Building Superman“, Rezension von Nicholas Gillham, *A Life of Sir Francis Galton*, New York 2001, erschienen in der *New York Times Book Review*, 10.2. 2002, 16.

zuerst unwissend und kommen langsam dazu, die Welt zu erfahren; die Hominiden haben ihre Intelligenz über Millionen von Jahren erworben, aufgrund des glücklichen Zufalls der aufrechten Haltung und der Tatsache, dass sie nicht wussten, was sie mit ihren nun untätig gewordenen Händen anfangen sollten. (Ich persönlich hänge der Theorie an, dass die Zweibeinigkeit uns in die Lage versetzt hat, mit unseren nun frei gewordenen Fingern „Dinge in Anführungszeichen zu setzen".)

Das Unwissen in diesem Sinne als das eines primitiven oder ursprünglichen Zustands ist etwas zu Bekämpfendes und zu Überwindendes; wir hoffen und beabsichtigen, dass es mit der Zeit verschwindet, wenn das Wissen über den törichten Aberglauben triumphiert. Unwissen ist nicht unbedingt böse – es kann unschuldig sein (so wie auch Wissen Sünde sein kann). Es scheint aber doch etwas zu sein, von dem angenommen wird, dass wir alle im Zuge der Erzeugung (oder des Erwerbs) von Wissen aus ihm herauswachsen oder es hinter uns lassen wollen. Johannes Kepler hat dies im 16. Jahrhundert auf recht brutale Weise so formuliert: Unwissen sei „die Mutter, die sterben muss, damit die Wissenschaft geboren werden kann".[6]

Ein solches Unwissen als das eines „ursprünglichen" oder „originären" Zustands impliziert ein gewisses Defizit, das auf die Leichtgläubigkeit der Jugend oder die Mängel einer unzureichenden Bildung zurückgeht – oder auf die schlichte Tatsache, dass es einen Ort gibt, *zu dem das Wissen bislang noch nicht vorgedrungen ist*. Unwissen wird mit Unschuld verglichen oder, in der säkularen Version, mit einem in den Kinderschuhen steckenden Wissen, mit einer Ontogenese, die die Phylogenese mehr oder weniger nachvollzieht.[7] Wissenschaftler schätzen diese Art des Unwissens oft, weil sie es als Aufforderung zum Forschen betrachten. Da gibt es die bekannte Antragsprosa: Wir wissen dies und das, aber jenes noch nicht – also finanzieren Sie mich bitte! Schließen Sie diese klaffende Lücke (die zufälligerweise auch in meiner Brieftasche besteht)! Weniger zynische Interpretationen sind aus der Geschichte der Philosophie bekannt: Sokrates lehrte, dass die wahren Weisen diejenigen sind, die feststellen, wie wenig sie wissen; das Wissen über das eigene Unwissen ist eine Bedingung für die Erleuchtung. Die Moderne betrachtet das Unwissen als etwas zu Überwindendes, aber zugleich auch als eine Art verjüngende Kraft, da wir nur durch das Stellen der richtigen Fragen – also dadurch, dass wir wissen, worin das fruchtbare (das heißt beseitigbare) Unwissen besteht –

[6] „[Es ist] für jenen [den „Nachkommen Wissenschaft"] nicht sicher […], solange Mutter Unwissenheit unter den Menschen lebt, die verborgensten Gründe der Dinge öffentlich zu verkünden." Johannes Kepler, *Der Traum, oder: Mond-Astronomie. Somnium sive astronomia lunaris*, hg. v. Beatrix Langner, Berlin 2011, 29.

[7] Auguste Comte macht diesen Punkt explizit in seinem *Cours de philosophie positive* (1830–1842); vgl. Gertrud Lenzer (Hg.), *Auguste Comte and Positivism, the Essential Writings*, New York 1975, 73, 94, 465–474, 484.

jemals zum Wissen gelangen können.[8] Kreative Geister sind Experten für das Unwissen: Sie wissen, wo es zu finden ist und wie man es loswird.

Die Moderne misst dem eine höhere Dringlichkeit bei, insofern Unwissen darin zu einer Art *Vakuum* oder hohlem Raum wird, in den das Wissen hineingesaugt wird. Die Wissenschaft eilt herbei, um diese Leere zu füllen – oder stürzt heraus, um die Welt zu empfangen, wenn wir an Keplers Geburtsmetapher denken. Wenn wir von der Psychoanalyse einmal absehen, können wir dieser Theorie des Unwissens diverse Namen geben. Ich habe sie *ursprüngliches Unwissen* genannt, weil dies den Anklang einer der Primitivität geschuldeten *infantilen Abwesenheit* besitzt, eines Mangels oder einer Leerstelle, der bzw. die durch Wachstum oder Geburt behoben (oder ausgefüllt) wird – auch wenn dafür andere Metaphern benutzt werden. Da durchflutet Licht die Dunkelheit, Schlüssel zu bestimmten Problemen werden gefunden, das Unwissen wird weggespült, die Belehrung erhebt einen aus dem Stand der Unwissenheit, der dadurch zerstört oder vertrieben wird usw.[9]

Hier wird das Unwissen als *Ressource* betrachtet oder zumindest als Ansporn oder Herausforderung oder Aufforderung: Es braucht Unwissen, um die Wissenschaft in Gang zu halten. Immer neues Unwissen muss aufgetrieben werden, um den unstillbaren Hunger der Wissenschaft zu lindern. Die weltweiten Bestände an Unwissen erschöpfen sich allerdings nie, da sich (auf wundersame, hydraartige Weise) für jede beantwortete Frage zwei neue stellen. Manche Schleier des Nichtwissens werden zur Seite gezogen, doch stets tauchen neue auf, die uns vor einem Ende der Forschung bewahren. Diese regenerative Kraft des Unwissens macht das wissenschaftliche Vorhaben nachhaltig. Ein Albtraum wäre es, wenn uns das Unwissen auf irgendeine Weise ausgehen könnte, wodurch die Motoren der Wissensproduktion lahmgelegt würden.

Unwissen als verlorengegangenes Gebiet oder selektive Entscheidung (oder passives Konstrukt)

Diese zweite Variante erkennt an, dass das Unwissen ebenso wie das Wissen eine politische Geographie besitzt, die uns zur Frage auffordert: Wer weiß nicht? Und warum nicht? Wo gibt es Unwissen und warum? Wie Wissen oder Armut und

---

[8] Das ist Robert K. Mertons Idee des „spezifizierten Nichtwissens". Vgl. hierzu seine „Three Fragments from a Sociologist's Notebooks: Establishing the Phenomenon, Specified Ignorance, and Strategic Research Materials", *Annual Review of Sociology* 13 (1987), 1–28. Mertons Punkt ist tatsächlich einfach der, dass nicht gestellte Fragen nicht beantwortete Fragen seien und Wissenschaftler das, was sie nicht wissen, als „einen ersten Schritt zur Ablösung des Unwissens durch das Wissen" (10) explizit machen müssten.

[9] Ronald Duncan, Miranda Weston-Smith (Hgg.), *The Encyclopedia of Medical Ignorance: Exploring the Frontiers of Medical Knowledge*, Oxford 1984.

Reichtum hat auch das Unwissen ein Gesicht, ein Haus und einen Preis: Durch zehntausend soziale Zufälle (und die Überlegungen darüber) wird es hier gefördert und dort gebremst. Es ist weniger wie ein Vakuum, mehr wie ein fester oder sich wandelnder Körper – der durch die Zeit reist und Raum einnimmt, rücksichtslos über Menschen und Dinge hinweggeht und oft einen Schatten hinterlässt. Wer wusste in Hiroshima nicht, dass er die Stadt an dem Tag hätte verlassen sollen, und ist zu einem Schatten auf dem Asphalt geworden?

Forschung ist immer selektiv. Wir blicken *hierher* statt *dorthin*; wir haben die *Fovea centralis*[10] eines Raubtiers (als Gegenstück zur unterschiedslosen Aufmerksamkeit der Beute für Gefahren) und die Entscheidung, uns auf *dieses* zu konzentrieren, ist damit unweigerlich eine Entscheidung, *jenes* zu ignorieren. Unwissen ist ein Produkt der Unaufmerksamkeit, und da wir nicht alle Dinge erforschen können, müssen manche – tatsächlich sogar fast alle – unbeachtet bleiben. „Eine Weise zu sehen ist zugleich eine Weise des Nichtsehens – ein Fokus auf Gegenstand A bedeutet die Nichtbeachtung von Gegenstand B."[11] Dabei ist die Welt sehr groß – viel größer als die von Descartes oder Bacon, die noch auf einen baldigen Abschluss des ganzen Projekts der Wissenschaft gehofft hatten. Eine Kernfrage lautet daher: Wie sollten wir die „fehlende Materie", das noch nicht erlangte Wissen, erkennen? Ist Wissenschaft mehr als die fortschreitende Ausleuchtung eines genau bestimmten Behälters? Wächst die Dunkelheit parallel zum Licht?

Beide Bilder sind bekannt. Selektivität wird oft als vorübergehend oder flüchtig aufgefasst, als eine Art ‚Störgeräusch' im System oder eine Abweichung von der Entwicklungslinie, die dazu neigt, im Laufe der Zeit wieder geradegerückt zu werden. Doch dies ist eine andere Art von Fehler; wir haben nicht immer die Möglichkeit, alte Fehler zu korrigieren.[12] Verlorengegangene Forschung ist nicht einfach verzögerte Forschung, sie kann auch für immer beschädigt sein oder sich nie mehr erholen.

Londa Schiebinger nennt ein gutes Beispiel für eine solche Form der Agnotologie.[13] Im Hintergrund steht hier die Tatsache, dass europäische Monarchen

---

[10] Der Bereich des schärfsten Sehens auf der Retina (Anm. d. Hgg.).

[11] Kenneth Burke, *Permanence and Change*, New York 1935, 70. Die Idee der Neigung zur Selektivität ist in der Wissenschaftstheorie der jüngsten Vergangenheit unter Druck geraten. Jede Wissenschaft, so heißt es, sei selektiv, so dass die Aussage, jede bestimmte wissenschaftliche Herangehensweise müsse selektiv sein, einfach trivialerweise wahr sei, da es ohnehin nicht anders sein könnte. Auch das sogenannte „Starke Programm" in der Wissenssoziologie hat dazu tendiert, die soziale Konstruktion des Unwissens (oder des Irrtums) im Vergleich zur sozialen Konstruktion der Wahrheit als „einfach" oder „trivial" zu betrachten.

[12] Ian Hacking, *The Social Construction of What?*, Cambridge, MA 2000.

[13] Londa Schiebinger, „West Indian Abortifacients and the Making of Ignorance", in: Robert N. Proctor, Londa Schiebinger (Hgg.), *Agnotology: The Making and Unmaking of Ignorance*, Stanford 2008, 140–162.

und Handelsgesellschaften in den drei oder vier Jahrhunderten nach den ersten Atlantiküberquerungen und der Umschiffung Afrikas bei ihrem Streben nach Ruhm und Reichtum Schiffe ausgesandt haben, die eroberten und kolonialisierten, die aber auch das Wissen und den Wohlstand entfernter Weltgegenden eingefangen haben. Allerdings ist nicht sämtliches an der Peripherie gewonnenes Wissen in die Zentren zurückgeflossen. Die Passage verlief insofern ungleichmäßig, als nur *bestimmte* Arten von Gütern importiert wurden, während man andere ignorierte. Vor allem Mittel zur Abtreibung waren ausgeschlossen: Afrikanische und europäische Frauen kannten viele verschiedene Möglichkeiten, eine Kindsgeburt zu vermeiden, doch wurden diese von den kolonisierenden Europäern als irrelevant für die Art der von ihnen durchgeführten Wissens- und Importprojekte eingestuft. Die Kartoffel war in Ordnung, ebenso das aus dem Stamm des Chinarindenbaums gewonnene Chinin (gegen Malaria), nicht aber die Mittel, mit denen (weiße) Frauen Empfängnisverhütung betreiben oder Abtreibungen hätten vornehmen können. Europäische Regierungen haben versucht, ihre Bevölkerungszahl zu erhöhen und neue Gebiete zu erobern, wofür sie zwar Chinin, nicht aber den Pfauenstrauch, das von Maria Sybilla Merian 1710 beschriebene Abortivum, benötigten. Methoden zur Empfängnisverhütung oder Abtreibung standen auf der Prioritätenliste weit unten, und die von der indigenen Bevölkerung zu diesem Zweck verwendeten Pflanzen wurden einfach ignoriert.

Es ist sehr gut möglich, dass niemals eine *Entscheidung* getroffen wurde, solches Wissen zu ignorieren oder zu zerstören. Man kann sich leicht eine ‚überdeterminierte' Kombination aus absichtsvoller und unbeabsichtigter Nichtbeachtung vorstellen, obwohl die Grenze zwischen beiden nicht immer eindeutig ist. Der Mechanismus bei der Herstellung oder Aufrechterhaltung von Unwissen kann sich mit der Zeit verändern, und ist erst einmal etwas ungewusst gemacht – durch Unterdrückung oder Gleichgültigkeit –, dann wird es häufig auch so bleiben, ohne dass es dafür weiterer Anstrengungen bedürfte. Einmal verloren oder zerstört, wird ein Dokument oder eine Spezies oder Kultur nicht mehr lebendig. Dies bringt uns zu unserer nächsten Form der Agnogenese: der bewussten Produktion von Unwissen in Gestalt von Täuschungsstrategien.

Unwissen als strategische List oder aktives Konstrukt

Der Fokus liegt hier auf dem Unwissen – oder dem Zweifel oder der Ungewissheit – als etwas Hergestelltem, Aufrechterhaltenem und mittels bestimmter Künste und Wissenschaften Beeinflusstem. Die entsprechende Vorstellung, die leicht zur Paranoia führen kann, besteht darin, dass gewisse Menschen nicht wollen, dass man bestimmte Dinge weiß, oder aktiv dafür sorgen, Zweifel oder Ungewissheit oder Fehlinformationen zu verbreiten, um das (eigene) Unwissen aufrechtzuerhalten. Sie wissen und könnten wollen, dass man weiß, dass sie wissen (oder auch nicht), aber man ist in das Geheimnis nicht eingeweiht. Diese Idee, dass Unwissen tatsächlich nicht einfach als Versäumnis oder Leerstelle, sondern als aktiv Produziertes betrachtet werden sollte, ist von der Philosophie nur unzureichend erforscht worden. Unwissen kann ein aktiv hergestelltes Element in einem bewusst gefassten Plan sein. Ich werde mit Betriebsgeheimnissen anfangen und dann in den nächsten drei Abschnitten zur Tabak-Agnotologie und dem Beispiel der Herstellung von Unwissen (oder seiner Aufrechterhaltung) als moralischem Widerstand übergehen.

Es hat immer schon viele Gründe dafür gegeben, etwas geheim zu halten – für die Liebe, für den Krieg, fürs Geschäft, für jedes vorstellbare menschliche Bedürfnis und Vorhaben.[14] Das Denken selbst ist natürlich geheim, bis es auf flüchtige Weise sprachlich oder auf beständigere Weise im Medium des Drucks oder einem anderen Aufzeichnungsmedium zum Ausdruck kommt. Geheimnisse sind so alt wie das menschliche Denken – und vielleicht sogar noch älter, wenn man sich die fantastische Bandbreite der tierischen Täuschungsstrategien ansieht, die von der Mimikry der Insekten über die Raubtiere, die ihre Beute verstecken, bis hin zu den ungezählten Formen der Tarnung der Pflanzenfresser reichen. Denken wir nur daran, wie der weiße Unterbauch des Rehwilds und der meisten anderen Huftiere dafür sorgt, dass sie durch die Ausschaltung des Schattens zu Nichtobjekten werden.

Die Wissenschaft und der Handel werden oft als (gezwungenermaßen) offen bezeichnet, doch spielt die Geheimhaltung in beiden Bereichen eine wichtige Rolle – denken wir an das Peer-Review-Verfahren oder das eifersüchtige Hüten von Forschungsergebnissen bis zu ihrer Veröffentlichung. Wissenschaft und Industrie sind zunehmend miteinander verwoben: Forschung und Entwicklung erfolgen unter dem Deckmantel des Privaten, um sich bestimmte geschäftliche Vorteile zu verschaffen. Die Wissenschaft ist selbst unter den besten Umständen nur unter höchst ritualisierten Einschränkungen ‚offen'. Der Zweck etwa des vertraulichen Peer-Review-Verfahrens ist der, Objektivität zu gewährleisten – hier in Gestalt einer bestimmten Art von Fairness –, um es den eigenen Kollegen zu ermöglichen, Kritik zu üben, ohne Angst vor Gegenkritik haben zu müssen. Anonymisierte Begutachtungen erzeugen allerdings Kosten, insofern ein Autor – in diesem Fall der Adressat der Kritik – keinen ‚Zugang zur Quelle' hat. Die Gutachter können zudem auch handeln, ohne Verantwortung für ihre Einschätzungen übernehmen zu müssen.[15]

Wissenschaftliche Geheimhaltung gab es schon lange vor dem Peer-Review-Verfahren. Alchemie und Astrologie wurden oft in dem Sinne als okkulte Wis-

---

[14] Sissela Bok, *Secrets: On the Ethics of Concealment and Revelation*, New York 1990.

[15] Mario Biagoli, „From Book Censorship to Academic Peer Review", *Emergences* 12 (2002), 11–45.

senschaften angepriesen, dass sie sich dunkler Mächte bedienen, aber zugleich auch, dass sie im Dunkeln betrieben werden, den Blicken entzogen.[16] Beide Deutungen hingen miteinander zusammen, da die gesuchten Prinzipien angeblich hinter oder jenseits der normalen Arten von Wissen liegen, die im Licht gedeihen. Vieles an der frühen modernen Wissenschaft war zudem zunftartig organisiert, ‚Betriebsgeheimnisse' wurden für selbstverständlich erachtet. Diese wurden gewahrt, um den Zugang zu bestimmten Techniken, Ressourcen, Ritualen oder Märkten zu kontrollieren. Ein Gutteil der Rhetorik der sogenannten ‚Naturwissenschaftlichen Revolution' zielte darauf ab, Geheimhaltung zu eliminieren und die angewendeten Verfahrensweisen einer Prüfung zugänglich zu machen – daher die allgegenwärtige Rede von „Licht", „Erhellung" und letztlich „Aufklärung". Die im Licht betriebene Alchemie wurde zur Chemie.

Betriebsgeheimnisse sind allerdings nach wie vor ein wesentlicher Teil des Herstellungsprozesses[17], und die Annahme, dass ältere Formen der Geheimhaltung einfach durch neuere ersetzt wurden, dürfte nicht allzu weit von der Realität entfernt sein. Ein großer Teil der modernen Chemie ist mit der Industrieproduktion verbunden, was es schwierig macht, hier von einem offenen Austausch von Ideen zu sprechen. Drei oder vier Personen kennen angeblich die Rezeptur von Coca-Cola, die in einem Safe in Atlanta versteckt ist, und Gleiches gilt für die Gewürzmischung von Kentucky Fried Chicken (in Louisville) und viele andere gefeierte Konsumartikel.[18] Die Publikation ist eine Möglichkeit, geistiges Eigentum für sich zu beanspruchen, allerdings werden Ideen häufig nur innerhalb eines bestimmten gesellschaftlichen Raums ‚offen' ausgetauscht. Militärtechnologien sind hier ein naheliegendes Beispiel, es gibt aber auch viele Privatsprachen innerhalb von Anwaltskanzleien, Krankenhäusern, Regierungen und jeder anderen Art von Institution, für die Wissen nicht nur Macht ist, sondern auch eine *Gefahr* darstellt – was der Grund dafür ist, dass institutionelle Vergesslichkeit ebenso wertgeschätzt werden kann wie das institutionelle Gedächtnis. Im universitären Umfeld halten Forscher ihre Ideen oft geheim oder schränken deren Verbreitung ein, um ihre missbräuchliche Verwendung zu verhindern, denn nach der Publikation ist ihre Verbreitung schwer zu kontrollieren. Ebenso werden Informationsflüsse aus rechtlichen, publizistischen oder aus Gründen der nationalen Sicherheit begrenzt.

---

[16] William R. Newman, Anthony Grafton (Hgg.), *Secrets of Nature: Astrology and Alchemy in Early Modern Europe*, Cambridge, MA 2001.

[17] W. R. Van Meter schlägt in seinem Aufsatz „Putting False Faces on Formulas" (*Food Industries*, Oktober 1941, 41 f.) Lebensmittelchemikern vor, wertvolle Rezepturen zu verschleiern, „damit Arbeiter sie nicht aufschnappen und die Konkurrenten sie nicht stehlen können. Die Idee ist, willkürliche Maßeinheiten und Tarnnamen für Zutaten zu benutzen" (41).

[18] William Poundstone, *Big Secrets: The Uncensored Truth about All Sorts of Stuff You Are Never Supposed to Know*, New York 1985.

Die Agnotologie der Tabakindustrie

Eines meiner Lieblingsbeispiele für *Agnogenese* sind die Bemühungen der Tabakindustrie, Zweifel an der Schädlichkeit des Rauchens zu säen. Es war primär dieser Zusammenhang, in dem ich damit angefangen habe, der Idee eines hergestellten Unwissens nachzugehen[19], wobei die Frage erneut lautete: „Warum wissen wir das, was wir nicht wissen, nicht?" Die recht einfache Antwort war in vielen Fällen: „Weil man Dinge getan hat, um Dich im Ungewissen zu lassen!" Können wir dich täuschen, dann können wir dich auch regieren. Niemand hat dies besser vermocht als die Tabakhändler, die Meister der Befeuerung von Unwissen zur Bekämpfung von Wissen. Gesundheitliche Bedenken werden durch das Streuen „begründeter Zweifel" beschwichtigt – eine sowohl unter PR- als auch rechtlichen Gesichtspunkten vorteilhafte Geisteshaltung. Die Logik ist einfach, weist aber auch einige raffinierte Wendungen auf. Ich werde mich im Folgenden allein mit der US-amerikanischen Situation befassen, obwohl das doppelte Spiel mittlerweile global betrieben wird, um den jährlichen Absatz von 5,7 Billionen Zigaretten zu stützen, eine Menge, die die Erde ungefähr 13.000 Mal umspannen würde.

Zum Marketing gehörte immer schon eine bestimmte, an die Grenze des Betrugs rührende Art der Überzeugungskraft. Die Tabakindustrie hat gesundheitliche Bedenken schon früh als Verkaufshindernisse identifiziert, weshalb die L&M-Filterzigaretten als „genau das, was der Arzt verordnet hat", beworben wurden, Camel-Zigaretten angeblich von „mehr Ärzten" geraucht wurden usw. In den 1950er-Jahren wurden der Industrie solche Werbeaussagen untersagt, so dass sie zu subtileren Anreizmechanismen überging und das Rauchen mit Jugendlichkeit, Lebenskraft und Schönheit und später dann mit Freiheit, Risiko und Rebellion in Verbindung brachte. In den 1980er-Jahren, als die gesundheitlichen Beeinträchtigungen durch Passivrauchen diskutiert wurden, wurde uns eine Zeitlang erzählt, Rauchen sei eine Form der Meinungsfreiheit. Die Industrie hat gern beides: Rauchen ist patriotisch und zugleich rebellisch, riskant, aber doch sicher, beruhigend, aber trotzdem aufregend etc.

In den 1950er-Jahren wurden infolge der explosionsartigen Zunahme von Belegen dafür, dass das Rauchen jährlich zehntausenden Menschen das Leben kostete, Marketingmethoden neuer Art eingeführt. Als Reaktion auf diese Belege startete die Industrie eine mehrere Millionen Dollar schwere Kampagne, um die Verbraucher zu versichern, dass die schädigende Wirkung noch nicht „bewiesen" sei. Durch Pressemitteilungen, Werbung und eine finanziell gut ausgestattete industrielle Forschung wurde die Epidemiologie als „bloße Statistik" ver-

---

[19] Vgl. mein Buch *Cancer Wars: How Politics Shapes What We Know and Don't Know about Cancer*, New York 1995, bes. 8 (Fn.) und das Kapitel 5 zum Thema „Doubt Is Our Product".

ächtlich gemacht, von Tierexperimenten gesagt, dass ihre Ergebnisse nicht auf den Menschen übertragbar seien, und die sich in der Autopsie zeigenden Lungenerkrankungen als anekdotische Befunde ohne eine „solide Wissenschaft" im Hintergrund kleingeredet. Die Zigarettenhersteller haben sich oft auf das Labor als denjenigen Ort berufen, an dem die „Kontroverse" aufgelöst werden würde, wohl wissend, dass es schwierig war, die schädlichen Auswirkungen des Rauchens auf den Menschen am Tiermodell zu demonstrieren. Kleine Tiere entwickeln durch das Einatmen von Rauch nun einmal keinen Krebs: Es braucht zwanzig oder dreißig oder mehr Jahre für Raucher, um Krebs zu bekommen, und Ratten leben nicht so lange. Und selbst dann, als es gelungen war, bei Mäusen Krebs zu erzeugen (indem man den Teer aus dem Tabak auf ihre rasierten Rücken auftrug), gestand die Industrie nur das Vorliegen von „Mäusekarzinogenen" im Rauch zu. Die Verteidiger des Zigarettenkonsums bewegten sich dabei in einem für sie angenehm enggestrickten logischen Zirkel: Kein Beleg war gut genug, kein Experiment nah genug an der menschlichen Konstitution orientiert. Echte Beweise waren ohne Experimente am Menschen kaum zu haben – aber verlangt ihr von uns wirklich, dass wir Menschenversuche durchführen? Denkt ihr, wir seien Nazis oder so etwas?

Wir wissen nach wie vor nicht, welches böse Genie auf die Idee gekommen ist, die fortgesetzte Produktion von Zigaretten so mit Besonnenheit in Verbindung zu bringen, dass der Ruf nach „mehr Forschung" zum Ausbremsen der Gefahr für die Tabakregulation genutzt werden konnte; in jedem Fall aber muss dieser Schachzug als einer der größten Triumphe der stillschweigenden Duldung unternehmerischer Aktivitäten in Amerika gelten.[20] Die Idee war, dass die Leute solange weiterrauchen würden, wie ihnen versichert werden konnte, dass „niemand wirklich weiß", worin die wahre Ursache für Krebs liegt. Die Strategie bestand darin, allen Thesen mit einer Gegenthese zu antworten, alle Versuche, die Kontroverse „abzuschließen", infrage zu stellen, so als sei ein Abschluss per se schon ein Anzeichen für Dogmatismus, den Feind der Forschung. Ziel war es, die Frage der gesundheitlichen Schäden offenzuhalten, möglichst jahrzehntelang. Krebs war schließlich eine komplexe Erkrankung mit einer ganzen Bandbreite von Ursachen, die alle genau erkundet werden müssten, wenn man zu keinem vorschnellen Urteil kommen wollte. Das waren wir den armen Menschen schließlich schuldig, die von diesem schrecklichen Leid befallen worden sind, nämlich aufgeschlossen zu bleiben und die Frage nach der Verursachung offen

---

[20] Oft wird hier das PR-Unternehmen Hill and Knowlton beschuldigt, doch Paul Hahn, der Präsident von American Tobacco Co., war mit Sicherheit ebenfalls involviert. Vgl. hierzu meine beiden Bücher *Golden Holocaust: Origins of the Cigarette Catastrophe and the Case for Abolition*, Berkeley 2012, sowie *Cancer Wars* (Anm. 19), Kapitel 5, außerdem: Gerald Markowitz, David Rosner, „Expert Panels and Medical Uncertainty", *American Journal of Industrial Medicine* 19 (1991), 131–134, und Allan M. Brandt, *The Cigarette Century*, New York 2007, 159–207.

zu lassen. Wollt ihr die Forschung wirklich einstellen? Könnt ihr nicht unvoreingenommen bleiben?

„Die Tabakkontroverse" zu erzeugen und aufrechtzuerhalten war seit den Anfängen der modernen Konspiration in den 1950er-Jahren ein Kernelement der PR-Strategie der Industrie. Eine Kontroverse zu haben war so etwas wie Hoffnung; etwas, was man (oder sie) lebendig halten wollte(n). Eine unabschließbare Kontroverse war von unmittelbarem Wert dafür, Raucher weiterhin rauchen und die Gesetzgeber weiterhin nachgiebig sein zu lassen. Letztlich hatte sie sogar juristischen Wert, da die Industrie behaupten konnte, sie habe die Gefahren nie *geleugnet*, sondern nur nach weiteren Belegen für sie gefragt. Die Idee des „fehlenden Beweises" wird zu einer der beiden Hauptsäulen, auf denen die Verteidigung der Industrie gegen die ihr gegenüber angestrengten Klagen beruht. Die andere ist das *Allgemeinwissen*: Jeder hat immer schon von den Gefahren gewusst, so dass die Raucher einfach selbst schuld seien, wenn sie sich welche Krankheit auch immer zugezogen haben sollten. Eine *universelle Kenntnis* wurde mit einer *offenen Kontroverse* zusammengebracht: Jeder *wusste*, dass Zigaretten schädlich sind, aber niemand hat es jemals *bewiesen*.[21]

Diese Strategie ist clever, obwohl sie voraussetzt, dass wir eine recht große Kluft zwischen populärem und wissenschaftlichem Wissen annehmen. Vor Gericht haben die Experten der Industrie einige recht waghalsige Pirouetten drehen müssen, damit dies funktionieren konnte. Sie verwiesen auf historische Beispiele für „Volksweisheiten", die dem wissenschaftlichen Wissen vorausgingen, während „genauere" Prüfprozesse erst später kamen. So nutzen Heiler ein Kraut für ihre Behandlung, doch die Ärzte brauchen eine Weile, um dies zu akzeptieren und zu verstehen, wie es funktioniert. Während der *Volksglaube* also die Schädlichkeit des Rauchens erkennen mag, kann es viel schwieriger sein, sie auch *wissenschaftlich* nachzuweisen. Vor Gericht betonen die von der Industrie berufenen Experten gern das Fortbestehen „berechtigter wissenschaftlicher Zweifel" sogar noch lange im Anschluss an den Bericht des Surgeon General von 1964. Kenneth Ludmerer, ein in St. Louis ansässiger Medizinhistoriker und häufig von der Industrie benannter Zeuge, behauptete kürzlich in einem Kreuzverhör, dass es „Raum für begründete Meinungsverschiedenheiten" mit Blick auf den Konsens über die Schädlichkeit des Rauchens gäbe, und das auch noch in der Folge jenes Berichts. Gewiss, so Ludmerer, „gibt es immer Raum für Meinungsverschiedenheiten".[22]

---

[21] Siehe meinen Aufsatz „Everyone Knew but No One Had Proof: Tobacco Industry Use of Medical History Expertise in U.S. Courts, 1990–2002", *Tobacco Control* 15 (2006), iv117– iv125.

[22] Kenneth Ludmerer, Aussage in *Boeken v. Philip Morris, Inc., et al.*, Oberster Gerichtshof von Kalifornien für das Los Angeles County, Fall-Nr. BC 226593, *Transcripts of Proceedings*, Bd. 31A, 5262.

Eine entscheidende Frage in vielen Gerichtsprozessen lautet, ob sich die Industrie durch das Leugnen jeglicher Beweise für die Schädlichkeit des Rauchens verantwortungsvoll verhalten habe. Das „Allgemeinwissen" und die „offene Kontroverse" kommen hier zur Hilfe, um dem Argument Glaubwürdigkeit zu verleihen, dass die Industrie nicht dafür beschuldigt werden kann, keine Warnungen ausgesprochen zu haben, da ja alle schon immer wussten, wie gefährlich Zigaretten sind. Das Hervorrufen einer Kontroverse innerhalb der wissenschaftlichen Gemeinschaft ist allerdings ebenfalls von entscheidender Bedeutung, weil sie den Zigarettenherstellern noch eine weitere Entschuldigung für ihre Zurückhaltung bei der Warnung vor ihren Produkten an die Hand gibt. Warum hat die Industrie die Raucher nicht vor dem Risiko gewarnt? Weil die Frage ja noch gar nicht geklärt war! Es war – so behauptete die Industrie auf heuchlerische Weise[23] – kein Beweis abzusehen, und deshalb können wir auch nicht sagen, dass sie unverantwortlich handelte.[24]

Die Tabakindustrie war in keiner dieser Hinsichten unschuldig, weil ihr Ziel an vielen Stellen darin bestand, Unwissen – oder manchmal auch falsches Wissen – in Bezug auf die gesundheitlichen Auswirkungen des Tabaks zu *schaffen*. Die Industrie war dabei auf dreifache Weise aktiv: Sie täuschte ihr *eigenes* Unwissen über die Risiken vor, während sie gleichzeitig das *Fehlen definitiver Beweise* in der wissenschaftlichen Gemeinschaft beteuerte und alles dafür unternahm, *Unwissen aufseiten der rauchenden Öffentlichkeit zu fabrizieren*. Dieses letztgenannte Ziel wurde durch viele verschiedene Methoden erreicht, zu de-

---

[23] Ausdrücke wie „täuschen", „irreführend", „Betrug" und verwandte Begriffe tauchen mit Bezug auf das Vorgehen der Tabakindustrie in Richterin Gladys Kesslers „Endgültigem Urteil" im Falle *USA v. Philip Morris et al.* (18.8.2006) 454 Mal auf, online einzusehen unter https://www.justice.gov/sites/default/files/civil/legacy/2014/09/11/amended%20opinion_0.pdf (6.10.2018). Das Gericht stellt fest, dass hier diverse „Handlungen zur Verschleierung und Irreführung" „bewusst und absichtsvoll" im Rahmen eines „komplexen und ausgefeilten Betrugssystems" durchgeführt worden sind. Des Weiteren kam das Gericht zum Schluss, dass „spätestens von 1953 bis mindestens 2000 jeder einzelne dieser Beklagten wiederholt, systematisch und energisch – und zu Unrecht – die Existenz jeglicher negativer gesundheitlichen Folgen des Rauchens abgestritten hat. Darüber hinaus haben sie eine koordinierte, finanzstarke und ausgefeilte Public-Relations-Kampagne gestartet, um die wissenschaftlichen Befunde anzugreifen und zu verfälschen, die die Beziehung zwischen Rauchen und Krankheit nachweisen, wobei sie behauptet haben, die Verbindung zwischen den beiden sei nach wie vor eine ‚offene Frage'" (330 f.).

[24] Die Tabakindustrie führt manchmal zu ihrer Verteidigung an, dass die Öffentlichkeit von ihrer Propaganda à la „ein Risiko ist nicht bewiesen" niemals überzeugt gewesen sei. Im Rahmen meiner unter Eid getätigten Aussage zugunsten der Klägerseite im Falle *USA v. Philip Morris* im Juli 2002 ist mir ein von der Industrie stammendes Schriftstück aus den 1970er-Jahren präsentiert worden, in dem behauptet wurde, das Vertrauen in die Tabakindustrie sei im Vergleich zu dem in Gruppen aus dem medizinischen Bereich oder der öffentlichen Gesundheit nur gering ausgeprägt. Die Schlussfolgerung der Tabakindustrie hieraus war dann einfach die: Ja, wir haben gelogen, aber niemand hat uns geglaubt. Betrug, so scheint es, ist gar keiner, wenn niemand einem Glauben schenkt.

nen die Veröffentlichung zweifelhafter Pressemitteilungen und Studien des Tenors „niemand kennt die Antwort“ sowie die Finanzierung von Ablenkungsforschung zur Verschleierung des Blicks für die echten Gefahren (die in den anschließenden Gerichtsverfahren auch als „Alibiforschung“ fungierte) zählten. Das Allgemeinwissen war eigentlich nur ein Element der rechtlichen Argumentation – die von der Industrie gewünschte Realität war die des allgemeinen Unwissens (damit die Menschen weiterrauchen). Der Begriff „Rauchvorhang“ ist ein passender Beiname, wir könnten aber auch von der Abschaffung von Fakten durch die Anwendung mehrerer zentraler Strategien sprechen.

Eine davon war einfach die, alle Risiken zu verheimlichen, von denen die Industrie Kenntnis hatte, eine andere aber die, eine Forschung zu finanzieren, die sich *scheinbar* mit Tabak und Gesundheit befasste, in Wirklichkeit aber nichts dergleichen tat. Hauptinstrument hierfür war das Tobacco Industry Research Council (TIRC), dessen Gründung 1954 unter großem Getöse in 448 ganzseitigen Anzeigen in den führenden Zeitungen der USA bekanntgegeben wurde. Das TIRC (später in „Council for Tobacco Research“ umbenannt) finanzierte letztlich mit hunderten Millionen Dollar eine Forschung, von der nur ein sehr geringer Anteil irgendetwas mit dem Rauchen zu tun hatte. Sie berührte kaum jemals die angeblich umstrittene Frage, nämlich ob und in welchem Umfang Zigaretten schlecht für die Gesundheit sind. Der politische Wert solcher Forschung (bei der es sich vornehmlich um biochemische Grundlagenforschung handelte) bestand in der *Tatsache, dass sie finanziert wurde* – was der Industrie die Behauptung erlaubte, sie würde „das Problem untersuchen“. Deren Forscher wussten von Anfang an, was sie herausfinden sollten (und was nicht): Auf Anweisung des Tobacco Institute sollte das TIRC ausdrücklich bekennen, dass „wir nicht wissen, was Lungenkrebs oder irgendeine andere Form von Krebs verursacht“.[25] Pressemitteilungen und Publikationen der Industrie haben diesen Punkt extrem starkgemacht. Die gesundheitlichen Folgen des Rauchens wurden in juristischer Manier eher als zu widerlegende „Anklagepunkte“ statt als ernsthaft zu untersuchende Problemstellungen verstanden.

Eine weitere Strategie war, Alternativen zur „Zigarettentheorie“ zu propagieren. Ein wichtiges Instrument dafür war das bereits erwähnte Tobacco Institute, das 1958 von der TIRC als Lobby- und Propagandaarm der Industrie lanciert wurde. Jahrzehntelang verbreitete es die „Kein-Beweis-Position“ der Industrie, meist in Erwiderung auf neue Befunde für die eine oder andere vom Tabak ausgehende Gefahr. Zudem veröffentlichte dieses Institut einen monatlichen Rundbrief, den *Tobacco and Health Report*, der die Aufmerksamkeit auf alles richten

[25] Zitiert im 450 Seiten langen Dokument von Jones, Day, Reavis, Pogue, „Corporate Activity Project“ (1986), online verfügbar unter http://archive.tobacco.org/Documents/jonesday1.html (3.4.2017), 390. Clarence Cook Little war der wissenschaftliche Direktor des TIRC, fungierte in diesem Zusammenhang allerdings als „Befehlsempfänger“ des Tobacco Institute.

sollte, was dafür verwendet werden konnte, von den Risiken des Tabakgenusses abzulenken. Dieses Magazin wurde an hunderttausende Ärzte sowie an tausende andere Meinungsmacher aus Industrie, Regierung und Journalismus verschickt und verfolgte die Absicht, auf alle möglichen Ursachen für Krebs hinzuweisen, außer auf Tabak. Typisch für die Jahre 1963 und 1964 waren Artikel mit Titeln wie „Seltene Pilzinfektion imitiert Lungenkrebs", „Virusinfektionen für Bronchitisausbruch verantwortlich", „Englischer Chirurg bringt Lungenkrebs mit Urbanisierung in Zusammenhang", „Nikotin wirkt wie Bewegung", „Lungenkrebs bei glatzköpfigen Männern selten", „28 Gründe, um an der Verbindung von Zigaretten und Krebs zu zweifeln" oder auch „Niemand kennt bisher die Antworten". Das Magazin machte das Halten von Vögeln (Stichwort Federmilben), Gene, Viren, Luftverschmutzung und jede andere denkbare Ursache für die Lungenkrebsepidemie aus – außer Tabak.

Zu dieser Zeit hat die Industrie das Ziel verfolgt, durch ihr Bündnis mit der Wissenschaft beruhigend zu wirken. Ein bemerkenswertes zu diesem Zweck eingesetztes Organ war *Science Fortnightly*, ein ambitioniertes populärwissenschaftliches Magazin, das von 1963 bis 1965 von der Lorillard Tobacco Company herausgegeben und alle zwei Wochen gratis an 1,4 Millionen Empfänger verschickt wurde. Dabei handelte es sich um eine der besten populärwissenschaftlichen Veröffentlichungen des Jahrzehnts, in der es um neue archäologische Funde, Theorien zur Entstehung der Welt, soziologische Fragestellungen zur Rolle von Schwarzen und Frauen in den Wissenschaften und um dutzende weitere aktuelle Themen ging. Ziel war es, etwas frischen Schwung in die Berichterstattung zu wissenschaftlichen Themen zu bringen, wozu in jeder Ausgabe auch einige großformatige und seriös anmutende Werbeanzeigen für den „Micronite-Filter" der Zigarettenmarke Kent gehörten, „hergestellt aus reinem, staubfreiem und völlig harmlosem Material, das so sicher ist, dass es sogar bei der Luftfilterung in den Operationsräumen führender Krankenhäuser zur Anwendung kommt". Das mehr oder weniger geheime „harmlose Material" war zumindest in den 1950er-Jahren eine Zeitlang Krokydolith-Asbest (blauer Asbest).

Den Zigarettenherstellern gelang es für eine Weile, viele Menschen über das Ausmaß bestimmter Risiken im Unklaren zu lassen. 1966 ergab eine Umfrage unter Erwachsenen, dass nicht einmal die Hälfte der Befragten Rauchen für eine „bedeutende" Ursache von Lungenkrebs hielt.[26] Erhebungen, die im selben Jahr für den U.S. Public Health Service durchgeführt wurden, hatten zum Ergebnis, dass nur 46 Prozent der Befragten die Frage „Gibt es überhaupt eine Möglichkeit, jemanden davor zu schützen, Lungenkrebs zu bekommen?" mit Ja beantworteten. Von diesen antworteten zwanzig Prozent „ja" auf die gleiche Frage nach

[26] Louis Harris, „Most Still Doubt Cigarettes Are Major Cause of Cancer", *Washington Post*, 2.1.1967, Bates 500323778. Dokumente mit „Bates-Nummern" (Codenummern für Gerichtsprozesse) sind online auffindbar unter http://legacy.library.ucsf.edu/(3.4.2017).

Lungenemphysemen und chronischer Bronchitis.[27] 13- und 14-Jährige wurden nicht befragt, obgleich es überraschend wäre, wenn deren Bewusstsein hier in irgendeiner Weise stärker ausgeprägt gewesen wäre. Doch wie viele Leute wissen denn heute, dass Rauchen eine der Hauptursachen für Erblindung, Blasen- und Bauchspeicheldrüsenkrebs ist? Oder (wahrscheinlich) für Brustkrebs?[28] Wir brauchen bessere Maße für diese und andere Arten von Unwissenheit – *agnometrische Indikatoren*, die uns Auskunft darüber geben, wie viele Menschen X, Y oder Z nicht wissen.

Ein neues Element in der Geschichte der Tabakindustrie ist, dass diese über die vergangenen etwa zwanzig Jahre hinweg Historiker beschäftigt hat, und zwar mit dem Ziel, die Tabakstory auf eine Weise zu erzählen, die Geschworene in Gerichtsprozessen sympathisch finden könnten. Die Historiker werden eingesetzt, um aufzuzeigen, dass Korrelation nicht Kausalität bedeutet, dass die Geschichte unübersichtlich ist, dass wir bei ihrer Beurteilung vorsichtig sein müssen, dass gute Geschichtsschreibung sogar bedeuten kann, dass wir die Vergangenheit *nicht* beurteilen, usw.[29] Geschichtswissenschaftler werden in den allermeisten Fällen zu tabakbezogenen Gerichtsverfahren geladen, um darüber auszusagen, was als „Wissensstand" und als „Allgemeinwissen" galt – also im Wesentlichen als Stand der Wissenschaft zu früheren Zeiten und was die Menschen über das Risiko wussten. Bis 2005 haben mindestens 36 Historiker unter Eid für die Industrie ausgesagt – und nur drei gegen sie (ich selbst, Louis Kyriakoudes und Allan Brandt).[30] Ziel der Industrie war es, die *Geschichte* des Tabaks zu kontrollieren, so wie sie auch schon früher die *Wissenschaft* des Tabaks kontrolliert hatte. Eine typische Methode hierzu war Philip Morris' „Project Cosmic", ein 1987 gestarteter Versuch zur Schaffung „eines ausgedehnten Netzwerks von Wissenschaftlern und Historikern aus der ganzen Welt", das die Geschichte des Drogengebrauchs erzählen sollte.[31] David Musto aus Yale, David Harley aus Oxford, John Burnham von der Ohio State University und einige andere wurden gebeten, Artikel für die Industrie zu verfassen, „um dafür zu sorgen, dass die vorteilhaften Auswirkungen des Nikotins einen größeren Bekanntheitsgrad erlangen".[32] Mustos Arbeit wurde als besonders nützlich dafür angesehen, „eine

---

[27] *Use of Tobacco: Practices, Attitudes, Knowledge, and Beliefs. United States – Fall 1964 and Spring 1966* (Gesundheits-, Bildungs- und Wohlfahrtsministerium der Vereinigten Staaten, Juli 1969), 52, 68.

[28] California Environmental Protection Agency, *Proposed Identification of Environmental Tobacco Smoke as a Toxic Air Contaminant*, Sacramento 2003.

[29] Vgl. meinen Aufsatz „Should Medical Historians Be Working for the Tobacco Industry?", *Lancet* 363 (2004), 1174.

[30] Vgl. Proctor, „Everyone Knew" (Anm. 21), iv117–iv125.

[31] „Chronology and Development of Project Cosmic" (Philip Morris), 1988, Bates 2023919844-9907; „Project Cosmic", 18.2.1992, Bates 2040573257-3270.

[32] „Plans for the Smoking Research Project" (Philip Morris), 1988, Bates 2001260131-0136.

ausgewogene Position zum Substanzgebrauch in den Medien" zu präsentieren.[33] Hunderttausende Dollar wurden den Forschungsdirektoren von „Cosmic" bezahlt; allein Musto erhielt fast 500 000 Dollar.[34] Die Zahlungsempfänger publizierten zur Geschichte des Tabaks, ohne die Förderung durch die Industrie überhaupt zu erwähnen. David Harley hat beispielsweise einen Artikel über „Die Anfänge der Tabakkontroverse" im *Bulletin of the History of Medicine* veröffentlicht und dankt darin einem gewissen Daniel Ennis „dafür, mich in meinem Interesse an diesem Thema bestärkt zu haben".[35] An keiner Stelle erwähnt er, dass Ennis' „Bestärkung" in Form eines Haufen Geldes erfolgt ist, das von Philip Morris kam.

Die geläufigsten Definitionen des Begriffs der Expertise sind in den tabakbezogenen Gerichtsverfahren der jüngeren Vergangenheit auf interessante Weise zugunsten der Verteidigung vereinseitigt worden. Vereinseitigt, da ein Historiker durch die Beschränkung seiner Perspektive auf den gegenwärtigen „Stand der Wissenschaft" den augenblicklichen „Stand der Irreführung" außer Acht lassen kann. Wenn es eine Vielfalt in den Meinungen über Tabak als Ursache für Krebs gibt, welcher Anteil an dieser Vielfalt ist dann von der Industrie selbst erzeugt worden? Auf ähnliche Probleme stößt unsere Auseinandersetzung mit der Frage, in welchem Umfang die Risiken des Tabakkonsums „Allgemeinwissen" waren. Wir müssen wissen, was die Menschen wussten, aber auch, was sie nicht wussten (und warum nicht). Das „allgemeine Unwissen" muss untersucht und, genauso wie das Allgemeinwissen, begriffen werden.

Die großen Tabakkonzerne wollen uns glauben machen, dass hier eigentlich nur zwei Arten von Wissen im Spiel sind: das populäre und das wissenschaftliche. Ignoriert wird dabei die Rolle der Industrie, die sie bei der Erzeugung von Unwissen spielt: durch Werbung, verlogene Pressemitteilungen, die Finanzierung von Ablenkungsforschung, die Gründung wissenschaftlicher Tarnorganisationen, Manipulationen der legislativen Agenda[36], durch die Erzeugung „freundlich gesonnener Forschung" für die Veröffentlichung in populären Magazinen sowie unzählige weitere mit den dunklen Künsten der Agnotologie gewonnene Verfah-

---

[33] „Chronology and Development of Project Cosmic", Bates 2023919844-9847.

[34] „Project Cosmic: Budget/Spending Status", 1991, Bates 2023160927.

[35] David Harley, „The Beginnings of the Tobacco Controversy: Puritanism, James I, and the Royal Physicians", *Bulletin of the History of Medicine* 67 (1993), 28. Harleys Beitrag vermittelt hier die Botschaft von einer zeitlosen „Kontroverse", die vielleicht niemals gelöst werden wird. Auf ähnliche Weise spricht auch Musto über ein zwischen Bejahung und Verdammung des Drogengebrauchs hin und her schwingendes Pendel mit einer Periodizität von etwa 70 Jahren. Letzterer Gedanke ist von einer Reihe von Wissenschaftsjournalisten (zum Beispiel von Gina Kolata) aufgegriffen worden, von denen niemand diese These als ein Konstrukt der Industrie durchschaut hat, die den Zweck verfolgte, das Rauchen als etwas Natürliches und Unabänderliches erscheinen zu lassen.

[36] Stanton A. Glantz, John Slade, Lisa A. Bero, Peter Hanauer, Deborah E. Barnes (Hgg.), *The Cigarette Papers*, Berkeley 1996, 171–200.

ren. In das Bemühen, das zu kreieren, was die Anwälte der Industrie (im Privaten) als eine Form „gelehrter Unwissenheit“[37] bezeichnet haben, wurden massive finanzielle Mittel gesteckt. Und schließlich verstand sich die Industrie selbst als Herstellerin zweier unterschiedlicher, aber voneinander abhängiger Produkte: Zigaretten und *Zweifel*. Wie Fred Panzer, Vizepräsident des Tobacco Institute, in einem Memo von 1971 schrieb, war das Ziel der Industrie die Hervorrufung von „Zweifeln an den gesundheitlichen Bedenken, ohne sie im eigentlichen Sinne abzustreiten“.[38] Vertreter von Brown & Williamson hatten zuvor bereits (intern) zugegeben, dass „Zweifel unser Produkt sind“[39], und in den 1980er-Jahren reagierte Philip Morris auf die „Bedrohung“ des Passivrauchens mit der Festlegung des folgenden obersten „strategischen Ziels“: „auf der wissenschaftlichen Ebene die Zweifel am Passivrauchen aufrechterhalten“.[40]

Die Agnotologie der Tabakindustrie orientiert sich allerdings an keinem bestimmten zentralen Dogma; ihre Philosophie ist opportunistisch und stets dem Ziel untergeordnet, Zigaretten zu verkaufen und Gerichtsverfahren zu gewinnen, üblicherweise durch Hinhaltetaktiken, die in der Industrie als „Sand im Getriebe“ bekannt sind.[41] Die Zigarettenleute werden, wenn es gerade passt, vom Popperianer zum Konstruktivisten; sie lieben die Argumentation, dass eine auch noch so große Zahl von Experimenten niemals eine Theorie beweisen kann, wissen aber zugleich auch, wie sie so lange auf dem Wortlaut eines Beweises herumhacken können, bis er in seine Einzelteile zerfällt. (Denken wir an den Wissenschaftler der Academy for Tobacco Studies im Film *Thank You for Smoking*, der sogar „die Schwerkraft widerlegen“ konnte.) Und bei der Frage der Nachweisbarkeit von Risiken sind die Beweisstandards der Industrie dann so hoch, dass nichts in der Welt ihnen genügen könnte. Stets bedarf es „weiterer Forschung“, immer wird der Grundsatz „im Zweifel für den Angeklagten“ bemüht, so als ob die Zigaretten vor Gericht stünden und solange als unschuldig zu gelten hätten, bis ihre Schuld eindeutig bewiesen wäre. Die Industrie liebt diese Art von „Nullhypothese“: Sie hebt mit der Prämisse „es ist kein Schaden entstanden“ an und scheitert dann mit ihren kläglichen Versuchen der Falsifikation. Ähnliche Strategien sind auch von anderen Industrien zum Zwecke der Widerlegung der Gefährlichkeit von Blei, Asbest und Ähnlichem verfolgt worden, und die Zweifler an der globalen Erwärmung aus Ölindustrie und Neokonservativismus haben von den Zweifelsäern der Tabakindustrie auch die eine oder andere Lektion gelernt.[42]

---

[37] Jones, Day, Reavis, Pogue, „Corporate Activity Project“ (Anm. 25), 71.

[38] Fred Panzer an Harace R. Kornegay, 1.5.1972, Bates 87657703–7706.

[39] Glantz, Slade, Bero, Hanauer, Barnes (Hgg.), *Cigarette Papers* (Anm. 36), 171.

[40] Daniel J. Edelman, „INFOTAB ETS-Project: The Overall Plan“, 12.3.1987, Bates 2022934011–4024, 8.

[41] Craig R. Fuller, stellvertretender Vizepräsident, Abteilung Unternehmensangelegenheiten, und Kathleen Linehan, Vizepräsidentin, Abteilung Regierungsangelegenheiten, „Presentation of the Board of Directors“, 24.6.1992, Bates 2047916010.

[42] Vgl. Naomi Oreskes, Erik M. Conway, „Challenging Knowledge: How Climate Science

Tugendhaftes Unwissen? „Nicht wissen" als Widerstand oder moralische Achtsamkeit

Der Gedanke klingt entsetzlich: Wie könnte irgendjemand den Fortschritt der Wissenschaften bremsen wollen? Wissen ist das Licht, warum also sich ins Dunkle hüllen? Ist man mit dem Wutgeschrei fertig, dann fällt allerdings doch auf, dass es offensichtlich viele Dinge gibt, die ‚wir' nicht wissen wollen – und viele weitere, von denen wir lieber nicht wollen, dass andere sie von uns wissen. Ich habe das ‚Recht auf Privatsphäre' erwähnt, doch es gibt noch weitere Bereiche, in denen ‚weniger mehr ist', wenn es um Wissen, auch das wissenschaftliche, geht.

Wir kennen das aus bekannten Sprichwörtern wie dem, dass es nicht immer einfach ist, „die Geister, die man rief", wieder loszuwerden. Wissen, das wir lieber in die Vergangenheit verbannen oder auf sie beschränken würden, entgleitet uns. Dazu wären viele Technologien und Kenntnisse zu zählen; wenn nicht die, die den Umgang mit Plutonium oder Uran betreffen, dann vielleicht die Kenntnisse von Foltermaßnahmen oder über den Bau von Neutronenbomben oder einiger unserer grausameren Biowaffen. Man kann dafür arbeiten, verdorbenes Wissen zunichte zu machen. Das ist ein Ziel von Bildung, aber auch der leitende Grundsatz militärischer Geheimhaltung, insofern die Machthaber nicht wollen, dass gefährliches Wissen in die falschen Hände gerät.

Die Universitäten schließen viele Arten von Forschung routinemäßig von vornherein aus – zum Beispiel solche, die an Bedingungen geknüpft, mit bestimmten Risiken für menschliche oder tierliche Versuchsobjekte behaftet oder ausschließlich profitorientiert sind usw. Viele Universitäten verweigern auch eine Forschung zu militärischen Zwecken sowie die, die offensichtlich bestimmte Interessenkonflikte in sich birgt. Das Energy Institute der University of California in San Francisco nimmt zum Beispiel keine Gelder aus dem Kontext der Öl- und Gasindustrie an, und viele Universitäten haben darum gerungen, ob sie Projekte genehmigen sollten, die von der Tabakindustrie finanziert werden. Die Überlegungen, die hinter solchen Beschränkungen stehen, sind von Fall zu Fall verschieden, doch eine übergreifende Theorie besagt, dass bestimmte Arten wissenschaftlicher Forschung ein Wissen produzieren werden, das tendenziös oder nicht wünschenswert ist.

Wissenschaftliche Zeitschriften erlegen sich oft andere Einschränkungen auf. Da sind die bekannten disziplinären und rhetorischen Grenzen, es werden aber manchmal auch Projekte ausgeschlossen, die aus bestimmten Quellen finanziert wurden, ebenso wie Untersuchungsobjekte illegitimer Herkunft (be-

---

Became a Victim of the Cold War", in: Proctor, Schiebinger (Hgg.), *Agnotology* (Anm. 13), 55–89; George Monbiot, *Heat. How to Stop the Planet from Burning*, London 2006; *Cancer Wars* (Anm. 19), Kapitel 5.

sonders in der Archäologie). Die ganze Idee einer „Forschungsethik“ setzt voraus, dass Unwissen unter manchen Umständen einem durch unlautere Mittel erworbenen Wissen vorzuziehen sei. Die American Medical Association empfahl 1996, dass wissenschaftliche Zeitschriften es ablehnen sollten, von der Tabakindustrie finanzierte Forschungsergebnisse zu veröffentlichen[43], und mittlerweile gibt es Aufrufe an geschichtswissenschaftliche Zeitschriften, das Gleiche zu tun – angesichts der heimlichen Unterstützung solcher Publikationen durch die Industrie.[44] Die Historiker hatten noch nicht viel Erfahrung mit der Begrenzung der aus solchen Quellen stammenden Forschung, und nur wenige Zeitschriften haben bisher die Offenlegung möglicher Interessenkonflikte verlangt. Das könnte sich in dem Moment ändern, in dem die Geschichtswissenschaftler feststellen, dass ihre Forschung genauso einfach ‚gekauft‘ werden kann wie jede andere auch. Offenlegungen und sogar ‚Transparenz‘ sind allerdings zweischneidige Schwerter, was sich an der Arbeit der Tabakindustrie an Entwürfen für den *Data Access Act* von 1998 und den darauffolgenden *Data Quality Act* von 2000 sowie an der Organisation ihrer Verabschiedung gezeigt hat. Die neuen Gesetze erlauben es der Industrie, die Rohdaten von jedem einzusehen, der irgendeine naturwissenschaftliche oder medizinische Studie publiziert, in deren Finanzierung Fördermittel des Bundes eingeflossen sind. Die Industrie hat eine solche Gesetzgebung vorangetrieben, um es ihr zu ermöglichen, Forschungsergebnisse neu zu analysieren und zu interpretieren (was bedeutet, in ihnen nach Fehlern zu suchen), die auf irgendeine schädliche Wirkung des Tabakkonsums hindeuten.[45] Philip Morris hat das Lobbyunternehmen Multinational Business Services und andere Tarnorganisationen eingesetzt, um diese Gesetze durchzudrücken – gegen die Bedenken sowohl vonseiten der Nationalen Akademie der Wissenschaften als auch der American Association for the Advancement of Science. Das Fazit lautet also: Das scheinbar noble Ziel der Transparenz kann auch als Werkzeug im Dienste der organisierten Heuchelei fungieren.

Ein Grundprinzip der Forschungsethik – wie der Ethik generell – lautet, dass nicht alles um jeden Preis gewusst werden sollte. Viele Arten wissenschaftlicher Experimente sind untersagt, entweder aus rechtlichen oder aus weniger offiziellen Gründen, was zu einer Toleranz gegenüber dem Unwissen in Bereichen führt, in denen die Kosten für die Erlangung von Wissen als zu hoch eingeschätzt werden. Ein interessantes Beispiel für die absichtliche Wissensverweigerung ist die Übereinkunft der meisten archäologischen Zeitschriften darüber, nichts über Artefakte ohne eine explizit genannte und akzeptable „Herkunft“ zu publizieren,

---

43 „Tobacco-funded Research“, AMEDNEWS.COM, 22.7.1996.

44 Siehe erneut meinen Aufsatz „Should Historians“ (Anm. 29).

45 Annamaria Baba, Daniel M. Cook, Thomas O. McGarity, Lisa A. Bero, „Legislating ‚Sound Science‘: The Role of the Tobacco Industry“, *American Journal of Public Health* 95 (2005), 20–27; Rick Weiss, „‚Data Quality‘ Law Is Nemesis of Regulation“, *Washington Post*, 16.8.2004, A1.

durch die nachgewiesen wird, dass das fragliche Objekt entweder in den letzten Jahren auf legale Weise oder vor einem vereinbarten länger zurückliegenden Zeitpunkt illegal in Besitz genommen wurde. Schätzungen gehen davon aus, dass die Hälfte aller Artefakte in den Sammlungen der Museen illegal erworben worden seien – obwohl sich die rechtlichen Standards in diesem Bereich in den letzten Jahren erheblich gewandelt haben. Die Logik dieser Politik ist die, dass uneingeschränkte Publikationsmöglichkeiten Plünderungen begünstigen würden, da Veröffentlichungen ein Bestandteil des Prozesses sind, durch den Artefakte ihren Wert erhalten (sowohl durch ihre Zertifizierung als auch durch ihre Bekanntmachung). Verschiedene archäologische Traditionen betrachten die Frage danach, wie mit geraubten Artefakten zu verfahren sei, sehr unterschiedlich. „Kontextualisten" (auch bekannt als „Schmutzarchäologen", die Fundorte im Quadratmetermaßstab untersuchen) tendieren zu der starken Position, dass Artefakte mit unlauterer Herkunftsgeschichte nicht publiziert werden sollten. (Manche deuten sogar an, diese sollten zerstört werden, so wie Daniel Arap Moi das ganze Elfenbein verbrannt hat.) Linguistische Archäologen – ‚Codeknacker' – neigen dagegen zu größerer Toleranz und weisen darauf hin, dass man sich aller verfügbaren Evidenzen bedienen muss, wenn Übersetzungen – etwa von Maya-Stelen – möglich sein sollen. Diese verschiedenen epistemischen Traditionen unterhalten dem Plündern gegenüber verschiedene Einstellungen: „Schmutzarchäologen" neigen dazu, den Kontext, das erste Opfer der Plünderung, höher zu bewerten, während Philologen dazu tendieren, vergleichende Analysen von ganzen Reihen „bedeutender Artefakte" stärker zu gewichten, wozu häufig ein Zugriff auf private Sammlungen nötig ist. Die beiden Traditionen vertreten verschiedene Interpretationen der Kosten bestimmter Arten von Wissen und Unwissen.

Wenn Wissen Macht ist (was es in der Tat manchmal, aber nicht immer ist), dann mag es für die Demontage bestimmter Machtformen erforderlich sein, wieder zu Unwissensbeständen – und damit zur Inkompetenz – auf dem betreffenden Feld zurückzukehren. Die Geschichte ist voll von solchen Revisionen, vom bewussten Verzicht auf bestimmte Fähigkeiten zwecks Verbesserung einer gewissen Lebensweise. Und wir reden hier nicht nur über die Tugendhaftigkeit der Amischen; wer kennt heutzutage noch all jene Techniken, über die die Sklavenhalter einst zur Kontrolle ihrer Sklaven verfügt haben? Das ist verlorenes Wissen, was es auch sein soll (auch wenn Museen dies vielleicht anders sehen mögen). Wer könnte traurig sein über den Verlust des Wissens um die ganzen Foltertechniken auf der Welt? Häufig ist die Ablehnung von Techniken von solcher Art. Wir hören oft, dass die Zeit nicht zurückzudrehen sei, eine Vorstellung, die so absurd ist wie die, dass man Diebe nicht vor Gericht bringen könne. Der Grund für die Vermeidung, Ablehnung oder Aufgabe von Technologien ist also nicht allein Torheit.

Es gibt noch viele weitere Gründe dafür, dass Menschen nicht alles Wissen jederzeit überall verfügbar haben wollen. Nicht alle wollen wissen, welche Arten von genetischen Defekten sie (oder ihre Kinder) in ihren Genomen mit sich herumtragen. Archäologen publizieren die Orte bestimmter Ausgrabungsarbeiten bewusst nicht, da sie Plünderungen fürchten (ebenso verhalten sich Botaniker, wenn sie auf neue Kakteenarten stoßen), und manche Ethnographen veröffentlichen ihre Kenntnisse von bestimmten Biopharmazeutika in den Sprachen der „Eingeborenen", um den Einheimischen einen Vorteil gegenüber den multinationalen Konzernen zu verschaffen. Der Zugang zu allen möglichen Arten von Informationen ist beschränkt – Unwissen wird also bewusst erzeugt –, und das aus mehr Gründen, als der Mond Krater hat.

Einige abschließende Fragen

Man kann sich das Nichtwissen auf viele Arten und Weisen denken – als Tragödie, Verbrechen, Provokation, Ansporn, Exzess oder Enteignung, als Handicap, Verteidigungsmechanismus oder Hindernis, als Chance, als Garant für rechtliche Neutralität, als gefährliches Übel, wundersame Unschuld, Ungerechtigkeit oder Erlösung, als beste Verteidigungsstrategie der Schwachen oder übliche Ausrede der Mächtigen usw. Es gibt gewiss so viele Möglichkeiten, über das Unwissen nachzudenken, wie über das Wissen, und die soziologische Beschreibung beider Fälle ist gleichermaßen komplex. Es gibt viele Arten von Unwissen und viele verschiedene Gründe dafür, es aufzudecken, zu tilgen, zu bedauern oder anzustreben.

Wir neigen dazu, uns das Unwissen als etwas Negatives vorzustellen; wann aber kann es zu einer Tugend werden? Oder zu einem Imperativ? Der Philosoph John Rawls hat einen „Schleier des Nichtwissens" als eine Art ethischer Methode vertreten: Wir sollten uns selbst als Personen vorstellen, die nicht wissen, an welcher Position sie sich in einer ethisch relevanten Situation wiederfinden; das Unwissen darüber, wie wir persönlich abschneiden, soll eine gewisse Neutralität und somit Ausgewogenheit in der Beurteilung solcher Situationen sicherstellen. Ähnliches begegnet uns im Gerichtssaal, wo die Geschworenen die Besonderheiten der Straftat ignorieren sollen, die sie beurteilen müssen – im Unterschied zu der Zeit vor dem 17. Jahrhundert, als die Geschworenen noch so viel wie irgend möglich über den jeweiligen Fall wissen sollten. (Erst später wurden Geschworene und Zeugen eindeutig voneinander unterschieden, und zwar unter Zugrundelegung der Theorie, dass Unwissen vor Voreingenommenheit schützt.) Wissen ist hier interessanterweise mit Voreingenommenheit und Unwissen mit Ausgewogenheit verknüpft.

Und wie wichtig ist die Genese von Unwissen für moderne Unternehmen? Viele davon kultivieren Unwissen als Versicherungspolice: Wenn das, was du nicht weißt, dir nicht schaden kann, dann ist es manchmal besser, es nicht zu wissen. Die Richtlinien zur Aufbewahrung von Dokumenten sind in vielen Unternehmen nach der Inkraftsetzung des *Master Settlement Agreement* (1998) abgeändert worden; dieses erzwang die Veröffentlichung von zig Millionen bisher als geheim eingestufter Dokumente der Tabakindustrie im Internet. Der traditionelle Trick der Anwälte der Industrie, eine klagende Partei mit Dokumenten zu überhäufen (auch bekannt als „Dumping"), rächte sich zusehends mit dem Aufkommen des Internets und von Suchmaschinen, da dies den Besitzern von Informationen die Gefahren verdeutlicht hat, die mit dem Vorhalten vieler belastender Dokumente verbunden sind. Im neuen Jahrtausend haben sich viele Firmen Richtlinien zur Löschung von E-Mails gegeben, um nicht solche Dokumente (in Papierform oder elektronisch) zu hinterlassen – dies erneut vor dem Hintergrund der Theorie, dass das, was man nicht weiß, einem auch nicht schaden kann. (Allerdings ist eine unzureichende Dokumentation auch bereits in bestimmten Gerichtsverfahren genutzt worden, um die Vernichtung von Dokumenten zu behaupten.)

Und wie steht es um den medizinischen Bereich oder die Gesundheitswissenschaften? Richard Peto hat behauptet, dass das Unwissen eines bestimmten Typs für den Fortschritt in der Epidemiologie essentiell sei. Niemand muss irgendetwas über die Biochemie von Krebserkrankungen wissen, um festzustellen, dass sie von Zigaretten verursacht werden; es sei entscheidend, die Dinge einzuklammern, die wir nicht wissen, statt wie gelähmt darauf zu warten, bis das Wissen überallhin vorgedrungen ist.[46] Die Tabakindustrie hat diesbezüglich für Verwirrung gesorgt, indem sie so getan hat, als müsste auch die allerletzte Tatsache über eine Krankheit geklärt sein, bevor wir sagen könnten, was sie hervorruft.

John Snows Entfernung des Pumpenschwengels auf der Broad Street in St. James Parish hat das Gegenteil bewiesen – mit allen Fehlern und Schwächen: Manchmal wissen wir genug, um zu handeln, trotz ganzer Ozeane des Nichtwissens.[47] Ebenfalls entscheidend: Um wessen Unwissen handelt es sich? Und gegen wen ist es gerichtet? Das Unwissen hat eine Geschichte und ist stets ungleich verteilt; die Geographie des Unwissens weist Berge und Täler auf. Wer ist warum und in welchem Maße unwissend? Wie können wir bessere agnometrische Indikatoren entwickeln? Was hält das Unwissen an dem einen Ort, während es an einem anderen einfach verpufft? Und welche unserer unzähligen Instanziierungen von Nichtwissen werden toleriert und welche bekämpft?

Aus dem Amerikanischen von Frank Lachmann

---

46 Richard Peto, „Ignorance in Cancer Research", in: Duncan, Weston-Smith (Hgg.), *Encyclopedia* (Anm. 9), 129–133.

47 Der Mediziner John Snow erkannte, dass die Londoner Choleraepidemie von 1854 wohl vor allem durch eine bestimmte Wasserpumpe verursacht wurde. Ohne letztlich Gewissheit für seine Theorie zu haben, setzte er die Pumpe außer Betrieb, was die Zahl der Infektionen massiv verringerte (Anm. d. Hgg.).

Zu den Autorinnen und Autoren

Lorraine Daston, Direktorin am Max-Planck-Institut für Wissenschaftsgeschichte in Berlin, Permanent Fellow des Wissenschaftskollegs zu Berlin und ständige Gastprofessorin des Committee on Social Thought an der University of Chicago. Studium und Promotion an der Harvard University; Lehrtätigkeiten in Princeton, Harvard, Göttingen und Chicago. Gastaufenthalte u. a. in Stanford, Paris, Wien und Oxford. Wichtige Publikationen: (mit Peter Galison), *Objectivity* (2007), *Science in the Archives* (2017).

Martin Doll, Juniorprofessor für Medien- und Kulturwissenschaft an der Heinrich-Heine-Universität Düsseldorf. Studium ‚Drama, Theater, Medien' in Gießen. Promotion in Frankfurt am Main; danach Forschungs- und Lehrtätigkeiten in Gießen, Frankfurt am Main, Berlin und Luxemburg. Wichtige Publikationen: (Hg. mit Oliver Kohns) *Figurationen des Politischen I und II* (2016), *Fälschung und Fake. Zur diskurskritischen Dimension des Täuschens* (^{2}2015).

Andreas Gelhard, Professor für Allgemeine und systematische Pädagogik an der Universität Bonn. Studium der Philosophie, Neueren Geschichte und Komparatistik in Bonn und Bochum. Danach Lehrtätigkeit in Frankfurt und Darmstadt, Wissenschaftslektor im Suhrkamp Verlag, Wissenschaftlicher Leiter des Forums Interdisziplinäre Forschung der TU Darmstadt. Assistenzprofessor für Philosophie und Bildungswissenschaft an der Universität Wien. Wichtige Publikationen: *Skeptische Bildung. Prüfungsprozesse als philosophisches Problem* (2018), *Kritik der Kompetenz* (^{3}2018), (Hg. mit Thomas Alkemeyer und Norbert Ricken), *Techniken der Subjektivierung* (2013).

Raymond Geuss, Professor Emeritus an der Universität Cambridge. Studium der Philosophie an der Columbia Universität (New York City) und in Freiburg/Brsg. Lehrtätigkeit in Heidelberg, New York, Chicago und Princeton; seit 1993 in Cambridge. Fellow der Britischen Akademie. Letzte Veröffentlichungen: *A World without why* (2014), *Reality and its dreams* (2016), *Changing the subject* (2017).

Ruben Hackler, Mitglied im Doktoratsprogramm des Zentrums Geschichte des Wissens (ETH | Universität Zürich). Studium der Neueren und neuesten Geschichte, Philosophie und Politikwissenschaft an der Humboldt-Universität Berlin und FU Berlin. Wichtige Veröffentlichung: (Hg. mit Katherina Kinzel) *Paradigmatische Fälle. Konstruktion, Narration und Verallgemeinerung von Fall-Wissen in den Geistes- und Sozialwissenschaften* (2016).

Michael Hagner, Professor für Wissenschaftsforschung an der ETH Zürich. Nach dem Studium der Medizin und Philosophie an der FU Berlin Forschungs- und Lehrtätigkeiten u.a. in London, Lübeck, Göttingen, Tel Aviv und Berlin. Neue Publikationen: *Zur Sache des Buches* (2015), *Die Lust am Buch* (2019), *Das Foucaultsche Pendel zwischen Glauben und Wissen* (2019).

Jens Kertscher, wissenschaftlicher Mitarbeiter am Institut für Philosophie der TU Darmstadt. Studium der Philosophie und Romanistik in Köln, Florenz, Tübingen und Heidelberg. Promotion in Heidelberg. Wichtige Publikationen: (Hg.) *Pragmatismus – Philosophie der Zukunft?* (2008), (Hg. mit Jan Müller) *Lebensform und Praxisform* (2015), *Praxis und zweite Natur. Begründungsfiguren normativer Wirklichkeit in der Diskussion* (2017).

Markus Krajewski, Professor für Mediengeschichte und Medientheorie an der Universität Basel. Studium der Kulturwissenschaft und Germanistik, Soziologie und Philosophie in Köln und Berlin. Danach Forschungs- und Lehrtätigkeiten in Berlin, Weimar, Harvard und Lüneburg. Wichtige Publikationen: *Der Diener. Mediengeschichte einer Figur zwischen König und Klient* (2010), *Paper Machines. About Cards & Catalogs (1548–1929)* (2011).

Marcel Lepper, Leiter des Literaturarchivs der Akademie der Künste, Berlin, zugleich außerplanmäßiger Professor für Neuere deutsche Literatur an der Universität Stuttgart. Studium der Germanistik, Geschichte und Philosophie an den Universitäten Münster, Paris IV, Johns Hopkins und an der FU Berlin. 2008 Promotion, 2015 Habilitation. Forschungs- und Lehrtätigkeiten u.a. in Wisconsin, Kent, Princeton und Berlin. Letzte Veröffentlichungen: *Goethes Euphrat. Philologie und Politik im West-östlichen Divan* (2016), (Hg. mit Hendrikje Schauer) *Theorie. 100 Bücher nach 2001* (2017).

Martin Mulsow, Professor für Wissenskulturen der europäischen Neuzeit an der Universität Erfurt und Direktor des Forschungszentrums Gotha. Studium der Philosophie, Germanistik und Geschichte an den Universitäten Tübingen, Berlin und München. 1991 Promotion, 2000 Habilitation. Von 2005 bis 2008 Professor für Geschichte an der Rutgers University in den USA. Letzte Veröffentlichungen: *Prekäres Wissen. Eine andere Ideengeschichte der Frühen Neuzeit*, (2012), (Hg. mit Frank Rexroth) *Was als wissenschaftlich gelten darf. Praktiken der Grenzziehung in Gelehrtenmilieus der Vormoderne* (2014).

Oliver Nievergelt, Doktorassistent am Departement der Philosophie der Universität Freiburg i. Ü. Studium der Philosophie, Geschichte und Russischen Literaturwissenschaften in Zürich und St. Petersburg. 2018 Promotion in Philosophie an der ETH Zürich. Die Veröffentlichung der Dissertation *Die Idee geschichtswissenschaftlicher Objektivität – Eine tugendepistemologische Erkundung* befindet sich in Vorbereitung.

Tanja Paulitz, Professorin für Kultur- und Wissenssoziologie am Institut für Soziologie der Technischen Universität Darmstadt. Studium in Marburg, Bochum, Frankfurt am Main und Moskau. Forschungs- und Lehrtätigkeiten u. a. in Kassel, Berlin, Graz und Aachen. Wichtige Buchpublikationen: *Mann und Maschine. Eine genealogische Wissenssoziologie des Ingenieurs und der modernen Technikwissenschaften, 1850–1930* (2012), (Hg. mit Barbara Hey, Susanne Kink und Bianca Prietl) *Akademische Wissenskulturen und soziale Praxis. Geschlechterforschung zu natur-, technik- und geisteswissenschaftlichen Fächern* (2015).

Robert N. Proctor, Professor für Wissenschaftsgeschichte an der Stanford University. Studium der Biologie an der Indiana University Bloomington und der Wissenschaftsgeschichte an der Harvard University. Wichtige Veröffentlichungen: *Value-free Science? Purity and Power in Modern Knowledge* (1991), *Golden Holocaust. Origins of the Cigarette Catastrophe and the Case for Abolition* (2012), (Hg. mit Gary S. Cross) *Packaged Pleasures. How Technology and Marketing Revolutionized Desire* (2014).

Katja Sabisch, Professorin für Gender Studies an der Ruhr-Universität Bochum. Studium der Soziologie an der Universität Bielefeld mit dem Schwerpunkten Geschlechter- und Wissenssoziologie sowie Wissenschaftsgeschichte. Wichtige Publikationen: *Der Mensch als wissenschaftliche Tatsache. Wissenssoziologische Studien mit Ludwik Fleck* (2016), (Hg. mit Beate Kortendiek und Birgit Riegraf) *Handbuch interdisziplinäre Geschlechterforschung* (2017).

Sandro Zanetti, Professor für Allgemeine und Vergleichende Literaturwissenschaft (AVL) an der Universität Zürich. Studium der Germanistik, Geschichte und Philosophie in Basel, Freiburg im Breisgau und Tübingen. Forschungs- und Lehrtätigkeiten in Frankfurt am Main, Basel, Berlin und Hildesheim. Wichtige Publikationen: (Hg.) *Schreiben als Kulturtechnik. Grundlagentexte* (2012), *Avantgardismus der Greise? Spätwerke und ihre Poetik* (2012), (Hg.) *Improvisation und Invention. Momente, Modelle, Medien* (2014).

Cornelia Zumbusch, Professorin für Neuere deutsche Literatur an der Universität Hamburg. Studium der Neueren deutschen Literatur, Anglistik, Kunstgeschichte und Philosophie in Tübingen und Berlin. Forschungs- und Lehrtätigkeiten in München, Konstanz und Wien. Wichtige Publikationen: *Wissenschaft in Bildern. Symbol und dialektisches Bild in Aby Warburgs Mnemosyne-Atlas und Walter Benjamins Passagen-Werk* (2004), *Die Immunität der Klassik* (2011), (Hg. mit Martin von Koppenfels) *Handbuch Literatur & Emotionen* (2016).

Personenregister

Abel, Othenio 270
Adams, Robert Merrihew 184
Adorno, Theodor W. 69, 77, 78
Aischylos 74
Alder, Ken 218, 225
Alkibiades 74
Ambrosius von Mailand 224
Amiet, Jacob 104, 109, 112
Anton Günther II. 104
Antonius der Große 216
Antonius, Marcus 190
Anz, Thomas 179
Aquillius Florus (Gaius Aquillius Florus) 110
Archimedes (von Syrakus) 88
Arendt, Hannah 46, 47, 49, 57, 58
Aristoteles 19, 29–42, 180, 187, 188, 223, 263
Armogathe, Jean-Robert 113
Asendorf, Christoph 81
Atticus, Titus Pomponius 61
Augustinus von Hippo 224
Augustus 72

Baba, Annamaria 290
Babbage, Charles 258
Bach, Johann Sebastian 104
Bacon, Francis 276
Baehr, Jason 20, 29, 101, 102
Barnes, Jonathan 36
Bartholow, Robert 143, 144
Basedow, Johann Bernhard 85
Basso, Laura 7
Battaly, Heather 20
Baumeister, Roy 182
Bayle, Pierre 168
Bazerman, Charles 136
Beaumont, Israel 141
Beaumont, William 140, 141
Beck, Theodor 227
Becker, Peter 160
Bell, David 168
Bendix, Ludwig 146, 161
Benjamin, Walter 172
Benne, Christian 193
Beringer, Johann Bartholomäus Adam 256–258, 264–270
Bernays, Jacob 192, 193
Bero, Lisa A. 290
Bertucci, Paola 138
Biagoli, Mario 278
Bingner, Adrian 154
Bion von Smyrna 192
Bischoff, Christine 236
Blackbourn, Simon 151
Blumenberg, Hans 169, 239
Bochenski, Joseph 25
Böckenförde, Ernst-Wolfgang 145
Boeckh, August 186–188, 190–193, 195–197, 233
Böhme, Gernot 165
Böhme, Jakob 114
Bok, Sisela 278
Bollacher, Martin 168
Bonjour, Laurence 101
Bonnet, Charles 84–86
Borchmeyer, Dieter 179
Böschen, Stefan 271
Bossuet, Jacques Bénigne 112
Bourdieu, Pierre 123
Bourignon de la Porte, Antoinette 114
Brandstetter, Thomas 268
Brandt, Allan M. 281, 286
Braunschweiger, David 85, 87
Bredekamp, Horst 103
Büchner, Johann Gottfried 253
Buckle, Henry Herbert 208
Bürger, Gottfried August 196
Burke, Kenneth 276
Burnham, John 286
Bursian, Conrad 180, 183, 187, 193, 194
Burwick, Frederick 176

Butler, Judith 5, 251
Butler, Samuel 267

Cahan, David 216
Calder, William III 193
Carnap, Rudolf 58
Cato, Marcus Porcius (Cato der Ältere) 189, 193
Celan, Paul 77, 78
Charmantier, Isabelle 109
Chevallier, Marjolaine 114
Chladenius, Johann Martin 241
Cicero, Marcus Tullius 59–64, 186, 190
Citron-Piorkowski, Renate 145
Clark, William 183, 216
Clerk, Benjamin 140
Clifford, William Kingdon 30, 31
Code, Lorraine 20
Collingwood, Robin George 64
Collins, Harry 13
Collins, Randall 102, 103
Comte, Auguste 274
Condillac, Étienne Bonnot de 84
Conrady, Karl Otto 197
Conway, Erik M. 288
Cook, Daniel M. 290
Corcilius, Klaus 36, 37
Crary, Jonathan 4, 146
Cremer, Annette 104
Cuvier, Georges 265, 269, 270

Dainat, Holger 233
Danson, Edwin 218
Darmstaedter, Ludwig 227, 230, 231
Daston, Lorraine 2, 5, 24, 43, 44, 46, 48, 51, 57, 58, 83, 103, 121, 122, 125, 147, 166, 201–216, 222, 223, 225, 241, 250, 253, 254, 266, 268, 269
de Baar, Mirjam 114
De Sio, Fabio 1
Delambre, Jean-Baptiste Joseph 217, 219, 236
Delbrück, Max 227
Demosthenes 188, 190, 191
Descartes, René 29, 30, 82–84, 86, 114, 169, 276
Dewey, John 33
Diderot, Denis 267
Diels, Hermann 214, 215
Dilthey, Wilhelm 95, 201, 222
Dionysios von Halikarnassos 61, 212
Doll, Martin 253–270
Domitian 190
Dörflinger, Bernd 53
Dreisbach, Jens 182
Driver, Julia 272
Droysen, Johann Gustav 117, 190, 208–210
Dürr, Ernst 95

Ebbinghaus, Hermann 94, 95
Ebert, Theodor 185
Echterhölter, Anna 131
Edelman, Daniel J. 288
Eissler, Kurt R. 175
Elias, Norbert 163, 182
Elkeles, Barbara 135
Empson, William 68
Engberg-Pedersen, Troels 37
Ennis, Daniel 287
Ennius, Quintus 63, 63, 68
Erasmus von Rotterdam 187
Erken, Rebecca 179
Erpenbeck, John 172, 173
Ersch, Johann Samuel 87
Eschke, Ernst Adolf 138, 139
Eskildsen, Kasper Risbjerg 215
Esrig, David 261
Ette, Ottmar 180
Evans, Robert 13

Fechner, Gustav Theodor 89–92, 94
Feldhaus, Franz Maria 228–236
Feldhaus, Herrad 232
Fénelon, François de Salignac de la Mothe 112, 114, 115
Ferreyrolles, Gérard 117
Fischer, Alexander 157
Fleck, Ludwik 121, 142, 247, 248
Fontane, Theodor 196
Foot, Philippa 184
Förster, Eckart 174
Forster, Leonard 258, 259, 261, 263, 267
Foucault, Michel 5, 7, 12, 43, 45, 51, 58, 123, 146, 147, 160, 169, 182, 185, 221, 245, 248–251, 265, 267

Frege, Friedrich Ludwig Gottlob 62
Frensdorff, Friedrich 150
Frevert, Ute 180
Fricker, Miranda 3, 13, 19–26, 147
Frisch, Johann Leonhard 180
Fuchs, Hans-Jürgen 112
Fülleborn, Ulrich 170
Fuller, Craig R. 288
Füssel, Marian 253, 259, 261–263, 265, 267
Fustel de Coulanges, Numa Denis 204–207

Galison, Peter 2, 5, 24, 43, 44, 46, 48, 51, 58, 121, 147, 166, 202, 223, 225
Galton, Francis 273
Gelhard, Andreas 1–8, 43–58
Gervinus, Georg 206, 207
Gettier, Edmund 29, 40, 42, 101
Geuss, Raymond 59–79
Geyer, Gerd 266
Gibbon, Edward 203, 204
Gichtel, Johann Georg 114
Gierl, Martin 253, 254, 258, 259, 262, 263, 268
Giesebrecht, Wilhelm von 206
Gillham, Nicholas 273
Ginzburg, Carlo 3
Gispen, Kees 124
Goethe, Johann Wolfgang von 165–177, 183, 221
Gögelein, Christoph 165
Goldman, Alvin 11, 118, 119
Goldschmidt, Levin 149, 151, 152
Goltzius, Hubert 116
Gooday, Graeme J. N. 225
Gorceix, Bernard 114
Görner, Rüdiger 168
Gould, Stephen Jay 267
Grafton, Anthony 117, 222
Grau, Conrad 216
Greco, John 20, 29, 31, 39
Gregor von Tours 18, 19
Gregorić, Pavel 36
Grein, Christian Wilhelm Michael 257
Grimm, Jacob 110, 180, 220, 222, 226
Grimm, Wilhelm 180, 220, 222
Gross, Hans 155–163
Grosskinsky, August 212
Gruber, Johann Gottfried 87
Grundmann, Thomas 11
Gundling, Nikolaus Hieronymus 265
Guyon du Chesnoy, Jeanne Marie 112, 113

Hacking, Ian 276
Hackler, Ruben 1–8, 145–163
Hadot, Pierre 5, 43, 44, 54, 58
Hagner, Michael 81–97
Hahn, Friedrich von 149, 151
Hahn, Paul 281
Halbig, Christoph 2, 184
Haller, Albrecht von 88
Hansen, Günther 261
Hardouin, Jean 117
Hardy, Jörg 2, 20
Harley, David 286, 287
Harnack, Adolf von 117
Harris, Louis 285
Hartmann, Andreas 94
Hartmann, Martin 180
Hartog, François 205
Haupt, Moriz 222
Hausen, Karin 128
Hegel, Georg Wilhelm Friedrich 77, 241
Heinichen, Eduard 149
Heinrich, Władysław 95
Hellwig, Albert 157
Helmholtz, Hermann von 93, 201, 233
Henkel, Arthur 167–169
Henschel, Arthur 155, 156
Herder, Johann Gottfried 85, 168
Hermann, Gottfried 192
Herodot 212
Hess, Volker 103
Heumann, Christoph August 259, 261–263, 269
Heymann, Matthias 125
Hieronymus, Sophronius Eusebius 224
Highsmith, Patricia 22
Hildebrandt, Friedrich 140
Hoffbauer, Johann Christoph 87
Höffe, Otfried 184, 253
Hölderlin, Friedrich 75
Hollstein, Wilhelm 116
Hölty, Ludwig 183, 184, 196

Holz, Hans Heinz 225
Home, Everard 140
Homer 73
Hönn, Georg Paul 263
Hookway, Christopher 12, 20
Humboldt, Wilhelm von 129, 130, 187
Hume, David 73, 269

Jacobi, Friedrich Heinrich 168, 171
James, William 30
Jansen, Dirk Jacob 115
Johannes (Evangelist) 54
Jonas, Hans 135
Jouslin, Olivier 117

Kant, Immanuel 29, 43–58, 165, 172–174, 185
Karasalihoğlu, Murat 107
Katsakoulis, Grigori 146
Kaufmann, Doris 86
Keller, Evelyn F. 128
Kepler, Johannes 274, 275
Kerrl, Theodor 94, 95
Kertscher, Jens 29–42
Kessler, Gladys 283
Kindley, Steven 29
Kircher, Athanasius 264
Kirchner, Heinrich 256
Klein, Ulrich 224
Kleinschnieder, Manfred 165
Klopstock, Friedrich Gottlieb 196
Kneer, Georg 182
Knorr Cetina, Karin 102
Kohn, Harry E. 95
Kolata, Gina 287
Kolk, Rainer 189
Kollak, Ingrid 138
König, Wolfgang 124, 230
Koselleck, Reinhart 240–250
Koyré, Alexandre 114
Krajewski, Markus 217–237
Kraus, Karl 77
Krebs, Christopher B. 190
Kreibig, Josef Clemens 95
Kretzschmann, Emil 129, 130
Kühn, Sebastian 118
Kuhn, Thomas 12
Kuntze, Johannes Emil 91
Kvanvig, Jonathan 12, 20
Kyriakoudes, Louis 286

Laband, Paul 149
Lachmann, Frank 293
Lachmann, Karl 192, 222
Lamprecht, Karl 227
Landmann, Georg Peter 210
Latour, Bruno 12, 223
Leade, Jane 114
Lee, Harper 22
Leibniz, Gottfried Wilhelm 114, 117, 118, 231, 232
Lemmerich, Jost 233
Lepenies, Wolf 5
Lepper, Marcel 179–197
Lessing, Gotthold Ephraim 73
Lichtenberg, Georg Christoph 86, 176
Liliencron, Rochus von 148
Lilienthal, Michael 259, 268
Lind, James 139
Linehan, Kathleen 288
Lipton, Peter 21
Little, Clarence Cook 284
Locke, John 30, 31
Luckner, Andreas 35, 185
Ludmerer, Kenneth 282
Luhmann, Niklas 180
Lukian von Samosata 107
Lukrez (Titus Lucretius Carus) 71
Lund, Allan A. 190
Luschnat, Otto 211
Lynch, Michael 12

Mabillon, Jean 207
Macaulay, Thomas 208
Mach, Ernst 93
Macher, Heinrich 167
Machiavelli, Niccolò 207
MacIntyre, Alasdair 184
Maehle, Andreas-Holger 137, 139
Mallatt, Jon M. 265
Mallet-Joris, Françoise 113
Marazia, Chantal 1
Marenbach, Ulrich 145
Markowitz, Gerald 281
Marks, Harry 273
Martini, Guiseppe 117

Martius, Ernst Wilhelm 266
Matschoß, Conrad 230–232, 234
Maye, Harun 235
McGarity, Thomas O. 290
Méchain, Pierre François André 217–219, 236
Meier, Christian 242
Melanchthon, Philipp 187
Mencke, Johann Burkhard 259–265, 269
Mendelsohn, Andrew 103
Merian, Maria Sybilla 277
Merlo, Johann Jakob 264
Merton, Robert K. 12, 275
Meyer von Knonau, Gerold 153
Meyer, Eduard 211
Michelet, Jules 208, 209
Milton, John 129
Minghella, Anthony 22
Misztal, Barbara A. 180
Moi, Daniel Arap 291
Momigliano, Arnaldo 103
Mommsen, Momme 174
Mommsen, Theodor 117, 192, 204, 205, 216, 227
Mommsen, Wolfgang J. 206, 207, 209, 241
Monbiot, George 289
Moore, Wilbert E. 272
Morell, Andreas 104–118
Morell, Esther 113
Moschos 192
Mozart, Wolfgang Amadeus 184
Müller-Wille, Staffan 109
Müller, Georg Elias 95
Müller, Helmut 183
Müller, Lucian 185
Mulsow, Martin 101–119
Musto, David 286, 287
Myer, Jesse S. 141

Napoleon Bonaparte 190
Nero (Nero Claudius Caesar Augustus Germanicus) 116
Neumann, Odmar 82
Newmark, Catherine 169
Newton, Isaac 85, 175, 176
Nicaise, Claude 118
Niebuhr, Barthold Georg 190, 206, 208
Niebuhr, Birgit 266
Nietzsche, Friedrich 67, 70, 186, 193–197, 201, 202, 207, 213, 214, 216
Nievergelt, Oliver 3, 11–27
Nussbaum, Martha 19

Olesko, Kathryn M. 216, 221
Oppermann, Heinrich Albert 150
Oppler, Christian Anselm Alfred Karl 145, 146
Oreskes, Naomi 122, 288
Ortloff, Friedrich 148–150
Otho, Marcus Salvius 116
Otto, Rüdiger 169

Padtberg, August 270
Pancaldi, Giuliano 138
Panzer, Fred 288
Pappenheim, Max 149, 151, 152
Parish, Richard 117
Park, Katharine 83, 266
Pascal, Blaise 117
Patzer, Harald 212
Paul, Herman 3, 13–19, 21, 2426
Paulitz, Tanja 121–134
Pauly, Philip J. 273
Petersen, A. M. 138
Petersen, Johanna Eleonora 114
Petitfils, Jean-Christian 113
Peto, Richard 293
Pfungst, Oskar 1, 5
Philipp II. (Makedonien) 190
Pilzecker, Alfons 91, 93, 95
Platon 67, 73, 74, 224, 263
Plutarch 73, 169
Pohle, Richard 193
Pohlenz, Max 212
Poiret, Pierre 114, 115
Polansky, Ronald 36
Polanyi, Michael 3, 125, 158
Ponzi, Mauro 167
Poole, Matthew 113
Poppaea Sabina 116
Popper, Karl R. 242
Poundstone, William 279
Prietl, Bianca 123, 133
Primmer, Adolf 182
Proctor, Robert N. 271–293

Pynchon, Thomas 271
Pyrrhus (König von Epiros) 63–66, 68, 70, 71, 74, 75
Pythagoras 263

Quesnel, Pasquier 114
Quétel, Claude 113
Quintilian (Marcus Fabius Quintilianus) 189, 193

Rabinbach, Anson 81
Rafferty, Mary 143, 144
Ramsden, Jesse 140
Ranke, Leopold von 16, 206, 207, 209–211, 215, 222, 250
Raphael, Lutz 160
Rapp, Christoph 253
Rawls, John 292
Recki, Birgit 47
Reckwitz, Andreas 184
Redtenbacher, Ferdinand 123–133
Reich, David 273
Reil, Johann Christian 87, 88, 138
Repgen, Konrad 211
Reulecke, Anne-Kathrin 256, 258, 264
Rheinberger, Hans-Jörg 4, 136, 226, 227, 254
Ribot, Théodule 96, 97
Rimbaud, Arthur 75
Risse, Guenter B. 139
Ritschl, Friedrich 180, 193, 194
Roberts, Robert C. 20
Roderique, Johann Ignaz de 257, 258, 264
Romilly, Jacqueline de 213
Rosa, Hartmut 184
Rosner, David 281
Rothschuh, Karl Eduard 137
Rudwick, Martin J. S. 270
Rüsen, Jörn 207, 241

Sabisch, Katja 135–144
Sarasin, Philipp 246
Sarmant, Thierry 112
Sarrazin, Thilo 186
Sasse, Sylvia 247
Schadewaldt, Wolfgang 211
Schaffer, Simon 139, 254, 268
Scharf, Sara 109
Schauer, Hendrikje 185
Scheich, Elvira 128
Scherer, Wilhelm 110
Schiebinger, Londa 276
Schiller, Francis 92
Schiller, Friedrich 165, 171
Schings, Hans-Jürgen 173
Schleiermacher, Friedrich 187
Schleyer, Johann Martin 231, 232, 235
Schlosser, Johann Georg 262
Schmaus, Marion 168
Schoeps, Hans-Joachim 183
Schöne, Albrecht 176
Schopenhauer, Arthur 166
Schulz, Karl 149, 150, 161
Schulze, Holger 4
Schwartz, Eduard 211
Seel, Martin 184
Seiler, Bernd W. 225
Sennett, Richard 3, 125, 184
Shaftesbury (Anthony Ashley-Cooper, 3. Earl of Shaftesbury) 196
Shapin, Steven 4, 139, 254, 268
Shapiro, Barbara 203
Siegert, Bernhard 225
Siemens, Werner 233
Sima, Qian 18, 19
Simmel, Georg 172
Smith, Adam 203
Smithson, Michael 271
Snow, John 293
Sokal, Alan 258
Sokrates 67, 73, 74, 75, 223, 274
Solomon, David 12
Sorabij, Richard 36
Sosa, Ernest 2, 16, 19, 20, 29, 30, 39, 101
Spaemann, Robert 112
Spanheim, Ezechiel 105, 118
Spinoza, Baruch de 168–171, 173, 174
Spizel, Gottlieb 263
St. Martin, Alexis 140, 141
Stabel, Anton von 152, 153
Steguweit, Wolfgang 105
Stehberger, G. A. 142, 143
Stein, Charlotte von 168
Steinfeld, Thomas 179, 180
Stemmer, Peter 224
Stern, William 162, 163

Stettler, Wilhelm 111
Steup, Matthias 11
Stieler, Kaspar 180
Stocker, Frank 183
Strada, Jacobo 115, 116
Stumpf, Carl 1
Sukale, Michael 195
Sybel, Heinrich von 206, 207, 209

Tacitus, Publius Cornelius 190, 191, 203, 204
te Heesen, Anke 229
Teichmann, Albert 149, 151
Teller, Jürgen 168
Terrall, Mary 122
Thomas von Aquin 32, 224, 225
Thomasius, Christian 114
Thukydides 59–62, 79, 202, 210–213
Tiedemann, Friedrich S. 142, 143
Tiro, Marcus Tullius 61
Toinard, Nicolas 115, 116
Treitschke, Heinrich von 207, 209
Tröhler, Ulrich 137, 139
Tumin, Melvin M. 272
Turner, James 187
Turner, R. Steven 216
Turri, John 20

Ullrich, Franz Wolfgang 211
Urbantschitsch, Victor 94

Valéry, Paul 81, 82, 97
Van Meter, W. R. 279
Vergil (Publius Vergilius Maro) 69, 72, 75
Verheyen, Nina 154, 161
Verus, Lucius Aurelius 107
Vespasian 116
Vico, Enea 105
Vierhaus, Rudolf 210
Vogel, Juliane 229
Vogl, Joseph 220
Völkel, Markus 103
vom Bruch, Rüdiger 216
von Eckhart, Johann Georg 256–258, 264
von Melle, Werner 149
von Neubronn, Friedrich Freiherr 150, 152
von Osten, Wilhelm 1

Waldenfels, Bernhard 4
Walzer, Michael 4
Weber, Max 154, 182, 186, 195–197
Wegele, Franz Xaver von 148, 256, 264
Wehling, Peter 271
Weinel, Martin 13
Weingart, Albert 157
Weiss, Josef 266
Weiss, Rick 290
Weizsäcker, Carl Friedrich von 165
Wengenroth, Ulrich 125
Werenfels, Samuel 263
West, William C. III 211
Wetzell, Richard F. 160
Whytt, Robert 139, 140
Wickert, Lothar 204
Wieland, Wolfgang 47
Wilamowitz-Moellendorff, Ulrich von 186, 187, 192, 193, 196, 197
Wild, Markus 12
Williams, Bernard 4, 19
Wimmer, Mario 222
Windelbrand, Wilhelm 201
Wise, Norton M. 7, 221, 225
Wittern, Renate 137
Wittgenstein, Ludwig 62, 63, 76
Wiwjorra, Ingo 190
Wolf, Norbert Christian 173, 174
Wolf, Ursula 35
Wolffram, Heather 155
Wood, William Jay 20, 225
Woolgar, Steve 13
Wyss, Paul Friedrich von 153

Zagzebski, Linda 2, 15, 20, 25, 31–38, 41, 101, 115
Zanetti, Sandro 1–8, 79, 216, 239–251
Zeller, Jules 205
Zimmermann, Anja 121
Zumbusch, Cornelia 165–177

Sachregister

Abdruck, Abdrücke 102, 105, 108, 109
Aberglauben 86, 208, 213, 274
Achtung 137, 138, 140–143, 208
Aggression, Aggressivität, aggressiv 159, 161, 263
Agnogenese 277, 280
Agnotologie 271–293
Andacht zum Unbedeutenden 110
Anstand, anständig 182, 194
antiautoritär 179, 182
Akademie, Akademisierung, akademisch 122, 123, 129–132, 134, 181, 206, 268, 269
Akteur(e), epistemische(r) 30–32, 38–40, 42, 102, 103
Allgemeinwissen 282, 283, 284, 286, 287
Ambiguität 65, 68, 69, 269
Anerkennung 25, 26, 130, 131, 134, 141, 195, 247, 269
apatheia 170
Aperçu 175
Arbeitslust, Arbeitskraft 147, 149, 161
Archäologie, archäologisch 115, 245, 248–251, 285, 290–292
Archiv 5, 209, 214, 231, 245, 246
Asketik (ethische, epistemische etc.), asketisch 5, 43–58, 202, 214, 216
Auffassungsgabe 146–148, 150, 154, 155, 158–160
Aufmerksamkeit, aufmerksam 4, 5, 41, 49, 50, 81–97, 113, 115, 117, 146, 147, 152, 158, 172, 214, 216, 235, 246, 250, 276, 284
Aufrechterhaltung, aufrechterhalten 61, 249, 277, 278, 288
Aufrichtigkeit, aufrichtig 56, 57, 114, 150, 159, 181, 182, 191, 259
Aufschreibesystem 136, 139, 142
Ausdauer 1, 2, 5, 110, 149
Aussagepsychologie 158, 162
Autorität (epistemische, fachliche etc.), autoritär 13–18, 20, 25–27, 52, 54, 157, 174, 185, 189

Begriff, begrifflich 2, 3, 5–7, 11, 13–15, 17, 18, 20, 22, 24, 29–31, 36, 37, 39–41, 43–46, 49–51, 55, 58, 62, 63, 68, 81, 82, 85, 88, 89, 101–103, 112, 114, 119, 121, 122, 125, 144, 147, 150, 166–168, 170, 173, 174, 179–186, 194, 211, 212, 221–223, 234, 239, 244–247, 249, 250, 253, 254, 258, 266, 284, 287
Bequemlichkeit, bequem 167, 193, 195, 205
Bescheidenheit, bescheiden 112, 192, 193, 261, 272
Besonnenheit, besonnen 67, 87, 224, 281
Betrug, betrügen 72, 253, 255, 259, 260, 263–265, 280, 283
Beweis, beweisen 56, 139, 147, 149, 154, 155, 157, 182, 189, 240, 254, 281–284, 288
Bigotterie 182
Bosheit, böse 76, 153, 234, 274, 281
Bürgerlichkeit, bürgerlich 47, 53, 85, 87, 88, 91, 92, 96, 123, 128–130, 132, 146, 147, 151, 161, 179, 183

Charlatan(erie), Scharlatan(erie) 259, 260, 263, 267

Demut, demütig 58, 179, 182, 183, 261
Denken (logisches, perspektivisches etc.) 31, 33–35, 37, 38, 40, 43, 44, 46, 47, 49, 57, 58, 73, 132, 149, 160, 168, 171, 174, 193, 195, 225, 228, 278
Denkkollektiv(e) 121, 246, 248
Detail, detailliert 1, 78, 110, 124, 126, 137, 183, 189, 214, 219, 233, 236, 246, 264
dianoetisch 31, 32, 34, 35, 38–41

Dichtung 79
Disputationssucht 262
Distanz, distanziert 18, 105, 109, 121–134, 174, 176
Dokument, dokumentarisch 137, 139, 143, 233, 248–251, 254, 266, 277, 292, 293
Dunkelheit, dunkel 59–64, 68, 71, 73–75, 78, 79, 85, 208, 266, 275, 276, 279, 287, 289

Egoismus, egoistisch 44–48, 52, 55, 56, 215
Ehrlichkeit, ehrlich 53, 180, 182, 194, 259
Einfalt, einfältig 182, 189, 204
Einsamkeit, einsam 47, 49, 55, 148
Einschüchterung, einschüchtern 155
Eitelkeit, eitel 56, 263, 264
Elite, elitär 61, 130, 132, 185, 193
Empathie, empathisch 16, 204
Empirie (zarte etc.), empirisch 2, 12, 52, 53, 58, 60, 123, 126, 135, 165, 166, 171, 172, 209, 217, 221, 226, 267–269
Entsagung 44, 165–177
epistemisch 1–7, 11–27, 29–33, 38–42, 43–58, 93, 101–119, 121–123, 128, 129, 131–134, 135–144, 145–163, 165–177, 180, 185, 201–216, 217–237, 240, 244, 245, 249, 251, 253–270, 291
Epistemologie (integrative etc.), epistemologisch 11–27, 29, 30, 31, 33, 35, 38–42, 102, 117, 118, 136, 140, 165, 166, 170, 171, 173, 174, 176, 225, 226, 240, 271
Erkenntnis(-prozess), erkennen 3, 4, 12–14, 19, 24, 26, 34–37, 41, 42, 44, 45, 47, 49–51, 57, 58, 63–65, 67, 85, 104, 105, 113–115, 121–134, 135–138, 141, 144, 147, 151, 152, 157, 158, 162, 165–168, 170–177, 183, 185–188, 219, 220, 222, 223, 225, 226, 235, 236, 244, 253, 254, 263, 265, 269, 270, 276
Erkenntnistheorie, erkenntnistheoretisch 2, 29, 33, 101, 113, 118, 172, 174, 225, 253
Erfindung, erfinden 72, 97, 121–134, 233
Ermüdung, ermüden 81, 84, 87, 88, 94
Ethik, ethisch 2, 5, 6, 19, 21, 26, 30–35, 38–40, 44–47, 49, 51–54, 56, 58, 67, 112–114, 117, 135–137, 145, 166–169, 171, 172, 174, 176, 203, 224, 253, 254, 290, 292
Eupraxie 188
Exaktheit, exakt 89, 105, 137, 143, 218, 220, 221, 222, 225–227, 229, 230, 232, 233, 236, 237
Experiment, experimentell 1, 14, 58, 82, 92–95, 135–144, 158, 173, 176, 177, 214, 254, 267, 268, 281, 288, 290
Experte(n) 70, 116, 275, 282

Fairness, fair 181, 278
Fake, Fälschung 102, 105, 116, 117, 255–258, 264, 265, 267, 269, 270
Fehler, fehlerhaft 50, 51, 59, 116, 150, 158, 159, 167, 175, 185, 209, 218, 219, 229–232, 236, 272, 276, 290, 293
Fehlinformation(en) 277
Fertigkeit 49, 51, 53, 55, 57, 104, 107, 110, 112, 118, 136, 179
Figurensteine 256, 257, 266, 267
Fleiß, fleißig, befleißigen 148, 149, 151, 153, 154, 156, 166, 183, 214, 221
Förderung, fördern 4, 31, 152, 167, 176, 181, 193, 206, 287
Fossilien 257, 265, 266, 270
Freiheit, frei 45–47, 49, 50, 52, 54, 55, 57, 76, 85, 87, 111, 170–172, 174, 191, 192, 195, 202, 209, 212, 280
Freundlichkeit, freundlich 112, 145, 287

Geduld, geduldig 4, 110, 145
Gefühl(e) 52, 66, 121–134, 148, 156, 183, 187, 204, 205, 215
Geheimnis(se) 262, 278, 279
Geisteswissenschaft(en), *humanities* 7, 57, 103, 121, 201–216, 217–237
Gelehrte(r), gelehrt, Gelehrtenkritik 46, 61, 102, 105, 111, 117, 118, 130, 138, 194, 195, 210, 211, 213–216, 227, 254, 258–270, 288
Genauigkeit, genau 1, 2, 4–6, 14–16, 30, 63, 64, 66–68, 70–72, 75, 107, 108, 110, 111, 152, 189, 210–214, 217–237, 282

Gerechtigkeit (epistemische etc.), gerecht 21, 24, 25, 44, 57, 146, 148, 150, 151, 162, 186, 194, 195, 201–203, 212, 223, 224
Gericht, Gerichtspraxis, gerichtlich 145–150, 152, 154–156, 160–162, 189, 210, 258, 272, 282–284, 286–288, 291, 293
Geschichte, geschichtlich, Historie, historisch 2–8, 13, 17–19, 22–26, 43, 46, 54, 58, 63, 64, 67, 83, 99, 101, 103–105, 116, 117, 121, 122, 124, 125, 128–130, 133, 134, 137, 146, 147, 153, 166, 168, 176, 179–181, 183, 184, 188, 191–193, 195–197, 201–216, 220, 223–237, 240–247, 249–251, 253–255, 258, 259, 262, 268, 274, 282, 286, 287, 291, 293
Geschichtsschreibung, Historiographie, historiographisch 16–19, 25, 57, 103, 185, 190, 202, 203, 205, 207–211, 219, 222, 225–228, 230, 234, 236, 240, 241, 250, 286
Geschlecht, geschlechtlich 121–134
Gewalt 46, 47, 50, 155, 163, 175, 176, 212
Gewohnheit(en) 45, 51, 53, 54, 74, 214
Gier, gierig 86, 196, 267
Glauben, glauben 30, 55, 67, 77, 182, 187, 189, 208, 212–215, 232, 263, 272, 283, 287
Gottesliebe 112, 170
Gottlosigkeit 263
Gründlichkeit, gründlich 149, 181, 193

Historie, historisch, Geschichte, geschichtlich 2–8, 13, 17–19, 22–26, 43, 46, 54, 58, 63, 64, 67, 83, 99, 101, 103–105, 116, 117, 121, 122, 124, 125, 128–130, 133, 134, 137, 146, 147, 153, 166, 168, 176, 179–181, 183, 184, 188, 191–193, 195–197, 201–216, 220, 223–237, 240–247, 249–251, 253–255, 258, 259, 262, 268, 274, 282, 286, 287, 291, 293
Historiographie, Geschichtsschreibung, historiographisch 16–19, 25, 57, 103, 185, 190, 202, 203, 205, 207–211, 219, 222, 225–228, 230, 234, 236, 240, 241, 250, 286
Hochmut, hochmütig 117, 258, 261, 263, 266
Hoffärtigkeit, hoffärtig 258, 261, 263, 264, 269
humanities, Geisteswissenschaft(en) 7, 57, 103, 121, 201–216, 217–237

Impfung 175
infam 192
Inquisition, inquisitorisch 155, 156, 157, 186
Integrität 140, 150, 180, 181, 190, 212
intellektualistisch 82, 148, 149
Intensität, intensiv 67, 91, 180, 213, 215, 261
Irreführung, irreführen 60, 255, 283, 287

Jurist(en), juristisch 59, 61, 135, 145–154, 157, 160, 161, 163, 192, 202, 203, 282, 284

Kardinaltugend(en) 186, 224, 235
Kartei 222, 226, 228–233, 235, 236
kategorischer Imperativ 151
Klarheit, klar 14, 59–65, 68, 70–74, 76, 78, 79, 88, 169, 190, 195, 196, 223
Kompetenz(en), kompetent, Kompetenztheorie 16, 19, 22–25, 31, 35, 39, 132, 179
Konstellationsforschung 118, 119
Kontext, kontextabhängig, kontextuell 5–7, 13, 14, 18, 23, 26, 30, 36, 37, 44, 52, 59–64, 68, 70, 71, 73, 76, 79, 83, 102, 105, 107, 112, 129–131, 134, 136, 162, 166, 168, 181, 182, 185, 186, 195, 202, 208, 216, 221, 222, 227, 237, 245, 249, 255, 258–260, 289, 291
Kontroverse(n), kontrovers 4, 94, 162, 193, 262, 281–283, 287
Kritik, kritisch 5, 21–23, 31, 32, 37, 38, 41, 45, 47, 50, 115–118, 121, 122, 161, 162, 165, 170, 179, 180, 183, 185, 186, 188, 189, 191, 194, 196, 202, 208, 209, 220, 229, 231, 232, 236, 244, 245, 246, 247, 249–251, 258, 262, 263–265, 268, 278
Kulturtechnik 225, 227, 235, 236

Laster, lasterhaft 7, 53, 112, 115, 117, 151, 166, 167, 170, 196, 226, 234, 259
Lauterkeit, lauter 56, 57, 150
Leere, Leerstelle, leer 96, 230, 272, 275, 278
Lehre(n) 31, 52, 56, 83, 84, 112, 166–168, 171, 173, 176, 180, 185, 189, 214, 224, 250, 265, 268, 269
Leichtgläubigkeit, leichtgläubig 30, 265, 274
Leichtsinn 67
Lernen 52, 74, 85, 112, 185, 214
Liebe, Liebende(r), lieben 112, 113, 115, 151, 152, 163, 169, 170, 224, 261, 271, 278, 288
List 273, 277–279
Literatur, literarisch 5, 22, 61, 71, 72, 86, 87, 102, 105, 156, 179, 180, 184, 188, 250
Lithographiae Wirceburgensis 255–258, 266
Loyalität 45, 181
Lügen, Lügensteine, lügen 56, 139, 145–163, 255–265

Mangel 59, 63, 72, 78, 79, 81, 86, 87, 162, 181, 183, 221, 224, 230, 275
Männlichkeit(en) 122, 123, 129–133
Maß, Maßstab, messen 17, 25, 39, 41, 46, 49, 67, 88, 121, 141, 167, 171, 184, 186, 202, 209, 217–220, 226, 227, 230, 236, 237, 261, 262, 286, 293
Medium, Medien, medial 5, 86, 105, 109, 165, 217–237, 258, 278, 287
Medizin, medizinisch 61, 87, 92, 135–144, 260, 266, 283, 290, 293
Mehrdeutigkeit, mehrdeutig 64, 65, 79
Meineid 153
Methode(n), methodisch 2, 4, 13, 36, 56, 89, 123, 126, 127, 135–137, 148, 150, 155, 161, 162, 165, 173, 181, 194, 201, 206–214, 219, 221, 223, 227, 231–236, 241, 250, 251, 255, 269, 270, 277, 280, 283, 286, 292
Monument(e) 248, 249
Moral, moralisch 4, 7, 12, 15, 21, 22, 31, 33–36, 38–41, 44–47, 51–57, 64, 66, 73, 85, 87, 118, 121, 122, 136, 140, 184–186, 188, 191, 203, 205, 216, 224, 253–270, 271, 278, 289–292
Müdigkeit, müde 60, 88, 95, 179, 209
Mut 30, 195, 251

Naivität 182, 196, 208
Naturwissenschaft(en), *science(s)* 7, 79, 95, 122, 136, 137, 143, 147, 174, 201, 202, 208, 216, 221–223, 225, 226, 258, 268, 279
Netzwerk(e) 105, 118, 119, 286
Neugierde 4, 83, 84, 86, 215
Neutralität, neutral 31, 126, 134, 145, 160, 203, 206, 217, 232, 292
Nichtwissen 194, 275, 292, 293
Numismatik, numismatisch 101–119, 233

Objektivität, objektiv 2, 43, 44, 46, 48, 49, 57, 58, 62, 66, 121–134, 142, 143, 145–148, 165, 166, 168, 171, 173, 174, 201–216, 223, 225, 235, 241, 278
Ordnungsliebe 104
Öffentlichkeit 1, 124, 146–148, 177, 210, 251, 262, 283

Pädagogik, pädagogisch 17, 54, 85, 162, 163, 183, 194
Paläontologie, paläontologisch 265, 270
parrhesia 185, 186, 191, 195
Parteilichkeit 241
Pathologie(n), pathologisch 82, 89, 95, 96, 176
Pedant, Pedanterie, pedantisch 156, 166, 219, 226, 230, 232, 233, 266, 268
Persona (wissenschaftliche, richterliche etc.) 14, 15, 25, 103, 122, 146, 149, 154, 155, 261
Pflicht, Pflichtgefühl, Pflichtbewusstsein 30, 31, 38, 53, 54, 117, 145, 148, 151, 195, 209
Philologie, philologisch 179–197, 205, 211, 214, 216, 222, 233
phronesis 19, 32–38, 41, 185
Plagiat, plagiieren 117, 181, 259
Plausibilität, plausibel 38, 60, 72, 189
Pluralität, Pluralismus, plural 43–58, 223
Politik, politisch 7, 203, 291

Pragmatismus, pragmatistisch, pragmatisch 33, 45, 50, 93, 152, 153, 251
Praktik(en), Praxis, praktisch, praxisorientiert 2–7, 11, 14–19, 26, 27, 30–38, 41–46, 50–52, 54, 56, 60, 61, 71, 85, 92, 93, 102, 103, 105, 109, 115, 121–135, 138, 145–149, 151–156, 159, 160, 162, 166, 172, 177, 180, 185, 187, 188, 190, 194, 203, 207, 208, 213, 216–237, 241, 244, 245, 253–255, 259, 261, 263, 265, 269, 270
Praxisorientierung, praxisorientiert 148, 152, 153
Präzision, präzis 1, 7, 62, 110, 111, 118, 190, 221, 222, 225–227, 233, 237, 270
Prestige 103, 154, 201, 259
principle of charity 151
Protokoll 136, 137, 140, 141, 143, 144, 160, 208, 254, 256
prudentia 185
Psychophysik, psychophysisch 81, 89, 90, 91, 95

Quelle(n) 5, 18, 23, 40, 61, 63, 76, 129, 147, 154, 163, 208, 209, 214, 227, 231, 232, 239–251, 254, 256, 259, 278, 289, 290
Quellenkritik 208, 209, 213, 231, 232, 242, 245, 246
Quietismus, quietistisch 113–115, 117, 118

Rechthaberei 151, 161
Rechtschaffenheit 180, 182, 195, 196
Redlichkeit, redlich 4, 137–143, 179–197
Reliabilismus 102, 111, 115, 118
Respekt 151
Rhetorik, rhetorisch 59, 137, 139, 143, 186–191, 193–195, 203, 212, 216, 235, 262, 279, 289
Richter, richten 145–163, 202
Rigorismus 182
Ritual, ritualisiert 103, 278, 279
Ruhm, Ruhmbegierde 70, 196, 215, 263, 277

Sachlichkeit, sachlich 44, 137, 141–144, 151, 152, 160
Scharfblick, Scharfsinn, scharfsinnig 104, 146–150, 153–155, 158–163
Scharlatan(erie), Charlatan(erie) 259, 260, 263, 267
Scheitern 11, 29, 39, 63, 74, 78
Schlagfertigkeit, schlagfertig 150
Schneidigkeit 156
Schwäche, schwach, schwächlich, geschwächt 13–19, 26, 41, 45, 59, 64, 65–67, 79, 90, 91, 131, 145, 194, 195, 265, 292, 293
Schwerhörigkeit 60
Schwierigkeit, schwierig 52, 53, 60, 61, 77, 89, 94, 108, 119, 156, 169, 189, 210, 213, 279, 281, 282
Schreibsucht 262
science(s), Naturwissenschaft(en) 7, 79, 95, 122, 136, 137, 143, 147, 174, 201, 202, 208, 216, 221–223, 225, 226, 258, 268, 279
scientific community 245, 246
scientia intuitiva 174
Selbstbeherrschung 50, 81, 82, 214
Selbstdisziplin, Selbstdisziplinierung 88, 92, 93–94, 182, 216
Selbstgerechtigkeit 182
Selbstlosigkeit, selbstlos 115, 117, 145, 210, 214, 261
Selbstzufriedenheit 167
Selektivität, selektiv 273, 275–277
Seminar 180, 181, 209, 210, 214–216
sensus communis 47–49
Situation, historiographische 16–19, 25
Skepsis, skeptisch 4, 11–13, 41, 86, 121, 158, 161, 182, 184, 196, 197, 250
Sorgfalt, sorgfältig 14, 59, 62, 86, 115, 166, 184, 211, 219
sophia 35, 39
sozioepistemisch 145–163
Standortgebundenheit, standortgebunden 241, 244, 247
Staunen 83, 86
Stil, Schreibstil 59, 61, 62, 121, 122, 128, 131, 188, 192, 209, 212, 225, 227
Strategie, strategisch 29, 50, 52, 68, 74, 133, 134, 151, 273, 277–279, 281, 282, 284, 288, 292

stur 152
Subjektivität, subjektiv 2, 7, 43, 47–49, 52, 58, 92, 121–134, 166, 167, 170–173, 176, 177, 208–213, 215
Suggestion 248
Sympathie, sympathisch 151, 168, 204, 286

Tabak, Tabakindustrie, Tabakkontroverse 271, 278, 280–290, 293
Takt, pädagogischer 162, 163
Täuschung, täuschen 30, 56, 160, 181, 213, 255, 258, 263, 277, 278, 280, 283
Tippfehler 158
Torheit, töricht 274, 291
Treue, treu 145, 146, 156, 159, 162, 181, 183, 184, 191, 196, 209
Tugend 2–7, 11–27, 29–42, 43–46, 49, 51, 53–58, 59–79, 83, 85, 88, 92, 101–119, 121–123, 128, 129, 131–134, 135–144, 145–163, 165–177, 179–197, 201–216, 217–237, 240, 242, 244, 245, 248–251, 253–270, 291, 292
Tugendepistemologie, tugendepistemologisch 19–24, 29, 30, 32, 38–42, 102, 117, 118
Tugendethik, tugendethisch 2, 19, 30, 33, 38–40, 113, 114
Tugendlehre(n) 44, 174, 177, 180, 223–226, 235, 261
Tugendpolitik 179–197

Überrest(e) 244–248
Übung, üben 44, 45, 51–54, 58, 82, 83, 86–88, 92, 93, 185, 190, 214
Umsicht 1, 2, 118
Unabhängigkeit 145
Unanständigkeit 261
Unaufmerksamkeit, unaufmerksam 60, 62, 276
Unaufrichtigkeit, unaufrichtig 56, 159
Unbestechlichkeit, unbestechlich 147, 150, 215
Uneigennützigkeit, uneigennützig 166, 169, 170, 215
unfair 153
Ungeduld 167
Ungerechtigkeit, ungerecht 21, 26, 292
Universität, universitär 105, 186, 187, 201, 214, 268, 269, 271, 279, 289
Unklarheit, unklar 59–79
Unparteilichkeit, unparteiisch 30, 43–58, 117, 191, 201–216, 254
Unredlichkeit, unredlich 182, 188, 190, 192, 194, 197
Unschärfe, unscharf 62, 226, 230
Untugend 186, 248, 259, 261, 268–270
Unvoreingenommenheit, unvoreingenommen 64, 65, 145, 282
Unwissen, Unwissenheit 74, 75, 86, 204, 271–293
unzuverlässig 158
Urmeter 217–220, 227, 228, 230, 236
Urpflanze 171, 174, 175
Urphänomen 165, 171–173, 176, 177
Ursprung, ursprünglich 51, 69, 72, 97, 205, 208, 209, 273–275
Urteil(e), urteilen, Urteilskraft, Urteilspraxis 4, 23, 33, 35, 37, 44–50, 52, 55–57, 63, 83, 87, 116–118, 145, 146, 148–150, 152, 155, 165, 176, 185, 190–192, 203, 204, 223, 226, 240, 241, 243, 254, 261, 281

Verantwortung, Verantwortlichkeit 101, 104, 118, 145, 214, 278
Vergleich, vergleichen 73, 83, 107, 109, 179, 222, 226, 227, 231, 233, 234, 235–237, 273
Verlust, verlorengehen 48, 68, 81, 82, 197, 210, 273, 275–277, 291
Vernunft (praktische, theoretische etc.) 23, 31–41, 44, 45, 48, 57, 86–88, 93, 115, 128, 263, 265
Verstellung, verstellt 56, 189, 255
Vertrauen, vertrauenswürdig 66, 156, 180–183, 214, 283
Verwunderung, verwundern 83, 86, 182
Vetorecht 239–251
Vielschreiberei 259, 261, 267
Virtuosität, virtuos 185, 190, 192, 204, 215, 216, 266
Vivisektion 144
Voreingenommenheit, voreingenommen 60, 75, 208, 272, 292
Vorurteil(e) 22, 24

Vorurteilsfreiheit, vorurteilsfrei 150

Wahrhaftigkeit, wahrhaftig 4, 115, 139, 181, 191, 193
Wahrheit, Wahrheitssinn, Wahrheitsfindung, wahr 4, 11, 19, 29, 30, 32, 34–36, 39–41, 46, 49, 53, 73–75, 102, 114, 115, 117, 139, 140, 147, 150, 151, 153, 155–157, 159–163, 169, 177, 185, 187–191, 195, 205, 208, 213, 223, 225, 235, 249, 253, 255, 263, 274, 276, 281
Wahrnehmung, Wahrnehmungssensibilität 23, 25, 37, 44, 83, 84, 93, 94, 102, 155, 158, 159, 162, 173, 174, 217, 220
Weisheit, weise 11, 45, 64, 70, 73, 74, 215, 224
Welt, weltlich 32, 45, 47, 55, 57, 58, 61, 66, 67, 70, 76, 78, 79, 83, 134, 148, 165, 172–174, 203, 214, 215, 217, 218, 220, 228, 231, 232, 236, 239, 260, 263, 271, 274–277, 280, 285, 286, 288, 291
Weltbürger 45–49, 52, 55, 57, 58
Widerspruchsfreiheit 189
Wissen, implizites 3, 158
Wissenschaft, Wissenschaftlichkeit, wissenschaftlich 2–7, 11–19, 21, 24–26, 30, 34–37, 43, 44, 49–51, 56–58, 79, 85, 93, 101, 103, 104, 112, 114, 115, 117, 121–134, 135, 137, 139, 140, 142, 146–149, 151, 160, 165, 166, 176, 180, 181, 184–188, 192, 193, 195, 201, 202, 205–209, 214–216, 217–237, 240, 241, 245–247, 249, 251, 253–270, 272–279, 281–283, 285–290
Wissensdefinition 20, 29, 30
wohlwollend 151, 157

Zeichnung(en), zeichnen 103, 105, 107–111, 116, 118, 234
Zeuge(n), Zeugniswissen 21–23, 25, 139, 146, 147, 155, 156, 158–162, 210, 282, 292
Zucht, Züchtigung 113, 182, 183
Zuverlässigkeit, zuverlässig 4, 16, 19, 22, 93, 180, 182
Zweifel, zweifeln, zweifelhaft 56, 73, 138, 150, 174, 182, 194, 209, 218, 219, 232, 246, 262, 269, 271, 273, 277, 280, 282, 284, 285, 288

Historische Wissensforschung

herausgegeben von
Caroline Arni, Stephan Gregory, Bernhard Kleeberg,
Andreas Langenohl, Marcus Sandl und Robert Suter †

Die Reihe *Historische Wissensforschung* versammelt Forschungen zu kulturellen Konstellationen von der Frühen Neuzeit bis in die Gegenwart, in denen Wissen selbst thematisch wird. Sie interessiert sich für Analysen der Entstehung und Stabilisierung, der Transformation und Dekonstruktion von Wissen in konkreten Praktiken; für Qualifikationen von Wissen wie Objektivität, Perspektivität oder Wahrheit; für Übersetzungen und Übergänge von Wissen, seine Normal- und Ausnahmezustände, kurz: für all das, was Wissen als Wissen kenntlich macht. Damit vertritt sie die Anliegen einer historischen Epistemologie wie auch praxeologisch ausgerichteter Ansätze der jüngeren Wissensforschung. Sie lenkt ihr Augenmerk insbesondere auf die Wissenschaftsgeschichte der Sozial-, Geistes- und Humanwissenschaften und präsentiert kritische und materialgesättigte Studien, die sich des theoretisch-methodischen Instrumentariums der Historiographie, Soziologie, Anthropologie, Medien- und Literaturwissenschaft reflektiert bedienen. In der Reihe erscheinen Monographien, Qualifikationsschriften, vergessene oder schwer zugängliche Arbeiten der Wissenssoziologie und -geschichte, Sammelbände und Essays.

Die Reihe wird von den fünf Herausgebern gemeinsam verantwortet. Alle veröffentlichten Bände wurden eingehend begutachtet und einstimmig in die Reihe aufgenommen.

ISSN: 2199-3645
Zitiervorschlag: HWF

Alle lieferbaren Bände finden Sie unter *www.mohrsiebeck.com/hwf*

Mohr Siebeck
www.mohrsiebeck.com